# 盐湖年鉴·2018

《盐湖年鉴》编委会 编

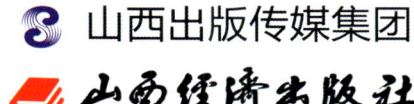

山西出版传媒集团
山西经济出版社

# 《盐湖年鉴》编纂委员会

顾　　　问：王吉敏
主　　　任：李　哲
常务副主任：李　红
副　主　任：郭一民　常　正　钟立伟　薛学农　苏引萍
　　　　　　董稷强　张　军　孙冬青　李永录
委　　　员：周　鸿　裴军强　李培军　陈晓涛　原建民　邓永强
　　　　　　吴建创　李致峰　陈国定　荆聪敏　段　浩　许红玉
　　　　　　景俊才　冯运刚　杜尚卫　董学亮　王克功　陈焕娥
　　　　　　雷云峰　淮战胜　程建萍　吴英杰　段毅敏　杜登科
　　　　　　李淑仙　张文俊　白武红　杨银叶　邵红福　解晋源
　　　　　　苑小红　张希文　郑　甦　卫晓军　田世平　赵献忠
　　　　　　孟稳红　巩建龙　祁国顺　乔里晨　刘瑞红　孟晓娟
　　　　　　郭春红　焦小翠　王红宝　肖　鹏　任文芳　张建胜
　　　　　　范安师　丁建华　宁俊杰　陈文科　赵　屹　许俊霞
　　　　　　仝粉娥　张　斐　杨连智　陈清串　张　彤　卫江鹏
　　　　　　焦苏义　王力洪　岳国林　李志学　张国红　樊　刚
　　　　　　靳高峰　刑学渊

# 《盐湖年鉴·2018》编纂成员

主　　　编：李　红
常务副主编：李永录　冯晓光
特邀编辑：张瑞玲　李莲蕊　高根荣　周青艳
校　　　对：王雅君　景　舒　方　媛

# 编辑说明

《盐湖年鉴·2018》由中共运城市盐湖区委、盐湖区人民政府主办，盐湖区地方志编纂委员会办公室负责编纂，是一部集资料、信息、知识为一体的大型工具书。

本年鉴较全面系统地记载了2017年1月1日至12月31日盐湖区政治、经济、军事、文化、科技、教育、卫生、社会等方面的新情况和新发展，反映了全区广大党员、干部和人民群众认真贯彻落实中国共产党第十九次全国代表大会精神和习近平总书记系列重要讲话精神，不忘初心，牢记使命，高举中国特色社会主义伟大旗帜，决胜全面建成小康社会，夺取新时代中国特色社会主义伟大胜利，为实现中华民族伟大复兴的中国梦不懈奋斗。以建设美丽富裕和谐新盐湖为工作主线，坚持改革开放，克难奋进，在经济建设和社会主义精神文明建设方面取得的新成就。

本年鉴设置文献、大事记、概况、乡镇办、政治、军事、法制、农业、工业、住建环保、交通电力、财税金融、经济管理、产业园区、教育科技、文化文物旅游、卫生、社会生活等18个部目，力求重点突出，服务当代，惠及后世。

本年鉴采用分类编辑法，由部目、分目、条目组成。各部目下设若干分目，分目下设若干条目。条目标题统一使用黑体字加【】表示。

本年鉴所用文稿，由区直各部门、单位和乡镇办及驻区有关省、市单位提供，部分内容源于《运城日报》、运城市政府网、盐湖区政府网、盐湖网等媒体。统计资料由盐湖区统计局提供。

《盐湖年鉴·2018》编纂出版工作，得到区直各部门、乡镇办、省、市相关单位及社会各界的大力支持，在此深表谢忱！如有疏漏、错误之处，恳请读者批评指正。

学苑路立交桥

中共盐湖区区委书记王吉敏在经济会议上讲话

中共盐湖区区长李哲在人代会上讲话

运城市盐湖区第十六届人民代表大会第三次会议

中国人民政治协商会议第十四届运城市盐湖区委员会第三次会议

# 盐湖区雷家坡村
## YAN HU QU LEI JIA PO CUN

雷家坡村位于盐湖区龙居镇东南，全村共有6个村民小组，人口1512人，耕地面积2286亩（1亩≈666.67平方米），现有党员37名。近年来，村党支部以服务型党组织建设为统领，充分发挥党组织战斗堡垒和党员先锋模范作用，连年被评为区先进党组织、红旗党支部。2015年被全国文明委授予"全国文明村"称号。2016年村党支部被评为"全国基层先进党组织"，支部书记兼主任杨启刚赴人民大会堂参加了颁奖典礼，受到了党和国家领导人的接见。

弘扬德孝文化，树立孝老爱亲新风尚。村党支部依托舜帝德孝文化资源，以"老年日间照料中心、德孝大讲堂、农家书屋、基层文艺演出队伍、志愿者服务队伍和德孝文化墙"六位一体的德孝文化苑建设为平台，深入开展"寻找最美盐湖家庭""夸媳妇比赛""清明德孝礼"等系列德孝文化实践活动，营造了健康向上的新民俗。服务群众的内容上不断拓展，党支部的凝聚力和战斗力增强了，党员群众共建美丽乡村的正能量被广泛激发和凝聚，全村先后涌现出区十大孝顺媳妇刘爱样、张秀芳；"百佳孝顺媳妇"黄小改、杨迎春和91名孝顺媳妇；山西省劳动模范、运城市爱岗敬业道德模范杨启刚，盐湖区助人为乐十大道德模范孟来有，盐湖区诚实守信十大道德模范侯留生，运城市道德模范、盐湖区德孝楷模特别奖得者姚永计等一大批德政楷模，受到中央省市区各级媒体地广泛关注和报道。

创新工作机制，展示为民服务新形象。2017年底换届，按照"先定事、再选人、揭榜竞选"工作法，选优配强了村党组织。先后成立3支党员志愿服务队，从清运垃圾到建小游园、从绿化巷道到饮水工程改造等，时时处处都能看到党员干部的身影。同时，村党支部注重发扬民主，将四议两公开、三级议事例会等经行之有效的做法纳入"三会一课"制度，进一步丰富"三会一课"内容，确保党的组织生活与基层经济社会发展实际相结合，推动基层治理。群众都说

说，"现在说话有人听了，好事有人办了，难事有地方讨论了"，党支部的凝聚力和公信力得到了空前增强。

发挥政治功能，开拓和谐农村新局面。为促进全村经济发展，带领群众增收致富，党支部一班人积极对外招商引资，先后引进资金7000余万元，吸引联众旅游、热带风暴等13家大型企业入驻，解决了近300名剩余劳动力就业，全村人均增收4000余元。投资300余万元改善村内基础设施，村容村貌发生了翻天覆地的变化，村民的幸福指数和满意度得到不断提升。同时，因地制宜，积极发展雕刻、铁器加工、建筑工程等五小企业，推动村经济的升级发展、多元发展。近年来，在农村不断完善德治、法治、自治三治融合的农村治理体系，村里没有发生过一起刑事和民事案件，没有一起群众上访，形成以优良党风带民风促村风的良好局面。

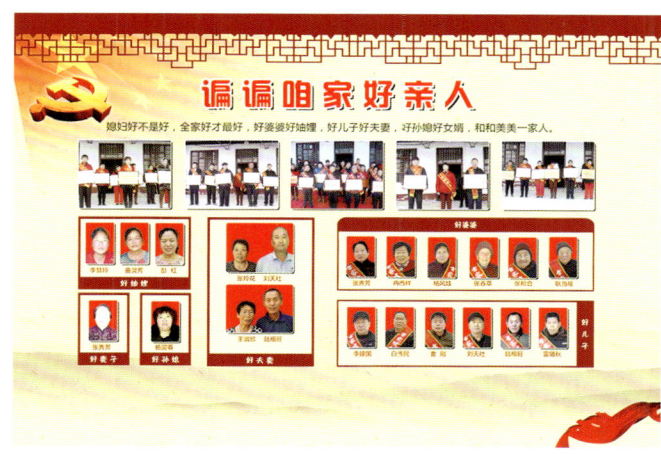

# 盐湖区三路里镇
## YAN HU QU SAN LU LI ZHEN

三路里镇位于盐湖区最北端的稷王山南麓，桓王山脚下，距城区35千米。北与万荣县汉薛镇接壤，西连上郭乡，东邻上王乡，南毗王范乡，面积64平方千米。上临路与陶上路在境内穿过，交通方便，是一个典型的靠天吃饭的纯旱垣山区乡镇。三路里镇地处北温带大陆性气候南缘，气候干燥，冬季寒冷，夏季炎热。热资源充裕，水资源严重缺乏。年平均气温13.6℃，平均最低气温-7.3℃，最高气温32.6℃。年降水量564-750毫米。年际变化大，最大丰水年879.9毫米，严重干旱年368.9毫米，相差511毫米。年日照总时数2271小时。年平均初霜期在10月24、25日左右，最早出现在10月10日。年平均无霜期207天。风向多为西风。发生于夏秋时节，冬春少见。

# 盐湖区果业局
## YANHUQUGUOYEJU

盐湖区发展果业具有得天独厚的自然和区位优势，有"北方百果园""梨的王国"之称。具有地方特色的酥梨、红香酥梨、苹果、油桃、葡萄等果品久负盛名，特别是红心火龙果、早黑宝葡萄、日光温室冬枣等水果成熟早，效益好。2017年盐湖酥梨获批使用"生态原产地保护产品"标志，8万亩酥梨生产基地被认定为国家级出口食品农产品质量安全示范区。全区现有水果面积36万亩，年总产量70万吨，总产值20亿元；有果品贮藏库62座，年贮藏果品15万吨，基本实现季产年销；有9家拥有出口资质的果品企业、合作社，年出口量4万吨，出口国家40余个。

盐湖区果业发展中心主任靳高峰

←山西（运城）第三届国际果品交易博览会，盐湖区喜获最佳文化创意奖和优秀节目推荐奖

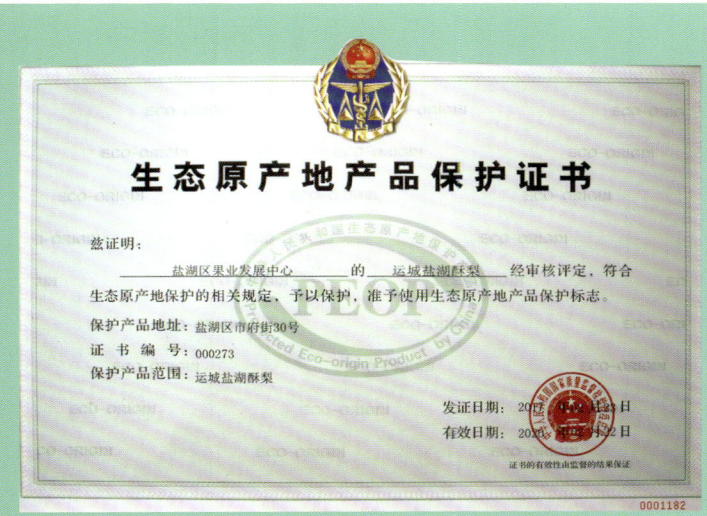

# 盐湖区人民武装部
## YANHUQURENMINWUZHUANGBU

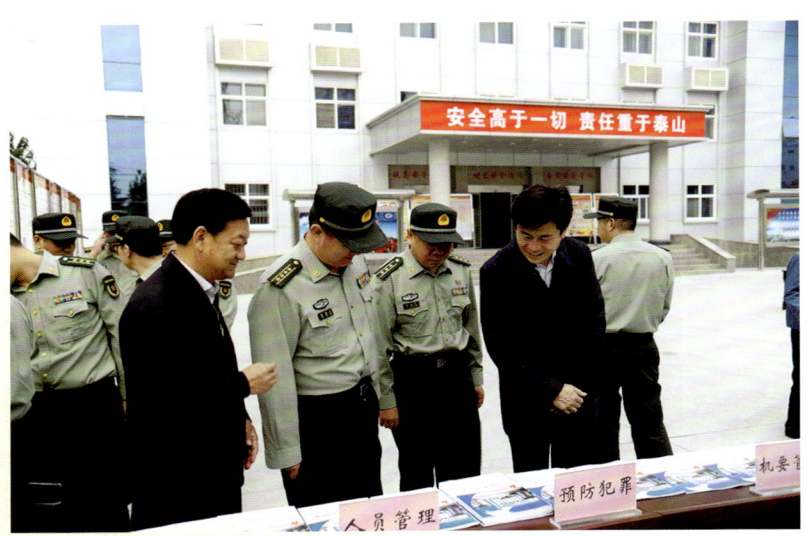

盐湖区人民武装部（以下简称人武部）隶属山西省运城军分区和盐湖区区委、区政府双重领导，下设军事科、政治工作科和保障科三个科室，部队调整改革以来，人武系统聚焦"服务、备战、打仗"这一主责主业，定位"六部"职能(应急应战指挥部、地方党委军事部、后备力量建设部、同级政府的兵役部、军民融合协调部、宝贵财富的服务部)，人武部的地位作用更加突显，备战打仗的使命任务更加突出。

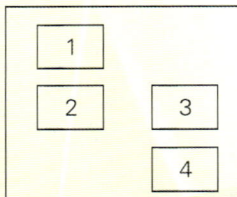

1 盐湖区委书记王吉敏、区长李哲在安全管理现场会
2 武装部执行防洪抢险任务
3 武装部军地联合党史军史知识竞赛
4 武装部深入学校开展捐资助学

# 运城市公安局盐湖分局交警大队
## YUNCHENGSHIGONGANJUYANHUFENJUJIAOJINGDADUI

盐湖交警大队位于运城市盐湖区圣惠路与工农街交叉口，占地面积1.9万平方米，建筑面积6024.7平方米。

交警大队内设11个机关科室和16个一线交警中队，均为股级编制。

大队现有正式民警114人，其中干部87人，职工27人，具备中级执法资格23人，其余均具备初级执法资格；具备事故处理资格66人，其中高级事故资格3人，占全市的33.3%；中级事故资格22人，初级事故资格41人。现有辅警435人，其中警察院校毕业人员和退伍军人达到67%，大专以上文化程度达到80%。

现有大队长1名，指导员1名，副大队长3名，副主任科员2名，共7人。

盐湖交警大队设基层党支部，有党员52人，分为五个党小组。

盐湖大队肩负着盐湖区、运城经济开发区、盐湖生态保护区的道路交通管理任务。辖区现有国省道、城市道路、县乡村道路总里程达3000余千米。其中国道1条30.7千米，省道4条99.2千米，县乡道路260余条1150千米。截至2017年底，辖区车辆保有量达到22万余辆，驾驶人25万余人。辖区现有22个乡镇办，314个行政村，88个社区，总人口70余万，辖区总面积1400余平方千米。

大队队委带领全体民警严格按照市委市政府、区委区政府的安排部署，在上级公安机关的坚强领导下，在市、区两级人大的监督和大力支持下，牢固树立"四个意识"，按照"对党忠诚、服务人民、执法公正、纪律严明"的总要求，始终坚持从严治警、科技强警、制度管警，开拓创新工作思路，以执法规范化建设为抓手，以实现公平正义为目标，坚持公平、公正、文明、规范的执法理念，有力推动了大队各项工作的有序开展，维护辖区道路交通安全、畅通，服从服务于辖区经济建设，不仅被授予"运城市文明单位"，多次被省公安厅评为"全省先进大队"，而且先后被省劳动竞赛委员会、省公安厅荣记集体二等功。

1 文明执勤
2 交警大队雨季救援（1）
3 交警大队雨季救援（2）
4 交警大队进入校园宣传安全出

# 运城市盐湖区消防大队
YUNCHENGSHIYANHEQUXIAOFANGDADUI

盐湖区消防大队隶属山西省运城市消防支队和盐湖区区委、区政府双重领导，下辖1个消防中队，分三个执勤点，现有指战员54人，专职文员25人，专职消防战斗员15人，执勤车辆8辆。职能依法对辖区消防工作实施监督管理，承担火灾扑救、特种灾害事故处置以及社会抢险救援等任务，是一支"对党忠诚，纪律严明，赴汤蹈火，竭诚为民"的队伍。

消防大队在关帝庙进行消防监督检查

消防大队在商场进行防火监督检查

消防大队领导检查机关防火工作

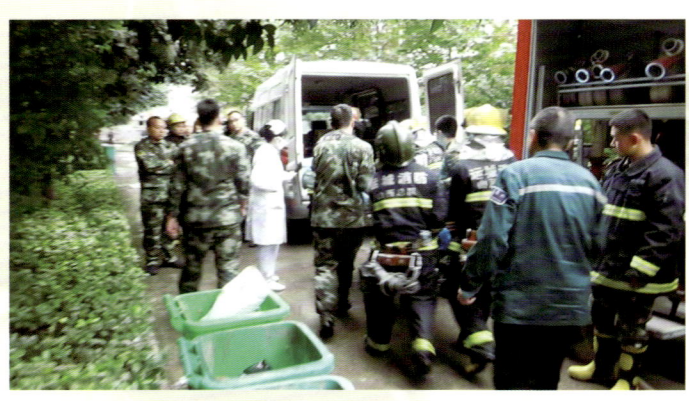
盐湖区城北高速车祸救援现场

盐湖区城北高速车祸救援现场

# 盐湖区交通运输局
## YANHUQUJIAOTONGYUNSHUJU

盐湖区交通运输局下属道路运输管理所、交通综合执法大队、交通征费稽查站、筑路工程公司、交通战备办公室5个事业单位和第二公共汽车公司、五洲实业总公司、特种运输起重公司3个企业单位，局机关内部设立办公室、道路股、生产股、政工股、道路养护管理股、行政审批办公室，全系统现有干部职工1100余人，其中离退休445人，党员92人，大中专以上文化程度的261人，具有专业技术职称的86人。

↑2017年3月9日盐湖区区长李哲（前排左四）深入运三高速连接线—虞坂古盐道改造工程进行现场指导，详细了解工程建设进展情况，并现场办公解决工程建设中遇到的实际困难和问题，区交通运输局局长景俊才前排左五）全程陪同。

↑2017年9月4日，运城市副市长王瑞宝（前排右二）和盐湖区区委书记王吉敏（前排右一）视察运风路。

→2017年12月14—15日，盐湖区交通运输局开展"学习贯彻十九大精神暨'四好农村路'业务知识培训"。

# 中国农业银行股份有限公司运城盐湖支行
ZHONGGUONONGYEYINHANGGUFENYOUXIANGONGSIYUNCHENGYANHUZHIHANG

中国农业银行股份有限公司运城盐湖支行，位于山西省运城市盐湖区人民北路77号，支行现有员工180人，内设四个管理部门、下辖八个营业网点。作为服务区域经济发展的主流金融机构，盐湖支行积极贯彻落实省、市分行工作精神，在农行运城分行党委的直接领导下，通过凝心聚力抓党建，昂扬奋进促经营，以"党建带队伍、文化促和谐、机制增活力、转型助发展"的工作思路，致力于打造"幸福盐湖、和谐盐湖、魅力盐湖、健康盐湖"。在各项工作的开展中，盐湖支行全面启动经营管理的核心动力，各项业绩呈现出跨越发展的良好局面，并得到了上级行的充分肯定：支行被评委"农总行基层党支部活动阵地示范点"，先后获得"山西金融五一劳动奖章""运城市支持地方经济最佳金融机构""运城市文明单位""2012—2017年度全国企业文化建设优秀单位"等荣誉。

农行运城分行行长段少华（左四）、盐湖支行行长李继华（右三）慰问运城武警支队

农行人助力高考学子

盐湖农行组织开展全民国家安全教育日宣传活动

盐湖农行开展"迎新春、对春联"单联求偶有奖活动，工作人员服务客户参与活动

# 盐湖区残联
## YANHUQUCANLIAN

盐湖区残联内设六股一室，分别为康复股、教就股、维权股、宣文股、组联股、政财股和办公室。下属单位有盐湖区残疾人劳动服务所。

盐湖区总面积1237平方千米，下辖7镇6乡9个街道办事处，279个行政村，88个社区。盐湖区总人口68万人，残疾人41638人，占6.04%，其中，视力残疾4289人，听力残疾8802人，言语残疾779人，肢体残疾15780人，智力残疾2340人，精神残疾2403人，多重残疾7245人，重度残疾3607人，贫困残疾人3096人。持证残疾人11906人。

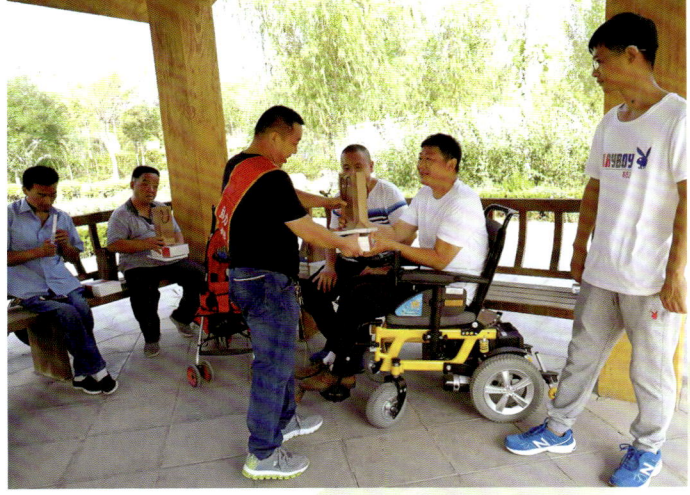

1　2017年3月14日山西省残联党组书记、理事长李亚明在盐湖医院调研精准康复工作
2　2017年7月22日盐湖区2017年残疾人文化周活动
3　2017年2月23日盐湖区残联"阳光托养"——精神、智力、重度残疾人政府购买托养服务试点工作正式启动
4　2017年9月11-14日盐湖区组团参加运城市残疾人田径锦标赛

# 盐湖区畜牧局
## YANHUQUXUMUJU

董起宏副主任带队检查奶牛养殖场

冯云副主任陪同市畜牧兽医发展中心领导检查奶牛养殖场

　　运城市盐湖区畜牧局是一个政府机构，下设办公室、业务科、改良站、防治站、动检站、牧草站六个科室，共同管理畜牧系统的管理经营。

　　单位职责做好全区畜牧系统机构设置和人员配备情况，促进两个文明建设。负责中心卫生、绿化、组织劳动安全保卫等工作。

　　掌握全区畜牧动态，搞好畜牧统计和上级各种报表。总结典型经验，发现问题及时汇报，为领导决策提供信息。

　　改良站负责全区优种畜禽的引进和调出工作。搞好各类畜禽的提纯和复壮，以及劣种畜禽的淘汰工作。积极推广黄牛冷配技术，做好冷配所需的器械、药品、液氮、精液服务工作。管理全区黄牛冷配站和本交站。负责区黄牛改良站和种猪场的技术指导及管理工作。做好全区养畜户的饲养管理、繁殖育种、技术指导和培训工作。搞好改良季报工作。掌握和了解各类畜禽发展动态和形势，收集和整理群众的养殖经验。

　　防疫站负责全区家畜家禽的防疫工作。负责全区个体兽医的培训考核管理发证工作。负责全区家畜家禽疫情的普查工作。负责畜禽疫情的扑灭工作。负责兽医人员的技术培训和管理工作。收集整理畜禽疫病防治的资料、文件、汇集成册。

　　动检站负责进入流通领域的畜禽及其产品的检疫和检验工作。抓好全区检疫人员的技术培训、考核和管理工作。负责对畜禽及其产品经营者的兽医卫生监督和管理工作。负责检疫中违章案件的查处。抓好五号病的监测和防范工作。

　　牧草站提供饲料最佳配方，组织配合饲料生产。负责全区牧草饲料种植、加工技术指导工作。搞好牧草饲料的统计报告。负责全区饲料质量的监测工作。搞好饲草饲料资源调查。抓好优种牧草的引进、推广和繁殖工作。

# 目 录

## 文 献

**经济工作报告**

**运城市盐湖区区委第十三届三次全体会议**

——在全区2017年经济工作会议上的讲话

中共运城市盐湖区区委书记　王吉敏 …… 1

**政府工作报告**

**运城市盐湖区第十六届人民代表大会第三次会议**

运城市盐湖区人民政府区长　李　哲 … 15

## 大事记

一月 ……………………………………… 30
二月 ……………………………………… 33
三月 ……………………………………… 35
四月 ……………………………………… 40
五月 ……………………………………… 43
六月 ……………………………………… 47
七月 ……………………………………… 50
八月 ……………………………………… 54
九月 ……………………………………… 58
十月 ……………………………………… 62
十一月 …………………………………… 66
十二月 …………………………………… 72

## 概 况

基本概况 ………………………………… 77
经济建设 ………………………………… 77
社会发展 ………………………………… 78
盐湖区四套班子领导人名单 …………… 80

## 乡镇办

东城街道办事处 ………………………… 81
西城街道办事处 ………………………… 84

1

| | |
|---|---|
| 南城街道办事处 | 86 |
| 北城街道办事处 | 88 |
| 中城街道办事处 | 89 |
| 安邑街道办事处 | 92 |
| 大渠街道办事处 | 95 |
| 姚孟街道办事处 | 96 |
| 车盘街道办事处 | 99 |
| 解州镇 | 100 |
| 龙居镇 | 102 |
| 陶村镇 | 105 |
| 泓芝驿镇 | 108 |
| 三路里镇 | 110 |
| 北相镇 | 111 |
| 东郭镇 | 113 |
| 上郭乡 | 115 |
| 王范乡 | 117 |
| 席张乡 | 118 |
| 冯村乡 | 120 |
| 金井乡 | 121 |
| 上王乡 | 123 |

# 政 治

| | |
|---|---|
| 组织工作 | 126 |
| 宣传工作 | 129 |
| 纪检工作 | 131 |
| 民族宗教工作 | 134 |
| 人大常委会工作 | 138 |
| 共青团工作 | 139 |
| 妇联工作 | 140 |
| 信访工作 | 142 |

# 军 事

| | |
|---|---|
| 人民武装部 | 145 |
| 消防工作 | 148 |

# 法 制

| | |
|---|---|
| 政法委工作 | 150 |
| 法院工作 | 152 |
| 行政司法 | 153 |
| 交警管理工作 | 158 |

# 农 业

| | |
|---|---|
| 农业生产 | 161 |
| 农业综合开发 | 162 |
| 粮食生产 | 164 |
| 畜牧 | 166 |
| 国土资源管理 | 167 |
| 果业 | 169 |
| 林业 | 171 |
| 农机 | 171 |
| 水利 | 172 |
| 引黄 | 176 |
| 蔬菜生产 | 176 |

## 工 业

商务 ·················· 178
招商引资 ·············· 181
城镇集体工业 ·········· 182
中小企业 ·············· 183
供销 ·················· 184

## 住建　环保

住房保障和城乡建设 ···· 187
建设投资 ·············· 192
公房管理 ·············· 193
环境保护 ·············· 195

## 交通　电力

交通运输 ·············· 197
电力 ·················· 205

## 财税　金融

政府财政 ·············· 207
国家税务 ·············· 211
地方税务 ·············· 213
农行运城盐湖支行 ······ 214
国贷 ·················· 218

## 经济管理

计划管理 ·············· 220
审计管理 ·············· 222
技术监督 ·············· 223
工商行政管理 ·········· 224
农村经济管理 ·········· 225
安全生产管理 ·········· 228
食品药品监督管理 ······ 231

## 产业园区

工业园区 ·············· 233
城西机电化工产业集聚区 ·· 235
高铁商务区 ············ 236

## 教育　科技

教育工作 ·············· 238
气象工作 ·············· 240
防震工作 ·············· 240

## 文化　文物　旅游

文化 ·················· 243
有线广播电视 ·········· 247
文联工作 ·············· 250
文物旅游 ·············· 251

档案工作 ………………………………… 253

## 卫 生

卫生工作 ………………………………… 255

## 社 会 生 活

民政优抚 ………………………………… 259
扶贫工作 ………………………………… 262
老龄工作 ………………………………… 264
残联工作 ………………………………… 266
人力资源和社会保障 …………………… 268
体育事业 ………………………………… 271

# 文 献

# 经济工作报告

## 在区委经济工作会议上的讲话

——在全区 2017 年经济工作会议上的讲话

中共运城市盐湖区委书记　王吉敏

（2018 年 1 月 22 日）

同志们：

新年新气象，击鼓又催征。今天，我们召开区委经济工作会议的主要任务是，全面贯彻党的十九大精神，深入学习贯彻习近平新时代中国特色社会主义经济思想和中央、省委、市委经济工作会议精神，总结 2017 年全区经济工作，部署安排 2018 年经济工作。关于今年经济工作的重点任务，李哲同志待会要作具体安排。现在，我就一些重要问题讲几点意见：

**一、回顾总结 2017 年经济工作，以崭新的精神风貌踏上新的征程**

2017 年，是新一届区委团结带领全区广大干部群众，撸起袖子加油干的一年，是围绕幸福盐湖建设，齐心协力开创新局面的一年。一年来，我们高举习近平新时代中国特色社会主义思想伟大旗帜，深入贯彻习总书记视察山西重要讲话精神，认真落实省委、市委重大决策部署，以打造区域功能性中心城市为目标，以实施现代服务业、实体经济、全域旅游发展三大推进计划为路径，促使盐湖经济稳步健康发展，社会各项事业有序推进。全年地区生产总值预计完成 242 亿元，增长 7%；规模以上工业增加值完成 11.6 亿元，增长 5.6%；固定资产投资完成 91.2 亿元，增长 15%；财政总收入完成 26 亿元，增长 3%；一般公共预算收入完成的 8.7 亿元，增长 1.2%；社会消费品零售总额完成 245 亿元，增长 7%；

城镇常住居民可支配收入预计完成29542.7元，增长7%；农村常住居民可支配收入预计完成11484.7元，增长8%。全区经济企稳回升、稳步向好，实现了总量、增速双提高。

（一）回顾2017年的经济工作，主要特点是"四个更加"：一是在"稳"的基础上，高质量发展的步伐更加坚实。2017年，全区战略新兴产业增加值占工业增加值的8.7%；高新技术制造业增加值占工业增加值比重为6.1%，比全市高1.4个百分点，为下一步我区经济向高质量转变打下了坚实的基础。二是三次产业协同发展，经济结构更趋合理。全年粮食总产量达1.8亿千克，特色农业经济效益不断放大，一二三产融合步伐加快；工业经济增速企稳回升；第三产业比重略有增加，现代服务业步入上升通道。三是科技创新型企业成为引领经济发展的新军，发展势头更加强劲。2017年，合并后的工业园区和文化产业园区，科技创新型企业产值占到园区总产值的53.3%，这为我们申报国家高新技术产业园区，坚定了信心，奠定了基础。四是转型综改工作扎实推进，改革的动力作用更加凸现。在全市率先试行企业投资项目承诺制，实行无审批管理；开发区"三化三制"改革基本完成；县乡医疗机构一体化改革取得突破；简政放权继续有效推进，各项改革落地生根，市场主体的能动性明显增强，经济社会的发展活力充分迸发。

（二）回顾2017年经济工作，值得总结的做法有四条。一是围绕新发展理念，立足盐湖实际，主动谋事，制定了前瞻科学的发展思路。2017年，我们坚持"三圈经济""四大融合"发展战略，聚焦现代服务业、实体经济、全域旅游，提出三大推进计划，找准了目标定位，谋划了科学路径。二是紧盯目标任务，解决突出问题，务实干事，推出了扎实有力的发展举措。我们坚持问题导向和目标导向相统一，着眼于解决发展中存在的突出矛盾和问题，出实招、做实事。全区从上到下，层层做表率，层层抓落实，各项工作强力推进。三是坚持团结是大德，凝聚全区干部群众的智慧和力量，真诚共事，形成了强大的发展合力。我们坚持用幸福盐湖的奋斗目标凝聚共识，集聚智慧，汇聚力量。区四大班子心往一处想，劲往一处使，倾心竭力服务转型发展；广泛调动一切积极因素、激发一切创造活力，在全区形成了"上下联动、齐抓共管、众志成城推动发展"的奋进局面。四是鼓励干部担当作为，快干实干会干，勇于成事，取得了人民共享的发展成果。我们健全完善了教育培训、选人用人、考核激励、关心关爱、合理容错等五项干部工作机制，突出正向激励，不让"洗碗者"承担"打碗"的责任，促使全区党员干部敢于作为、勇于成事，更好履职尽责，用辛苦指数换来了经济社会的发展指数和人民群众的幸福指数。

（三）分析当前的经济形势，充分认识我们面临的严峻挑战。总结成绩让我们提振精神、增强信心，但若找不准发展的瓶颈，看不清面临的挑战，那将是十分危险的。全区上下必须清醒地认识到，至少有五个方面的问题，值得我们深思和重视：一是快速立体交通的"双刃剑"。随着高铁、航空的快速发展，人们出行的频率更高、距离更远，最近运城到成都、青岛的高铁相继开通，又新增到南宁、南昌航线，消费外流的范围更大，"虹吸效应"如影随形，这对我们来讲是个巨大的挑战。二是实体经济薄弱的现状还没有得到根本改变。拿市委、市政府的实体经济"三个发展计划"来说，全市29家虎榜企业，我区仅有同天翔、博鸣木业两家，连1/13都达不到，产值上也排名靠后。三是环保倒逼转型引发阵痛。进入秋冬季以来，时不时雾霾锁城。我区作为主城区，作为环保监测的国控点，许多企业被迫停产、建筑工地全面停工。由于没有给企业留下引导预期的足够时间，对一些中小企业的发展造成了很大困难，下一步招引项目的难度将会不断加大。四是优秀企业家队伍不够强大。我区的企业以民营企业为主导，虽然数量众多，但大企业凤毛麟角，专精特新中小企业零零散散。企业家队伍不大，优秀企业家少之又少。五是营商环境亟待改善优化。当前区域经济的竞争，不再是区位的竞争，而是环境的竞争、观念的竞争、服务的竞争。近年来，虽然我区政务环境大为改善，但一些职能部门搞业务不是以政策利好服务企业，而是以政策要求束缚企业，营商大环境还有待进一步改善。

问题是时代的声音。进入新时代，踏上新征程，面对新挑战，要求我们必须转变旧观念、树立新思维、焕发新斗志、展现新风貌。区委号召全区广大党员干部群众，要传承和发扬"解放运城"的战斗精神，全区"一盘棋"，攻坚"一股劲"，团结"一条心"，迎着困难上，不惧"火焰山"，抢占制高点，拼在当下，干在实处，开创经济工作的新局面。

**二、以习近平新时代中国特色社会主义经济思想为指导，牢牢把握经济工作的正确方向**

放眼世界，中国的发展"风景这边独好"。辉煌成就的取得，根本在于以习近平同志为核心的党中央的正确领导，在于习近平新时代中国特色社会主义经济思想的科学指导。中央经济工作会议，明确提出并阐明习近平新时代中国特色社会主义经济思想，明确推动高质量发展这一根本要求，坚持稳中求进工作总基调，系统谋划打好三大攻坚战等重点工作，为做好今后一个时期的经济工作注入思想引领力和实践推动力。习近平新时代中国特色社会主义经济思想的内容十分丰富，内涵十分深刻，主要体现为"七个坚持"。一是坚持加强党对经济工作的集中统一领导。二是坚持以人民为中心的发展思想。让改革发展成果更多更公平惠及全体人民。三是坚持适应把握引领经济发展新常态。坚持正确政绩观，不简单以生产总值论英雄。四是坚持使市场在资源配置中起决定性作用，更好发挥政府作用。有效激发各类市场主体活力。五是坚持适应我国经济发展主要矛盾变化完善宏观调控。把供给侧结构性改革作为主线推向深入。六是坚持问题导向部署经济发展新战略。七是坚持正确工作策略和方法。提高各项决策和调控的针对性和精准度，保持战略定力、坚持久久为功、坚持底线思维，坚决防范各种风险特别是系统性风险。这"七个坚持"是一个紧密联系、科学系统的理论体系，既是指导我们把握经济大势和发展方向的认识论，也是指导我们开展经济工作实践的方法论。全区各级领导干部必须切实学懂、弄通并贯彻到具体实践中，保证经济工作始终沿着正确的方向前进。

省委经济工作会议指出，全省经济工作要"把牢一条主线，聚焦三大目标"，坚持高质量发展。"把牢一条主线"，就是把深化供给侧结构性改革与深化转型综改试验区建设结合起来，作为经济工作的主线。"聚焦三大目标"，就是建设资源型经济转型发展示范区，打造能源革命排头兵，构建内陆地区对外开放新高地。要突出基础性改革，着力激发转型发展内生动力；突出创新驱动，着力培育转型发展新动能；突出金融助推和区域发展的协同性、联动性和整体性，围绕"转型项目建设年"，把更多的金融资源配置到新产业新动能上。要坚持以人民为中心的发展思想，在经济发展和共创共享中，努力给人民群众带来更多获得感、幸福感、安全感。要加大力度实施乡村振兴战略，打好脱贫攻坚战；提升基本公共服务水平，全面保障和改善民生；加强环保倒逼转型发展，打赢蓝天保卫战，搞好生态系统治理修复，为人民群众提供更多优质生态产品。

市委经济工作会议指出，要以"改革抢先机，发展站前列，各项工作创一流"为总要求，以"走进新时代，建设大运城"为总抓手，紧紧扭住"转型综改、改革开放、实体经济、项目建设"四个重点，努力走出无煤少煤市转型发展的新路子、内陆地区对外开放的新路子和新型工业化、城镇化、农业现代化融合发展的新路子，推动全市经济增长保持中高速、全省排位保持中上游、产业发展迈上中高端，促进经济社会持续健康发展。市委要求，要加快推动经济高质量发展，不断突出实体经济、三产服务业和项目建设；要坚定不移深化改革、扩大开放，突出抓好开发区、国企国资、财税体制、民营经济等基础性改革；加快建设现代农业强市，着力提高一般公共预算收入、城镇居民人均可支配收入、农村居民人均可支配收入"三大收入"水平，稳步推进民生事业发展，全力维护社会安全和谐稳定；要坚持和加强党对经济工作的领导，进一步健全完善党领导经济工作的体制机制，着力提升领导经济工作的专业化能力，进一步锤炼狠抓落实的过硬作风，扎实做好2018年经济工作。

今年的中央经济工作会议是全面系统贯彻十九大精神，是贯彻落实习近平新时代中国特色社会主义经济思想的一次十分重要的会议。学习贯彻中央经济工作会议精神，省委和市委分别在经济工作会议上，对全省和全市的经济工作进行了全面的安排部署。中央、省委和市委的经济工作会议精神，特别是习近平新时代中国特色社会主义经济思想，就是我们做好今年全区经济工作的基本遵循。只要我们坚持正确的发展方向，沿着科学的发展路径，下大力气抓好落实，就能在经济发展上创出一片新天地。

**三、贯彻新思想，把握新要求，明确我区今年经济工作的总体思路和目标任务**

2018年，是贯彻落实党的十九大精神的开局之年，是改革开放40周年，是决胜全面建成小康社会、实施"十三五"规划承上启下的关键一年，是我们围绕"走进新时代，建设大运城"、提速幸福盐湖建设进程的攻坚之年。

"不谋全局者，不足谋一域"。进入新时代，我们要找准发展坐标，就要研判形势，顺势而谋，因势而动。从国际经济形势看，全球物价水平温和上升，总需求不断提高，国际贸易增速加快，消费品市场不断扩大，投资信心不断增长，WTO（世界贸易组织）、IMF（国际货币基金组织）等主要国际组织对今年世界经济都持乐观预期。世界银行最新一期《全球经济展望》认为，全球经济将在2018年迎来全面复苏。从国内看，我国经济总量在2017年首次突破80万亿元。随着中国制造向中国创造转型，供给侧结构性改革的继续深化，就业规模的持续扩大，人口消费红利的不断释放，"一带一路"建设的积极推进，尤其加上今年中央经济工作会议推出的系列调控政策，让中国经济更被看好。从省内看，习总书记视察山西时明确指出，山西经济由"疲"转"兴"。国发42号文件精神、转型综改试验金字招牌等红利集中释放，政策环境进一步优化；国企改革力度持续加大，民营经济加快发展，干事创业氛围更加浓厚，市场主体活力不断增强，形成了强劲的转型态势，迎来了山西经济发展的春天。从全市看，运城在位居晋陕豫黄河金三角区域合作示范区中心的基础上，相继被列入中原城市群、关中平原城市群，政策叠加优势更加明显，经济发展实现了重大历史性转折，工业和三产服务业拉动经济增长的动力进一步增强，经济呈现出稳中有进、稳中向好、稳中向优的良好态势。机遇抓住了就是良机，错失了就是挑战。面对大好形势，我们一定要紧紧抓住大有可为的历史机遇期，确定奋斗目标，明确工作任务，一步一步扎实往前走，一件事一件事努力往前推。

2018年全区经济工作总的指导思想是：深入学习贯彻党的十九大精神，以习近平新时代中国特色社会主义经济思想为指导，加强党对经济工作的领导，坚持稳中求进工作总基调，坚持新发展理念，坚持高质量发展，坚持以人民为中心，按照省委"一个指引、两手硬"的重大思路和市委"改革抢先机，发展站前列，各项工作创一流"总要求，围绕"走进新时代，建设大运城"的安排部署，以建设区域功能性中心城市、提高首位度为目标，以"三圈经济""四大融合"为总体发展谋划，大力推进改革开放，推动质量变革、效率变革、动力变革，加快实施现代服务业、实体经济、全域旅游发展三大推进计划和乡村振兴战略，团结带领全区广大干部群众主动谋事、务实干事、真诚共事、勇于成事，促进经济转型发展，为建设幸福盐湖奠定更加坚实的基础。

今年经济发展的主要预期指标是，地区生产总值增长7%以上，规模以上工业增加值增长8.5%左右，固定资产投资增长10%以上，社会消费品零售总额增长7.5%左右，一般公共预算收入增长6.5%，城乡居民可支配收入增长分别是7%、7.5%以上，与GDP增长基本同步。确定这样的目标，主要有四方面的考虑：第一，这是坚持稳中求进的必然要求。地区生产总值增长7%以上的增速目标，是把握我区发展阶段性特征，科学研判形势后制定的，就是要在确保"稳"的基础上，力争发展得更快更好。第二，这是实现中高速增长的必然要求。市委提出了经济增长保持中高速、全省排位保持中上游、产业发展迈上中高端的要求，我们要在完成上级目标的基础上，实现我区的高质量发展，其实7%的增速并不高；这也是为了给转型综改、环保倒逼和深化改革预留一定的空间。第三，这是彰显中心城区作用的必然要求。作为主城区，我们享受的改革红利和优惠政策既早又多，随着城市基础设施建设加快，城市功能增强，区位优势将进一步发挥，有利于完成增速目标。这不仅是一项经济指标，也是一项政治任务，我们应该有这样的担当。第四，这是践行"勇于成事"的必然要求。区委号召全体党员干部"勇于成事"，用积极的态度对待发展，就要"跳起来摘桃子"，用超常规的新举措新办法，实现超常规的发展。

做好2018年全区经济工作，要贯彻高质量发展的根本要求。把推动高质量发展与推动转型综改有机统一起来，将目光真正从数量、速度转向质量、效益，大力推动质量变革、效率变革和动力变革，不骄不躁、求是求实，使转型发展的过程成为高质量发展的过程。要落实稳中求进工作总基调。加快改革步伐，增强发展动力，将稳中有进重点落在"进"上。要坚持以创新驱动发展。始终把创新摆在全区发展的核心位置，不断推进科技创新、文化创新等各方面创新，全面推进大众创业、万众创新，让创新成为推动社会发展的强劲动力。要把握深化改革的工作主线。坚持以综改为牵引、供改为动力，把先行先试作为以改促转的灵魂和突破口，着力弥补短板，持续将改革创新思想渗透到全区各项工作任务中，推动我区转型发展不断达到新水平。要坚决打好防范化解重大风险、精准脱贫、污染防治三大攻坚战。这是跨越非常规的经济发展阶段特有的关口，是决胜全面建成小康社会必须补上的短板，必须增强紧迫感和责任感，下大决心，用硬功夫，全力以赴打赢三大攻坚战。

**四、坚持高质量发展，在实施三大推进计划和乡村振兴战略上聚焦发力**

去年年初，区委十三届三次全体会议作出决议，围绕"三圈经济""四大融合"的战略谋划，实施现代服务业发展推进计划、实体经济发展推进计划和全域旅游发展推进计划。也就是说，把实施三大推进计划作为"三圈经济""四大融合"的抓手和推进路径。一年来，区委、区政府精心组织，深入调研，认真制定了三大推进计划的详细实施方案，多次征求人大代表、政协委员以及各方面的意见，使方案得到了很好的完善。制定方案的同时，对已经想好了的、经过论证是可行的项目和工作，强力高效向前推进，已经产生了明显的发展效果。党的十九大提出乡村振兴战略，充分体现党中央对"三农"工作的洞察和重视。去年，我们从一二三产融合的理念出发，尤其是为了更好地通过"旅游＋农业"的模式推进"三农"工作，将"三农"工作融入了全域旅游发展推进计划。今年，贯彻落实党的十九大关于乡村振兴战略的部署要求，区委对"三农"工作进行了专门的研究，并决定把全区经济工作的推进路径，确定为三大推进计划和乡村振兴战略。区委经济工作会议之后，还要专门召开农村工作和扶贫攻坚会议，对实施乡村振兴战略进行详细的安排部署。

**（一）围绕现代城市经济，强力推进现代服务业发展壮大。**"城市，让生活更美好。"要立足中心城区的站位，贯彻"走进新时代，建设大运城"的战略部署，着力发展现代城市经济，打造首位经济，进一步增强对周边的辐射力、吸引力和拉动力，把我区打造成为晋陕豫黄河金三角地区人流、物流、信息流聚集中心，努力建设成为中原城市群和关中平原城市群的重要节点城市，提升"大运城"核心区的形象。具体要在"三个突出"上做文章。

**一是强存量，突出传统服务业提档升级。**大力推进服务业供给侧改革，增加服务有效供给，提升服务供给水平，全方位满足市民和游客的消费需求。要改造提升传统的商业板块，科学规划，合理布局，建设一批多元化服务的城市综合体和连锁经营的商业项目。引导零售企业合理集聚，打造特色商业街区，提升住宿、餐饮等服务业层次和水平。

**二是优增量，突出发展新兴服务业态。**强化新兴服务业整体规划、行业整合和空间布局。发挥优势资源，植入国内外一流的高端幼教、学历后教育、医疗、卫生、康养等业态，进一步提升城市品质，增强带动能力。大力发展总部经济、保险金融、文化创意、咨询服务、研发设计、知识产权服务等高端服务业态，引进国内外有一定知名度的企业、机构入驻。鼓励在制造、金融、商务、家居等重点行业和领域开展人工智能应用，大力发展智慧金融、互联网医疗、智慧家居等产业。精准把握分众化需求，加快推动传统产业与大数据、云计算、物联网等融合渗透，打造信息共享平台，推进资源要素有序流动，共建共享。扶持发展电子商务、服务外包、科技服务、人力资源等对转型升级带动较大的产业，形成现代服务业与先进制造、新材料、生物医药等优势产业融合发展新格局。

**三是抓重点，突出现代综合物流体系建设。**紧抓黄河金三角铁路物流园项目，加快综合物流体系建设，促进传统物流向现代物流转变，以物流产业拉动全区经济社会发展。要注重抢抓先机，及早谋划，高标准规划黄河金三角铁路物流园配套产业链条,优化资源配置,合理引导预期,建设一批功能齐备的商贸物流中心;要注重发挥枢纽优势,利用铁路、公路和航空立体交通优势,既强化与西安、郑州等大中城市互联互通,也注重对周边县市、乡村辐射延伸;要注重提升效益,建立和完善社会化和专业化物流服务体系,引进先进管理技术,创新配送组织模式、经营模式。

(二)落实市委、市政府"三个发展计划",坚定不移地推进实体经济发展。实体经济是国家经济的本钱,也是地方经济的本钱。发展壮大实体经济,要紧扣市委、市政府提出的"龙腾虎跃""群星灿烂""凤还巢"三个发展计划,立足实际,发挥优势,补齐短板,在做大体量、提高质量、增强效益上下狠功夫。具体要切实做到"四个强化":

一是强化科技创新。科技创新是提高经济质量和竞争力的关键。以工业园区申报高新技术产业开发区为契机,全面加快科技创新。通过政策激励、金融扶持等手段,引导和激励企业提高价值创造能力,激发企业从"要我创新"向"我要创新"转变,在我区着力培育一批"瞪羚"企业。推动"产学研用"深度融合,促进创新链和产业链无缝对接。创新人才激励、评价、流动、服务等机制,优化人才发展环境。以建设国家级科技企业孵化器为契机,加强星河、盐湖等创新创业基地建设,加快科技成果转化和高新技术企业成长。鼓励支持企业引进"高精尖"技术,改造提升制药、水泵、风机等传统产业。

二是强化集群发展。以产业园区为载体,着力在补充、强化和延伸产业链上下功夫,构建分工专业化、技术高新化、合作网络化的产业集群。注重培育装备制造、生物医药、信息技术、新能源、新材料等战略性新兴产业龙头企业,引导中小企业与龙头企业开展深度合作,推动中小企业"专、精、特、新"发展,形成集约高效的产供销协作配套链,提升产业集群的整体水平。同时,依托龙头企业推动关联产业项目集中布局、集群发展,从上下游配套产业寻找突围空间,提升产业链价值,形成连接紧密、相互补充、合作共赢的产业集群体系。

三是强化梯队建设。全力实施"512"计划,抓大不放小,以成长型中小微企业、国家高新技术企业、上市培育企业为基础,打造"标准化扶持+个性化服务"模式,逐步培育扩大梯队规模。在同天翔、博鸣木业两家虎榜企业的基础上,加快企业梯次晋级步伐,为实现"512"计划夯实基础。要构建民营经济"小升规、规改股、股上市"梯次成长扶持机制,每年推动一定比例的民营企业进入更高层次梯队,着力在我区培育一批"独角兽"企业,促进重点中小微企业发展壮大。

四是强化精准招商。今年是省委、省政府确定的"转型项目建设年",省委经济工作会议明确要求,招商引资签约项目开工率要达到26%,转型项目投资完成额要占全年固定资产投资的比重达60%,3月底前要策划包装推出一批战略性、可行性强的重大项目,时间紧任务重。我们要立足产业园区,围绕生物医药、机电化工、新材料等优势企业,以精准招商完善产业链条,发挥集群效应。瞄准前沿领域,引进高新技术企业,构建产业新体系,形成经济发展新动能。进一步巩固京津冀、长三角招商引智恳谈会的成果,加强沟通交流,积极对接项目,做到有意向的项目不签约不放松,签约的项目不到资不放松,到资的项目不开工不放松,开工的项目不投产不放松。

(三)依托优势资源禀赋,不遗余力地推进

全域旅游蓬勃发展。大家应该注意到，现在的旅游市场，已经跨过了过去观光游的旅游初级时代，圈起围墙收门票的经营模式远远不适应形势、不适应市场了。随着中国进入物质相对丰裕时代，社会主要矛盾发生了变化，旅游消费观念和行为已经普遍由浅层感官观光型，升级为深层心灵参与体验型，游客更多需要的是游、购、娱、吃、住、行六大要素，提升安、顺、诚、特、需、愉六大品质，全方位、多层次、高品质的旅游服务产品。推进全域旅游是贯彻落实新发展理念的现实要求，是推进旅游转型升级和可持续发展的必然选择。去年，我们在全域旅游方面做了大量工作，取得了明显的成效，全域旅游理念已经深入人心，成为发展共识。推进全域旅游发展，关键是要在"四个提升"上做工作。

一是提升观念。观念有了突破，思维实现创新，工作上才能跨越，实现质的飞跃。全域旅游是一个系统工程，要运用系统思维，树立融合理念，把生产、生活、生态各个层次都纳入全域旅游的大盘子中考虑，强化协作意识，组织各级各部门都主动参与进来，协作联动。坚持用联系和发展的眼光看问题，运用辩证思维，正确处理点与面的关系、因与果的关系，以点带面，以面促点，以打造景点、完善设施、优化环境推进全域旅游发展，用全域旅游发展带动环境改善、经济发展、群众富裕。立足具体实际，把握市场趋势，运用精准思维，突出分众化、针对性，在服务上追求标准、精细、到位，满足游客全方位、多层次的旅游需求。

二是提升颜值。进一步深化景区体制机制改革，做大做强关公文化产业园和舜帝公园，把"关公故里，德孝盐湖"的品牌打响，名片擦亮；立足我区农业资源优势，大力发展观光旅游、休闲采摘等生态旅游，以"花开盐湖"活动为引领，充分展示"春有百花夏有绿，秋有百果冬有景"的独特魅力；着力打造精品旅游线路，串珠成链、连点成线，真正实现点上出彩、面上开花，充分展示"盐湖美"。

三是提升内涵。既要在文化资源上深挖，也要在优化服务上用力。厚植关公忠义文化、舜帝德孝文化、盐文化等优秀传统文化资源，打造一批能够真正体现盐湖特色的标志性文化旅游产品；以开展民俗年系列活动为契机，整合特色美食资源，深挖民俗文化潜力，搭建传统艺术展示平台，让游客对盐湖有综合体验和深度感知；支持和加快袁家村·运城印象旅游项目进度，力争在"五一"前开园迎客；不断完善基础设施，加快建设智慧旅游体系，增强旅游的便利性和通达度；深入推进厕所革命，对景区公厕进行优化，在特色乡镇、美丽村庄新建或改建生态旅游厕所，把这项基础工程、文明工程、民生工程抓实抓好。

四是提升功能。"旅游+"是实现全域旅游的重要方法和路径，要积极发挥旅游业的拉动力、融合力和催化、集成作用，为相关产业和领域发展提供平台，插上"旅游"翅膀，形成新业态。通过旅游+新型城镇化，重点打造解州、三路里、东郭三个特色乡镇，推进特色旅游城镇建设；通过旅游+农业现代化，促进发展乡村旅游、休闲农业等现代农业新形态，实现"两个卖出去，一个收回来"，也就是把农产品卖出去，把农民的服务卖出去，把游客的钱源源不断地收回来；通过推进旅游+生态化，大力发展生态旅游，促进旅游与其他产业融合发展。需要强调的是，"旅游+"要通过人来实现，"+"的最终目的是为了更好地服务人。全域旅游发展既要考虑让游客游得顺心、放心、开心，也要让居民生活得更方便、更舒心、更美好，走共建共享道路。

（四）高起点科学谋划，全力推进乡村振兴战略的有效实施。党中央高度重视"三农"工作，党的十九大将推进乡村振兴提升到战略高度并写入党章，为新时代农村农业改革发展指明了方向、明确了重点。我们要按照"产业兴旺、生态宜居、乡风文明、治理有效、生活富裕"总要求，具体抓好"四个三"。

一是"三权分置"抓改革。深化农村土地制度改革，完善承包地"三权"分置制度，抓紧完成农村土地确权扫尾，进一步完善农村产权交易平台建设及农村改革各项试点建设工作，为构建现代农业产业体系、生产体系、经营体系奠定基础。

二是"三产融合"兴产业。立足农村一二三产业融合发展国家级试点，紧扣市上"一区五带"布局，围绕"三圈经济"做好产业发展规划；强化农产品精深加工、现代流通、乡村旅游和农村电子商务等产业业态的培育力度。搭建政策咨询、科技信息、贸易物流、金融服务等农业合作平台，择优聚力打造一批像中农乐这样真心搞农业、真正有实力、真情带农民的主体，带动产业兴旺，助力乡村振兴。同时，依托西张耿农民夜校等平台，狠抓农民职业技能培训，引领和帮助农民掌握农科技术，提高农业生产效率，实现增产增收。鼓励引导务工返乡人员、能人大户等重点群体发挥优势特长，拓展农民增收渠道，让百姓的口袋都鼓起来。

三是"三化同步"促融合。按照"化地、化村、化人""三化同步"的原则，走城乡一体化发展的道路。对全区314个农村，根据区位、产业、规模等情况，分为四个类型：一是园中村，让村庄变社区，农民变市民，融入城市。二是旅游村，有文化特色，有自然景观，有故事可讲，有体验的内容，发展乡村旅游，村庄变景点，农民变老板，全区要集中精力先打造10个村作为示范，花落谁家，那就要看谁家理念好、干部和群众的积极性高。三是纯农业村，发挥种植、养殖等产业优势，提高农业效益，打造美丽乡村。第四类就是要整合的村庄，主要指南北两山的一些小自然村，村庄整体搬迁，农民或并村、或入镇、或进城，腾出来的空壳村实施"老村复兴计划"，比如说席张乡的李家庄、东郭镇的刘范村，要打造成"老村复兴计划"的样本，在全区形成示范效应。要把四类村庄的道路、供水、供气、供电、供暖、排污等基础设施建设，教育、医疗、养老等公共服务设施建设以及生态建设和空间布局，进行统一规划、统一设计，因地制宜、分步实施。

四是"三治融合"强治理。健全自治、法治、德治相结合的乡村治理体系，发挥基层党组织领导核心作用，完善村民自治制度，发挥新乡贤等各类群体在乡村治理中的作用。放大"一村一警一律师"的法治效应，推进平安乡镇、幸福村庄建设。弘扬德孝文化、关公文化等优秀传统文化和文明风尚，加强精神文明建设，在全社会营造文明和谐氛围。

同志们，三大推进计划和乡村振兴战略，虽然各有侧重，但彼此之间是交集互动、融合联通的。如果把盐湖经济比作赛车，现代服务业、实体经济、全域旅游、乡村振兴就是四个驱动轮，四驱并进，相互依托，提档加油更凸显动能强劲。如果把盐湖经济比作列车，那么它们就是动车组，每节车厢都有动力，动力叠加，经济发展的速度更快，质量更好。融合是实施三大推进计划和乡村振兴战略的魂，每一项工作都"牵一发而动全身"。只有全区上下、各职能部门密切配合协作，只有在座大家敢于担当尽责，只有动员全区人民形成发展合力,才能让计划变成行动,让目标变成现实。

对我们区乡村三级来说,最要紧的是为经济发展营造良好的环境。环境就是竞争力,就是生产力。我们要树立"超级用户思维",把企业、商户等各个市场主体,当做"超级用户",提供超级的服务。具体要努力打造好"四个环境":一是打造良好的政务环境。围绕提高工作效能和服务质量,加快简政放权,落实"13710"工作机制。以"三基建设"为抓手,推进政务服务规范化标准化建设,实现"一站式"服务、"链条式"办公。特别是要全面实行企业投资项目承诺制、实行无审批管理,实施"互联网+项目审批",完善重大引资企业绿色通道。二是打造良好的社会环境。弘扬关公忠义诚信文化,建立健全社会信用体系,打造诚信盐湖;引伸德孝文化实践活动,以党风带政风促民风,建设和谐盐湖;持续开展社会治理"大起底、大排查、大调解、大处置"专项活动,完善社会治安防控体系,建设平安盐湖。三是打造良好的法治环境。以法治思维和法治方式,明确划定政府权力与企业权利的边界,推进政府职能转变。秉持法治精神和理性精神,逐步理顺司法执法的体制机制,打通法律服务"最后一千米",用一次次生动的普法和一桩桩公正的判决,让群众深刻认知法治内涵,切身感受公平正义,自觉维护法律权威。四是打造良好的生态环境。坚定信心和决心,坚决打赢污染防治攻坚战和蓝天保卫战,全力支持企业转型发展。总之,我们要打造一个环境友好型城市,让生活在这里的居民,让所有来投资、旅游、办事、甚至是过路的客人,真正地感到舒服、舒适、舒心,人人为她感到荣光,人人为她感到自豪。

对各位企业家来说,就是要大力弘扬优秀企业家精神。企业家是推动经济发展的主力军,是特殊的人才资本、稀缺资源。习总书记指出,我们全面深化改革,就要激发市场蕴藏的活力。市场活力来人,特别是来自企业家,来自企业家精神。优秀企业家是经济发展的脊梁,是我们实施三大推进计划和乡村振兴战略的关键。优秀企业家精神,更是我们推动经济发展的宝贵财富和力量源泉。大力弘扬优秀企业家精神,应当成为我们每一个企业家的思想品质和行动自觉。在今天的大会上,将要对我区进入虎榜的同天翔和博鸣木业两家企业,进行表彰奖励,目的就是要激励全区的企业家奋发有为,力争涌现出更多的经济发展"独角兽"。在去年10月份召开的推进实体经济转型发展大会上,我把企业家精神概括为"四心",就是雄心、匠心、诚心、爱心。这里我再次强调一下:雄心,就是指企业家的理想和抱负,是对企业的责任担当;匠心,就是企业家执著专一、坚守工匠精神的恒心,是对事业的责任担当;诚心,就是诚信的品质,是对市场的责任担当;爱心,就是饮水思源,回报社会,是对社会的责任担当。这"四心",希望在座的企业家大力弘扬,贯穿于企业发展的整个过程,更好发挥企业家作用。

**五、解放思想,进一步深化改革开放,为幸福盐湖建设提供新的动力**

历史和发展都充分证明,唯改革者进,唯开放者强,唯改革开放者胜。今年是改革开放40周年。改革开放不仅是决定当代中国命运的关键一招,也是我们未来经济加速转型、实现突破发展的根本动力。近年来,我区虽然在改革开放方面取得了一定的成绩,但与发达地区相比,还相对滞后。我们要清醒地认识到,盐湖发展滞后,主要原因是思想观念上的滞后;盐湖发展上的差距,最主要是深化改革上的差距。我们要把全面深化改革开放作为最大动力,切实运用好改革开放的"关键一招"。

用好改革开放"关键一招",首先要解决思想观念问题。习总书记指出:"要在全面深化改革上取得新突破,就必须进一步解放思想。冲破思想观念的障碍、突破利益固化的藩篱,解放思想是首要的。"没有思想的先导,就不会有行动的跟进。时至今日,仍有一些干部思想陈旧、求稳怕乱,缺乏改革开放的勇气和魄力。这与新时代的新要求完全脱节。我们要顺应时代要求,进一步解放思想、转变观念,以改革的精神、开放的勇气,敢于第一个吃螃蟹,做发展的"领跑人""排头兵"。

用好改革开放"关键一招",要狠抓改革措施的落实。这也是我国改革开放 40 年来取得巨大成就的一条基本经验。我们践行习近平新时代中国特色社会主义思想,就要坚决贯彻落实基本方略,坚持全面深化改革,努力扩大开放。要按照抢先机、站前列、创一流的标准要求,进一步完善改革思路、明确改革重点、强化改革举措,当好"施工队长""施工员"。开发区是经济发展的主战场,可以说是未来经济发展的希望。要盯紧高新技术产业开发区申报工作,加大城西机电化工产业集聚区和高铁商务区的开发力度,不断优化园区内部机制,为高新技术产业的发展壮大,为招商引资项目,搭建一个航母式的发展平台,把各个产业园区打造成为改革开放的窗口和经济发展的"尖刀部队"。按照市上要求,今年开发区改革的重点是全面对标转型综改示范区,在确保"三制"改革全部到位的基础上,进一步深化"三化"改革,努力在先行先试、招商引资、引领转型等方面取得大的突破。高新区(筹)的发展速度要确保比全区平均水平高 50%,生产总值、工业总产值、实际利用省外投资、税收收入等主要指标要保持年均增长 15%,战略新兴产业产值要占到园区总产值年均增长的 10%,全年至少开工 2 个投资超 5 亿元的产业转型项目,切实把开发区打造成全区经济的重要增长极和主引擎。

用好改革开放"关键一招",要坚持问题导向。当前,改革进入深水区,要奔着问题去,敢啃"硬骨头",出实招、求实效,勇当改革开放急先锋。我们要用改革破解发展难题,善于研究和解决工作中出现的新矛盾新问题,继续抓好"放管服效"、医疗卫生、城乡义务教育一体化等重点领域、关键环节的改革事项。要抢抓开放机遇,拓展开放领域,提升开放平台,优化开放环境,坚持"引进来"和"走出去"相结合,敞开盐湖区开放的大门,加快新时代开放发展步伐。

## 六、坚持以人民为中心,不断增强人民群众的获得感、幸福感和安全感

增进民生福祉是发展的根本目的,人民群众对美好生活的向往就是我们的奋斗目标。幸福盐湖建设,不是一句空洞的口号,而是有着丰富的内涵,特别是新时代赋予了其新的内涵。新时代,我们的幸福盐湖建设目标,主要包含五个方面的内容:一是努力建设风清气正、政通人和的新盐湖;二是努力建设质量提升、富有活力的新盐湖;三是努力建设崇德向善、安定和谐的新盐湖;四是努力建设交汇融合、包容自信的新盐湖;五是努力建设环境优美、生态宜居的新盐湖。

建设幸福盐湖的最终目的是为了保障和改善民生。围绕"幼有所育、学有所教、劳有所得、病有所医、老有所养、住有所居、弱有所扶",我们既要量力而行,更要尽力而为。要一件事情接着一件事情办,一年接着一年干。要优先发展

教育事业。加快教育现代化，推动城乡义务教育一体化发展，整合优质教育资源，推进教育公平均衡发展。要继续抓好梦想课堂、新样态学校建设和"小而美"联盟校试点工作，加强师德师风建设，提升全区教育质量和教学水平，办好人民满意的教育。把就业作为最大的民生。坚持就业优先战略和积极就业政策，大规模开展职业技能培训，以市场为导向打造特色劳务品牌，解决结构性就业矛盾；依托盐湖区创新创业基地，引导高校毕业生等青年群体、农民工创业，以创业带动就业，实现更高质量和更充分的就业，有效增加城乡居民收入。实施健康盐湖战略。深化医药卫生体制改革，加强医疗联合体建设，提高基层医疗机构服务水平，让老百姓更加便利地享有优质医疗服务。坚持预防为主，深入开展爱国卫生运动，倡导健康文明生活方式，预防控制重大疾病。积极推进养老事业发展，大力发展居家养老、社区养老，推动城乡日间照料中心提档升级，以优质服务确保老有所养。坚决打赢脱贫攻坚战。动员全社会力量，坚持精准扶贫、精准脱贫，坚持大扶贫格局，注重扶贫同扶志、扶智相结合，调动贫困群众脱贫致富积极性、主动性、创造性；坚决落实好扶贫政策，多渠道拓展扶贫方式，着力加强产业扶贫力度。加快城中村、棚户区改造步伐。结合市城区建设，在原王庄、岳坛村城中村改造的基础上，研究制定改造规划，有序扩展改造范围，大力推进改造步伐，进一步创造宜居环境。另外，坚持"房子是用来住的，不是用来炒的"的定位，配合支持有关工作，加快建立多主体供应、多渠道保障、租购并举的住房制度，完善促进房地产市场平稳健康发展的长效机制。推进平安盐湖建设。树立安全发展理念，健全公共安全体系，完善安全生产责任制，坚决遏制重特大安全事故，提升防灾减灾救灾能力；推进科技强警，建立对黑拐抢、暴恐邪、盗抢骗、黄赌毒等违法犯罪活动的常态化打击整治机制；进一步细化划小网格单元，层层压实责任，健全社会治安防控体系，实现群防群治；完善基础性管理，加强对流动人口、特殊人群服务管理，建立对城乡接合部、城中村等重点区域的滚动排查和常态整治机制，坚决消除治安盲点；充分发挥三级议事例会制度，坚持系统治理、依法治理、综合治理、源头治理，不断提高社会治理的法治化水平；健全依法维权和化解纠纷机制，依法处置缠访、闹访和非访行为。加快建设美丽盐湖。牢固树立社会主义生态文明观，构建政府为主导、企业为主体、社会组织和公众共同参与的环境治理体系。在环保治理过程中，特别是在大气污染综合整治上，要提前谋划，及早行动，切实解决好城乡群众取暖用电用气等问题，妥善安置好城乡群众特别是困难群众的生活问题；按照"四化六治一创""五改四好"要求，开展农村环境集中整治攻坚行动，加快补齐农村人居环境短板。加大植树造林力度，实施南山生态修复、万亩荒山造林、万亩干果经济林提质增效、美丽乡村建设四大工程。经过我们不懈的努力，要让我们的城乡人民群众，能够仰望湛蓝的天空、呼吸纯净的空气、置身美丽的家园，能够享受到公共服务的贴心便捷，享受到公共文化的丰富多彩，享受到邻里之间的和谐守望，享受到改革发展带来的美好生活。

**七、坚持和加强党对经济工作的领导，不断提高促转型促发展的能力和水平**

党政军民学，东西南北中，党是领导一切的。坚定不移推动盐湖高质量发展，就要坚持全面加强党对经济工作的领导，首要在抓方向，重点在抓机制，关键在抓队伍，最终要体现在抓落实上。

（一）加强党对经济工作的领导，要突出政治建设统领，把握正确方向。要把党的政治建设放在首位，突出政治功能，强化政治引领，牢固树立"四个意识"，坚持用习近平新时代中国特色社会主义思想武装头脑，坚决贯彻落实好中央、省委、市委和区委的各项决策部署。讲政治，最大的政治就是下级党组织服从上级党组织，最根本的职责就是全面、准确、系统地把上级党委的决策部署贯彻落实到位。在我区，确保经济沿着正确的方向发展，确保经济健康平稳运行，就是要在三大推进计划和乡村振兴战略上聚焦发力。

（二）加强党对经济工作的领导，要完善经济工作机制，从严制度建设。形成党委研究决策经济社会发展工作机制，定期分析经济形势，原则上区委常委会每季度召开一次经济工作专题会议。完善决策咨询机制，大兴调查研究之风，充分发挥盐湖智库作用，提高决策科学化水平。健全重大工作协调机制，理清砸实责任链条，强化动态监督管理。建立重点工作承诺制，明确责任到人，将任务落细落实、压紧压实。执行重大事项报告制，各级各部门对贯彻落实中央、省委、市委和区委重大决策部署和重点工作推进情况等，要及时向区委书面报告。完善督查检查考核问责机制，坚持常态化督查，实行考核指标和重点工作民主测评制，每半年对领导分管或包联工作，在区委常委会、区四大班子会上进行督查剖析、测评排名。

（三）加强党对经济工作的领导，要紧抓干部队伍建设，改进干部作风。高素质的干部队伍，是能干事、干成事的关键所在。我们要突出政治标准，进一步匡正选人用人导向，通过"三看一听"办法，在项目建设、招商引资和急难险重工作中发现干部、考验干部、甄别干部、使用干部，并通过精准开展培训教育，着力提高干部适应新时代、落实新部署、推动高质量发展的能力。要倡树激发干部快干实干会干，转变作风，促使担当作为，工作有时不我待、只争朝夕的紧迫感和责任感，在项目建设、服务发展上出实策、鼓实劲、办实事，善于突出重点、突破难点，负责任地完成工作任务。尤其是领导干部，一定要当好主心骨，无愧领头人，干字为先，勇于担当，在工作中接通天线和地气，疏通"中梗阻"，拆掉"隔心墙"，让企业家在干部的担当作为中放手经营、放心发展，让人民群众在干部的担当尽责中顺心工作、舒心生活，为幸福盐湖建设贡献智慧和力量。

（四）加强党对经济工作的领导，要全力以赴抓落实，力促工作见实效。一分部署、九分落实。各级党组织书记是落实工作的第一责任人。会后，各乡镇（街道）和各职能部门都要对照本次会议的部署要求，主动认领任务，分解目标责任，主要负责人要在《盐湖新闻》《今日盐湖》上表态发言，郑重作出任务量化、措施有力、时限明确的承诺，并上报书面承诺。半年向区委、区政府做出兑现落实情况汇报，年底总交账。要学习借鉴市委实行考核指标和重点工作末位分析解剖制的做法，定期对工作推进滞后的分管领导、职能部门以及乡镇（街道），采取自我剖析、督查剖析等形式，督促有关领导和相关部门单位从主观方面找原因、想对策、定措施，切实传导压力、鞭策后进。我们就是要让大家负起责任，认真对待每一天，认真干好每件事，坚持以钉钉子的精神，下真功夫、硬功夫抓好工作落实，以实际行动，把高质量发展这一根本要求落到幸福盐湖建设的每一步。

同志们，幸福是奋斗出来的，做好2018年经济工作需要全区70万人民群众团结一心，共同奋斗。让我们以习近平新时代中国特色社会主义经济思想为指导,在省委、市委的正确领导下,以永不懈怠的精神状态和一往无前的奋斗姿态,扎实进取,克难攻坚,推动经济高质量发展,走好转型发展新征程,开创建设幸福盐湖的新局面!

# 政府工作报告

## 在运城市盐湖区第十六届人民代表大会第三次会议上的讲话

运城市盐湖区人民政府区长 李 哲

(2018年3月22日)

各位代表：

现在，我代表区人民政府向大会报告工作，请予审议，并请各位政协委员和列席人员提出意见。

**一、2017年工作回顾**

2017年，是我区经济社会发展进程中极不平凡的一年。面对复杂多变的经济形势、艰巨繁重的改革任务，我们认真贯彻党的十九大精神和习近平总书记视察山西重要讲话精神，落实国务院42号文件，按照市委"改革抢先机，发展站前列，各项工作创一流"的总要求，在区委的正确领导下，团结带领全区人民，砥砺前行，锐意进取，经济建设迈上了新台阶，社会事业取得了新成绩。全年地区生产总值完成246.1亿元，增长7%，占全市的18.4%；规模以上工业增加值完成11.6亿元，增长6.6%；固定资产投资完成91.2亿元，增长15%；财政总收入完成26亿元，增长3%；一般公共预算收入完成8.7亿元，增长1.2%，占全市的13%；社会消费品零售总额完成245.5亿元，增长7%，占全市的32.6%；城镇居民人均可支配收入完成29432元，增长6.6%；农村居民人均可支配收入完成11379元，增长7%。圆满完成预期目标。

一是着力提质增效，现代农业稳步推进。全年粮食播种面积60万亩①，总产1.8亿千克。水果总面积35万亩，总产70余万吨，出口3.8万吨，同比增长303%。新增家庭农场11家，规范发展合作社50家。新栽树木319万株，绿化面积1.8万亩。完成王范片区高标准农田建设9000余亩。孙坞站北扩、峨嵋分干二期工程新增灌溉面积6万亩；北赵引黄末级渠系配套工程基本完工，新增灌溉面积6.7万亩。凯盛现代循环农业、阜民"中央厨房"、双季槐深加工等产业链条不断延伸。王范甜瓜、龙居红香酥梨等十个标准示范园全部建成。中条山皂荚、涑水河休闲农业、峨嵋岭双季槐三大万亩农业带初步形成。荣获"国家农村产业融合发展示范园""国家级出口食品农产品质量安全示范区""全国农业全产业链开发创新示范区"。农业部确认我区农业基本实现现代化。7月19日，省委书记骆惠宁同志深入三路里调研视察，对种植双季槐引导群众脱贫致富的做法给予充分肯定。

二是加快转型升级，工业经济持续向好。实施"512"发展计划，重点培育45家优势企业，同天翔、博鸣木业产值突破10亿元，登上"虎榜"。投资3.6亿元，实施天海泵业、石药银湖等9大技改项目。加快"五小企业"发展，新增小微企业345家，新增同杰化学、解义电泵等

---

① 注：1亩≈666.67平方米

规上企业5家，凯盛肥业、格瑞特建材被评为"专精特新"企业，黄河新型化工、宏安翔被授予省级中小企业技术中心。工业园区科技中心被认定为省级科技孵化器，同邦创业基地被评为省级创业基地，星河创业基地被评为国家级"双创"基地。关心关爱在外务工人员，建立"三账三制"管理平台，为4万余名在外人员提供精准服务。成功举办京津冀、长三角招商引智恳谈会，签约项目24个。成立盐湖智库，设立吴建平院士和赵沁平院士工作站，新增黄河新型化工博士工作站。中农乐、鑫中大等6家被认定为高新技术企业。实施品牌战略，注册商标406件，认定德龙肥业、合盛兴泵业等7个山西省著名商标，安运风机、海顺线缆等6家企业荣获山西省名牌产品。

三是注重多元发展，现代服务业势头强劲。正达广场、黄河世纪、解放路地下商业综合体、大润发时代超市开门营业，新增营业面积6.5万平方米；优衣库、哈根达斯等知名品牌店入驻运营。电子商务、智慧物流等新业态快速发展。"小二便利网"用户数量达到6.8万家，日营业额超过6万元；乐村淘体验店覆盖到247个行政村；山西七品建成103个平价蔬菜销售点。"花开盐湖"系列活动成功举办；舜帝公园、牛庄红色教育基地、民俗文化旅游年系列活动，受到广泛赞誉，全域旅游亮点纷呈。全年共接待游客723万人次，增长25%，实现旅游总收入243.7亿元，增长28.4%。

四是坚持蹄疾步稳，深化改革初现成效。取消行政审批64项、行政职权7项，清理规范中介服务26项。启动企业登记全程电子化改革，发出全市首张电子营业执照。开发区"三制"改革采取公开招聘、竞争上岗，实现全员聘任。区乡村医疗机构一体化改革走在全省前列，在国务院新闻办公室发布会做经验介绍。推广集团化办学，"小而美"联盟，促进城乡教育均衡发展。梦想课堂模式在全国推广。整合资源，科学布局，优化结构，办人民满意的教育。舜帝公园管理权、经营权实现"两权分离"。完成76万亩土地承包经营权、91.7平方千米农村集体建设用地和宅基地确权登记。转变投资模式，吸引社会资本，古盐道林网绿化试点成功，实现合作共赢。

五是聚焦群众期盼，民生福祉不断提升。1163户3001人实现脱贫，4个贫困村顺利摘帽。12000余名贫困群众和2500名农村重度残疾人免费享受医疗保险。完成4.2万名老年人免费健康体检、7444名怀孕妇女免费产前筛查、695名贫困妇女免费"两癌"检查。转移农村劳动力6277人，城镇新增就业5011人，安置就业困难人员348人，建档立卡农村贫困劳动力精准培训超额完成。投资4.5亿元，圣惠小学等5所新建公立学校开学招生，红军小学挂牌成立，新增学位10920个。运城中学、解州中学等5所公办高中完成标准化建设。50辆校车投入运营，解决了19个乡镇3000余名农村学生接送问题。148所中小学师生安全饮水全部解决。113所学校配备安保人员。完成61个村、647台农灌变压器、218千米供电线路改造。岳坛城中村改造扎实推进。古盐道建成通车，179条小街小巷完成改造，群众出行更舒心。开展城乡环境卫生综合整治，投资8598万元，清运垃圾14.7万吨，拆除违建2.6万平方米，污水减排499吨，清理面源污染2.7万处。投资200万元，完成解州、东郭等6个乡镇垃圾中转站建设。投资500万元，购置环卫机械车辆。引入第三方评估，形成长效管理机制，城乡面貌发生明显变化。环保治理，全民参与，奋力攻坚，铁腕治污，141件环境突出问题得到有效解决，22家工业企业实行错峰生产，取缔关停"散乱污"企业111家。清理回购散煤8462户、1.15万吨，清洁能源置换5839吨，秋冬季大气质量明显改善。送戏下乡180场。盐湖剪纸等6项民间艺术列入省级非遗名录。舞蹈《当你老了》荣获山西省群星奖，区蒲剧团被评为全国服务农民、服务基层文化建设先进集体，泓芝驿余林农家书屋荣获全国基层图书发行单位先进集体。全民健身丰富多彩，荣获全国群众体育先进单位。

六是突出共建共治，社会治理成效显著。完善监管防控体系，强化隐患治理，各类生产经营性事故起数和死亡人数实现双下降，安全生产形势持续稳定好转。全面开展国家食品安全示范城市创建工作，确保人民群众"舌尖上的安全"。全区刑事案件下降22.5%，治安案件下降11%。全省执法规范化、打击制毒犯罪，全市创新社会治理三个现场会在我区召开。建立公共法律服务平台，实现农村、社区、企业法律援助免费咨询全覆盖，"七五"普法取得新进展。突出问题源头化解，实行包案包办工作机制，有效预防化解社会矛盾纠纷。314个村、112个社区"两委"换届圆满完成。成立新乡贤理事会，加强农村社会治理。开展舜帝德孝、关公忠义等优秀传统文化传承实践活动。景靠喜家庭荣获全国文明家庭，区地税局荣获全国文明单位，复旦小学荣获全国文明校园，北城初中荣获全国未成年人思想道德先进单位。

七是切实转变作风，自身建设全面加强。深入推进"两学一做"学习教育常态化制度化和"维护核心、见诸行动"主题教育。严格落实中央八项规定精神和国务院"约法三章"。主动接受监督，办理市、区人大代表建议112件，市、区政协委员提案141件，办复率100%，满意率100%。坚持依法行政，落实行政首长出庭应诉制度，培训行政执法人员400人，受理行政复议案件22件，审查各类规范性文件40件、重大事项协议合同61件。持续开展"干部入企服务"，帮助企业排忧解难。认真落实"13710"工作机制，办理事项132项，提高政府工作的效率和执行力。

同时，武装、审计、档案、气象、地震、残联、老龄、民族宗教、妇女儿童等工作都取得了长足发展。

各位代表！这些成绩的取得，根本上靠的是习近平新时代中国特色社会主义思想的科学指引，是市委、市政府和区委正确领导，区人大、区政协和社会各界有效监督、大力支持，全区广大干部群众辛勤付出、同力奋进的结果。在此，我代表区人民政府，向全区人民，向各位代表和委员，向各民主党派、工商联和无党派人士，向驻盐部队、政法干警，向所有关心支持盐湖发展的各界朋友，表示崇高的敬意和衷心的感谢！

在肯定成绩的同时，也要清醒地看到，我区发展仍然面临着不少困难和挑战：解决总量性、结构性、素质性矛盾仍需长期努力。城乡发展不平衡、农村发展不充分问题比较突出。实体经济效益不高，工业经济体量小，规上企业数量少，缺乏"独角兽"带动企业。农业大而不强，优质农产品占比不高，产业链条不长，深加工龙头企业偏少，产业体系、经营体系、服务体系还不完善。现代服务业发展不足，新模式、新业态滞后，与人民美好生活需要和城市经济发展需求不适应。社会民生事业还有不少短板，公立托幼园所数量不足，"择校热"仍然存在。主城区集中供暖比例较低，大气污染治理问题突出。政府职能转变还不到位，少数干部慢作为、不作为，服务意识不强，工作作风不实等。对这些问题，我们既要清醒认识、勇于面对，又要找准症结、善于破解，以舍我其谁的使命担当、只争朝夕的精神状态、扎实有力的办法举措，尽心竭力做好工作，绝不辜负人民重托！

**二、2018年工作总体要求**

2018年是贯彻落实党的十九大精神的开局之年，是改革开放40周年，是决胜全面小康、实施"十三五"规划承上启下的关键一年。做好今年政府工作，要全面贯彻党的十九大精神，以习近平新时代中国特色社会主义思想为指导，按照省委"一个指引、两手硬"的思路要求，落实市委"走进新时代，建设大运城"的决策部署，在区委的坚强领导下，瞄准建设区域功能性中心城市、提高首位度目标，围绕"三圈经济""四大融合"战略谋划，全面实施三大推进计划和乡村振兴战略，大力推进改革开放，推动质量变革、效率变革、动力变革，创新社会治理，切实改善民生，主动谋事、务实干事、真诚共事、勇于成事，为建设幸福盐湖奠定更加坚实的基础。

**主要预期指标**：地区生产总值增长7%以上；规模以上工业增加值增长8.7%以上；固定资产投资增长10%以上；社会消费品零售总额增长7.5%左右；一般公共预算收入增长6.5%左右；城乡居民人均可支配收入分别增长7%和7.5%以上。城镇调查失业率、城镇登记失业率分别控制在6%、4.2%以内。

**约束性指标**：万元地区生产总值能耗、二氧化碳排放量、用水量降幅、主要污染物减排、细颗粒物（PM2.5）浓度下降、劣Ⅴ类水体比例等指标，按照省、市下达的目标任务，确保全面完成。

以上目标，是按照稳中求进总基调要求，立足实际，结合速度、效益、结构、动能四个维度的同步协调、相互支撑确定的。目前，财政状况虽有所好转，但由于开发区改革、司法体制改革和社会事务刚性支出扩大，全年新增财政支出1.4亿元，收支矛盾仍然突出，我们要坚持过紧日子，严控一般性支出，把有限的财力更好地用于为发展增添后劲，为民生补齐短板。

做好今年政府工作，一是要牢牢把握高质量发展。由高速增长阶段转向高质量发展阶段，既是转变发展方式、优化经济结构、转换增长动力的攻关期，也是政府主动作为、乘势而上的关键期。我们必须深入贯彻新发展理念，坚持质量第一、效益优先，推动实体经济、科技创新、现代金融、人力资源协同发展，提高全要素生产力，推动盐湖经济实现新的跨越。二是要牢牢把握以人民为中心思想。全心全意为人民服务是党的根本宗旨。我们必须顺应人民群众对美好生活的向往，把增进人民福祉，作为一切工作的出发点和落脚点。要着力解决群众反映强烈、人民热切期盼的矛盾和问题，确保在教育、医疗、养老、公共服务等民生领域投入只增不减，真正让群众分享改革成果和发展红利，切实增强获得感、幸福感和安全感。三是要牢牢把握城乡统筹推进。这是解决不平衡、不充分发展的根本所在。我们必须认真落实市委建设大运城、率先发展中心城区的战略部署，优化社区网格化服务，配合完善城市功能，协同提升城市管理。城乡统筹，一体发展，更要扎实推进乡村振兴战略，做优做强主导产业，持续增加农民收入，加快建设美丽乡村，让城乡居民共建共享幸福盐湖。四是要牢牢把握国家政策机遇。当前，我们面临国家转型综改试验区、黄河金三角产业转移示范区、中原经济区、关中城市群和国务院42号文件的政策红利；省级财力向基层倾斜、向民生倾斜、向重大项目倾斜的政策导向；市级层面加大中心城区基础设施和公共服务投入的这些机遇。抓住了就是良机，错失了就是挑战。我们必须紧跟对接，用足用活用好，争取更多的政策支持、项目支持、资金支持，切实把政策机遇转化为发展优势和经济支撑。

**三、2018年工作安排**

围绕全年目标任务，我们要坚持问题导向、效率导向、责任导向，迎难而上，积极作为，重点抓好七方面工作。

**（一）培育新型业态，推动现代服务业提质增效**

一要促进基础性服务业优化升级。推动网络基础设施建设，实现城乡4G全覆盖，提速降费，让群众更便捷实惠。对蔬菜、家电、农资等专业市场规范管理、优化服务，发挥辐射带动作用。按照城市总体规划，新建、改建高标准农产品集贸市场。启动中欣产城融合体项目建设，力争喜盈门、红星美凯龙、奥特莱斯、永辉超市、"好又多"等项目签约落地。引导新象城、正达广场、黄河世纪、购物中心等商业综合体调整经营结构，丰富业态，提升品质。打造金鑫、建国、鸿桥等十佳精品酒店，隆兴面食馆、重庆小天鹅等十佳精品餐饮店，河东家宴、北相胡卜、解州泡馍等十佳地方特色餐饮店，满足不同层次消费需求。

二要支持生产性服务业发展壮大。发挥"铁公机"交通枢纽作用，整合物流企业、物流通道、运输装备等存量资源，完善现代物流体系。推动黄河金三角铁路物流园、新联盟物流等项目建设。政府成立电商推进领导组，发挥协会作用，为具有规模的200余家电商企业搭建平台。重点支持小二便利网、七品优鲜等总部注册在盐湖、辐射带动力强的电商企业发展。加快金融保险、咨询策划、创意设计等新兴业态发展。鼓励农商行启动主板上市，延伸服务网点，实施普惠金融，扩大服务规模，支持"三农"和小微企业发展。推动运城同赢、清海科技等咨询机构，开展产权咨询、质押融资和项目评估等外包服务。支持房地产企业、保险机构持续健康发展。

三要扩大公共服务有效供给。鼓励引导社会资本参与公共服务领域投资、建设和运营，提供多样化公共产品和服务。充分发挥现有1638家文化企业，25000余名手工艺人、文化名人等从业者作用，挖掘、保护、发展民间传统文化产品，做大文化产业。支持有代表性的工作室、文化骨干企业，发展广播电视、文化艺术等产业，丰富群众文化生活。规范管理92家民营医疗机构，提高医疗质量和服务水平，打造特色专科医院。充分发挥193家民办学校作用，规范民办非学历教育机构。引导河东一中、学院附中创办优质高中，鼓励龙翔技校、商贸学校等强化职业教育。对接英华国际学校，引入高标准教育服务综合体，缓解公共教育资源不足。

**（二）实施创新驱动，推动实体经济高质量发展**

一要聚力项目建设，加快园区发展。委托北京长城企业战略研究所，完成盐湖高新技术产业开发区战略规划与产业发展规划，抓紧申报山西省高新技术产业开发区。城西机电化工园总体规划、产业发展规划、规划环评，5月底编制完成。各园区重点抓好招商引资和转型项目建设，对通用航空、静脉产业园、新能源汽车等前期项目，积极跟踪对接，推动签约落地；对年产30万吨糊树脂、3D打印等签约项目，主动对接企业，搞好协调配合，力争早日开工；对中兴大数据、新高泽岩棉等在建项目，列出任务清单，专人跟进包联，尽快建成投产。年内至少引进两家投资5亿元以上产业转型项目落户，园区战略新兴产业产值要占到总产值年均增长的10%以上，真正成为项目建设大平台、经济发展新引擎。

二要聚力梯次推进，实现"龙腾虎跃"。积极争取省、市技改资金，支持水泵、风机、制版等企业引进新装备、运用新技术，增强核心竞争力。依托铝镁合金基地，支持同天翔、中磁科技等新材料企业，向高端化、规模化发展。支持寰烁科技、宏安翔等企业"两化"深度融合；支持润玖科技、天海泵业成为智能制造试点企业。重点扶持"512"培育企业，博鸣木业、同天翔年产值力争达到20亿元，南风化工、中磁科技年产值力争达到10亿元，石药银湖、国新能源等4家企业年产值力争达到5亿元，海顺线缆、品冠机壳、大华精工、宝路加、奇星农药、双马焊材等6家企业年产值力争达到1亿元。

三要聚力精准服务，打造"群星灿烂"。对全区5000余家小微企业建立信息库，进行系统规范管理，加大培育力度，年内新增5家规上企业。以星河"双创"基地为示范，完善"1+8"孵化平台，为小微企业成长提供发展空间。支持理想启智创业孵化基地，成为省级"双创"基地。支持盐湖、皓翔、华曦广场创新创业基地，成为市级"双创"基地。投资3亿元，建设可容纳2000余名创业者办公的理想创业大厦。搭建企业家学习交流平台，提供参观考察、外出培训机会，与北大、清华等高校合作，筛选100名企业家进行菜单式、精准化培训，提高企业现代化管理水平。

四要聚力关心关爱，助力"引凤还巢"。完善在外务工人员管理服务平台，发挥三类组织作用，建立三级服务机制，对4万余名在外人员，及时跟进、精准服务。突出"抓两头、带中间"，采取"订单式、输出地、输入地"等方式，技能培训1800人，转移就业5200人，变输出劳力为输出技能。建立服务网站，按照标识统一化、流程标准化、管理规范化，帮助盐湖特色餐饮、劳务服务，打造品牌，走向全国。在广州、成都举办招商引资洽谈活动，在北京、上海等地建立商会、协会，加强与在外高端人才、优秀企业家沟通对接，吸引创新思维、先进理念、市场信息等资源回流，鼓励在外人员返乡创办企业45家。

五要聚力科技创新，积蓄发展动能。深化产学研合作，鼓励企业对接大专院校、科研院所，加快新产品开发及新技术应用。支持佳宇丰建立院士工作站，寰烁科技、格瑞特建筑申报省级工程技术研究中心，鸿翔、飞宇等5家企业申报市级企业技术中心，国新能源、瓦屋科技等5家企业申报高新技术企业。全面落实企业税收优惠、企业研发费用加计扣除等优惠政策，促进企业技术进步和创新平台建设。启动"拨改投"工作，政信担保重点支持科技创新企业，提供融资担保4.5亿元。设立专项资金，重奖自主创新、自主研发。年内完成发明专利申请166件，发明专利拥有量达到170件。

**（三）整合资源要素，打造全域旅游盐湖品牌**

一要发挥龙头景区带动作用。依托我区丰富的自然资源、文物资源、文化资源，打造盐湖品牌。积极引入社会资本，盘活优化舜帝公园，新建生态停车场、星级室内厕所，打造民俗文化实景演艺剧场，推动高台花鼓等非遗演出常态化。加快关公文化旅游产业园区发展，建设"关公故里"标志性建筑和游客服务中心，推进关公文化体验园项目建设。实施关帝家庙周边祭祀广场、关公大戏台、景区公园、道路修建等工程。加快硝池滩综合开发、北门滩生态修复，提升辐射带动力，推动旅游产业发展。

二要发展特色乡村旅游。整合自然风光、农耕文化、休闲农业等资源，打造3个特色乡镇、3条乡村旅游线路。三路里镇依托万亩双季槐基地，举办特色体育赛事；东郭镇依托刘范古村改造，打造农家客栈、度假庄园；解州镇围绕关帝庙景区，创建全国特色小城镇。打造北部"上郭桃园山庄—三路里双季槐—上王牛庄"，南部"盐池—袁家村·运城印象—九龙山—东郭艺莲园"，西部"金井会荣庄园—解州关帝庙—席张玫瑰园"3条乡村旅游线路。推动常平、牛庄、郭店、雷家坡等10个美丽乡村完成建设、投入运营，形成集休闲、观光、住宿、餐饮、农事体验于一体的乡村旅游格局。

三要提供多元旅游供给。举办文化创意产品大赛，开发关公、舜帝、盐文化等特色产品。依托剪纸、蒸花馍等民俗文化，在寒暑假开展研学游活动；依托盐池、凤凰谷、九龙山等山水资源，布局房车、帐篷营地，建设窑洞民宿，发展环湖徒步、登山、骑行等体育休闲活动。组织"五一"彩虹音乐节、舜帝后裔祭祖、春节庙会等旅游黄金周活动。举办"花开盐湖"系列活动、"盐湖美"摄影大赛、第三届关公国际文化旅游节、关公文化全球楹联征集活动、第九届舜帝德孝文化节等大型活动，提升盐湖旅游国内外知名度。

四要提升整体服务功能。委托山西省文旅集团，编制《盐湖区全域旅游规划》。积极参加旅游宣传推介会，在高铁等人员密集场所开展全方位、立体式宣传推介。在运城北站、运城中心汽车站，成立"盐湖旅游集散中心"，开通旅游公交专线，提高景区景点通达率。选择10家规模大、品质优的农家乐，进行规范管理、评星挂牌。完善旅游标识、公厕、自驾露营等基础设施。加强市场监管，提升服务水平，营造"安、顺、诚、特、需、愉"的旅游环境。

**（四）致力乡村振兴，加快农业农村现代化步伐**

一要科学制定乡村振兴战略规划。坚持城乡融合、一体设计、多规合一的理念，统筹考虑产业发展、人口布局、公共服务、土地利用、生态保护等，制定"1＋5＋1＋N"战略规划，形成优质资源、财政资金、科学技术、优惠政策向基层倾斜下沉的长效机制。"1"，就是编制乡村振兴战略总体规划；"5"，就是编制产业兴旺、生态宜居、乡风文明、治理有效、生活富裕5个专项规划；第二个"1"，就是编制体制机制创新专项规划；"N"，就是发挥乡村两级主体作用，在道路、排水、绿化、垃圾处理等方面，编制符合实情、因地制宜、简便易行、切实有效的具体规划。

二要优化现代农业产业体系。科学划定粮食生产功能区，稳定50万亩粮食播种面积，确保粮食安全。推进三大农业带产业建设。北部特色经济农业带，围绕双季槐产业，改造提升烘干储藏技术，启动西北农大芦丁提取项目，与瑞芝生物合作开发灵芝槐米茶。中部高产高效优质农业带，重点发展冬枣、酥梨、葡萄、甜瓜、韭菜、西红柿等优质农产品。南部生态观光农业带，主要做好皂荚灌改乔、荒山造林、高速通道绿化、核桃产业发展。推动一二三产融合发展，促进阜民"中央厨房"、凯盛杏鲍菇深加工、会荣庄园体验基地、北京便宜坊填鸭养殖基地加快发展。支持绿港、海升等龙头企业，培育新品种、推广新技术。支持农佰晟、鑫中大等9家企业规模经营，发展壮大。

三要完善现代农业生产体系。投资2000余万元，在冯村、王范连片建设2.5万亩高标准农田。实施引黄六干二支和七干一支复修工程，在陶村、冯村、北相10个村新增灌溉面积1万亩。推广普及无人植保机、大型弥雾机、移动式枝条粉碎机等新型机具，推进"智慧农机"建设。促进农业标准化生产，在金井大井建设联栋葡萄大棚示范园，在车盘西高玉建设300亩日光温室冬枣标准示范园，在龙居南化建设500亩温室冬枣标准种植示范园，在龙居王南建设100亩红香酥梨标准示范园，在龙居西张耿建设中农乐现代农业科技示范园，在东郭磨河建设200亩核桃种植示范园，在冯村新杜建设海升千亩苹果矮化密植示范园，在泓芝驿王过、孙余、郭半建设千亩酥梨标准示范园，在三路里墩张建设500亩红薯种植示范园。加强"三品一标"认证，新增绿色产品2个、面积1000亩，无公害产品5个、面积1万亩。开展农业清洁生产，推广高效缓释肥料、水溶肥料、低毒低残留农药，确保2020年化肥农药施用量零增长。

四要提升现代农业经营体系。依托西张耿农民夜校、中农乐综合服务中心，建立新型职业农民培训基地。投资160万元，开办双季槐、葡萄、冬枣等特色产业和电商培训班，完成1250人培训。制定家庭农场规范化建设标准，打造10家示范家庭农场，完善区级示范社认定管理办法，规范100家标准化合作社。实施农业品牌战略，扩大市场份额，提高农产品效益。鼓励幸福盐湖联合社、路露红合作社，在北上广等大中城市开设直销窗口；支持瑞杨合作社、海升果汁、新科太方，对接国际市场，扩大出口。盘活农村集体土地、房屋、校舍等资产资源，采取村社联建、村企联建、村村联建等方式，通过租赁、入股等形式，发展壮大农村集体经济。投资1400余万元，对五曹、沟西、赤社等10个村重点扶持，示范带动。

五要加快美丽宜居乡村建设。改善乡村基础设施，推进城乡互通互联、共建共享。举办城镇化建设专题培训班，组织部分职能部门和乡村主干外出参观考察，年内完成"两镇十村"规划编制。完成王马坟、岱家窑45户农村地质灾害安置搬迁工作。实施刘范、李家庄等"老村复兴计划"。投资1372万元，改造东庄桥、霍赵桥，为54千米县乡公路安装防护设施。持续抓好农村环境卫生综合整治，突出"四治六化一创"，建立启迪桑德考核评价体系，大力开展"厕所革命"，推进衣被叠好、柴草堆好、畜禽管好、卫生搞好"四好工程"，确保农村环境卫生整治常态化、规范化。践行社会主义核心价值观，弘扬优秀传统文化，培育文明乡风、良好家风、淳朴民风，健全自治、法治、德治相结合的乡村治理体系，提升乡村文明程度和治理水平。

各位代表，农业强、农民富、农村美，是全面建成小康社会的历史任务。我们一定要紧紧抓住发展现代农业、增加农民收入、建设社会主义新农村三大任务，加快推进乡村振兴，让农民成为有吸引力的职业，让农业成为有奔头的产业，让农村成为安居乐业的幸福家园！

**（五）精准科学施策，坚决打赢三大攻坚战**

一要强化金融监管，打好防范化解重大风险攻坚战。坚决落实省、市防范化解重大风险的安排部署，持续做好防范、打击和处置非法集资工作；强化融资性担保机构、小额贷款公司的日常业务监管；着力化解企业担保链问题，健全企业诚信体系，打击恶意逃废金融债务，改善金融生态。贯彻落实积极的财政政策，推进我区国有投资公司市场化经营，建立政企分开、责权分明的管理体制。恒舜通、水投、教投、旅投规范运行、聚力增效，与运城农商行战略合作，创新投融资体制，增加授信额度，降低融资成本，支持项目建设，服务经济发展。确保政府债务控制在合理区间，坚决守住不发生系统性、区域性金融风险的底线。

二要坚持精准发力，打好脱贫攻坚战。坚持精准扶贫、精准脱贫，确保4000名贫困人口稳定脱贫，6个贫困村顺利摘帽。加大产业扶贫力度，投资400万元，对贫困户种植、养殖项目，分类分标准给予资金扶持，发挥扶贫资金最大效益。做好保障性扶贫，投资150万元，解决上王乡垣峪村、郭村贫困群众饮水安全问题；完成全区82户贫困家庭的危房改造、危窑搬迁；投入170万元，贫困人口全部免费享受医疗保险，全部享受"136"医疗保障政策。实行扶贫与低保"两线合一"，符合条件的贫困人口应保尽保。注重扶贫与扶志扶智相结合，开展技能培训，全年培训贫困劳动力1500人次，拓宽增收渠道，确保稳定脱贫。

三要践行绿色发展理念，打好污染防治攻坚战。全面完成煤改气、煤改电任务，扩大集中供暖覆盖范围，杜绝劣质散煤销售使用；中心城区和工业园区淘汰35蒸吨以下燃煤锅炉，取缔营业性燃煤小锅炉，生物质锅炉全部改气改电。禁止垃圾、秸秆露天焚烧，淘汰黄标车，清理取缔"散乱污"企业。增加洗扫和喷雾降尘频次，减少扬尘污染。开展"清水行动"，全面落实"河长制""湖长制"，实施水环境治理。投资2600万元，完成高新区污水处理中水排放管道建设。开展第二次污染源普查，做好土壤污染状况调查。打击私挖滥采，整治石料厂，淘汰砖瓦土轮窑。推行城乡垃圾分类处置试点，促进垃圾减量化、资源化、无害化处理。持续开展国土绿化行动，实施荒山造林1000亩、皂荚灌改乔1000亩、古盐道、南绕城高速路通道等十大造林绿化工程，完成绿化面积1万亩，森林覆盖率提高一个百分点。

各位代表，生态环境是最普惠的民生福祉。我们要以最坚定的决心、最严格的管理、最有力的举措，锲而不舍地推进大气污染治理，久久为功地加强生态保护修复，让污染远离我们，让天蓝、地绿、水清惠及人民群众，造福子孙后代！

**（六）深化改革开放，为经济社会发展提供强劲动力**

一要扎实推进企业投资项目承诺制改革。抓紧出台《盐湖区企业投资项目承诺制工作方案》，建立政府靠前服务、企业信用承诺、事中事后监管的管理模式。按照清单告知、平台办理、流程再造、规定时限、收费管理、多图联审"六统一"要求，围绕供地、开工、竣工、投产等关键节点，发改、国土、环保、住建等相关部门尽快细化完善，科学编制流程。对28项行政审批事项简化合并，联审联批，进行机制重塑。建立各类市场主体信用等级评价机制，推行"黑红名单"制度，对失信行为实行联合惩戒，对守信者开通优先办理、简化程序等"绿色通道"。

二要深化农村农业改革。贯彻落实中央"保持土地承包关系稳定并长久不变，第二轮土地承包到期后再延长三十年"精神，年内完成农村土地承包经营权颁证工作。探索宅基地"三权分置"，完善农民闲置宅基地和闲置农房政策，禁止城里人到农村买宅基地盖房子。启动农村产权制度改革试点工作，年内完成上王垣峪、北相振新庄等10个村清产核资。用好农村承包土地经营权抵押贷款试点政策，发挥大舜兴农投资基金、山西新农贷等投融资平台作用，让更多的资金流向农业农村。

三要深化"放管服效"改革。加快商事制度改革，推进证照分离，实行企业登记注册全程电子化，各类"证"能减则减、能合则合，压缩企业开办时间，开放企业住所登记条件，降低市场准入门槛。对照省市要求，坚持放管结合、放管并举，对保留的事项减少审批环节；对承接的下放事项，确保接住接好。大力发展"互联网+政务"，实现政务服务事项全流程网上办理，最大限度简化办事程序，让数据多跑路，群众和企业少跑腿。加快"盐湖之家"政务服务大厅建设，力争年底投入运行，实现一窗受理、联合办理、限时办结、便捷高效。

四要深化县乡医疗卫生机构一体化改革。完善运行机制，建立医疗集团现代化管理制度，健全行业监管和绩效考核体系。推进"人员、行政、财务、业务、绩效、药械"一体化建设。每个乡镇卫生院新增1名全科医生，村卫生室一体机全覆盖，做实做细家庭医生签约服务。开展专家定期巡诊、家乡医生故里行，下沉优质资源，促进医疗服务同质化。投资500余万元，推进乡镇卫生院信息化全覆盖，配备心电、放射等设备，建设基层远程会诊中心，依托"互联网+医疗"，实现就近检查、医院诊断、基层治疗。探索医疗向健康教育和医养结合两端延伸，推进村卫生室与老年人日间照料中心融合发展，在席张、三路里等4个乡镇卫生院建立康养中心。投资450万元，打造北城社区卫生服务中心、上郭、龙居乡镇卫生院。加强基本公共卫生服务和疾病预防控制，实现重治疗向重预防转变。

**（七）全力抓好民生社会事业，提升人民群众获得感、幸福感和安全感**

一要优先发展教育事业。推进优质教育均衡化，逐步缓解"择校热"。加强学前教育，组建三大实验幼教集团。整合二中、三中、五中、解州中学教师资源，实现集团化办学。投资840万元，强化农村学校基础设施建设，探索农村学校新型办学模式。投资1200余万元，为运城中学理想分校配备教育教学设施。加强师资队伍和师德师风建设，投资500余万元，培育优秀校（园）长30名、优秀教师150名。规范校外辅导机构，探索城区学校"四点半"服务项目，减轻学生校外负担。投资260万元，新建13所梦想中心，实现城乡学校全覆盖。在20所学校开展"新样态"实验项目，惠及中小学生2万人，让每一个孩子都享有公平高质量的教育。

二要繁荣文化体育事业。实施文化惠民工程，全年送戏下乡230场，"两馆一站"免费开放。打造解州、金井、泓芝驿、王范4个乡镇综合文化站示范点，提升乡村公共文化服务水平。实施乡村文化记忆工程，建立文化档案和数据库。传承弘扬优秀乡土文化，打造关公锣鼓、舞龙、抬阁、跑旱船等一批非遗精品。办好自行车赛、徒步行、马拉松等35项群众体育赛事，推动全民健身健康深度融合。投资260余万元，对8个城乡文体广场提档升级，更新60套健身路径，建设笼式足球场、灯光门球场，满足群众健身需求。

三要完善社会保障。全面落实全民参保计划，引导和鼓励进城务工、失地农民参加职工养老保险。落实高龄失能老人和重度残疾人困难补贴。新建龙居、东郭等10个"居保+"助农服务站。依法保障劳动者权益，开展专项检查，增加巡查频次，举报投诉案件结案率达90%以上。打造全市首家标准化仲裁庭，重点治理拖欠农民工工资问题，建设"无欠薪盐湖"。做好陶上村改造可研规划、调查评估、方案制定、项目融资等前期工作。启动原王庄城中村、公路局家属院棚户区等改造工作，完成岳坛村城中村改造。

四要强化社会治理。开展"三社联动"试点工作，推动社会治理重心下移、力量下沉、服务下倾。完成15个社区服务中心面积达标，确保活动场所500平方米的社区达到34个，提升社区配套服务功能。持续推进"大起底、大排查、大调解、大处置"活动,有效化解社会矛盾。加强公共法律服务体系建设,为群众提供普惠性、公益性法律服务。开展关公忠义、舜帝德孝优秀传统文化传承实践活动,充分发挥新乡贤、志愿者、协会作用,构建共治共建共享的社会治理格局。开展"扫黑除恶"专项行动,实施"雪亮"工程,维护社会和谐稳定。

五要狠抓安全生产。实施食品安全"1610"工程,打造1条餐饮食品安全示范街,完成6家食品生产企业安全管理体系认证,完成1000家"明厨亮灶"餐饮服务单位认定,确保重大食品药品安全零事故。坚持以铁的担当尽责、铁的手腕治患、铁的心肠问责、铁的办法治本。压实安全责任,实施问题隐患整改、重大隐患挂牌督办、追责问责、联合惩戒"四个清单"制度,确保安全责任、投入、培训、管理、应急救援"五到位"。深入开展交通运输、建筑施工、特种设备、危险化学品等行业的隐患治理。重点对城中村、公寓楼、出租房、老旧小区等人员密集场所进行整治。严密防控,扎实做好森林防火工作。坚决杜绝重特大事故,有效遏制较大事故,努力减少一般事故,确保人民生命财产安全。

各位代表,人民对美好生活的向往就是我们的奋斗目标。今年,我们将围绕群众关注的热点难点问题,重点办好十件惠民实事。

一是开展全民技能提升工程。重点围绕农村进城务工人员、城镇失业人员、企业在职职工开展6大类职业技能培训,全年完成培训7450人。

二是继续做好农村育龄夫妇免费孕前优生健康检查。完成8900名孕妇免费产前筛查和诊断,590名建档立卡贫困妇女免费"两癌"检查。

三是实施残疾预防重点干预和残疾儿童抢救性康复项目。让所有重度残疾人(3802名)全部免费享受医疗保险,所有智力、精神残疾人(1949名)全部享受护理补贴。

四是完成中心城区190条巷道提升改造、365条巷道亮化工程,让全区乡镇和314个行政村所有主巷道全部亮起来。

五是在每个乡镇所在地,建设一座高标准公共厕所;每个乡镇,建设一座垃圾中转站。

六是投资3669万元,实施城乡一体化饮水提升工程。启动北城供水、东郭供水站改扩建,对三路里、上王、东郭等6个乡镇的7个村级水网进行改造。

七是投资7850万元,新建乡村道路91千米;投资4732万元,提质养护乡村道路58千米。

八是投资1.3亿元,新建1所九年一贯制学校,新增2所公立幼儿园,增加4300个学位。

九是投资5840余万元,大力实施乡村电力改造工程。完成上王、东孙坞等6个村46千米10千伏线路新建及改造;完成垣峪、杨包、太方等43个村100台配变、198.6千米低压线路新建及改造;完成上郭村1条35千伏线路,东郭、冯村、陶村3条10千伏线路和农村30个低压台区的大修技改项目。

十是对175家乡村日间照料中心实施提质工程,采取社会资本、集体经济、财政补贴多渠道筹资,联办、委托、补助多形式举办,分类管理,良性运转。在10个社区和住宅小区开展日间照料服务,让老年人生活更幸福。

各位代表,增进民生福祉是发展的根本目的。我们要把人民群众的小事当成政府的大事,抓住人民最关心最直接最现实的利益问题,一件接着一件办、一年接着一年干,让盐湖人民的生活芝麻开花节节高,一年更比一年好!

**四、全面加强政府自身建设**

打铁必须自身硬。完成今年目标任务，我们既要政治过硬，也要本领高强，锲而不舍加强自身建设，坚持不懈打造"五型"政府，更好地肩负起建设幸福盐湖的历史责任。

一要维护核心，坚持党的领导。坚决维护以习近平同志为核心的党中央权威和集中统一领导，始终在思想上政治上行动上同党中央保持高度一致。旗帜鲜明讲政治，牢固树立"四个意识"，坚定"四个自信"，做到"四个服从"。深入推进"两学一做"学习教育常态化、制度化，扎实开展"不忘初心、牢记使命"主题教育，锤炼党性修养，增强政治定力。不折不扣把中央、省委、市委的各项决策部署落到实处，按照区委确定的目标思路推进经济社会全面发展。

二要尊崇法治，坚持依法行政。敬畏法律，维护宪法权威，严格按法定权限和程序履行职责。领导干部要带头学法、懂法、守法，不断提高依法行政能力。坚决执行区人大及其常委会的决定决议，认真办理人大代表建议、政协委员提案和人民群众来信来访，主动接受区人大法律监督、工作监督，政协民主监督以及社会监督。全面落实政府法律顾问制度，做好行政复议和行政应诉工作，加强政府重大合同、规范性文件的合法性审查备案。加强执法队伍建设，严格公正文明执法。健全行政决策机制，保障重大行政决策科学、民主、合法，把政府工作全面纳入法治轨道。

三要实事求是，坚持诚信施政。发挥政府在社会信用体系建设中的引领作用，提升政府公信力。大力弘扬关公忠义文化和舜帝德孝文化，树立诚实守信意识，对既定的目标、确定的任务，要有诺必践、落实到位；对群众关注的事、期盼的事，要积极回应，如期兑现。要坚持实事求是，尊重客观规律，既尽力而为，又量力而行，不做表面文章，不搞短期行为。探索建立政府诚信考评机制，加强政府采购、招投标、招商引资等重点领域政务诚信建设，让讲诚信、守信用成为盐湖最好的营商环境。

四要勇于担当，坚持创新善政。创新是引领发展的第一动力。要善于转换思维，勇于破旧立新，以创新的理念指导实践，以改革的方法解决问题，在体制机制、优化服务上寻求新突破。落实国家机构改革要求，不断提高政府工作效能。深化简政放权，优化工作流程，该管的坚决管好，不该管的下放到位。将交警部门审车、审证、违章处理等部分职能下放到乡镇派出所，方便群众办事。鼓励支持社会力量参与社会公共服务。发挥行业协会作用，实现行业自我约束和监管。完善容错纠错机制，为担当者担当负责、为创新者撑腰鼓劲。

五要真抓实干，坚持高效勤政。践行"马上就办"，探索抓落实、讲效率的工作推进机制。以开展效能建设、工作达标、改善"五小"设施等10个专项行动为抓手，全面加强基层组织、基础工作、基本能力建设。推进政务公开，实施网络问政，坚决清理群众和企业办事的各类证明，没有法律法规依据的一律取消。强化督促检查，对重点工作、重点项目、民生实事落实情况进行跟踪问效。充分发挥"13710"电子督办平台作用，确保每项工作按时间节点落实到位。

六要干净自律，坚持廉洁从政。深入推进政府系统党风廉政建设和反腐败斗争，坚决贯彻落实中央"八项规定"实施细则精神，严肃整治"四风"问题新表现。加强财政预算管理，严格控制一般性支出，确保"三公"经费只减不增，集聚财力办实事。构建"亲""清"政商关系，有求必应，无事不扰，优化"六最"营商环境。加强审计监督，加大对重点行业、关键领域的专项治理力度，严肃查处侵害群众利益的不正之风和腐败问题。坚持无禁区、全覆盖、零容忍，支持纪检监察机关依法依规履行职责，推动干部清正、政府清廉、政治清明。

各位代表，新时代是奋斗者的时代。我们要以盐湖发展为己任，以人民幸福为追求，奔赴项目建设主战场，深入生产生活第一线，以饱满的激情，昂扬的斗志，争分夺秒地快干，心无旁骛地实干，干出好成色，干出好口碑，真正创造出经得起实践和历史检验的新业绩！

各位代表，新时代开启新征程，新使命呼唤新作为。让我们更加紧密地团结在以习近平同志为核心的党中央周围，在区委的坚强领导下，在区人大、区政协的监督支持下，紧紧依靠全区人民，不忘初心、牢记使命、锐意进取、埋头苦干，为决胜全面建成小康社会、谱写新时代幸福盐湖建设的壮丽篇章而努力奋斗！

**相关注释**

1. 中央厨房：是餐饮制造业的一种，泛指可以在单一用餐时间里，能够提供1000人份以上餐点，或是可同时提供不同地点2处以上餐饮场所的熟食供应，或是制造仅需简易加热的预制食材。采用巨大的操作间，采购、选菜、切菜、调料等各个环节均有专人负责，半成品和调好的调料一起，用统一的运输方式，赶在指定时间内运到分店。

2. "512"发展计划：支持培育工业企业发展壮大，力争三年内，全区年销售收入10亿元以上企业达到5家，年销售收入5亿元以上企业达到10家，年销售收入亿元以上企业达到20家。

3. "五小企业"：新兴小电商、名优小作坊、传统小工艺、绿色小食品、精细小制造。

4. "专精特新"企业：指具有"专业化、精细化、特色化、新颖化"特征的工业中小企业，企业规模符合国家《中小企业划型标准》的规定。

5. "双创"：大众创业、万众创新。

6. "三账三制"：《运城市盐湖区在外务工人员个人信息及在外兴业投资情况台账》《运城市盐湖区在外务工暨回乡创业服务需求台账》《运城市盐湖区在外务工人员联络关心关爱服务台账》3本台账；《运城市盐湖区在外务工人员管理服务办法》《运城市盐湖区在外务工人员管理服务工作考核办法》《运城市盐湖区返乡创业兴业激励奖惩办法》3项管理制度。

7. "三化三制"：是我省深化开发区改革的重要举措。即建立专业化、市场化、国际化的管理运行机制，实行领导班子任期制、全员岗位聘任制和绩效工资制。

8. "小而美"联盟：2014年11月，由21世纪教育研究院发起成立，指学生人数在200人以下的农村学校（或教学点），为了摆脱资源分配、学校管理、教师队伍建设、课程设置等困境，以"抱团取暖、共谋发展"的办学理念，自发联合成立的农村小规模学校联盟。

9. 梦想课堂：即在梦想中心设置的课堂。梦想中心是上海真爱梦想基金会核心公益产品，是一个集网络、多媒体、图书和课堂为一体，分布在各个偏远地区学校中的标准化教室，是一个承载素养教育使命的空间载体。梦想中心有着五年的服务期，主要是针对梦想课程的开设和教师提升的培训。我区于2013年引进该项目，目前已建成72所。

10. "两癌"：宫颈癌、乳腺癌。

11. "散乱污"企业："小"是指生产经营规模未达到产业政策准入门槛要求，"散"是指没有在工业园区内的企业，"乱"是指未批先建、未纳入规划、无序发展起来的企业集群，"污"是指未配套建设各类污染治理设施，或治污设施不具备达标排放能力的企业。

12. "七五"普法：中央宣传部、司法部关于在公民中开展法治宣传教育的第七个五年规划，简称"七五"普法。

13. "两学一做"：学党章党规、学系列讲话，做合格党员。

14. 国务院"约法三章"：一是政府性的楼堂馆所一律不得新建；二是财政供养的人员只减不增；三是公费接待、公费出国、公费购车只减不增。

15. 行政首长出庭应诉制度：根据《中华人民共和国行政诉讼法》第三条规定，被诉行政机关负责人应当出庭应诉。不能出庭的，应当委托行政机关相应的工作人员出庭。

16. "13710"："1"即当天要研究部署；"3"即3天内反馈办理情况；"7"即一般性问题原则上7天内要落实解决；"1"即重大问题包括一些复杂问题要在1个月内落实解决，确实解决不了的，要拿出解决的时间节点和方案；"0"即所有事项都要跟踪到底、销号清零。

17. "独角兽"企业：是指成立10年以内、估值超过10亿美元、获得过私募投资且尚未上市的企业，被认为是新经济时代科技创新的集中体现。

18. "三圈经济""四大融合"：按照生活、生产、生态三个层次，打造主城商业宜居圈、新兴产业集聚圈和观光农业生态圈，推进城乡之间、产城之间、三次产业之间和功能板块之间融合发展。

19. 国务院42号文件：2017年9月1日，国务院印发《关于支持山西省进一步深化改革促进资源型经济转型发展的意见》（国发〔2017〕42号），文件提出了转型的六大任务和168项具体工作，是党中央、国务院对山西转型发展的又一次顶层设计和强力推动。

20. "铁、公、机"：是铁路、公路、机场等基础设施的简称。

21. "龙腾虎跃"：是"运城市工业企业'五五五'转型发展计划"的简称，就是通过建立规上企业发展"龙虎榜"，制定鼓励和激励性的政策措施，实施领导干部包联帮扶、入企帮扶、入企服务，促进骨干企业迅速做大做强。力争到"十三五"末，全市百亿元以上规模企业达到5户，10亿元以上规模企业达到50户，规模以上工业增加值达到500亿元。

22. "群星灿烂"：是"运城市'五小企业'创新创业计划"的简称，就是在抓大企业发展的同时，也要集中精力扶持"绿色小食品、传统小工艺、精细小制造、名优小作坊、新兴小电商"等小微企业，为经济发展提供有力补充。

23. "凤还巢"：是"运城市在外务工人员关心关爱计划"的简称，主要是做好外出务工人员的系统管理和服务保障工作。

24. "两化融合"：是信息化和工业化的高层次深度结合，以信息化带动工业化、以工业化促进信息化，走新型工业化道路。

25. "拨改投"：是指整合区财政扶持产业发展的各种补助资金，通过股权投资方式实施拨款改投资，引导高新技术产业、战略性新兴产业、文化旅游产业、现代农业和现代服务业发展，提高企业自主创新能力，促进企业科技创新、产业转型升级的政策性扶持资金。

26. "安、顺、诚、特、需、愉"："安"，即旅游安全；"顺"，即旅途顺心、顺气、顺当、顺利；"诚"，即强化契约意识，诚实守信、货真价实、童叟无欺；"特"，即旅游产品有特色、有特质、有吸引力；"需"，即能够满足旅游群体多层次、多样化、多元化的消费需求和消费预期；"愉"，即旅游过程中吃、住、行、游、购、娱得到愉悦、愉快体验。

27. "智慧农机"：充分利用物联网、大数据、云计算等新一代信息技术，将农机整个产业链条进行深度融合。

28. "三品一标"：无公害农产品、绿色食品、有机农产品和农产品地理标志。

29. "四治六化一创"：治乱、治垃圾、治污水、治农业面源污染；街巷硬化、村庄绿化、环境净化、路灯亮化、村容美化、弘扬文化；积极创建农村环境集中整治先进县（市、区）。

30. "136"医疗保障政策：县级医院住院费用个人年度负担总额不超过1000元，市级医院不超过3000元，省级以上医院不超过6000元，超过部分由人社部门医保基金兜底报销。

31. "两断三清"：即断水、断电、清原料、清设备、清场地。

32. "河长制""湖长制"：即由各级党政主要负责人担任"河长""湖长"，负责辖区内河流的污染治理。

33. "放管服效"：就是简政放权、放管结合、优化服务、提高效能。

34. "三权分置"：所有权、承包权、经营权三权分置。承包地"三权分置"：即所有权、承包权、经营权三权分置。宅基地"三权分置"：即宅基地所有权、资格权、使用权三权分置，落实宅基地集体所有权，保障宅基地农户资格权，适度放活宅基地使用权。

35. "互联网+政务"：是指各级政府部门运用互联网、大数据、云计算等技术手段，整合各类政务服务事项和业务办理等信息，通过网上大厅、办事窗口、移动客户端、自助终端等多种形式，为自然人和法人（含其他组织）提供一站式办理的政务服务。

36. "六最"营商环境：即审批最少、流程最优、体制最顺、机制最活、效率最高、服务最好的营商环境。

37. "四点半"服务项目：是根据教育部办公厅《关于做好中小学生课后服务工作的指导意见》文件精神，通过"政府购买服务""财政补贴"等方式，探索建立的一种校园服务方式。学生放学后，学校组织自愿参与课后服务的学生在学校开展一系列做作业、自主阅读、体育、参加社团及兴趣小组等活动，减轻学生和家长的负担。

38. "新样态"实验项目："新样态学校"是由中国教科院基础教育研究所所长陈如平提出，旨在突破以往的学校发展方式，立足本土文化和自身基础，走内生式发展之路，创建纯生态、去功利、致良知、可持续的现代学校。

39. "两馆一站"：文化馆、图书馆及乡镇文化站。

40. "居保+"：以社保卡为纽带，以社保金融助农服务站为平台，为群众提供"社保卡代缴代扣、待遇领取发放、免费体检服务"三项服务，把农村养老保险服务、建设银行农村金融服务搬到购物超市里，让群众持社保卡不出乡就能享受农保业务办理、购物、金融、医疗等便民服务。

41. "三社联动"：是指通过社区建设、社会组织培育和社会工作现代化体制，形成资源共享、优势互补、相互促进的良好局面，加快形成政府与社会之间互联、互动、互补的社会治理新格局。

42. "雪亮"工程：是以县、乡、村三级综治中心为指挥平台、以综治信息化为支撑、以网格化管理为基础、以公共安全视频监控联网应用为重点的群众性治安防控工程。

43. "四个意识"：政治意识、大局意识、核心意识、看齐意识。

44. "四个自信"：道路自信、理论自信、制度自信、文化自信。

45. "四个服从"：党员个人服从党的组织，少数服从多数，下级组织服从上级组织，全党各个组织和全体党员服从党的全国代表大会和中央委员会。

# 大事记

## 一月

**1日** 上午，区委副书记、区长李哲发布新年贺词，向全区人民和支持参与盐湖发展的社会各界人士致以新年的问候和美好的祝愿。

**同日** 上午，第三次全国农业普查入户登记工作全面启动，副市长乔登州、省统计局农业处副处长陈英翠深入盐湖区南城办柏口窑村和西姚村现场指导入户登记工作。区委副书记、区长李哲，副区长薛红阳参加。

**4日** 上午，区委常委、区政法委书记孟满堂深入包联帮扶村席张乡东底张村调研脱贫攻坚工作。

**5日** 副区长雷刚带领区住建局一行来到大渠办南李村，将化肥送入4户贫困户家中，有效解决贫困户发展种植产业所需肥料问题，帮助贫困群众保生产、保增收。

**6日** 上午，区委常委、副区长董稷强深入帮扶村东郭镇界村调研脱贫攻坚工作。

**8日** 上午，市委副书记、市长陈振亮深入盐湖区规划十四小、圣惠小学项目建设工地，调研学校开工建设相关情况。市委常委、副市长陈杰，副市长陈竹琴，区委书记王吉敏，区委副书记、区长李哲参加。

**9日** 下午，省人大常委会预算工委副主任杨随亭带领的检查组深入盐湖区检查法治建设工作。市委常委、区政法委书记邓雁平，区委书记王吉敏，区委常委、区政法委书记孟满堂，区委常委、秘书长张军参加。

**同日** 下午，区委常委、区组织部部长任刚深入定点帮扶村三路里镇沟东村调研脱贫攻坚工作。

**10日** 上午，区委常委、区统战部部长李俊龙深入定点帮扶村三路里镇杨家门村、沟西村调研脱贫攻坚工作。

**同日** 下午，市委副书记、市长陈振亮深入盐湖区专题调研环保工作。市委常委、常务副市长王瑞宝，区委书记王吉敏，区委副书记、区长李哲参加。

**11日** 下午，山西省投资集团有限公司副总经理王龙彦深入寰烁科技，就投资入股教育基金进行考察。区委书记王吉敏,区委常委、副区长董稷强参加。

13日　上午,市委政研室主任孙道生带队深入盐湖区调研功能性农业发展情况。区委常委、副区长董稷强参加。

同日　下午,区委政法委组织学习十八届六中全会精神和山西省第十一次党代会精神。区委常委、政法委书记孟满堂参加。

15日　上午,运城第一时间爱心公益志愿者联合会盐湖分会,在市群艺馆举办2016年表彰会。区委常委、宣传部部长苏引萍出席。

16日　上午,区委书记王吉敏带领相关职能部门,专题调研全区实体经济发展。区委常委、副区长董稷强,区委常委、秘书长张军,盐湖工业园区管委会副主任管树岗、范水江参加。

17日　上午,市纪委副书记秦跟安带队的市委考核组深入盐湖区,对"深化学习找差距、转变作风促发展"专题活动开展情况、落实"中央八项规定"和党风廉政建设"两个责任"情况等工作进行综合考核。区领导王吉敏、钟立伟、任刚、薛学农、张军参加。

同日　上午,区委书记王吉敏带领发改、土地、住建等部门负责人深入车盘办十里铺村调研晋南物流园项目推进情况。区委常委、秘书长张军,副区长何伟、薛红阳参加。

同日　上午,盐湖区金井乡西王村举办"辞旧迎新跟党走"大型文艺汇演。区委常委、宣传部部长苏引萍观看。

同日　区委常委、宣传部部长苏引萍深入金井乡看望慰问低保户,并走进宣传系统部分离退休老干部家中,给他们送去春节的问候和祝福。

18日　上午,市委常委、宣传部部长王志峰深入盐湖区,看望慰问盐湖区道德模范,并向他们送去慰问品、慰问金和新年的祝福。区委书记王吉敏,区委副书记、区长李哲,区委常委、宣传部部长苏引萍陪同。

同日　上午,区委书记王吉敏深入龙居镇、金井乡、席张乡、解州镇等地,实地调研全域旅游发展和相关活动安排情况,走访慰问困难群众。区委副书记钟立伟,区委常委、秘书长张军,副区长丁廷轩参加。

同日　区政府组织相关办事处、环卫处、环卫所、龙澄公司负责人召开环卫工作再提升推进会,安排近期城区的环境卫生整治工作。区长李哲、副区长雷刚参加会议。

同日　盐湖区召开安全生产工作会议,贯彻落实市政府安全生产工作会议精神,安排部署节日期间和下一阶段安全生产工作。副区长、盐湖公安分局局长李磊参加会议。

19日　下午,区委统战部组织党外代表人士召开"谋经济、助发展"座谈会,传达区委十三届三次全会暨经济工作会议精神,共谋新一年经济发展工作。区委常委、统战部部长李俊龙参加。

同日　盐湖区第十六届人大常委会召开第三次会议,听取并审议区政府有关情况报告,并表决通过人事任免等事项。区人大常委会主任郭一民,副主任陈建国、冯淑芳、邸广春出席会议,区委常委、副区长董稷强,副区长李磊、雷刚、薛红阳,区人民法院院长荆聪敏,区人民检察院检察长段浩列席会议。

20日　盐湖区四大班子领导看望慰问驻区部队、老干部、老党员和困难群众、道德模范、孝顺媳妇、台胞台属、百岁老人等,为他们送去党和政府的关怀和温暖,并致以新春的祝福。

同日　市委书记王宇燕深入盐湖区东城办、龙居镇,走访慰问困难职工、困难劳模、低保户、优抚对象,为他们送去米面油等慰问品和慰问金，把党和政府的关怀与温暖带到群众中去。市委秘书长王胜，区委书记王吉敏，区委副书记、区长李哲，区委副书记钟立伟，副区长雷刚参加。

同日　下午，区委副书记、区长李哲主持召开区政府2017年第一次常务会议，传达学习省第十二届人民代表大会第七次会议楼阳生省长2017年政府工作报告，安排部署春节前平抑物价等相关事宜。区委常委、副区长董稷强，副区长丁廷轩、何伟、李磊、雷刚、薛红阳、田莹参加。

同日　区委宣传部组织全区宣传思想文化系统各单位负责人召开专题会议，传达学习全省宣传部长工作会议精神，安排部署近期宣传思想文化工作。区委常委、宣传部部长苏引萍参加。

同日　盐湖区文化、科技、法律、卫生"四下乡"活动在解州关帝庙广场举行，受到基层群众热烈欢迎。区委常委、宣传部部长苏引萍参加。

同日　区委书记王吉敏，区委常委、组织部部长任刚，区委常委、秘书长张军，副区长丁廷轩，区政协副主席周长春看望慰问了消防、武警支队官兵、老干部、百岁老人、优抚对象、低保户和困难党员。

同日　区长李哲带队慰问老干部、困难劳模、困难职工、三八红旗手、台胞、宗教人士、复转军人、优秀人才和区人武部、消防中队驻地官兵，提前向他们致以新春的祝福。区委常委、政法委书记孟满堂，副区长何伟，区政协副主席李雪峰一同参加。

同日　区长李哲主持召开区政府第一次常务会，传达学习省第十二届人民代表大会第七次会议楼阳生省长2017年政府工作报告（摘要），安排部署春节前平抑物价等相关事宜。区委常委、副区长董稷强，副区长丁廷轩、何伟、李磊、雷刚、薛红阳、田莹参加会议。

22日　上午，省委常委、宣传部部长王清宪深入盐湖区，走访慰问困难党员、新中国成立前的老党员、优抚对象、低保户、五保户和福利服务中心的老人们，向他们致以新春祝福，并为他们送去慰问金和慰问品。市委副书记、市长陈振亮，市委常委、政法委书记邓雁平，市人大常委会副主任杜自立，市委秘书长王胜，区委书记王吉敏，区委副书记、区长李哲，区委常委、宣传部部长苏引萍参加。

同日　区委常委、统战部部长李俊龙走访慰问统战系统退休老干部和民主党派、宗教人士等党外代表人士，向他们致以新春的问候和良好的祝愿。

23日　下午，市委常委、组织部部长齐海斌深入盐湖区，看望慰问优秀大学生村官李军杰。区委书记王吉敏，区委副书记、区长李哲，区委常委、组织部部长任刚参加。

同日　下午，区委副书记、区长李哲带领消防、公安、安检、质检、食药等部门负责人，检查节前期间消防安全工作。区委常委、副区长董稷强，副区长、盐湖公安分局局长李磊参加。

同日　下午，区委副书记、区长李哲深入盐湖区森林消防大队，看望慰问森林消防员，给大家送上节日的祝福和问候，并调研森林消防工作。副区长何伟参加。

同日　下午，解州镇班子召开2016年专题民主生活会。区委常委、组织部部长任刚到会指导。

同日　区委常委、组织部部长任刚带队看望盐湖区优秀人才，并向他们致以新春祝福。

同日　下午，区文化局在市群艺馆举办2017盐湖区文化系统才艺展示汇报会。区委常委、宣传部部长苏引萍，副区长丁廷轩到场观看。

**24日** 上午，区委副书记、区长李哲向老干部通报2016年盐湖区经济社会发展情况和2017年经济社会发展思路及工作重点。区委常委、组织部部长任刚主持。

**同日** 区委常委、纪委书记薛学农深入上郭乡正北庄村，看望慰问困难群众，给他们送去慰问品和慰问金，并致以新春的祝福。

**同日** 下午，区委副书记、区长李哲主持召开区政府党组会议，传达学习中共山西省第十一届纪委第二次全会精神。区委常委、副区长董稷强，副区长何伟、李磊、雷刚、薛红阳参加，副区长丁廷轩列席。

**同日** 区委副书记、区长李哲深入盐湖区龙居镇，看望慰问困难党员、新中国成立前的老党员及困难群众，给他们送去党和政府的关怀和温暖，并致以新春的问候。

**25日** 下午，副市长、市公安局局长郭尚礼深入盐湖区，检查节前安全生产工作。区委书记王吉敏，副区长、盐湖公安分局局长李磊参加。

**同日** 区委副书记、区长李哲深入盐湖区上郭乡，看望慰问困难党员、建国前老党员及困难群众，给他们送去党和政府的关怀和温暖，并致以新春的问候。

**同日** 晚上，区委副书记、区长李哲深入运城高铁商务区调研商务区亮化工程。副区长何伟参加。

**28日** 区委书记王吉敏深入解州镇对农村致富带头人、实体经济企业家、旅游景区工作人员进行走访慰问，向他们致以诚挚问候，并送去新春的祝福。区委常委、秘书长张军陪同。

**同日** 区委副书记、区长李哲深入交警、环卫、供电调度中心、银龙供水服务大厅等单位，看望慰问春节期间仍然坚守在一线的干部职工，向他们致以亲切的问候和美好的祝愿。区委常委、副区长董稷强，副区长何伟，副区长、盐湖公安分局局长李磊，副区长雷刚参加。

**同日** 上午，区委常委、宣传部部长苏引萍，副区长雷刚深入南风广场，代表区委、区政府看望慰问坚守在工作一线的环卫工人，向他们致以新春的祝福。

## 二月

**3日** 上午，运城市第四届纪律检查委员会第二次全体会议召开。区委书记王吉敏，区委常委、纪委书记薛学农参加。

**4日至10日** 盐湖区召开安全生产工作例会，安排部署节后安全生产工作。副区长、盐湖公安分局局长李磊参加会议。

**4日** 盐湖区召开区委中心组学习扩大会议，学习传达省、市近段时间召开的有关会议精神，安排部署全区近期重点工作。区委书记王吉敏主持，区领导李哲、钟立伟、郭一民、常正、董稷强、任刚、薛学农、孟满堂、苏引萍、李俊龙、张军、齐全中等参加。

**同日** 下午，市委常委、常务副市长王瑞宝带领市发改、国土、规划等部门负责人深入盐湖区，就晋南物流园项目建设情况现场办公。区委书记王吉敏，区委副书记、区长李哲，副区长薛红阳参加。

**6日** 下午，区委书记王吉敏深入解州镇，就关帝庙南广场和关公文化旅游产业园区开发建设项目现场办公。区委常委、秘书长张军，副区长丁廷轩，市文旅局党组成员、关帝庙文管所所长卫龙，关公文化旅游产业园区、区财政、水务、住建、文物旅游等区直单位及解州镇村两级负责人参加。

同日　下午，区委常委、统战部部长李俊龙深入城西机电化工产业聚集区，调研民营企业发展情况。

7日　上午，中共运城市盐湖区纪委十三届二次全会召开，区委书记王吉敏出席会议并讲话。区委副书记、区长李哲，区委副书记钟立伟，区人大常委会主任郭一民，区政协主席常正，区委常委董稷强、任刚、孟满堂、苏引萍、李俊龙、张军出席全会第一次会议。区委常委、纪委书记薛学农主持。

同日　下午，副市长、市公安局局长郭尚礼带领市公安、安监、消防等部门深入盐湖区，检查元宵节节前安全生产工作。区委副书记、区长李哲，副区长、盐湖公安分局局长李磊参加。

同日　上午，副市长陈竹琴深入盐湖区调研文化旅游产业发展情况，副区长丁廷轩参加。

8日　上午，市委副书记、市长陈振亮深入运城烈士陵园，调研运城解放70周年系列纪念活动筹备情况。市委常委、运城军分区政委常社教，副市长陈竹琴，区领导王吉敏、李哲、郭一民、常正、雷刚参加。

同日　下午，省妇联主席张葆在盐湖区调研妇女工作。市委书记王宇燕，市委副书记朱鹏，区委书记王吉敏，区委副书记、区长李哲，区委常委、副书记钟立伟，区委常委、秘书长张军陪同。

同日　下午，盐湖区召开选派新任命科级干部到信访部门挂职锻炼动员会，第一批7名新任命的科级干部将到信访局进行为期一个半月的挂职锻炼。区委常委、政法委书记孟满堂参加。

同日　区委常委、统战部长李俊龙深入解州镇调研民营企业发展情况。

10日　区委常委、统战部部长李俊龙深入盐湖工业园区，调研民营企业发展情况，盐湖工业园区管委会副主任范水江参加。

14日至15日　区委书记王吉敏，区委副书记、区长李哲分别会见新动力全域实业（北京）有限公司董事长孟溪一行，就建设"精准扶贫教育小镇"项目进行座谈，副区长何伟参加。

15日　上午，盐湖区第十六届人大常委会召开第四次会议，听取并审议区政府有关情况报告，表决通过人事任免等事项。

同日　上午，盐湖区召开新任科级领导干部集体廉政谈话会，区委常委、纪委书记薛学农参加。

同日　区委常委、副区长董稷强深入城西机电化工产业聚集区调研民营企业发展情况。

16日　区委书记王吉敏，区委副书记、区长李哲带领盐湖区四大班子领导和相关区直部门负责人组成的党政考察团赴陕西省韩城市考察学习。韩城市委副书记贾建武，市人大常委会主任冀会康陪同，并就双方工作进行了经验交流。

17日　区委副书记、区长李哲带领区发改、经信、土地、招商、文物旅游、住建、中小企业等部门负责人，城西机电化工园区、车盘办及部分村两委负责人，深入太原中鼎物流园考察学习现代物流园规划、建设和运营情况。副区长薛红阳参加。

20日　上午，区委书记王吉敏带领区财政、发改、交通、林业、住建等部门负责人及解州镇镇村两级负责人，在关公文化旅游产业园区现场办公，协调解决园区开发建设过程中遇到的困难和问题。区委常委、秘书长张军，副区长丁廷轩，区政协副主席周长春参加。

同日　下午，区委书记王吉敏主持召开区委常委会，传达学习省委和市委关于组织、政法、宣传、统战工作会议精神，全面总结2016年工作，安排部署全区近期重点工作。区领导李哲、郭一民、董稷强、任刚、薛学农、孟满堂、苏引萍、李俊龙、张军、齐全中参加。

21日　上午，盐湖区召开十三届区委第三轮巡察工作动员部署会，区委常委、组织部部长任刚，区委常委、纪委书记薛学农出席。

22日　上午，运城市第四届人民代表大会第二次会议隆重开幕，市委副书记、市长陈振亮在会上作《政府工作报告》。开幕式结束后，市人大代表、区委书记王吉敏从报告出发，并结合盐湖实际，谈体会、谋发展。

同日　下午，市委书记王宇燕深入市四届人大二次会议盐湖代表团，与代表们一起审议《政府工作报告》。市委秘书长王胜，区委书记王吉敏，区委副书记、区长李哲，区人大常委会主任郭一民参加。

23日　下午，区文明办和创建办召开文明城市创建和省未成年人思想道德建设测评验收工作会议。区委常委、宣传部部长苏引萍参加。

22日至23日　区委常委、纪委书记薛学农带领督导组，对全区各乡镇办、区直各部门落实全面从严治党责任各项工作进行督导检查。

24日　上午，市四届人大二次会议盐湖代表团集中审议市人大工作报告和两院工作报告。区委书记王吉敏，区委副书记、区长李哲，区人大常委会主任郭一民参加。

同日　上午，区委常委、副区长董稷强对运三高速连接线至虞坂古盐道旅游公路建设情况进行调研。

同日　下午，区委副书记、区长李哲主持召开区政府第二次常务会议，研究讨论关公文化旅游产业园区相关工作、舜帝陵体制机制改革创新、农村重度残疾人免费纳入医保等事宜。区委常委、副区长董稷强，副区长丁廷轩、何伟、李磊、雷刚、薛红阳、田莹出席。

25日　区长李哲带领区发改局、经信局、土地局、招商局、文物旅游局、住建局、中小企业局、城西机电园区、车盘办及部分村两委干部负责人，来到太原中鼎物流园，考察学习现代物流园建设规划和运营情况，以加快推进盐湖区的晋南物流园项目建设。副区长薛红阳参加活动。

26日　盐湖区召开干部大会，迅速传达贯彻落实市两会精神，号召全区广大干部按照两会的部署和要求，大力弘扬愚公移山精神，以优良的工作作风投身到幸福盐湖建设之中，全力以赴完成各项目标任务。

27日　下午，省卫计委副主任冯立忠深入盐湖区调研家庭医生签约服务开展情况。区委副书记、区长李哲，副区长丁廷轩陪同。

28日　上午，盐湖区组织收听收看全省脱贫攻坚工作电视电话会，区委副书记、区长李哲，副区长何伟在盐湖分会场参加。

## 三月

2日　下午，区委书记王吉敏深入冯村乡和王范乡调研党风廉政建设"两个责任"落实情况。区委常委、纪委书记薛学农，区委常委、秘书长张军参加。

3日　上午，区委召开中心组学习（扩大）会议，邀请市委讲师团副团长李昭阳对习近平总书记在省部级主要领导干部学习贯彻十八届六中全会精神专题研讨班的重要讲话精神进行解读，传达学习省委骆惠宁书记在省管干部学习贯彻十八届六中全会精神专题研讨班上的讲话。区领导王吉敏、郭一民、常正、董稷强、薛学农、孟满堂、苏引萍、李俊龙、张军、齐全中等参加。

同日 上午，区委书记王吉敏主持召开区委常委会。听取并讨论区"两会"筹备、统筹的有关情况和提交区"两会"的各项工作报告起草说明和要点。区委常委李哲、董稷强、孟满堂、苏引萍、李俊龙、张军、齐全中参加会议。区人大常委会主任郭一民，区政协主席常正，区人民法院院长荆聪敏，区人民检察院检察长段浩列席。

4日 上午，盐湖区2016年教育和卫生系统引进高学历人才公开招聘笔试考试，在盐湖区第一职业中专学校举行。区委常委、副区长董稷强巡视考场。

同日 上午，市委副书记、市长陈振亮深入盐湖区调研小街小巷提质改造和乡村环卫一体化工作。副市长陈竹琴，区委书记王吉敏，区委副书记、区长李哲，区委常委、秘书长张军，副区长雷刚参加。

5日 下午，区委宣传部、区文明办、区创建办联合第一时间爱心公益志愿者，在五洲观澜小区开展"学雷锋、树新风，五城同创志愿服务进社区"活动。区委常委、宣传部部长苏引萍参加。

7日 上午，区妇联、人民法院、司法局、疾控中心、人民医院联合在盐湖会堂广场开展"三八"维权周法律宣传咨询活动。区委常委、政法委书记孟满堂参加。

同日 下午，区政府办举行庆三八妇女节趣味运动会比赛，区委常委、副区长董稷强、副区长雷刚、薛红阳参加。

8日 上午，盐湖工业园区（文化产业园）发展大会召开。区委书记、盐湖工业园区管委会党工委书记王吉敏出席会议并作具体安排部署。区委副书记、区长李哲主持会议。区领导董稷强、薛学农、孟满堂、苏引萍、李俊龙、张军、管树刚、范水江参加。

同日 下午，市政协主席张润喜带领部分市政协农业界委员，在盐湖籍市政协委员创业基地——凯盛肥业集团有限公司进行调研。区领导王吉敏、常正、周长春、管树岗、范水江参加。

同日 上午，区委副书记、区长李哲带领区水利、交通、文物旅游、环保等部门负责人，对重点项目和重点工作推进情况进行调研。副区长丁廷轩、雷刚参加。

9日 上午，国家开发银行总行风险管理局处长郭绮云带领的检查组，深入寰烁科技检查山西基础教育物联网应用专项基金使用情况。区委书记王吉敏、副区长田莹参加。

同日 上午，区委副书记、区长李哲深入建设一线，对惠民实事的落实和进度进行专题调研。副区长丁廷轩、雷刚参加。

同日 上午，市委统战部常务副部长杨湜带领的调研组，深入盐湖区调研民营企业发展情况。区委常委、统战部部长李俊龙陪同。

同日 下午，副市长陈竹琴深入陶村镇，就"花之海·俏运城"桃花岭主会场的布展情况进行现场办公。区委副书记、区长李哲，副区长丁廷轩及相关部门负责人参加。

同日 下午，区委宣传部召开动员大会，安排部署全区宣传思想文化系统"提高标准、提升能力、争创一流"大讨论活动。区委常委、宣传部部长苏引萍出席并讲话。

3月9日至10日 盐湖区委、区政府和盐湖工业园区管委会组成的考察组，赴河北省廊坊经济技术开发区，就开发区建设运行进行考察学习。区委常委、副区长董稷强，盐湖工业园区管委会副主任管树刚参加。

10日 区委常委、统战部部长李俊龙带领

工商联、民主党派、侨联、民族宗教人士等100余人进行义务植树。

13日 上午，区委书记、盐湖工业园区管委会党工委书记王吉敏会见杭州瓦屋科技有限公司总裁陈立刚一行，就全智能植保无人机项目进行洽谈。区委常委、副区长董稷强，区委常委、秘书长张军，盐湖工业园区管委会副主任管树岗、范水江参加。

同日 下午，区人民检察院举行首批员额检察官宪法宣誓仪式。区委常委、政法委书记孟满堂，区人大副主任陈建国，区政协副主席李雪峰出席宣誓仪式并担任监誓人。

14日 上午，惠银东方（北京）投资管理有限公司合伙创始人庞白带队的考察组，深入盐湖区考察关公文化、德孝文化和盐文化开发建设。区委书记王吉敏，区委常委、秘书长张军，副区长丁廷轩陪同。

同日 下午，区委副书记、区长李哲主持召开区政府第三次常务会议，研究讨论造林绿化工程、烈士陵园综合提升改造工程等事宜。区委常委、副区长董稷强，副区长丁廷轩、何伟、李磊、雷刚、薛红阳参加。

15日 下午，区领导苏引萍、张军、陈建国、李金果深入区十六届人大二次会议、区政协十四届二次会议代表驻地及会场，实地检查大会筹备情况。

16日 上午，区委统战部组织各民主党派、无党派人士、民族宗教界人士及东郭镇的机关干部职工，在九龙山开展义务植树活动。区委常委、统战部部长李俊龙参加。

17日 政协运城市盐湖区十四届二次会议隆重召开。区政协主席常正任大会执行主席，王宗勤、李金果、周长春、李雪峰任副主席。区领导王吉敏、李哲、钟立伟、郭一民、董稷强、任刚、薛学农、孟满堂、苏引萍、李俊龙、张军、齐全中等区四大班子、法检两院及其他县处级以上领导参加。

同日 上午，区政协十四届二次会议开幕式后，区政协委员们联组讨论了区委书记王吉敏讲话、区政协常委会工作报告和提案工作报告。王吉敏、钟立伟、常正等区四大班子领导分别参加委员们的联组讨论。

同日 下午，区政协十四届二次会议举行第二次全体会议，大会执行主席、区政协主席常正，副主席王宗勤、李金果、周长春、李雪峰。周长春主持会议。区领导王吉敏、李哲、钟立伟、董稷强、任刚、薛学农、孟满堂、苏引萍、李俊龙等区四大班子领导到会听取委员们的发言。

同日 下午，区委书记王吉敏深入政协经济界、工商界联组讨论点，与众多企业家委员、区直单位委员同议《政府工作报告》。区领导常正、董稷强、李俊龙、张军、雷刚、王宗勤参加。

18日 上午，运城市盐湖区十六届人大二次会议在盐湖会堂召开。王吉敏、郭一民、陈建国、祁武昌、冯淑芳、邸广春任大会执行主席、主席团常务主席。区领导李哲、钟立伟、常正、董稷强、任刚、薛学农、孟满堂、苏引萍、李俊龙、张军、齐全中、丁廷轩、何伟、李磊、雷刚、薛红阳、田莹、王宗勤、李金果、周长春、李雪峰以及区人大常委会退下来的老领导参加。

同日 上午，区委副书记、区长李哲在运城市盐湖区第十六届人民代表大会第二次会议上作政府工作报告。区领导王吉敏、钟立伟、郭一民、常正、董稷强、任刚、薛学农、孟满堂、苏引萍、李俊龙、张军、齐全中、陈建国、祁武昌、冯淑芳、邸广春、丁廷轩、何伟、李磊、雷刚、薛红阳、田莹、王宗勤、李金果、周长春、李雪峰、荆聪敏、段浩等参加。

同日　下午，区政协委员联组讨论区委副书记、区长李哲在区十六届人大二次会议开幕式上所做的政府工作报告。区委书记王吉敏，区委副书记、区长李哲分别参加委员们的联组讨论。

同日　出席区十六届人大二次会议的代表们畅所欲言、各抒己见，对区委副书记、区长李哲所作的政府工作报告进行分团审议讨论。区委书记王吉敏，区委常委、副区长董稷强，参加北相、姚孟、解州、席张、东城、陶村、东郭代表团的分组讨论，同代表们一起热议政府工作报告。

同日　下午，区委副书记、区长李哲带领区财政、林业、水利等单位负责人深入南城办银张村对运城绕城高速南环路道路绿化工程进行现场办公，协调解决项目进行中遇到的困难和问题。副区长何伟参加。

同日　下午，区委副书记、区长李哲，区政协主席常正，区委常委、纪委书记薛学农，副区长丁廷轩参加农林界、社科界、特邀界委员们的联组讨论。

同日　区委副书记钟立伟，副区长雷刚深入南城、安邑、上郭、上王代表团参加分组讨论。

同日　区委常委、宣传部部长苏引萍参加西城、金井代表团分组讨论。

19日　上午，区委书记王吉敏在区两会期间，与部分企业家进行座谈，听取对盐湖区发展实体经济的意见建议，共商盐湖实体经济发展大计。区领导董稷强、冯淑芳、薛红阳、田莹、管树刚、范水江参加。

同日　上午，区委书记王吉敏，区委副书记、区长李哲等区领导深入区十六届人大二次会议各代表团，与人大代表继续审议政府工作报告，听取人大代表的意见和建议。

同日　上午，区委副书记、区长李哲与区政协委员共同讨论政府工作报告，认真听取委员们对政府工作报告和政府工作的意见建议。区政协主席常正参加。

20日　上午，区委书记王吉敏与部分人大代表进行座谈，就农村农业发展、代表履职做深入的交流讨论。区人大常委会主任郭一民，副主任邸广春，副区长何伟参加。

同日　上午，召开政协第十四届运城市盐湖区十四届二次会议闭幕式。区政协主席常正任大会执行主席，王宗勤、李金果、周长春、李雪峰任副主席。区领导王吉敏、李哲、钟立伟、郭一民、董稷强、任刚、薛学农、孟满堂、苏引萍、李俊龙、张军、齐全中、法检两院及其他县处级以上领导和区政协退下来的老领导参加。

同日　区长李哲来到陶村、三路里和泓芝驿镇，调研运城市第二届"花之海·俏运城"美丽乡村游盐湖区会场各项工作筹备情况，副区长丁廷轩，副区长、盐湖公安分局局长李磊陪同调研。

21日　上午，举行2017年10个重点项目集中开工仪式。区委副书记、区长李哲主持仪式。市委书记王宇燕，市委副书记、市长陈振亮，太原铁路局副局长刘枫，市委副书记朱鹏，市政协主席张润喜，省经信委交通处处长史振伟，市委常委、常务副市长王瑞宝，市委常委、副市长陈杰，市委秘书长王胜，市人大常委会副主任张守相，市政协副主席赵玉明，区委书记王吉敏，区委副书记、区长李哲，区委副书记钟立伟，区人大常委会主任郭一民、区政协主席常正等区四大班子领导，出席区两会的人大代表、政协委员等600余人共同出席主会场——运城黄河金三角铁路物流中心项目开工仪式。

同日　盐湖区监察委员会召开第一次干部大会。区委书记、区深化监察体制改革试点工作小组组长王吉敏出席会议并讲话。受市纪委、市监察委员会委托，市纪委常委闫晓刚莅会指导并讲话。

同日　下午，召开区十六届人大二次会议闭幕仪式。区人大主任郭一民主持会议。王吉敏、郭一民、陈建国、祁武昌、冯淑芳、邸广春任大会主席团常务主席、本次会议执行主席。区领导李哲、钟立伟、董稷强、任刚、薛学农、孟满堂、苏引萍、李俊龙、张军、齐全中等，区法检两院、盐湖工业园区管委会主要负责人以及区人大常委会退下来的老领导参加。

同日　下午，盐湖区召开督查工作会，安排部署加强城乡环境卫生综合整治督查工作。区委副书记钟立伟，区委常委、秘书长张军参加。

同日　下午，区委书记王吉敏针对会上代表委员们提出的建议和意见，深入社区、企业和农村，就城乡环境卫生、春季造林管护等工作进行专项调研，区委副书记钟立伟，区人大常委会主任郭一民，区政协主席常正，区委常委、秘书长张军，副区长何伟参加。

23日　上午，副市长陈竹琴深入陶村镇桃花岭，调研第二届"花之海·俏运城"美丽乡村游盐湖主会场的筹备工作。区委副书记、区长李哲，副区长丁廷轩调研。

同日　上午，区委副书记、区长李哲带领区财政、发改等部门深入高铁商务区，专题调研高铁商务区发展。副区长何伟参加。

同日　下午，市委书记王宇燕深入盐湖区，就卫生与健康工作开展情况进行实地调研指导。市委常委、副市长陈杰，市委秘书长王胜，副市长陈竹琴，区领导王吉敏、李哲、张军、丁廷轩参加。

24日　上午，省农业厅副巡视员赵安泽深入盐湖区，调研水果产业发展及出口情况，副区长何伟一同调研。

25日　上午，盐湖区2016年事业单位公开招聘笔试部分开考，区委常委、副区长董稷强巡视考场。

26日　备受市民关注的运城第二届"花之海·俏运城"美丽乡村游活动，在盐湖区陶村镇桃花岭启动，拉开我市美丽乡村游系列活动帷幕。市委书记王宇燕，市委副书记、市长陈振亮，市委副书记朱鹏，省旅游委副主任王琳，市领导王志峰、王胜、贾爱珍、陈竹琴、乔登州、张学会等，与来自全国各省（市、自治区）的旅游工作者、友好单位负责人、新闻工作者出席启动仪式。

27日　上午，区委书记王吉敏主持召开区委常委（扩大）会议，传达学习全国两会精神，特别是《中国组织人事报》记者对市委书记王宇燕的专访文章《不廉洁的不用，不作为的也不用》，安排部署当前各项重点工作。区领导李哲、钟立伟、郭一民、任刚、薛学农、苏引萍、李俊龙、张军、齐全中等参加。

同日　下午，区委书记王吉敏深入三路里镇，调研全域旅游发展情况。区领导钟立伟、郭一民、任刚、薛学农、李俊龙参加。

28日　上午，区委常委、组织部部长任刚深入三路里镇沟东村、上王乡的牛庄村，开展植树造林，并调研脱贫攻坚工作和红色革命根据地建设情况。

同日　上午，市委副书记、市长陈振亮深入盐湖区，调研全域旅游发展、造林绿化、森林防火及小街小巷提升改造工程进展等情况。副市长乔登州，区委书记王吉敏，区委副书记、区长李哲，副区长何伟陪同。

**28日至29日** 临汾市隰县县委常委、宣传部部长马兰明带队的考察组,深入盐湖区考察德孝文化建设情况。区委常委、宣传部部长苏引萍陪同。

**29日** 上午,市文明办和市创建办组成的督察组深入盐湖区督察未成年人思想道德建设工作。区委常委、宣传部部长苏引萍参加。

**同日** 下午,区委副书记钟立伟带领区国土、电力、交通、旅游、水利等部门负责人深入东郭镇,就袁家村·运城印象项目建设推进情况进行现场办公。

**同日** 晚上,区委宣传部组织全区宣传思想文化系统300余名干部职工,举行"提升质量 提高水平 争创一流"大讨论活动应知应会知识测试。区委常委、宣传部部长苏引萍巡视考场。

**同日** 区政府召开集体学习暨重点工作安排会议,进一步动员政府系统全体干部,再鼓干劲、持续发力,做好当前重点工作,确保今年各项目标任务顺利完成。区长李哲出席会议并做重要讲话。区委常委、副区长董稷强主持会议并就分管工作进行重点安排,副区长丁廷轩、何伟、李磊、雷刚、薛红阳分别安排当前重点工作。

**29日至30日** 区委书记、盐湖工业园区管委会党工委书记王吉敏带队,深入浙江省杭州市、上海市进行精准招商,洽谈对接瓦屋全智能植保无人机、全域旅游发展、基因检测实验室等项目,并达成初步合作意向。原市人大常委会主任张建合,盐湖工业园区管委会副主任范水江参加。

**30日** 副区长雷刚来到区公房管理中心,就贯彻落实区政府系统重点工作安排会——及区公房管理中心各项工作进行调研。

**31日** 下午,区委副书记、区长李哲主持召开区政府第四次常务会议,传达学习国务院第五次廉政工作会议精神,研究讨论"精准扶贫教育小镇"项目、小额信贷精准扶贫、中央环保督察等工作。区领导董稷强、丁廷轩、何伟、李磊、雷刚、薛红阳出席。

**同日** 区委常委、统战部部长李俊龙带领盐湖区民主党派深入泓芝驿镇、三路里镇,调研全域旅游工作。

## 四月

**1日** 下午,盐湖区召开安排部署校园暨校园周边环境专项整治工作会议。区委常委、政法委书记孟满堂出席并讲话。

**4日** 上午,第五届中条山清明祭祖暨缅怀抗日英烈文化节在席张乡天秀园举行。区委常委、副区长董稷强,区委常委、统战部部长李俊龙出席。

**5日** 下午,盐湖区召开创建文明城市工作暨未成年人思想道德建设实地考察工作安排会。区委常委、宣传部部长苏引萍参加。

**同日** 晚上,区政府召开紧急会议,安排部署环保专项整治工作。区委副书记、区长李哲参加并讲话,副区长雷刚主持。

**6日** 上午,盐湖区三基建设工作推进会在泓芝驿镇召开。区委书记王吉敏,区领导任刚、薛学农、孟满堂、张军、何伟参加。

**同日** 盐湖区组织收看全省农村贫困劳动力转移就业脱贫攻坚电视电话会。区长李哲,区委常委、副区长董稷强,副区长何伟、薛红阳在盐湖分会场参加会议。

**7日** 上午,区纪委、监委开展机关干部集中培训。区委常委、纪委书记、监察委员会主任薛学农参加。

同日　上午，市文明办专题调研组深入盐湖区，调研农村精神文明建设工作。区委常委、宣传部部长苏引萍参加。

同日　上午，盐湖区召开关心下一代工作会议。区委常委、秘书长张军参加。

同日　下午，市编办调研组一行深入盐湖区，调研综合行政执法体制改革工作。区委常委、副区长董稷强参加。

8日　上午，区委书记王吉敏在解州镇调研环境保护工作。他强调，要把绿色发展理念贯穿始终，把生态文明融入经济社会发展全过程，扎实做好生态环境保护工作，为建设幸福盐湖提供强力支撑。副区长丁廷轩、雷刚参加调研。

同日　下午，区委副书记、区长李哲带领区环卫、环保等相关部门负责人，实地调研盐湖区环保综合整治情况，副区长雷刚，盐湖区工业园区管委会副主任范水江参加。

10日　区委书记王吉敏主持召开区委中心组学习会议，传达学习中央、省、市相关会议重要讲话精神，安排部署盐湖区近期重点工作。区领导李哲、钟立伟、郭一民、常正、董稷强、任刚、薛学农、孟满堂、李俊龙、张军、齐全中等参加。

11日　省地税局副局长张澎涌带领调研督查组深入盐湖区，调研指导地税工作。区委书记王吉敏、市地税局局长郭开立参加。

12日　上午，区委书记王吉敏带队深入上郭乡苏村，调研盐湖区全域旅游发展方向与规划。区委副书记钟立伟，区人大常委会主任郭一民，区政协主席常正，区委常委、纪委书记、监察委员会主任薛学农，副区长丁廷轩，区政协副主席周长春参加。

同日　下午，省农业综合开发办主任赵建生带队的调研组深入盐湖区，调研现代农业示范园区试点项目建设完成情况。副市长乔登州，区委书记王吉敏，区委副书记、区长李哲，副区长何伟参加。

同日　下午，区委书记王吉敏与新一届工商联（总商会）领导班子及常务委员座谈。区委常委、统战部部长李俊龙，区政协副主席王宗勤，区工商联主席裴小波参加。

13日　上午，区委书记、盐湖工业园区管委会党工委书记王吉敏主持召开重点项目推进协调会，研究解决中磁科技、诺维兰汽车文化公园项目建设中的具体问题。区委常委、秘书长张军，副区长何伟，副区长、盐湖公安分局局长李磊，盐湖工业园区管委会副主任管树岗参加会议。

同日　副区长薛红阳来到佳宇丰化工科技有限公司、运城市圣惠小学建设项目、黄河金三角铁路物流项目、晋善晋美农产品综合批发市场项目等重点项目和企业建设、生产一线，对"三个一百"工作推进情况进行调研。

14日　上午，盐湖区召开宣传思想文化系统"两提一创"第二阶段专题讨论会。区委常委、宣传部部长苏引萍参加。

15日　上午，区委政法委集中开展宣传活动。区委常委、政法委书记孟满堂，副区长、盐湖公安分局局长李磊参加。

16日　下午，市人大常委会副主任杜自立带领部分市人大代表深入盐湖区，调研《中华人民共和国国防动员法》贯彻实施情况。区委副书记钟立伟、区人大常委会副主任陈建国参加。

17日　上午，市政府督查组深入盐湖区，督查市政府投资基础设施重点建设项目进展情况。区委副书记、区长李哲，副区长雷刚参加。

同日　上午，区直机关、企业干部职工"庆五一"系列比赛在市体育馆正式开赛。区委常委、秘书长张军，副区长丁廷轩出席。

同日　下午，区委副书记、区长李哲主持召开区政府第五次常务会议，传达学习中共中央国务院《关于加强耕地保护和改进占补平衡的意见》，研究部署安全生产等工作。区领导丁廷轩、何伟、李磊、雷刚、薛红阳出席。

18日　上午，区委常委、组织部部长任刚深入区人民医院体检中心，看望参加体检老干部。

同日　市政府督查组一行，就市政府投资基础设施重点建设项目进展情况在盐湖区进行督查。区长李哲、副区长雷刚参加活动。

同日　省政府法制办调研组一行，就行政复议、行政应诉开展情况在盐湖区进行专题调研。

19日　上午，省高级人民法院常务副院长朱明深入盐湖区法院，调研党建和审判管理工作。市委常委、政法委书记邓雁平，市中级人民法院院长高文君，区委书记王吉敏，区委常委、政法委书记孟满堂，区人民法院院长荆聪敏陪同。

同日　盐湖区召开城中村（棚户区）改造工作专题会议。区委常委、秘书长张军宣读两办《关于调整盐湖区城中村（棚户区）改造领导组通知》。区委书记王吉敏，区委副书记、区长李哲出席会议并讲话。区领导钟立伟、常正、董稷强、薛学农、孟满堂、陈建国、丁廷轩、何伟、李磊、薛红阳参加。

同日　上午，晋城市委常委、组织部部长卫明喜带队，深入盐湖区学习考察基层党建工作。市委常委、组织部部长齐海斌，区委书记王吉敏，区委常委、组织部部长任刚陪同。

20日　上午，中国网库集团股东、高级副总裁康海东一行深入盐湖区调研产业发展状况。

区委书记王吉敏，区委副书记、区长李哲，区委常委、秘书长张军，副区长何伟参加。

同日　上午，区委书记王吉敏深入北城办、姚孟办调研社会综治工作。区委常委、政法委书记孟满堂，区委常委、秘书长张军，副区长、盐湖公安分局局长李磊，副区长雷刚参加。

21日　上午，盐湖区召开城中村（棚户区）改造动员会，安排部署北城办原王庄和姚孟办岳坛村两个城中村改造工作。区委书记王吉敏，区委副书记、区长李哲出席会议并讲话，区委副书记钟立伟主持会议。区领导董稷强、任刚、孟满堂、苏引萍、李俊龙、张军等参加。

同日　上午，省纪委纪检监察三室副主任杨彦华带队，深入盐湖区调研纪检监察相关工作，区委常委、纪委书记、监委主任薛学农陪同。

同日　下午，盐湖区宣传思想文化系统召开"两提一创"第二阶段专题讨论会。区委常委、宣传部部长苏引萍参加。

22日　副区长雷刚带领区政府办、住建、财政等部门负责人来到姚孟办岳坛村，就城中村改造工作进行实地督查。

24日　下午，省委政研室副主任加年丰带队的省委改革督察组，深入盐湖区督察全面深化改革工作。市委秘书长王胜，区委书记王吉敏，区委常委、秘书长张军，副区长丁廷轩、何伟参加。

同日　盐湖区召开城中村（棚户区）改造动员会，安排部署北城办原王庄和姚孟办岳坛村两个城中村改造工作。区委书记王吉敏出席会议并做重要讲话，区长李哲安排部署工作，区委副书记钟立伟主持会议。区领导董稷强、任刚、孟满堂、苏引萍、李俊龙、张军等参加会议。

25日　盐湖区宣传思想文化系统工作人员分四路，深入各个乡镇、街道办，开展"转变作风抓落实,走访调研比业绩"主题调研活动。区委常委、宣传部部长苏引萍参加。

同日 副区长丁廷轩来到区实验中学、运城中学和区教科局,调研全区教育重点工作推进情况。

26日 上午,盐湖区召开"两学一做"学习教育常态化制度化、社会治安综合治理、"五城同创"工作会议。区委书记王吉敏出席会议并做重要讲话,区委副书记、区长李哲主持,区领导钟立伟、郭一民、董稷强、任刚、薛学农、孟满堂、苏引萍、李俊龙、张军、齐全中等出席。

同日 上午,盐湖区召开重点工作推进会,安排部署农村暨脱贫攻坚、全域旅游发展暨文物保护、卫生与健康、科技创新等工作。区委书记王吉敏出席并做讲话,区委副书记、区长李哲安排具体工作,区委副书记钟立伟主持,区领导郭一民、董稷强、任刚、薛学农、孟满堂、苏引萍、李俊龙、张军、齐全中等出席。

同日 盐湖区召开2017年专利工作会议。副区长丁廷轩参加会议并做重要讲话。

同日 盐湖区召开第一季度经济运行分析会,分析研判第一季度经济运行情况,准确把握经济运行特点,深入分析存在的困难问题,查找不足,制定措施,有针对性地做好全区下阶段各项经济工作。区领导王吉敏、李哲、钟立伟、郭一民、董稷强、任刚、薛学农、李俊龙、张军、齐全中等参加会议。

27日 上午,盐湖区"百家企业进课堂"系列培训活动第三场专题讲座,特邀浙江民营企业投资联合会会长、中和正道董事局主席周德文,做题为"新常态下民营企业重生之道"专题讲座。区委书记王吉敏与周德文进行座谈,区委常委、副区长董稷强,盐湖工业园区管委会副主任范水江参加。

同日 下午,市委副书记、市长陈振亮深入盐湖区,视察春季造林绿化重点工程。副市长乔登州,区委书记王吉敏,区委副书记、区长李哲,副区长何伟陪同。

同日 下午,盐湖区特邀清华大学设计院、重庆市设计院、泛华集团、山西省规划院四家规划设计院,举行盐湖高新技术产业开发区发展座谈会。区委书记、盐湖工业园区管委会党工委书记王吉敏,区委常委、副区长董稷强,市规划勘测局总工冯建军,盐湖工业园区管委会副主任管树刚、范水江,市规划设计院副院长黄霄峰参加。

28日 "花之海·俏运城"美丽乡村游第二届玫瑰节开幕。区委常委、宣传部部长苏引萍,区人大常委会副主任冯淑芳,区政协副主席李金果、周长春、李雪峰出席。

同日 上午,区委副书记、区长李哲主持召开第六次政府常务会。区委常委、副区长董稷强,副区长丁廷轩、何伟、雷刚、薛红阳参加。

同日 区委书记王吉敏和新拟任职年轻干部进行座谈。区委常委、组织部部长任刚主持,区委常委、纪委书记、区监委会主任薛学农参加。

# 五月

2日 上午,盐湖区召开配合保障中央环保督察工作推进会。区委书记王吉敏出席会议并讲话,副书记、区长李哲主持,区委常委、副区长董稷强,副区长丁廷轩、何伟、李磊、雷刚、薛红阳参加。

同日 区委副书记、区长李哲带领区环保、国土、环卫、交通等部门负责人深入龙居镇、解州镇、席张乡,督查环保整治和造林绿化工作,副区长何伟、雷刚参加。

**3日** 上午，市委常委、统战部部长荆青莲深入黄河世纪广场调研民营企业发展情况。区委常委、统战部部长李俊龙陪同。

同日 上午，盐湖区部署舜帝德孝文化 关公忠义文化实践活动启动仪式相关事宜。区委常委、宣传部部长苏引萍，区委常委、秘书长张军，副区长、盐湖公安分局局长李磊参加。

同日 下午，农业部副部长张桃林深入盐湖区调研农业科技推广信息化和农业环保能源工作。省农业厅厅长关建勋、市长陈振亮、区委书记王吉敏、副区长何伟陪同。

**4日** 共青团建团95周年暨五四运动98周年纪念日。区委副书记钟立伟，区委常委、宣传部部长苏引萍，区委常委、统战部部长李俊龙，区人大副主任冯淑芳，区政协副主席李金果参加。

同日 下午，区委副书记、区长李哲主持召开环保工作专题会。

同日 盘古集团助理总裁郑若云深入盐湖区考察电商产业发展。区委常委、副区长董稷强，区委常委、宣传部部长苏引萍，盐湖工业园区管委会副主任管树刚参加。

**5日** 上午，区委书记王吉敏主持召开舜帝德孝文化关公忠义文化实践活动启动仪式协调会。区领导李哲、钟立伟、郭一民、常正、任刚、孟满堂、苏引萍、张军参加。

**6日** 上午，天津市建筑材料集团有限公司总经理王铁化深入盐湖区就项目合作进行考察，区委常委、副区长董稷强参加。

同日 中央党校党建部副主任张志明深入盐湖区调研农村基层党建工作和传承优秀传统文化工作。市委常委、组织部部长齐海斌，区委书记王吉敏，区委常委、组织部部长任刚，区委常委、宣传部部长苏引萍陪同。

同日 下午，区委书记王吉敏深入现场督办中央环保督察组交办的案件。副区长雷刚参加。

同日 晚上，区委书记王吉敏，区委副书记、区长李哲集中会见中心城区十大签约项目代表，就招商引资和项目建设等进行广泛深入交流。区政协主席常正，区委常委、副区长董稷强，区委常委、秘书长张军，副区长何伟，盐湖工业园区管委会副主任范水江参加。

**7日** 上午，"传承优秀传统文化，推进幸福盐湖建设"舜帝德孝文化关公忠义文化实践活动在舜帝陵隆重启动。区委副书记、区长李哲主持，中央党校党建部副主任张志明，省委宣传部副部长董晓林，市委副书记、市长陈振亮，市人大常委会主任安雅文、市政协主席张润喜，市委常委、宣传部部长王志峰，市委秘书长王胜，副市长陈竹琴、卫再学，区领导王吉敏、李哲、钟立伟、郭一民、常正、董稷强、任刚、薛学农、孟满堂、苏引萍、李俊龙、张军参加。

同日 舜帝德孝文化关公忠义文化实践活动启动仪式的一项内容——第二届水墨河东文化艺术节，在水墨河东美术馆开幕，副区长丁廷轩参加开幕仪式。

**8日** 上午，省政府副秘书长张文栋带领省政府第三督查组，深入盐湖区督查开发区改革创新发展工作。市委常委、常务副市长王瑞宝，副书记、区长李哲，盐湖工业园区管委会副主任管树岗、范水江参加。

同日 下午，副书记、区长李哲深入大渠办督察中央环保督察组交办案件的落实整改情况。副区长雷刚参加。

同日 区政府召开推进环保综合整治工作协调会，安排部署下一步环保督察等相关工作。副区长何伟、雷刚参加会议。

**9日** 上午，区委副书记、区长李哲带领相关部门负责人，深入区特勤消防站项目和高铁商务区，就项目建设和高铁商务区周边环境整治工作进行现场办公。副区长何伟参加。

同日　上午，市委常委、副市长陈杰深入盐湖区，就中心城区新建学校周边道路建设进展情况进行专题调研。副书记、区长李哲陪同。

同日　上午，盐湖区组织召开2017年老干部工作会议，回顾总结上年度老干部工作，安排今年各项工作。区委常委、组织部部长任刚参加。

同日　盐湖区组织收看全国残疾人康复工作电视电话会，副区长薛红阳在盐湖分会场参加会议。

10日　下午，全国人大常委会内务司法委员会副主任委员秦光荣带队，深入盐湖区调研养老服务工作。省人大常委会副主任高卫东，市人大常委会主任安雅文，副主任杜自立，副市长陈竹琴，区委书记王吉敏，区人大常委会主任郭一民陪同。

11日　上午，市委副书记、市长陈振亮带领市环保、住建、园林等部门负责人深入盐湖区，就高铁商务区环保整治工作进行专题调研。市委常委、常务副市长王瑞宝，副区长何伟、雷刚参加。

同日　下午，由省委老干部局巡视员郑兰珍带队的督导组深入盐湖区，就"畅谈十八大以来变化，展望十九大胜利召开"活动和"建言十九大"活动开展情况进行督查。区委常委、组织部部长任刚参加。

同日　下午，区政府召开区第十六届人大二次会议代表建议交办工作会，将今年区人大代表提出的112件建议，分别交由33个单位办理。区委常委、副区长董稷强参加。

同日　下午，市纪委副书记、监察室主任秦跟安为组长的市纪委党风廉政建设工作调研组深入盐湖区，就党风廉政建设、执纪监督、执纪审查等方面进行调研。区委常委、纪委书记、监委主任薛学农参加。

同日　下午，盐湖区工商联（总商会）组织部分企业负责人，深入席张乡开展精准帮扶活动。区委常委、统战部部长李俊龙参加。

12日　上午，盐湖区召开推进"两学一做"学习教育常态化制度化、开展维护核心见诸行动主题教育动员大会。区委副书记、区长李哲主持，区委书记王吉敏作重要讲话。区人大常委会主任郭一民、区政协主席常正参加。

同日　晚上，运城市地震局和盐湖区政府主办，区地震局和市文工团承办的运城市防震减灾科普宣传文艺晚会在运城职业技能学校举行。

15日　下午，民政部副部长宫蒲光带队深入盐湖区，调研养老服务和社会救助等工作。省民政厅厅长薛维栋，市委副书记、市长陈振亮，副市长陈竹琴，区委副书记、区长李哲，副区长田莹陪同。

17日　上午，区委常委、统战部部长李俊龙深入定点帮扶村三路里镇沟西村，调研产业扶贫工作。

同日　下午，区委副书记、区长李哲带领区扶贫办、农委、林业等部门负责人，深入冯村、上郭、三路里等乡镇调研产业扶贫项目发展情况。

同日　下午，区委统战部组织盐湖区第二人民医院医护人员，深入三路里镇沟西村开展精准扶贫送医下乡活动。区委常委、统战部部长李俊龙参加。

同日　副区长何伟、盐湖工业园区副主任范水江率领盐湖区代表团一行，参加在安徽合肥举办的第十届中国中部投资贸易博览会。

17至19日　区委常委、组织部部长任刚先后深入南城办池神庙社区、北城办锦绣北社区、东城办鸿育社区，就基层党建和创建文明城市工作进行调研。

18日　下午，盐湖区召开重点企业、项目建设督办协调会，组织区发改、住建、土地、财政等部门负责人，同瑞芝生物科技、晋善晋美、黄河金三角铁路物流项目等多家重点企业、项目负责人面对面协调解决存在的问题与困难。区长李哲、副区长薛红阳参加会议。

19日　下午，区委副书记、区长李哲先后深入东郭镇和解州镇，就虞坂古盐道旅游公路改造工程和关公圣像景区二期项目进行现场办公。区委常委、副区长董稷强参加。

21日　盐湖区召开安全生产隐患大排查工作会议。区委常委、副区长董稷强，副区长、盐湖公安分局局长李磊参加。

23日　上午，区委副书记、区长李哲主持召开政府第七次常务会，讨论研究关于建立国土资源执法共同责任机制有关事宜、社会资金参与实施土地开发复垦项目暂行办法等工作。区委常委、副区长董稷强，副区长丁廷轩、何伟、李磊、雷刚、薛红阳参加。

24日　上午，区委政法委召开社会治理网格精细化工作推进会。区委常委、政法委书记孟满堂参加。

同日　上午，市委督察室主任家敏杰带领督查组深入盐湖区，就全面深化改革工作推进情况进行督查。区委常委、秘书长张军参加。

同日　全省全市汛期地质灾害防治工作电视电话会召开。副区长何伟在盐湖分会场参加会议。

26日　上午，区委召开中心组学习会议，传达学习习近平总书记重要指示精神和5月25日市委常委（扩大）会议精神，并围绕深刻理解确立和维护核心的重大意义开展专题研讨。区领导李哲、钟立伟、郭一民、常正、董稷强、任刚、薛学农、苏引萍、李俊龙、张军参加。

同日　下午，市委副书记朱鹏深入盐湖区，就中央环保督察组交办问题整改情况进行现场办公。区委副书记、区长李哲，区委副书记钟立伟，区人大常委会主任郭一民，区政协主席常正，区委常委、秘书长张军，副区长雷刚，盐湖工业园区管委会副主任管树刚、范水江参加。

同日　上午，盐湖区组织收看全省干部驻村帮扶工作推进电视电话会。区委副书记钟立伟，区委常委、组织部部长任刚在盐湖分会场参加。

27日　上午，区纪委监委、区委宣传部、区妇联联合组织全区正科级干部家属，开展"扬德孝传忠义、倡树好家风、争当廉内助"主题实践活动。区委常委、宣传部部长苏引萍参加。

同日　上午，区委常委、政法委书记孟满堂深入定点帮扶的席张乡东底张村，调研脱贫攻坚工作。

同日　上午，盐湖区宣传思想文化系统举办"两提一创"大讨论活动演讲比赛。区委常委、宣传部部长苏引萍观看比赛并为获奖选手颁奖。

同日　上午，全省干部驻村帮扶工作推进电视电话会议召开。区委副书记钟立伟，区委常委、组织部部长任刚在分会场参加。

同日　盐湖区召开2017年农村危房改造工作推进会，副区长雷刚参加会议。

28日　上午，市委书记刘志宏深入盐湖区寰烁科技股份有限公司进行调研。市委常委、副市长陈杰，市委秘书长王胜，区委书记王吉敏，区委副书记、区长李哲，区委常委、秘书长张军参加。

同日　下午，盐湖区召开干部大会，传达贯

彻落实 5 月 25 日市委常委（扩大）会议精神。区委副书记钟立伟主持。市委秘书长王胜及市委督导组成员出席。区委书记王吉敏，区委副书记、区长李哲，区人大常委会主任郭一民，区政协主席常正参加。

29 日　上午，副市长乔登州深入盐湖区调研"三夏"工作。区委副书记、区长李哲，副区长何伟参加。

同日　上午，区委副书记、区长李哲深入解州镇，实地查看关帝庙南广场建设进展情况，并就绿化、园内道路建设情况进行指导。副区长何伟参加。

# 六月

1 日　上午，市委书记刘志宏深入魏风小学，给孩子们送上节日的问候和祝福，向教育一线的教育工作者表示诚挚的问候。市委秘书长王胜、副市长陈竹琴、区委副书记钟立伟、副区长丁廷轩参加。

同日　上午，市委常委、政法委书记邓雁平深入盐湖区，调研政法综治和社会管理创新工作。区领导钟立伟、孟满堂、张军、李磊、雷刚陪同。

同日　盐湖区召开加快园区企业发展用地专题会议。区委常委、副区长董稷强，盐湖工业园区管委会副主任范水江参加。

同日　区委常委、副区长董稷强带领盐湖食药分局执法人员，对高考期间食品安全情况进行检查。

2 日　上午，盐湖区召开 2017 年人口和计划生育领导组（扩大）会议。区委副书记钟立伟出席，副区长丁廷轩主持。

同日　区委副书记、区长、区政府党组书记李哲主持召开区政府党组会议，学习习近平总书记重要指示精神，围绕深刻理解确立和维护习近平总书记核心地位的重大意义开展专题研讨。副区长何伟、李磊、雷刚、薛红阳及区政府党组其他成员参加。副区长丁廷轩列席。

同日　区政府党组召开专题会议，认真学习贯彻 5 月 25 日市委常委（扩大）会以及市区干部大会精神。区长、区政府党组书记李哲，副区长、区政府党组成员何伟、李磊、雷刚、薛红阳参加会议。副区长丁廷轩列席会议。

同日　盐湖区农村公路网规划评审会在太原召开。区委常委、副区长董稷强参加，山西省交通运输厅农网处处长申水旺和省、市有关专家应邀参加评审会。

5 日　上午，省高院党组书记、院长邱水平深入盐湖区人民法院，就诉讼服务中心和科技法庭等建设情况进行调研指导。区委副书记、区长李哲，区委副书记钟立伟，区人民法院院长荆聪敏陪同。

6 日　上午，全国妇联党组书记、副主席、书记处第一书记宋秀岩深入盐湖区调研指导工作。省委副书记、政法委书记黄晓薇，省政协副主席朱光奇，省委副秘书长宋伟，省妇联主席张葆，市委书记刘志宏，市委秘书长王胜，区委副书记、区长李哲，区委副书记钟立伟，区委常委、秘书长张军陪同。

同日　上午，区委副书记、区长李哲深入运城中学和盐湖二中检查高考考务准备情况。副区长丁廷轩参加。

同日　下午，区委常委、宣传部部长苏引萍深入北相镇，就关公忠义文化、舜帝德孝文化进行调研。

7 日　上午，市人大常委会副主任杜自立带领部分市人大代表深入盐湖区，就涑水河综合整治和重点工程项目推进情况进行专题调研。区委副书记、区长李哲，区人大常委会主任郭一民，区人大常委会副主任邱广春，副区长何伟，盐湖工业园区管委会副主任范水江参加。

8日　上午，区委副书记、区长李哲主持召开"试行企业投资项目承诺制、实行无审批管理"工作会议。区委常委、副区长董稷强，副区长何伟、薛红阳参加。

11日　区委书记、盐湖工业园区党工委书记王吉敏深入中磁科技有限公司调研。区委常委、副区长董稷强，区委常委、秘书长张军，盐湖工业园区管委会副主任管树岗、范水江参加。

同日　省政府安全生产第六督查组来到盐湖区督查安全生产工作。副区长、盐湖公安分局局长李磊参加活动。

12日　上午，区委常委、统战部部长李俊龙深入部分新的社会阶层人士工作驻地，调研新的社会阶层人士统战工作情况。

13日　上午，区委副书记、区长李哲深入调研工业企业发展情况。

同日　上午，盐湖区召开全民参保登记计划动员暨培训会。区委常委、副区长、盐湖区全民参保登记领导组组长董稷强参加。

同日　上午，全国深化简政放权放管结合优化服务改革电视电话会议召开。区委副书记、区长李哲，区委常委、副区长董稷强，副区长李磊、雷刚、薛红阳及相关单位负责人在盐湖区分会场收看收听会议实况。

同日　区政府召开向廖俊波同志先进事迹学习的专题会议。区委副书记、区长李哲，区委常委、副区长董稷强，副区长何伟、李磊、雷刚、薛红阳参加。

同日　区委副书记、区长李哲深入山西天海泵业、龙飞有色金属两家企业调研工业企业发展情况。

同日　下午，区委副书记、区长李哲主持召开区政府第八次常务会议，研究关于行政许可标准化目录建设、《盐湖区突发事件应急体系"十三五"规划》、区乡医疗卫生机构一体化改革进展情况等工作。区委常委、副区长董稷强，副区长丁廷轩、何伟、李磊、雷刚出席。

14日　上午，区委副书记、区长李哲就城区四所新小学项目建设情况进行专题调研。副区长丁廷轩参加。

15日　上午，区四大班子领导赴牛庄参加主题党日活动。区领导李哲、钟立伟、郭一民、常正、董稷强、任刚、薛学农、孟满堂、苏引萍、李俊龙、张军参加。

同日　下午，省住建厅总规划师翟顺河带队的考核组深入盐湖区，调研考核解州镇全国特色小镇申报工作。区委副书记、区长李哲，副区长雷刚参加。

同日　下午，盐湖区召开全区非公经济组织"两个覆盖"集中推进会。区委常委、组织部部长任刚参加。

16日　上午，运城市"县域整体提升办学水平"盐湖区现场会召开。区委常委、副区长董稷强参加。

同日　盐湖区在南风广场开展"安全生产月"宣传活动，副区长、盐湖公安分局局长李磊，区政协副主席李雪峰走上街头，与各职能部门工作人员一起向市民发放安全生产相关资料，宣传安全生产有关知识。

同日　下午，运城市"县域整体提升办学水平"盐湖区现场会举办经验交流会。区委副书记、区长李哲参加。

同日　下午，区委常委、统战部部长李俊龙深入工商联会员企业，调研企业发展情况。

**18日** 盐湖区举办"美丽村庄"电视竞演评选活动。来自全区20个村庄的竞演代表纷纷上台,以饱满的精神状态,用图文并茂的形式,充分展示了盐湖新农村建设的新成就、新经验、新气象。区领导李哲、常正、孟满堂、李俊龙、张军、邱广春、何伟、雷刚、周长春、李雪峰参加活动。

**20日** 上午,盐湖区召开运城市申办2017年山西省旅游发展大会网络投票工作暨文明城市创建工作动员部署会。区委副书记、区文明城市创建领导组组长钟立伟,区委常委、宣传部部长苏引萍参加。

同日 下午,全市文明村镇、文明社区创建工作座谈会在盐湖区龙居镇雷家坡村召开。市委常委、宣传部部长王志峰出席。区委副书记、区长李哲,区委副书记钟立伟,区委常委、宣传部部长苏引萍陪同。

同日 盐湖区召开进一步深化社会稳定风险隐患大排查大整治活动专项部署会议。区委常委、政法委书记孟满堂,副区长、盐湖公安分局局长李磊参加。

**22日** 区委常委、宣传部部长苏引萍深入市区各动员宣传点,指导检查2017年山西省旅游发展大会盐湖区网络投票工作情况。

同日 下午,市人大常委会主任安雅文带领市人大调研组深入盐湖区,调研公安机关执法规范化建设情况。市人大常委会副主任杜自立,副市长、市公安局局长郭尚礼,区委副书记、区长李哲,区人大常委会主任郭一民,区人大常委会副主任陈建国,副区长、盐湖公安分局局长李磊参加。

**23日** 下午,区委副书记、区长李哲主持召开区政府第九次常务会议,深入贯彻落实"5·25"市委常委(扩大)会议精神,研究部署安全生产大排查大整治专项行动等有关事宜。区委常委、副区长董稷强,副区长丁廷轩、李磊、雷刚、薛红阳、田莹出席。

同日 下午,由盐湖工业园区管委会主办的"颂党恩·护核心"文艺演出在运城学院德孝大讲堂举行。区委常委、组织部部长任刚,区委常委、统战部部长李俊龙,区政协副主席李金果,盐湖工业园区管委会副主任管树刚、范水江观看。

**24日** 盐湖区举办应急管理工作暨应急知识培训会,省政府办公厅应急处处长杨继恺应邀作"突发事件应急预案管理"的专题讲座。区委常委、副区长董稷强,各乡镇办、区直各单位负责人,分管副职参加培训。

**25日** 区长李哲调研国新能源天然气液化调峰项目,强调企业要认真研判当前产业发展趋势,科学制定战略目标,强化安全生产主体责任,推动"气化盐湖"项目落实。盐湖工业园区管委会副主任管树岗参加活动。

**27日** 下午,区委政法委开展庆"七一"维护核心、见诸行动演讲比赛。区委常委、政法委书记孟满堂参加。

**28日** 上午,区委政法委组织全体党员干部深入上王乡牛庄村红色革命教育基地,接受革命传统教育。区委常委、政法委书记孟满堂参加。

同日 下午,盐湖区召开学习传达习近平总书记视察山西重要讲话精神大会。区委副书记、区长李哲传达习近平总书记在山西考察工作结束时的重要讲话精神。区委副书记钟立伟传达习近平总书记在深度贫困地区脱贫攻坚座谈会上的重要讲话精神。区四大班子领导,各园区、乡镇办、区直各单位主要负责人参加。

同日 区委副书记、区长李哲主持召开区委

常委（扩大）会议，传达贯彻市委书记刘志宏"七一"前夕在盐湖区慰问公牺牲党员家属、困难党员和在大渠办乔安庄村座谈会上的讲话精神。区委副书记钟立伟，区人大常委会主任郭一民，区政协主席常正参加。

**29日** 盐湖区召开"庆祝建党96周年·喜迎十九大"暨"七一"表彰大会，回顾党的光辉历程，缅怀党的丰功伟绩，隆重表彰在全区经济社会发展中涌现出来的先进基层党组织、优秀共产党员和优秀党务工作者，号召全区各级党员干部学习先进模范，扎实做好改革发展稳定各项工作，以优异成绩迎接党的十九大胜利召开。区领导李哲、钟立伟、郭一民、常正、董稷强、任刚、薛学农、孟满堂、苏引萍、李俊龙、张军、冯淑芳、邱广春、丁廷轩、何伟、雷刚、田莹、李金果、李雪峰、段浩，区四大班子领导及受表彰的先进基层党组织、优秀共产党员和优秀党务工作者，各乡镇办负责人，非公企业党组织代表，部分农村（社区）党支部书记，部分区直单位的党员干部共计1000余人参加会议。

**30日** 上午，区委副书记、区长李哲带领区住建、环卫等部门负责人，就城区小街小巷改造和城乡环境卫生整治工作进行调研。副区长雷刚参加。

**同日** 下午，市委常委、常务副市长王瑞宝深入盐湖区，就农村承包土地经营权抵押贷款试点政策落实情况进行调研督导。区委副书记、区长李哲，副区长何伟参加。

**同日** 下午，副市长乔登州深入盐湖区三路里镇，就双季槐基地产业发展、经济效益等情况进行调研。区委副书记、区长李哲，区委常委、秘书长张军参加。

**同日** 下午，区委书记王吉敏在北京与中央党校党建部的专家学者，就盐湖区近年来抓党建的具体实践进行座谈交流。中央党校党建部主任张志明，区人大常委会主任郭一民，区政协主席常正，区委常委、组织部部长任刚，区委常委、宣传部部长苏引萍，区政协副主席周长春，中央党校党建部和区委党校有关同志参加。

**同日** 区委书记王吉敏在中央党校学习期间，深入北京市海淀区，就城市综合管理工作进行学习考察。区人大常委会主任郭一民，区政协主席常正，区委常委、组织部部长任刚，区委常委、宣传部部长苏引萍，区政协副主席周长春参加。

**同日** 省卫计委食品处处长李秀红带队的督导组深入盐湖区，督导检查区乡医疗卫生机构一体化改革工作。区委常委、副区长董稷强参加。

## 七月

**3日** 下午，区委、区政府召开营商环境暨农村环境集中整治攻坚行动动员大会。区领导李哲、钟立伟、郭一民、常正、董稷强、任刚、孟满堂、苏引萍、李俊龙、张军、齐全中参加。区委副书记钟立伟主持会议。

**4日** 上午，太原市万柏林区副区长陈俊峰、陈庆鸽带队考察组深入盐湖区，学习考察政府投资项目管理经验。区委常委、副区长董稷强参加座谈。

**同日** 上午，全市召开加强"三基建设"工作推进电视电话会。市委书记刘志宏出席会议并讲话，市委副书记、代市长朱鹏主持会议，市人大常委会主任安雅文、市政协主席张润喜，区委常委、组织部部长任刚在主会场参加会议。区领导李哲、钟立伟、郭一民、常正、董稷强、苏引萍、李俊龙、齐全中、丁廷轩、薛红阳、田莹在盐湖区分会场参加。

**同日** 下午，全省解决脱贫攻坚"三保障"突出问题电视电话会议召开。省委楼阳生作出批示，省脱贫攻坚领导小组副组长、副省长郭迎光出席并讲话。区委副书记、区长李哲在盐湖分会场收听收看。

**同日** 全市召开干部驻村帮扶工作推进电视电话会。市委常委、组织部长、市干部驻村帮扶工作领导小组组长齐海斌出席会议并讲话，副市长、市干部驻村帮扶工作领导小组副组长乔登州主持会议。区委常委、组织部部长任刚，副区长何伟在主会场参加。区委副书记钟立伟在盐湖区分会场参加。

**同日** 盐湖区召开医疗机构整体移交推进会，对医疗机构人、财、物整体向医疗集团移交进行部署。副区长丁廷轩参加会议。

**5日** 上午，省委组织部副部长、省委党建办主任、省非公经济组织和社会组织工委书记张晓峰深入盐湖区，调研基层党建、"两学一做"学习教育常态化制度化、开展维护核心见诸行动主题教育情况。市委常委、组织部部长齐海斌，区委副书记、区长李哲，区委常委、组织部部长任刚陪同。

**同日** 盐湖区组织收听收看全市巡视整改自行"回头看"工作推进电视电话会。市委常委、常务副市长王瑞宝主持会议。区领导郭一民、常正、董稷强、薛学农、孟满堂、苏引萍、李俊龙、齐全中参加。

**同日** 上午，区委宣传部召开全区宣传委员工作例会。区委常委、宣传部部长苏引萍参加。

**6日** 上午，国务院扶贫办原党组成员、中国老区建设促进会副会长司树杰带队的调研组深入盐湖区，实地调研产业和旅游扶贫工作。区委书记王吉敏，区委常委、秘书长张军，副区长何伟参加。

**7日** 下午，区委副书记、区长李哲主持召开区政府第十次常务会议，研究讨论《盐湖区全面推行河长制实施方案》以及安全生产工作等有关事宜。区委常委、副区长董稷强，副区长丁廷轩、何伟、李磊、薛红阳出席。

**9日** 区委副书记、区长李哲带领有关部门和乡镇办负责人，调研十大集中开工项目中的部分项目建设推进情况和城乡环境卫生集中整治情况。区政协主席常正，副区长何伟、雷刚参加。

**同日** 由市委组织部、区委区政府主办，区委组织部、宣传部和统战部承办的河东大讲堂第91讲开讲。区委常委、副区长董稷强，区委常委、宣传部部长苏引萍，副区长丁廷轩，盐湖工业园区管委会副主任范水江与各乡镇办、区直各单位负责人及各企业负责人参加。

**10日** 上午，国家质检总局第八考核组深入盐湖区，考核国家级出口酥梨质量安全示范区创建工作。区委副书记、区长李哲，副区长何伟参加。

**同日** 区政府召开盐湖区十大集中开工项目推进会，会议总结上半年各项目建设情况，分析当前存在的主要问题，明确下一步工作任务。区长李哲，区委常委、副区长董稷强，副区长薛红阳及有关部门、项目负责人参加会议。

**11日** 区委副书记、区长李哲带领区住建、环卫、交通等相关部门负责人，深入部分乡镇办，督查城乡环境卫生集中整治工作。区人大常委会主任郭一民、副区长何伟参加。

**同日** 区委副书记、区长李哲，区人大常委会主任郭一民深入龙居镇，对新出台的《山西省城乡环境综合治理条例》进行学习讨论。副区长何伟、雷刚参加。

**12日** 上午，市委常委、组织部部长齐海斌深入盐湖区，实地调研农村基层党建工作。区委副书记钟立伟，区委常委、组织部部长任刚，区委常委、秘书长张军参加。

同日　省委第二轮专项巡视十组组长董建国和省卫计委副主任、省医改办主任冯立忠带领调研组一行，在盐湖区泓芝驿镇卫生院、盐湖区人民医院实地调研乡医疗卫生机构一体化改革工作。副市长陈竹琴、市卫计委主任叶新龙、副区长丁廷轩陪同调研。

13日　上午，市委专项督查组组长张新智一行深入盐湖区，督查巡视整改自行"回头看"工作。区委副书记、区长李哲，区委常委、组织部部长任刚，区委常委、纪委书记、监委主任薛学农参加。

同日　下午，盐湖区组织收看省政府廉政工作电视电话会。区委副书记、区长李哲，区委常委、纪委书记、监委主任薛学农，副区长丁廷轩、雷刚、田莹参加。

14日　市委书记刘志宏深入盐湖区调研农业结构调整、工业运行和文物保护开发利用等工作。市委秘书长王胜，区委副书记、区长李哲，区委副书记钟立伟，区人大主任郭一民，区委常委、副区长董稷强参加。

同日　下午，市委书记刘志宏深入盐湖区三路里镇双季槐产业基地和运城制版有限公司，对产业扶贫工作和重点企业发展情况进行实地调研。市委秘书长王胜，区委副书记、区长李哲，区委副书记钟立伟，区人大常委会主任郭一民，区委常委、副区长董稷强参加。

17日　上午，"又听晨钟暮鼓，再塑城市精神"活动在关王庙正式启动。区领导郭一民、常正、苏引萍、李俊龙、丁廷轩、周长春，以及部分人大代表、政协委员、社会志愿者参加。

同日　晚上，十集大型政论专题片《将改革进行到底》第一集《时间之问》在央视综合频道首播。区领导王吉敏、李哲、钟立伟、郭一民、常正与区直部门党员干部在区委礼堂集体收看。

同日　区长李哲会见了华宇坤泰投资有限公司董事长邓建平带领的企业考察团一行，并就关公文化产业园建设相关事宜进行了座谈会，副区长丁廷轩，区财政局、关公文化产业园、运城农商银行等相关部门负责同志参加了座谈。

18日　下午，盐湖区召开《盐湖区推进实体经济发展实施方案》的修改完善征求意见和建议专题研讨会。区委常委、副区长董稷强，区人大常委会副主任祁武昌，部分区人大常委参加。

同日　晚上，国家艺术基金2017年度资助项目新编蒲剧《风雨鹳雀楼》在盐湖会堂进行首演。市委常委、宣传部部长王志峰，区委书记王吉敏，区委常委、宣传部部长苏引萍，副区长丁廷轩和省市戏曲专家、广大戏迷朋友观看演出和参加节目研讨会。

同日　区长李哲再一次深入上郭乡、三路里镇调研脱贫攻坚工作。

19日　上午，省委骆惠宁书记深入盐湖区，重点对三路里双季槐种植基地进行调研。区委书记王吉敏，区委副书记、区长李哲陪同。

同日　下午，区委书记王吉敏主持召开区委常委（扩大）会议，学习传达省委第十一届四次全会精神和省委书记骆惠宁在盐湖区调研时的重要讲话精神，安排部署"三基建设"、迎接全市第三轮巡察工作。区委副书记、区长李哲，区委副书记钟立伟，区人大常委会主任郭一民，区政协主席常正等区四大班子领导、法检两长、盐湖工业园区管委会有关负责人参加。

同日　区委常委、副区长董稷强与晋陕豫金融中心薛长福就在晋陕豫金融中心共同建设盐湖区企业发展公共服务平台事宜进行会谈。

**同日** 晚上，区委办党总支集中收看大型政论专题片《将改革进行到底》第三集《人民民主新境界》，区委常委、秘书长张军参加。

**20日** 上午，盐湖区召开传达贯彻落实省委十一届四次全会精神暨"三基建设"工作推进会。区委书记王吉敏做重要讲话，区委副书记、区长李哲传达省委十一届四次全会精神，区委副书记钟立伟主持，区人大常委会主任郭一民，区政协主席常正出席。

**同日** 上午，盐湖区召开干部驻村帮扶工作推进会，对全区干部驻村帮扶工作进行再动员、再部署、再安排。区委常委、组织部长、区干部驻村帮扶工作领导小组组长任刚出席会议并讲话，副区长、区干部驻村帮扶工作领导小组副组长何伟主持。

**同日** 下午，河北省总工会党组书记、常务副主席常增月带领全国总工会集体协商调研督察组，深入盐湖区调研《中华全国总工会深化集体协商工作规划（2014—2018）》落实情况。市人大常委会党组成员、市总工会主席裴良杰，区委常委、副区长董稷强参加。

**21日** 区长李哲召集区教科局、区教育投资集团等部门负责人就教育民生实事进行研究推进。副区长丁廷轩参加会议。

**24日** 市委副书记、代市长朱鹏，在盐湖区看望慰问坚守在一线的执勤交警与环卫工人，向他们送去了夏日的清凉与关心，并向他们致以诚挚的问候。市领导齐海斌、王志峰，范维山，候伟建、郭尚礼、卫再学、张保安，区领导李哲参加慰问。

**25日** 下午，区委书记王吉敏主持召开区委常委（扩大）会议，传达学习省委书记骆惠宁在运城视察调研重要讲话精神和市委常委（扩大）会议精神，并就抓好贯彻落实做出安排部署。区委副书记、区长李哲，区委副书记钟立伟，区人大常委会主任郭一民，区政协主席常正参加。

**同日** 下午，四届运城市委第三轮巡察盐湖区动员会在区委礼堂召开，对市委巡察盐湖区工作全面动员和部署。市委巡察办主任李新民出席会议并讲话，市委巡察四组组长史忠诚就做好巡察工作提出要求，区委书记王吉敏主持会议并表态。

**26日** 上午，盐湖区召开推进村级服务管理工作会，对运城经济开发区移交盐湖区管理的35个村（社区）工作进行安排部署。区委书记王吉敏，区委副书记、区长李哲，区委副书记钟立伟，区人大常委会主任郭一民，区政协主席常正出席会议，钟立伟主持。

**27日** 上午，在中国人民解放军建军90周年到来之际，区委书记王吉敏、区长李哲等区四大班子领导，走访慰问驻区官兵，向人民子弟兵致以崇高的敬意和节日的祝福。区委副书记钟立伟，区人大常委会主任郭一民，区政协主席常正参加。

**28日** 上午，区纪委监委召开四大班子、党委工作部门落实全面从严治党工作推进会，通报反馈市纪委对盐湖区四大班子及党委工作部门从严治党督查情况。区委常委、纪委书记、监委主任薛学农参加会议并讲话。

**同日** 区长李哲带队赴湖南省长沙市对中欣集团进行为期两天的考察，并洽谈招商引资相关事宜。区委常委、副区长董稷强，工业园区、文化产业园区等负责人陪同参加。

**同日** 盐湖区召开防汛紧急会议，传达《省委省政府关于切实做好防汛减灾工作的紧急通知》，分析今年盐湖区防汛减灾形势，安排部署地质灾害隐患排查防治等工作，对盐湖区防汛减灾工作再动员、再部署。副区长何伟参加会议。

同日 下午，区委书记王吉敏主持召开区委常委（扩大）会议，传达学习全市上半年经济工作会议精神，研究盐湖区贯彻落实意见。区领导郭一民、常正、任刚、薛学农、孟满堂、苏引萍、李俊龙、张军参加。

29日 上午，区纪委监委对全区10家从严治党不力单位进行约谈，区委常委、纪委书记、监委主任薛学农参加。

# 八月

1日 上午，全省首个服务企业营商平台在盐湖区启动。市委常委、常务副市长王宝瑞，区委书记王吉敏，区委副书记、区长李哲出席会议并揭牌。区委副书记钟立伟参加。

同日 上午，市委常委、统战部部长荆青莲带领市委统战部督察组深入盐湖区，对2017年上半年统战工作进行督察。区委常委、统战部部长李俊龙陪同。

同日 下午，区委、区政府召开全区2017年上半年经济运行分析会议。区委书记王吉敏出席会议并讲话，区委副书记、区长李哲主持。区领导钟立伟、郭一民、常正、董稷强、任刚、孟满堂、苏引萍、李俊龙、张军、齐全中参加。

同日 盐湖区召开党外人士通报会，向各民主党派、工商联和无党派代表人士通报全区上半年经济运行情况。区委常委、副区长董稷强，区委常委、统战部部长李俊龙，区人大副主任冯淑芳，区政协副主席李金果参加会议。

2日 下午，区委书记王吉敏会见参加农业精准管理与植保信息化高峰论坛暨瓦屋科技新品发布会相关专家。区委常委、副区长董稷强，副区长何伟，盐湖工业园区管委会副主任管树岗、范水江参加。

同日 下午，区委书记、盐湖工业园区管委会党工委书记王吉敏主持召开盐湖工业园区（文化产业园）发展工作会议。区委常委、副区长董稷强，副区长何伟，盐湖工业园区管委会副主任管树岗、范水江参加。

同日 下午，省委组织部第五督查组深入盐湖区，对党组织和党员基本信息采集工作进行督查。区委常委、组织部部长任刚参加。

同日 区委召开党外人士情况通报会。区委常委、副区长董稷强向各民主党派，区委、区工商联负责人，无党派代表人士通报盐湖区上半年经济运行情况及完成全年任务情况。区委常委、统战部部长李俊龙，民进主委、区人大副主任冯淑芳，民建主委、区政协副主席李金果出席。

3日 上午，农业精准管理与植保信息化高峰论坛暨瓦屋科技新品发布会在盐湖区举行。副市长乔登州，区委常委、副区长董稷强，副区长何伟参加。

同日 下午，盐湖工业园区和园区部分企业分别与杭州瓦屋科技有限公司举行签约仪式。区委副书记、区长李哲，盐湖工业园区管委会副主任范水江出席。

同日 下午，区政府与深圳市前海中欣国际商贸物流开发有限公司举行项目签约仪式。区委副书记、区长李哲，区委常委、副区长董稷强出席。

同日 省公安厅党委书记、厅长杨景海来到盐湖区调研指导执法办案中心工作。运城市委常委、政法委书记邓雁平，副市长、市公安局局长郭尚礼，区长李哲，区委常委、政法委书记孟满堂，市公安局党委委员、副区长、分局局长李磊等人陪同调研。

同日 区委书记王吉敏主持召开区委中心组

学习会议，传达学习骆惠宁书记在省委常委扩大会议学习贯彻习总书记7月26日在省部级主要领导干部专题研讨班上重要讲话精神时的讲话等内容。区领导李哲、钟立伟、郭一民、常正、董稷强、薛学农、孟满堂、苏引萍、张军、齐全中等参加学习。

4日　下午，盐湖区工商联（总商会）召开十四届三次常委（扩大）会议。区委常委、统战部部长李俊龙出席。

5日　上午，区委书记王吉敏主持召开区委中心组学习会议，传达学习骆惠宁书记在省委常委扩大会议学习贯彻习总书记7月26日在省部级主要领导干部专题研讨班上重要讲话精神时的讲话。区领导李哲、钟立伟、郭一民、常正、董稷强、薛学农、孟满堂、苏引萍、张军、齐全中参加。

同日　上午，全区科级领导干部"锤炼党性维护核心"专题研讨班在区委党校开班。区委书记王吉敏出席开班仪式并作第一堂专题交流党课，区委副书记、区长李哲主持开班仪式，区领导钟立伟、郭一民、常正、任刚、薛学农、孟满堂、苏引萍、张军、齐全中等区四大班子领导与200余名科级干部参加。

8日　下午，区委副书记、区长李哲主持召开区政府第十一次常务会议，传达学习市第四届委员会第三次全体会议精神，研究讨论防汛抗旱、环境集中整治、当前环保十一项重点工作等有关事宜。区委常委、副区长董稷强，副区长丁廷轩、何伟、李磊、雷刚、薛红阳参加。

9日　上午，区委书记王吉敏主持召开区委常委会，研究区委十三届四次全会筹备相关事宜，听取盐湖区现代服务业、实体经济、全域旅游三个发展推进计划实施方案汇报。区领导李哲、钟立伟、郭一民、常正、孟满堂、苏引萍、李俊龙、张军、齐全中、丁廷轩、雷刚、薛红阳参加。

同日　上午，盐湖区组织收看全市贯彻落实中央环保督查反馈意见电视电话会。区委书记王吉敏在主会场参加会议，区委副书记、区长李哲，区人大主任郭一民，区政协主席常正在盐湖分会场参加。

同日　盐湖区召开工程建设项目摸排整治工作会。区委常委、副区长董稷强，盐湖工业园区管委会副主任范水江参加。

同日　盐湖区组织召开全区防汛抗旱、防火抢险会议。副区长何伟分析总结了前一阶段防汛抗旱、防火抢险工作取得的成绩和存在的问题，安排部署下一阶段工作。区水务、林业、国土等部门、各乡镇办负责人参加会议。

10日　上午，中共运城市盐湖区委十三届四次全体会议在鸿桥会展中心召开。区委书记王吉敏做重要讲话。会议深入学习贯彻习近平总书记系列重要讲话特别是视察山西重要精神，贯彻落实省委十一届四次全会精神及两个《实施意见》，贯彻落实骆惠宁书记在运城调研重要讲话精神，贯彻落实市委四届三次全会精神及《行动方案》，审议通过《中共运城市盐湖区委关于深入学习贯彻习总书记视察山西重要讲话精神的执行方案》。区委委员、候补委员应到37人，实到36人。

同日　下午，区委书记王吉敏主持召开区委常委（扩大）会议，传达学习7月26日习近平总书记在省部级主要领导干部专题研讨班上的重要讲话精神，安排部署当前各项工作。区委副书记、区长李哲，区委副书记钟立伟，区人大主任郭一民，区政协主席常正参加。

同日　下午，盐湖区召开环保整治暨安全生产大会。区委副书记、区长李哲，区委常委、副区长董稷强，副区长何伟、雷刚、薛红阳及各乡镇办、区安委会成员单位、六大园区主要负责人参加。

**12日** 上午，区委副书记、区长李哲带领区果业、农业、民政、财政等部门深入因冰雹袭击受灾的冯村、王范、北相等乡镇20多个村查看灾情，现场指导生产自救工作。副区长何伟陪同。

**14日** 下午，区委书记王吉敏主持召开区委常委会，听取区人大、区政府、区政协、区法检两院党组工作汇报，对落实全面从严治党工作和把握意识形态工作进行进一步安排部署。区委副书记、区长李哲，区委副书记钟立伟，区人大主任郭一民，区政协主席常正参加。

**15日** 上午，盐湖区文明城市创建工作领导组召开公益广告宣传工作暨文明城市创建部署会议。区委常委、宣传部部长苏引萍参加。

同日 上午，盐湖区组织收看全省城乡居民医疗保险制度改革工作、全面推进县乡医疗卫生机构一体化改革工作电视电话会。区委副书记、区长李哲，副区长丁廷轩在盐湖分会场参加。

同日 省中小企业局服务体系处处长李建钢带队，深入盐湖区调研"双创示范县"建设工作。区委常委、副区长董稷强参加。

同日 下午，市委副书记王瑞宝深入盐湖区调研环境集中整治情况。区委书记王吉敏，区委副书记钟立伟，区政协主席常正，区委常委、组织部部长任刚，副区长何伟参加。

同日 区委书记王吉敏就"三基建设"、脱贫攻坚等重点工作与三路里镇、上王乡、上郭乡的乡村两级干部、脱贫攻坚驻村工作人员进行座谈。区委常委、组织部部长任刚参加。

同日 运城市安委会第四督查组来到盐湖区，对安全生产工作进行督导检查。副区长李磊汇报了盐湖区1-7月份安全生产工作情况，区安委会成员单位相关负责人参加汇报会。

**16日** 上午，区委常委、宣传部部长苏引萍深入北城办、北相镇，对基层意识形态建设工作进行现场办公。

同日 下午，省政府农村环境集中整治第四督查组深入盐湖区督查农村环境集中整治情况。区委副书记、区长李哲，区政协主席、区城乡环境集中整治攻坚行动领导组总指挥常正，副区长何伟参加。

**18日** 区第十六届人大常委会召开第九次会议，听取和审议区人民政府关于实体经济、现代服务业、全域旅游发展三大推进计划实施方案修改情况，区人民政府关于区乡医疗卫生机构一体化改革情况，城乡环境集中整治工作情况。区委常委、副区长董稷强，副区长丁廷轩、何伟列席。

同日 下午，盐湖区组织收看全省深化监察体制改革试点工作和开展巡视整改自行回头看工作电视电话会。区委常委、组织部部长任刚，区委常委、纪委书记、监委主任薛学农，区委常委、政法委书记孟满堂在盐湖分会场参加。

同日 下午，市政府督查组对盐湖区"双随机一公开"工作进行督查。区委常委、副区长董稷强，副区长薛红阳参加。

同日 区委常委、政法委书记孟满堂深入泓芝驿镇调研政法综治工作开展情况。

**18日** 市委副书记、代市长朱鹏考察启迪桑德环境资源股份有限公司。市委秘书长王胜，副市长卫再学，区委书记王吉敏，区委副书记、区长李哲，区委常委、统战部部长李俊龙，区委常委、秘书长张军参加。

同日 副区长雷刚来到车盘办事处，就危房改造和环境卫生整治工作进行实地调研。

19日 习近平总书记系列重要讲话精神"口袋书"赠书活动走进北城办御沁园社区，并举办主题晚会。区委常委、宣传部部长苏引萍参加。

21日 上午，市委常委、政法委书记邓雁平深入盐湖区，调研社区网格化服务管理工作。区委书记王吉敏，区委常委、政法委书记孟满堂，区委常委、秘书长张军参加。

同日 上午，区委副书记、区长李哲会见中建基础设施勘察设计建设集团有限公司规划设计部总经理潘建华带领的企业考察团，就舜帝公园景区提档升级相关事宜进行深入交流。

同日 下午，市委副书记、代市长朱鹏深入盐湖区调研"五城同创"和城乡环境集中整治工作情况。副市长乔登州，区委书记王吉敏，区委副书记、区长李哲，区委常委、宣传部部长苏引萍，副区长何伟参加。

22日 上午，区委书记王吉敏深入席张乡李家庄村开展"四大讲、四增强"活动。区委常委、组织部部长任刚，区委常委、秘书长张军参加。

23日 上午，区委书记王吉敏主持召开区委中心组学习会议。区领导李哲、钟立伟、郭一民、常正、董稷强、任刚、薛学农、孟满堂、苏引萍、李俊龙、张军、齐全中参加。

同日 下午，市政府督查组深入盐湖区督查服务企业常态化工作开展情况。区委常委、副区长董稷强汇报相关工作。

24日 上午，省委书记骆惠宁和省长楼阳生参观第三届山西文化立业博览交易会运城馆。市委常委、宣传部部长王志峰，区委副书记、区长李哲，区委常委、副区长董稷强，区委常委、宣传部部长苏引萍参加。

同日 区委书记王吉敏先后深入金井乡和龙居镇，分别召开了"三基建设"暨扶贫工作座谈会。区委常委、秘书长张军参加。

同日 上午，中共运城支部、河东支部干事会省级党史教育基地命名挂牌仪式在大渠办举行。区委常委、秘书长张军出席。

同日 省委组织部副巡视员李书生带领调研组深入盐湖区专题调研城市基层党建工作。区委书记王吉敏，区委常委、组织部部长任刚陪同。

22日至24日 区委书记王吉敏先后深入解州镇、席张乡、金井乡、龙居镇和姚孟办，与镇村两级干部面对面座谈。区委常委、组织部部长任刚，区委常委、秘书长张军，副区长何伟陪同。

25日 上午，省商务厅巡视员张跃建带队，深入盐湖工业园区督查招商引资和项目落地等情况。区委书记、盐湖工业园区管委会党工委书记王吉敏，盐湖工业园区管委会副主任范水江参加。

同日 上午，运城市文化产业项目推介会在太原市煤炭交易中心召开。区委常委、宣传部部长苏引萍对盐湖区的特色旅游资源和文化产业进行介绍。

同日 上午，区委书记王吉敏深入姚孟办召开"三基建设"暨扶贫工作座谈会。区委常委、组织部部长任刚，副区长何伟，区民政局、扶贫办主要负责人一同参加。

同日 上午，区司法局组织举办人民调解员培训会。区委常委、政法委书记孟满堂出席。

同日 晚上，盐湖区在常委会议室召开关公文化旅游产业园区控制性详细规划汇报会。副市长陈竹琴，区领导王吉敏、李哲、钟立伟、郭一民、常正，解州关帝庙文管所所长卫龙和有关部门负责人参加。

27日 晚上，国家艺术基金项目、盐湖区

蒲剧团新编蒲剧《风雨鹳雀楼》在首届山西艺术节精彩亮相。市委书记刘志宏观看演出，市委常委、宣传部部长王志峰，区委书记王吉敏一同观看演出和参加座谈。

同日　上午，区委书记王吉敏深入城区部分新建学校专题调研学校建设进展情况。区委常委、秘书长张军参加调研。

28日　新编蒲剧《风雨鹳雀楼》座谈会在太原召开，区委常委、宣传部部长苏引萍参加。

同日　盐湖区召开环境卫生整治工作再推进会，区委副书记钟立伟，区人大副主任邸广春，副区长何伟，区政协副主席李金果、李雪峰及各职能部门、各乡镇办主要负责人参加会议。

29日　下午，国家文物局副局长顾玉才带领督查组深入盐湖区督查文物安全状况大排查行动。省文物局局长雷建国，市委副书记、代市长朱鹏，副市长陈竹琴，区委书记王吉敏，副区长、盐湖公安分局局长李磊陪同。

30日，盐湖区召开全区住户调查样本轮换工作会议，副区长薛红阳参加会议。

## 九月

2日　上午，省文明办创建处副处长冯宝带队，对盐湖区今年申报第五届全国文明单位、文明村镇进行检查考核。区委常委、宣传部部长苏引萍陪同。

3日　区长李哲带领区文化产业园等部门负责人考察甘肃宏达国盛集团。区委常委、副区长董稷强一同参加考察。

4日　上午，盐湖区组织司法、法院、检察院、公安、民政等20多个部门，在盐湖会堂广场开展《民法总则》宣传周法律咨询活动。区委常委、副区长董稷强参加。

同日　下午，盐湖区召开传达学习贯彻全市信息工作座谈会精神的会议。区委书记王吉敏，区委副书记、区长李哲，区委副书记钟立伟，区人大主任郭一民，区政协主席常正参加。

5日　盐湖区召开2018年低保年审工作动员会，贯彻落实国家、省、市有关精神，安排部署城乡低保年审工作。副区长雷刚出席会议并讲话。各乡镇办负责人、分管民政工作的副职、民政员以及民政专干参加会议。

6日　市委副书记、代市长朱鹏深入运城中学，看望慰问一线教师，与他们座谈交流，并向他们致以节日的问候和祝福。区委书记王吉敏，区委副书记、区长李哲参加。

同日　上午，盐湖区召开"政银企"工作座谈会。区委书记、盐湖工业园区管委会党工委书记王吉敏，区委常委、副区长董稷强，盐湖工业园区管委会副主任管树岗、范水江参加。

同日　下午，盐湖区就依法取缔13家无证照加油站召开会议。区委常委、副区长董稷强参加。

同日　上午，区委副书记、区长李哲深入区实验小学和区实验幼儿园，开展教师节慰问活动。

同日　下午，区委书记王吉敏深入北城初中、魏风小学开展教师节慰问活动。区委常委、秘书长张军参加。

同日　盐湖区举办2017年新兵入伍欢送会，为即将启程奔赴军营的275名新兵送行。区委常委、武装部长齐全中，副区长、盐湖区征兵工作领导组组长何伟出席。

7日　下午，市委书记刘志宏，市委副书记、代市长朱鹏带领各县市（区）书记、县长和有关单位负责人，深入盐湖区冯村乡郭店村、上王乡牛庄村，现场观摩农村环境集中整治情况。区委书记王吉敏，区委副书记、区长李哲，区委副书记钟立伟，区人大主任郭一民，区政协主席常正等区四大班子领导参加。

8日　盐湖区召开全市深化网格管理，创新社会治理，推进平安建设现场会。市委常委、政法委书记邓雁平，区委书记王吉敏，区委常委、政法委书记孟满堂，副区长、盐湖公安分局局长李磊参加。

同日　区政协召开十四届五次常委会议，学习、传达、贯彻习近平总书记重要讲话精神和省委十一届四次全会、市委四届三次全会、区委十三届四次全会精神；贯彻落实《中共运城市盐湖区委关于深入贯彻习总书记视察山西重要讲话精神的执行方案》，安排部署区政协今后一段时期工作。区政协主席常正主持召开会议，区委常委、副区长董稷强，区委常委、宣传部部长苏引萍应邀参加，区政协副主席王宗勤、李金果、周长春、李雪峰参加，部分政协委员和区政协各专委会主任列席。

同日　下午，区委副书记、区长、区政府党组书记李哲主持召开区政府党组专题学习会，集中传达学习中央、省、市相关会议精神和文件精神。区政府党组成员董稷强、何伟、雷刚、薛红阳参加。副区长丁廷轩列席。

同日　区长李哲主持召开区政府第12次常务会议。区委常委、副区长董稷强，副区长丁廷轩、何伟、雷刚、薛红阳参加会议。会议听取了区委常委、副区长董稷强传达省委十一届四次全会精神、市委四届三次全会精神，听取了副区长何伟传达《中共运城市委关于在推进"两学一做"学习教育常态化制度化、开展维护核心见诸行动主题教育中落实"四大讲、四增强"工作要求的意见》文件精神和《习近平总书记的成长之路》全文。会议指出，要以省委十一届四次全会、市委四届三次全会精神为指引，积极开展"四大讲、四增强"活动，不断引导广大党员干部从习近平总书记的故事中汲取养分，自觉把忠诚核心、维护核心作为最大的政治，围绕市委大运城总体构想和"一区五带"发展布局，抢抓机遇，攻坚克难，为"幸福盐湖"建设贡献力量。

9日　下午，区委副书记、区长李哲主持召开区政府第十二次常务会议，传达学习省委十一届四次全会、市委四届三次全会等精神，研究讨论关于设立全区教师健康档案、运风高速连接线道路改造工程、"花开盐湖"全域旅游等有关事宜。区委常委、副区长董稷强，副区长丁廷轩、何伟、雷刚、薛红阳参加。

同日　区长李哲会见美农资本控股有限公司董事长付东海一行，就黄河金三角果蔬物流港项目进行深入交流。副区长何伟参加会见。

12日　副区长何伟带领南城办、盐湖国土资源分局、盐湖区非煤矿山综合执法纠察队等部门开展联合行动，对南城办小李村非法石料加工厂，依法进行取缔。

13日　上午，市委副书记王瑞宝深入盐湖区，调研城乡环境集中整治工作。区委副书记、区长李哲，副区长何伟参加。

同日　上午，区委副书记、区长李哲带领区交通、水利等部门负责人，调研舜帝陵至报国寺旅游路建设项目进行情况。副区长何伟参加。

同日　下午，中金国泰控股集团常务副总裁孙杰带领考察团，深入盐湖区考察关公文化产业。市委常委、宣传部部长王志峰，区委副书记、区长李哲，区委常委、宣传部部长苏引萍，副区长雷刚参加。

14日　上午，盐湖区召开京津招商引智活动协调动员会，就本月下旬拟在北京举办的招商引智活动进行协调安排。区领导王吉敏、郭一民、任刚、李俊龙、张军、何伟、范水江及有关部门和各产业平台负责人参加。区委常委、统战部部长李俊龙主持。

同日　上午，盐湖区第八期"普通党员进党校"暨农村干部锤炼党性培训班开班。区委副书记钟立伟出席开班仪式并讲话。区领导任刚、薛学农、孟满堂、何伟分别做专题交流党课。

同日　下午，盐湖区召开2017年度目标责任考核工作会议。区委常委、副区长董稷强，区委常委、组织部部长任刚参加，区委常委、秘书长张军主持。

同日　晚上，区委书记王吉敏与移交回盐湖管理的35个行政村"两委"主干，在区委党校报告厅围绕"三基"建设、农村环境整治、安全稳定等工作进行座谈。区委常委、组织部部长任刚参加。

15日　区长李哲主持召开第三季度经济运行情况分析研判会，专题研究当前主要经济指标运行情况，安排部署下一阶段经济运行工作。区委常委、副区长董稷强，区统计、经信、发改等相关职能部门负责人参加会议。会议听取了统计、经信、发改等部门负责人关于当前主要经济指标运行情况的汇报，分析了存在问题及推进措施。

17日　上午，盐湖区召开高铁商务区发展座谈会，就高铁商务区下一步发展等情况进行深入交流和探讨。区委书记王吉敏，区委常委、秘书长张军参加，副区长何伟主持。

18日　全省进一步深化改革促进资源型经济转型发展大会在太原召开。区委书记王吉敏，区委副书记、区长李哲，区委副书记钟立伟，区人大主任郭一民，区政协主席常正在盐湖区分会场收听收看并安排部署工作。

同日　上午，盐湖区召开高铁商务区发展座谈会，就高铁商务区下一步发展情况进行深入交流和探讨。区委书记王吉敏。区委常委、秘书长张军参加，副区长何伟主持。

同日　全国红军小学建设工程理事会，在规划十四小举行中国工农红军山西运城盐湖红军小学授旗授牌捐赠仪式，成为全国231所红军小学之一。中国八路军研究会副会长、全国红军小学建设工程理事会常务副理事长罗箭，全国红军小学建设工程理事会副理事长兼秘书长方强，全国红军小学建设工程理事会常务理事魏京华，全国红军小学建设工程理事会教育工作委员会主任陶学忠，全国红军小学建设工程理事会副秘书长葛晶晶，出席授牌仪式。运城市副市长陈竹琴，盐湖区区委书记王吉敏，区长李哲，区人大主任郭一民，区委常委、副区长董稷强，副区长丁廷轩，区政协副主席周长春，出席授牌仪式。区委常委、副区长董稷强主持授牌仪式。

19日　上午，全省推进县乡人大建设电视电话会议召开。区领导王吉敏、郭一民、董稷强、任刚、张军、祁武昌、邸广春、冯淑芳在盐湖分会场收听收看。

同日　运城市委、市政府环保督察组来到盐湖区，就贯彻落实中央环保督察反馈意见整改等环保重点工作进行督察。副区长雷刚汇报有关工作，区环保、安监、质监、经信、住建等区直部门负责人参加。

同日　下午，区委书记王吉敏以普通党员身份，参加区委办公室文秘党支部主题党日活动，与支部成员一起谈心交流。区委常委、秘书长张军参加。

20日　上午，由区文明办、创建办牵头，各办事处及各单位组织参与的"9·20公民道德宣传日"活动在全区各地举行。市委宣传部副部长、市文明办主任严伟杰，区委常委、宣传部部长苏引萍参加。

同日　上午，由省人大常委会副主任张茂才带队的调研组，在盐湖区专题调研未成年人保护工作。市人大常委会副主任杜自立，副市长陈竹琴，区委副书记、区长李哲，区人大主任郭一民，副区长、盐湖公安分局局长李磊参加。

同日　上午，省确权办第六督查组深入盐湖区，就农村土地确权工作进行督查反馈。区委常委、副区长董稷强，副区长何伟参加汇报会和反馈会。

22日　上午，盐湖区召开2018年度城乡居民医疗保险缴费工作动员会。区委常委、副区长董稷强参加。

23日　盐湖区2017招商引智恳谈会在北京举行。中央党校党建部主任张志明，北京市海淀区委常委、组织部部长周志军，市委副书记王瑞宝，副市长陈竹琴，北京市海淀区万寿路街道办事处主任侯育出席，区委书记王吉敏致辞，区委副书记、区长李哲作主旨推介。区领导钟立伟、郭一民、常正、任刚、苏引萍、李俊龙、张军、何伟出席。

同日　上午，由国家发改委市场与价格研究所所长臧跃茹带领的调研组深入盐湖区，就"一区五带"规划思路进行调研座谈。市发改委主任潘志孝，区委常委、副区长董稷强，副区长薛红阳参加。

24日　区长李哲来到关公国际旅游节舜帝公园分会场检查筹备情况，副区长丁廷轩，区安监、公安、交警、消防、供电、旅游、食药、环卫等相关单位负责人参加检查工作。

25日　下午，全省召开中央环保督察反馈意见整改落实动员部署会议。区领导王吉敏、李哲、董稷强、孟满堂、李俊龙、何伟、薛红阳在盐湖分会场参加。

同日　区长李哲来到龙居镇就安全生产、环境卫生整治、乡镇"五小建设"等工作进行调研指导。

同日　晚上，2017年中国运城第二届关公国际旅游节暨中国面食文化节在舜帝公园开幕，吸引了110家全国各地商户来到运城推销美食。副市长陈竹琴，区委副书记、区长李哲，副区长丁廷轩出席。

26日　运城市公共法律服务大运城基层行启动仪式暨盐临夏核心区公共法律服务大运城基层行盐湖专场展演活动在运城市电视台演播大厅举行。运城市副市长、公安局局长郭尚礼，省司法厅矫正处处长张文平，盐湖区副区长李磊出席活动。13个县司法局局长，盐湖区司法局全体人员和盐湖区全体律师，基层法律服务所工作人员参加活动。

27日　上午，市委书记刘志宏深入关公国际旅游节分会场舜帝公园调研。市委秘书长王胜，区委书记王吉敏，区委副书记、区长李哲，区委常委、秘书长张军陪同。

28日　上午，区人民检察院召开提起公益诉讼工作制度座谈会。区委常委、副区长董稷强，区人民检察院检察长段浩参加。

同日　下午，区委书记王吉敏主持召开区委常委（扩大）第24次会议，传达近段时间省委、市委的重要指示精神，对当前全区重点工作进行进一步安排和部署。区委副书记、区长李哲，区委副书记钟立伟，区人大主任郭一民，区政协主席常正参加。

同日　市政府督查组来盐湖区督查优化营商环境工作，区委常委、副区长董稷强，区招商局、编办、经信局、法院、公安局等相关部门负责人陪同督查并参加座谈。

同日　晚上，区委常委会专题听取和研究全

区重点领域深化改革工作。区委书记王吉敏主持。区委副书记、区长李哲，区委副书记钟立伟，区人大主任郭一民，区政协主席常正参加。

29日　上午，由区委、区政府和上海真爱梦想公益基金会联合主办的第十二期"梦想视野局长工作坊"研讨会在盐湖区举办。区委书记王吉敏，区委常委、秘书长张军参加。

同日　运城军分区人武部责任化管理现场观摩会在盐湖区召开。运城军分区司令员范维山，区委书记、区人武部党委第一书记王吉敏，区委副书记、区长李哲，区委常委、秘书长张军，区委常委、人武部部长齐全中参加。

30日　市委、市政府和区委、区政府在烈士陵园举行公祭活动。市委副书记王瑞宝主持。市委书记刘志宏，市委副书记、代市长朱鹏，市政协主席张润喜，区委书记王吉敏，区委副书记、区长李哲，区委副书记钟立伟，区人大主任郭一民，区政协主席常正共同祭奠。

## 十月

9日　上午，全区公安机关"迎接十九大，忠诚保平安"反恐维稳誓师大会在盐湖公安分局举行。区委书记王吉敏出席并做动员讲话。区委副书记、区长李哲向全区公安机关授"迎接十九大、忠诚保平安"战旗，区领导孟满堂、张军、李磊、荆聪敏、段浩及全区200多名公安民警参加。

同日　上午，区委书记王吉敏调研全区政法工作。区委常委、政法委书记孟满堂，区委常委、秘书长张军，副区长、盐湖公安分局局长李磊，区人民法院院长荆聪敏，区人民检察院检察长段浩参加。

10日　上午，区委书记王吉敏主持召开座谈会，就如何落实市委、市政府"三个发展计划"进行专题研究。区委副书记、区长李哲，区委常委、副区长董稷强，区委常委、秘书长张军，盐湖工业园区管委会副主任管树岗参加。

同日　省高级人民法院副院长方剑锋带领调研组深入盐湖区人民法院调研立案、信访和法警队工作。市中级人民法院院长高文君，区委常委、政法委书记孟满堂，区人民法院院长荆聪敏参加。

同日　晚上，区委副书记、区长李哲主持召开全区集中解决环境问题攻坚行动专题研讨会，就秋冬季大气污染综合治理攻坚行动和贯彻落实中央环保督察组反馈意见整改工作进行专题研究。区领导董稷强、丁廷轩、何伟、李磊、雷刚、薛红阳参加。

11日　区委书记王吉敏带领区委组织部、区民政局、区扶贫办等部门负责人深入冯村乡，与冯村乡、王范乡的32名村委主干就"三基建设"和扶贫工作进行面对面的交谈。区委常委、组织部部长任刚参加。

同日　运城市科技局局长潘俊武一行来盐湖区督导科技创新工作和各项指标完成情况。区长李哲、副区长丁廷轩陪同调研。

同日　区委常委、副区长董稷强主持召开贯彻落实《国务院关于支持山西省进一步深化改革促进资源型经济转型发展的意见》（国发〔2017〕42号）文件研讨会，详细听取有关部门研究落实（国发〔2017〕42号）文件情况，并对下一步工作进行安排部署。区委组织部，以及区经信局、中小企业局、盐湖工业园、人社局、文物旅游局、教科局、水务局、扶贫办、市质监局盐湖分局等部门负责人参加会议。

同日　上午，区委副书记、区长李哲会见山西省医药集团医药股份有限公司董事长葛世雄一行，就医疗健康产业合作进行沟通交流。副区长丁廷轩、何伟参加。

**12日** 上午，盐湖区组织收看全省安全生产工作电视电话会。区委常委、副区长董稷强在盐湖分会场参加。

**同日** 下午，省老年人体育协会主席郭良孝一行人深入盐湖区，实地调研老年人体育协会办公场地以及活动开展情况。区委书记王吉敏、区人大常委会主任郭一民、副区长丁廷轩参加。

**同日** 下午，全省村（社区）"两委"换届工作动员大会在太原召开。区委书记王吉敏，区委常委、组织部部长任刚，副区长雷刚在盐湖区分会场收听收看。

**13日** 上午，区委书记王吉敏主持召开区委中心组学习会议，集中学习新修订的《中国共产党巡视工作条例》《中华人民共和国统计法实施条例》和解读摘要，传达省、市关于村（社区）"两委"换届工作动员会精神，组织领学省委组织部通报——《一张蓝图绘到底的实践样本》等。区领导李哲、郭一民、董稷强、任刚、孟满堂、苏引萍、李俊龙、张军、齐全中参加。

**同日** 上午，全省2017年土地例行督察情况通报电视电话会召开，通报2017年我省土地例行督察情况。副省长贺天才出席会议并讲话。区委副书记、区长李哲，副区长何伟在盐湖区分会场收听收看。

**同日** 上午，区委副书记、区长李哲带领区财政、旅游、林业、交通等部门负责人，调研道路改造和秋季绿化工作。区委常委、副区长董稷强，副区长何伟参加。

**同日** 晚上，东城办举行"诗与远方"音乐诗歌朗诵会。区委常委、宣传部部长苏引萍出席。

**15日** 盐湖区召开环保督查工作专题会议，安排部署相关工作。区委常委、副区长董稷强主持。

**16日** 上午，省委省政府第四环境保护督察组督察运城工作动员电视电话会召开。区领导王吉敏、李哲、董稷强、任刚、苏引萍、李俊龙、张军、丁廷轩、何伟、薛红阳、荆聪敏、段浩、范水江在盐湖分会场参加。

**同日** 上午，盐湖区召开环保集中整治动员暨安全生产会，部署环境集中整治、秋冬季大气污染综合治理攻坚行动和当前安全生产工作。区委书记王吉敏主持会议并讲话，区委副书记、区长李哲安排具体工作。区领导董稷强、任刚、孟满堂、苏引萍、李俊龙、张军、丁廷轩、何伟、李磊、雷刚、薛红阳、荆聪敏、段浩、范水江参加会议。

**同日** 下午，区委副书记、区长李哲带领区扶贫办、国土、林业、水利、供电等部门负责人深入席张乡王马村，慰问低收入农户，调研扶贫开发工作。副区长何伟参加。

**17日** 上午，区政府召开全区环保治理、安全生产、城乡环境整治"三合一"攻坚工作部署会。区委副书记、区长李哲对"三合一"攻坚工作进行再动员、再部署。区领导董稷强、丁廷轩、何伟、李磊、雷刚、薛红阳参加。

**同日** 区委书记王吉敏深入大渠办和车盘办，就"三基建设"和扶贫工作与两办和各村级干部进行面对面座谈交流。区委常委、统战部部长李俊龙，区委常委、秘书长张军参加。

**同日** 上午，区委副书记、区长李哲带领区国土局、林业局、水务局、扶贫办等相关单位负责人，深入调研席张乡王马村扶贫工作。副区长何伟参加。

**18日** 区委副书记、区长李哲主持召开区政府第十四次常务会，专题研究讨论"三个实施方案",并就盐湖区环保治理、城乡环境整治、安全生产三合一行动进行讨论。区委常委、副区长董稷强,副区长丁廷轩、何伟、李磊、雷刚、薛红阳参加。

同日　下午,区委书记王吉敏主持召开区委常委会,研究和讨论盐湖区关于落实"三个发展计划"的实施方案等有关事宜。区领导李哲、郭一民、常正、董稷强、孟满堂、苏引萍、李俊龙、张军、齐全中参加。

同日　中国共产党第十九次全国代表大会在北京人民大会堂隆重开幕。盐湖区社会各界广大党员干部群众通过收听收看开幕会实况直播,第一时间了解党代会会议内容。区领导王吉敏、李哲、郭一民、常正等区四大班子领导和党委口的党员干部职工一起收看开幕会盛况。

19日　上午,区委书记王吉敏深入基层,与陶村镇、东郭镇的镇村两级干部座谈,共同学习十九大报告,第一时间宣讲解读十九大报告,并就如何加强三基建设、如何发展农村经济、做好农村两委换届和扶贫工作进行了深入交流。区人大常委会主任郭一民,区委常委、组织部部长任刚,区委常委、秘书长张军参加。

同日　区长李哲前往东城办事处,就乡镇"五小"设施建设和城区部分小街小巷改造项目进行实地调研。

同日　上午,区委副书记、区长李哲带领区住建局等相关部门负责人,深入东城办道路改造现场,实地调研工程进度情况。

19至20日　区委常委、副区长董稷强带领区公安、经信、交通、安监、环保等部门组成的第一攻坚组到北城办、姚孟办、大渠办、东城办,开展环保、安全、环境整治"三合一"执法攻坚行动。对安全生产不合格的经营单位采取了批评教育、停业整顿等措施,对散乱污企业坚决采取断水断电,拆除设备等行政强制手段,对环境卫生不达标的畜禽养殖场、道路、农业面源污染等要求限期整改。

20日　上午,区委书记王吉敏深入基层,与中心城区五个办事处的两级干部座谈,共同学习十九大报告,第一时间宣讲解读党的十九大报告,并就加强三基建设、发展农村经济、农村"两委"换届和扶贫工作进行交流。区委常委、组织部部长任刚,区委常委、秘书长张军,区人大常委会副主任陈建国,区法院院长荆聪敏参加。

同日　市政协副主席王七庚带领部分市政协委员来到盐湖区,就社区建设工作进行专题调研。区政协主席常正、副区长雷刚、区政协副主席周长春一同参加调研。

同日　下午,盐湖区召开推进实体经济转型发展大会。区委书记王吉敏出席并讲话。区领导李哲、郭一民、常正、任刚、孟满堂、苏引萍、李俊龙、张军、冯淑芳、邱广春、雷刚、薛红阳、李金果出席。区委常委、副区长董稷强主持。

21日　上午,由国家安全监管总局监管二司司长唐琮沅带队的国务院安委办第一检查组深入盐湖区,就安全生产工作进行检查指导。副市长乔登州,区委常委、副区长董稷强一同参加。

同日　下午,区委副书记、区长李哲深入基层,与龙居、南城、王范等乡镇负责人交流座谈,宣讲党的十九大报告,并安排部署当前重点工作。副区长何伟、雷刚参加。

23日　上午,区关工委在龙居镇举行关心下一代红色教育纪念厅揭幕仪式。区委常委、秘书长张军出席。

同日　区长李哲带领区安监、环保、经信、供电公司等部门负责人,先后来到东郭镇界村黑加油站、国森彩印、上郭北陈砖厂、北城污水处理厂、大渠办董家营散煤场，就近期开展的环保、安全、环境整治"三合一"攻坚行动开展情况进行专题调研。区委常委、副区长董稷强，盐湖工业园区管委会副主任管树岗，区政府党组成员、政府办主任孙冬青一同调研。

同日　市第二考核组来盐湖区考核2016年度最严格水资源管理制度落实情况，并进行现场检查。副区长何伟陪同检查。区水务局、环保局、引黄局、财政局、发改局等相关部门负责人参加座谈。

同日　上午，区委副书记、区长李哲主持召开区政府第15次常务会议，就环保治理、安全生产、城乡环境整治工作和新成立城市社区等事项进行研究。区委常委、副区长董稷强，副区长何伟、李磊、雷刚、薛红阳出席。

同日　下午，盐湖区召开村（社区）"两委"换届选举动员大会。区委书记王吉敏，区委常委、组织部部长任刚，区委常委、政法委书记孟满堂，副区长何伟参加。副区长雷刚主持。

24日　下午，区委副书记、区长李哲带领区安监、环保、经信、供电公司等部门负责人，深入盐湖工业园区和东郭、上郭、北城、大渠等乡镇办，就安全生产、环境保护和城乡环境整治"三合一"攻坚行动开展情况进行专题调研。区委常委、副区长董稷强，盐湖工业园区管委会副主任管树岗参加。

25日　上午，副市长陈竹琴深入盐湖区安邑办，看望慰问百岁老人。区委常委、副区长董稷强参加。

同日　上午，区委书记王吉敏主持召开协调会，安排部署第八届舜帝德孝文化节系列活动相关事宜。区领导任刚、孟满堂、苏引萍、李俊龙、张军参加。

同日　下午，省人大常委会组织部分驻运省人大代表深入盐湖区，专项调研促进经济转型发展工作的进展情况。市人大常委会副主任张守相，区委副书记、区长李哲，区人大常委会主任郭一民，区委常委、副区长董稷强，盐湖工业园区管委会副主任范水江参加。

26日　上午，盐湖区举办庆祝山西省第二十一个"环卫工人节"活动，为全区的环卫工人送上节日祝福。区委书记王吉敏，区委副书记、区长李哲，副区长雷刚出席。

同日　上午，省政府安委办第十一督查组深入盐湖区，督查盐湖区安全生产工作。区委常委、副区长董稷强参加。

同日　上午，盐湖区举办村（社区）"两委"换届培训会。区委常委、政法委书记孟满堂，副区长雷刚出席培训会并授课。

27日　下午，盐湖区召开新乡贤理事会成立暨工作座谈会。市委常委、宣传部部长王志峰，区领导王吉敏、李哲、钟立伟、郭一民、常正、董稷强、任刚、孟满堂、苏引萍出席，区委常委、宣传部部长苏引萍主持。

27日至11月1日　第八届运城舜帝德孝文化节系列活动盛大举行。北京理工学党委原书记、盐湖区新乡理事会名誉理事长焦文俊，中纪委驻国家工商局原纪检组长石见元，省委宣传部副部长董晓林，省文明办综合处处长樊志强，山西日报副总编张占鹰，被聘为盐湖智库的清华、北大等名校专家教授，运城学院党委书记姚纪欢、院长薛耀文以及北京、上海、江苏等地的商会代表和商界精英应邀出席活动。市领导朱鹏、齐海斌、王志峰、陈竹琴、胡宝，区四大班子领导王吉敏、李哲、钟立伟、郭一民、常正出席。

同日　晚上，区委副书记、区长李哲会见受邀参加第八届运城舜帝德孝文化节项目集中签约活动的企业和商会代表。区领导郭一民、董稷强、李俊龙、丁廷轩、何伟、李磊参加。

28日 下午，市委书记刘志宏深入盐湖区调研"群星灿烂"五小企业产品展。市委副书记王瑞宝，区委书记王吉敏，区委常委、秘书长张军，副区长丁廷轩、何伟参加。

同日 盐湖区召开盐湖智库成立暨发展战略研讨会，邀请来自全国各地的知名专家学者、商界精英，共同研讨盐湖发展战略，携手推进盐湖经济社会发展。区委书记王吉敏，区委副书记、区长李哲，区人大常委会主任郭一民，区政协主席常正等区四大班子领导参加会议。区委副书记钟立伟主持会议。会上，北京大学教授王齐国、中兴通讯总裁史立功、浙江大学教授何思源、中央党校教授张志明、泛华集团副总裁罗云兵、首都师范大学教授王健康、武汉理工大学教授赵玉林、山东大学教授黄治中、中央财经大学教授魏鹏举、运城学院党委书记姚纪欢、运城学院院长薛耀文被聘为盐湖智库成员。

29日 上午，山西寰烁电子科技股份有限公司"院士专家工作站"举行成立揭牌仪式。中国工程院院士吴建平，教育部科技发展中心主任李志民，省科学技术协会党组书记、副主席许富昌，省科学技术协会副主席郝建新，市领导朱鹏、王瑞宝、齐海斌、陈竹琴、张保安，区领导王吉敏、李哲、郭一民、常正出席。市委副书记王瑞宝主持。

30日 下午，盐湖区邀请十九大代表原贵生和侯占平为全区党员干部作十九大精神专题报告。区委书记王吉敏，区委副书记、区长李哲，区委副书记钟立伟，区人大主任郭一民，区政协主席常正参加。

31日 上午，区委书记、盐湖工业园区管委会党工委书记王吉敏主持召开全区高新技术产业开发区企业家学习宣传贯彻十九大精神座谈会。区委常委、副区长董稷强，区委常委、秘书长张军，盐湖工业园区管委会副主任管树岗、范水江及部分企业负责人参加。

同日 盐湖区召开2017年度粮食安全责任制考核工作会议。副区长薛红阳参加会议。区粮食局、农委、发改局等相关部门负责人参加会议。

## 十一月

1日 上午，由省委、省政府第四环境保护督察组组长因新中带队的督察组深入盐湖区，现场督查煤改气煤改电项目、中央环境保护督查移交案件整改落实情况、散乱污企业整治等环保工作。区委副书记、区长李哲，区委常委、副区长董稷强，副区长雷刚，盐湖工业园区管委会副主任管树岗参加。

同日 下午，区委召开中心组学习（扩大）会议，传达全市领导干部大会精神，并就深入学习贯彻十九大精神进行动员部署。区委书记王吉敏，区委副书记、区长李哲，区委副书记钟立伟，区人大主任郭一民，区政协主席常正参加。

同日 下午，市委常委、常务副市长陈杰深入盐湖区调研煤改电、煤改气和街巷改造工作。区委书记王吉敏，区委副书记、区长李哲，区委常委、秘书长张军，副区长雷刚参加。

同日 下午，区委副书记、区长李哲与盐湖区中磁科技、博鸣木业、寰烁科技等8家龙头企业家座谈，共同学习党的十九大精神。区委常委、副区长董稷强，区工业园区管委会副主任范水江参加。

2日 上午，省高院副院长翟瑞卿深入盐湖区人民法院调研民商事审判工作。区委常委、政法委书记孟满堂，区法院院长荆聪敏参加。

同日　上午，市委督查组对盐湖区预防腐败"免疫工程"推进情况进行督查。区委副书记钟立伟参加。

同日　下午，市委、市政府督查组深入盐湖区，督导检查贯彻"5·25"会议精神、落实十大专项行动方案情况。区委常委、副区长董稷强参加。

同日　下午，全区宣传文化系统学习宣传党的十九大精神再动员会召开。区委常委、宣传部部长苏引萍参加。

3日　上午，区委副书记、区政府党组书记、区长李哲主持召开区政府党组会议，专题学习贯彻党的十九大、十九届一中全会、中央政治局会议、党章（修正案）、中央纪委工作报告的主要精神，传达市委、区委学习贯彻党的十九大动员会议精神。区政府党组成员、班子成员及相关职能部门负责人参加。

同日　上午，区委副书记、区长李哲带领区土地、发改部门负责人深入盐湖高新技术产业开发区，就运城·中欣产城融合体项目选址工作进行现场办公。

同日　区委副书记、区长李哲主持召开区政府第16次常务会议。听取盐湖高新技术产业开发区污水处理工程进展情况汇报，同意成立姚孟办岳坛村城中村改造项目指挥部和启动"盐湖之家"项目建设。区委常委、副区长董稷强，副区长丁廷轩、李磊、雷刚、薛红阳参加。

同日　上午，区委统战部举办"学习十九大，永远跟党走"主题演讲会。区委常委、统战部部长李俊龙，区人大副主任冯淑芳，区政协副主席李金果出席。

同日　下午，区委常委、秘书长张军组织区委办、区直工委、区党史办、区委台办的全体党员干部，以党课形式学习贯彻十九大精神。

5日　5日至9日第二届山西（运城）国际果品交易博览会在运城举办。上午，区委书记王吉敏深入第二届山西（运城）国际果品交易博览会盐湖展区，调研指导参展工作。

同日　上午，盐湖区组织收看全省扶贫领域不正之风和腐败专项治理电视电话会。区委副书记、区长李哲，区委副书记钟立伟，区委常委、组织部部长任刚，副区长何伟参加。

同日　上午，盐湖区召开环境保护工作推进会。区委副书记、区长李哲，区委副书记钟立伟，副区长何伟、雷刚参加。

同日　下午，第二届山西（运城）国际果品交易博览会举行"运城苹果红天下"暨"探路先锋杯"果王争霸赛颁奖典礼。市委副书记、代市长朱鹏，市委副书记王瑞宝，市委常委、宣传部部长王志峰出席颁奖典礼，区委副书记、区长李哲，副区长何伟参加。

同日　下午，盐湖区4个项目在第二届山西（运城）国际果品交易博览会签约仪式上成功签约。市领导朱鹏、王瑞宝、王志峰共同见证，区委副书记、区长李哲、副区长何伟参加。

同日　下午，区委副书记、区长李哲会见受邀参加第二届果交会的外地企业和合作社代表。副区长何伟参加。

6日　下午，区委副书记、区长李哲主持召开专题会议，研究2017年涉农项目资金安排工作。副区长何伟参加。

同日　下午，区政协主席常正，区委常委、宣传部部长苏引萍，深入河东文化艺术展示中心，参观"初心"丹青墨林雅集画展。区政协副主席李金果、周长春参加。

同日　下午，盐湖区召开2017年度政法法治工作考核验收安排部署会。区委常委、政法委书记孟满堂参加。

同日　区长李哲现场调研盐湖区城中村改造工作，区政府党组成员、政府办主任孙冬青，姚孟办负责人参加调研。

7日　上午，区委常委、副区长董稷强主持召开"三合一"第一攻坚组阶段性总结会，并安排部署下一阶段攻坚任务。

同日　盐湖区组织收看全国小微企业金融服务电视电话会，副区长薛红阳在盐湖分会场收看会议。

同日　副区长何伟来到包联乡镇姚孟办，为全办机关干部、村"两委"主干作党的十九大精神专题辅导报告。

同日　副区长丁廷轩组织分管部门召开专题会议，传达学习党的十九大精神，以及全市领导干部大会精神和区委中心组学习（扩大）会议精神，研究落实深入学习宣传贯彻党的十九大精神的具体措施。区教科、卫计、文化、旅游、体育等部门负责人参加会议。

同日　副区长薛红阳来到车盘办，宣讲党的十九大精神，并传达了全市干部大会和区委中心组学习（扩大）会议精神。

8日　上午，区委书记王吉敏主持召开区委常委（扩大）会议，重点学习传达省委十一届五次全会精神，审议通过《关于贯彻落实中央八项规定精神的实施细则》，并听取了全区"三基建设"、农村（社区）两委换届以及前三季度经济运行情况等方面工作汇报。区领导李哲、钟立伟、郭一民、常正参加。

同日　副区长雷刚组织分管部门召开会议，深入学习贯彻党的十九大精神，安排当前重点工作，回顾总结今年各项目标任务，提前谋划2018年工作。区住建、民政、环保、环卫、地震、公房中心等相关职能部门班子成员参加会议。

9日　上午，中国铁路总公司发改部副主任王亦军深入盐湖区，视察黄河金三角铁路物流园项目进展情况。副市长卫再学，区委书记王吉敏，区委副书记、区长李哲，副区长薛红阳参加。

同日　上午，区委副书记、区长李哲深入第二届山西（运城）国际果品交易博览会盐湖展区，调研指导参展工作。副区长何伟参加。

同日　下午，盐湖工业"512"发展计划工作领导小组召开工作任务推进会。区委常委、副区长董稷强，盐湖工业园区管委会副主任范水江参加。

同日　下午，市委书记刘志宏深入盐湖区，调研黄河金三角国际果蔬物流港项目建设情况。市领导王瑞宝、王胜、乔登州，区领导王吉敏、李哲、何伟参加。

同日　区政府副区长、公安局局长李磊来到包联乡镇龙居镇，召开专题座谈会，宣讲党的十九大精神，并安排学习贯彻落实工作。龙居镇村干部和区公安、司法、治超等分管部门班子成员参加会议。

10日　盐湖区组织40余名离退休老干部观摩重点项目建设情况，实地感受全区经济社会发展的新面貌和新成效。区委常委、副区长董稷强参加。

同日　区委常委、纪检委书记、监委主任薛学农深入泓芝驿镇和陶村镇，宣讲党的十九大精神，并调研脱贫攻坚工作。

同日　下午，区委副书记、区长李哲主持召开经济运行工作领导小组第一次会议。区领导董稷强、丁廷轩、何伟、李磊、雷刚、薛红阳，盐湖工业园区管委会副主任范水江参加。

同日　副区长何伟主持召开分管部门学习贯

彻党的十九大精神专题会议，安排部署当前和下一步重点工作。

13日　下午，区委书记王吉敏深入盐湖区实验小学北校区、涑水联合双语学校开展大调研活动。区委常委、秘书长张军，副区长丁廷轩参加。

同日　下午，区委常委、副区长董稷强会见天津博创化工有限公司企业代表，洽谈讨论聚氯乙烯专用特种树脂及离子膜烧碱工程项目落地有关事宜。

同日　盐湖区组织召开2016年度土地例行督察问题整改推进会。区委常委、副区长董稷强，副区长何伟参加会议。区国土、法院、公安、财政、发改、交通、供电、北相镇、大渠办、姚孟办等相关单位负责人以及整改工作涉及的部分企业负责人参加了会议。

14日　上午，省政协副主席、省卫计委主任卫小春带领相关负责人深入盐湖区，实地调研县乡医疗卫生机构一体化改革、家庭医生签约服务等工作。市委副书记、代市长朱鹏，市政协主席张润喜，副市长崔元斌，区委书记王吉敏，区委副书记、区长李哲，区政协主席常正，副区长丁廷轩参加。

同日　下午，区委副书记、区长李哲，深入席张乡，与基层党员干部座谈，宣讲党的十九大精神。区政协主席常正参加。

同日　省卫计委巡视员李跃珍深入盐湖区，调研医养结合和德孝文化工作开展情况。区委书记王吉敏，区委副书记、区长李哲，区委常委、宣传部部长苏引萍，副区长丁廷轩、雷刚参加。

同日　下午，盐湖区在区政府五楼会议室组织收看全市扶贫领域不正之风和腐败问题专项治理电视电话会。区委副书记钟立伟，区委常委、组织部部长任刚，副区长何伟参加。

15日　上午，副市长崔元斌深入盐湖区，实地检查全省创建食品安全示范城市、示范县和创建农产品质量安全县现场会筹备情况。区委常委、副区长董稷强参加。

同日　上午，由宁夏、湖北两省交通运输厅组成的交通运输部省际互检检查组深入盐湖区，专项检查规范公路治超执法工作进行。区委副书记、区长李哲，副区长、盐湖公安分局局长李磊参加。

16日　上午，副市长卫再学深入盐湖区山西同天翔有色金属有限公司和天海泵业有限公司两家民营企业，向干部职工宣讲党的十九大精神，并就企业生产经营和发展情况进行调研。区委常委、副区长董稷强参加。

同日　盐湖区组织收看全省深化集体林权改革和新一轮退耕还林电视电话会。副区长何伟，区发改、国土、农委、林业等部门在盐湖分会场参加会议。

同日，副区长丁廷轩深入学校调研盐湖区高中教育工作并围绕学习贯彻落实十九大精神、谋划盐湖区高中教育发展召开座谈会。

17日　市委副书记、代市长朱鹏深入盐湖区调研民生工程、重点项目建设和工业企业发展情况。副市长卫再学，区领导王吉敏、李哲、钟立伟、董稷强、何伟、雷刚一同调研。

同日　下午，区委副书记、区长李哲与天津英华国际学校董事长林向阳一行进行座谈，就国际学校建设事宜进行洽谈沟通。区委常委、副区长董稷强，副区长丁廷轩参加。

同日　下午，盐湖区召开学习贯彻党的十九大精神区委宣讲团工作动员会。区委副书记钟立伟，区委常委、宣传部部长苏引萍参加。

20日　上午，由市纪检委副书记、市监委副主任、市委村（社区）"两委"换届工作第一督导组组长秦跟安带队的督导组深入盐湖区，就村（社区）"两委"换届工作进行督导。区委书记、盐湖区村（社区）"两委"换届选举领导小组组长王吉敏，区委常委、组织部长、盐湖区村（社区）"两委"换届选举领导小组副组长任刚，区委常委、纪委书记、监委主任薛学农，区委常委、政法委书记孟满堂，副区长何伟、雷刚参加。

同日　下午，区委副书记、区长李哲，深入中农乐果业联合社西张耿农民夜校综合服务中心、大唐禾创农业开发有限公司万亩葡萄种植产业园，就现代农业发展情况进行调研。副区长何伟参加。

21日　上午，区委书记、盐湖工业园区管委会党工委书记王吉敏深入盐湖高新技术产业开发区，围绕实体经济转型发展和科技创新等课题开展调研。区委常委、副区长董稷强，区委常委、秘书长张军，盐湖工业园区管委会副主任管树岗、范水江参加。

同日　上午，市委副书记、代市长朱鹏深入盐湖区魏风小学，就智慧教育项目建设情况进行实地调研。市政府秘书长张保安、区委书记王吉敏，区委常委、秘书长张军，副区长丁廷轩参加。

同日　下午，省人大常委会副主任胡苏平深入盐湖区，调研双季槐产业和实体经济转型发展情况。市委副书记、代市长朱鹏，市人大常委会主任安雅文，区委副书记钟立伟，区人大主任郭一民，盐湖工业园区管委会副主任范水江参加。

同日　下午，全省食品安全"双安双创"现场会在我市召开。省政府副秘书长张文栋，山西省食安办主任、省食品药品监督管理局局长赵光国，副市长崔元斌，区委书记王吉敏，区委常委、副区长董稷强参加。

同日　区委副书记、区长李哲带领区住建、财政、国土和相关办事处、城中村主要负责人赴太原，学习考察万柏林区城中村改造工作中的经验做法。副区长雷刚参加。

22日　上午，区委统战部组织全区党外代表人士和统战干部200余人，举办学习十九大精神专题培训。区委常委、统战部部长李俊龙出席。

同日　区委书记王吉敏主持召开区委常委会，传达学习《中共山西省委关于坚决维护党中央集中统一领导的规定》，传达盐湖区在创建全国未成年人思想道德建设工作先进城市中的获奖情况。区领导李哲、钟立伟、郭一民、常正参加。

23日　下午，盐湖区召开关于安全生产各项工作的会议。区委常委、副区长董稷强参加。

24日　上午，盐湖区召开十三届区委第五轮巡察工作动员部署会。区委常委、组织部部长任刚，区委常委、纪检委书记、监委主任薛学农出席。

25日　上午，山西瓦屋农业科技有限公司举行第四代智能植保无人机下线剪彩暨客户交付仪式。区委常委、副区长董稷强、盐湖工业园区管委会副主任范水江参加。

26日　区长李哲参加区委十三届五次全会第二小组讨论。区人大常委会副主任陈建国、副区长李磊、区政协副主席王宗勤、区政府党组成员、政府办主任孙冬青一同参加。

同日　区委书记王吉敏参加区委十三届五次全会第一小组讨论。区委常委、秘书长张军，副区长丁廷轩，盐湖工业园区管委会副主任管树岗、范水江一同参加。

同日　中国共产党运城市盐湖区第十三届委员会第五次全体会议开幕并举行第一次全体会

议，区委书记王吉敏做重要讲话。会议深入学习贯彻党的十九大精神和十九届一中全会精神，传达贯彻省委十一届五次全会和市委四届四次全会精神，表决通过了《中共运城市盐湖区委十三届五次全体会议关于深入学习宣传贯彻党的十九大精神的决议》，对全区学习宣传贯彻党的十九大精神进一步做出安排部署。同时听取区委常委会近一年的工作报告，并就做好今后一个时期工作提出建议和要求。区四大班子领导，在职副县级干部；区委办、区政府办副主任以上干部，区人大常委会、区政协常委会秘书长，区纪委常委、区委组织部部务委员，区直各有关单位主要负责同志；区人大、区政协各专门委员会和工作机构主要负责同志等共计500余人列席本次会议。

27日　下午，省国税局局长胡军、省地税局局长潘贤掌深入盐湖区，调研优化税收营商环境，服务经济转型发展工作。市委常委、常务副市长陈杰，区委书记王吉敏，区委副书记、区长李哲，副区长薛红阳参加。

同日　副区长丁廷轩深入解州镇调研五龙峪河长制工作情况，区水务局、解州镇等相关人员陪同调研。

同日　上午，市财政局局长谭志民带领调研组深入盐湖区，就美丽乡村试点建设情况进行专题调研。区委副书记、区长李哲参加。

同日　区长李哲深入盐湖区新建的几所小学就项目建设进度和办事处的"五小建设"情况进行实地调研。

28日　上午，区关工委联合区教科局举行"中华魂"主题教育活动推进会暨赠书仪式。区委常委、秘书长张军参加。

同日　下午，市委第四巡察组巡察盐湖区委情况反馈会在区委礼堂召开。市委巡察工作领导小组成员、市委巡察办主任李新民对落实巡察反馈意见的整改工作提出要求，市纪委监委正处级检查员、市委第四巡察组组长史忠诚代表巡察组反馈巡察情况。区委书记王吉敏主持。区领导李哲、钟立伟、郭一民、董稷强、孟满堂、苏引萍、张军参加。

同日　下午，市委宣讲团在盐湖区宣讲党的十九大精神，报告会在区委礼堂召开。市委讲师团团长、市委十九大精神宣讲团成员李昭阳做宣讲报告。区委书记王吉敏主持报告会，区领导李哲、钟立伟、董稷强、孟满堂、苏引萍、张军参加。

同日　盐湖区召开秋冬季大气污染综合治理安排部署会。区委副书记、区长李哲，副区长雷刚参加。

同日　运城市财政局局长谭志民一行就美丽乡村连片项目建设情况在盐湖区进行调研。区长李哲，区财政局、龙居镇等部门负责人参加调研。

29日　市政协主席张润喜深入盐湖区，调研重点民生工作。区委书记王吉敏，区政协主席常正，区政协副主席李金果、周长春参加。

同日　省政府法制办依法行政指导处处长孙志坚一行，就盐湖区法治政府建设工作在线盐湖区调研，并召开座谈会。区政府党组成员、办公室主任孙冬青主持座谈，区政府法制办、法院、公安局、国土局、环保局、住建局等部门相关负责人参加座谈。

同日　上午，区委副书记、区长李哲，就虞坂古盐道创新绿化工程项目进行现场办公，协调解决困难问题，加快推进项目建设。副区长何伟参加。

29日至30日　由国家科技部高新技术及产业化司副司长曹国英带队的专家组深入盐湖区，调研指导盐湖高新技术产业开发区（筹）提升创建工作。副市长陈竹琴，区领导王吉敏、李哲、郭一民、常正、董稷强、任刚、管树岗、范水江参加。

30日　上午，区委书记王吉敏主持召开区委常委（扩大）会议，按照市委巡察四组对盐湖区巡察情况的反馈意见，结合工作实际，对反馈问题逐项梳理分解。区领导李哲、钟立伟、郭一民、常正、董稷强、孟满堂、苏引萍、李俊龙、张军、雷刚参加。

同日　上午，盐湖区在区委礼堂组织收看全省进一步深化监察体制改革试点工作推进电视电话会。区领导钟立伟、孟满堂、张军、荆聪敏、段浩参加。

同日　下午，全省改善农村人居环境工作电视电话会召开。区委副书记、区长李哲，副区长何伟在盐湖区分会场收听收看。

# 十二月

1日　上午，区委书记王吉敏带领区经信、环保、农委等部门负责人，深入盐湖高新技术产业开发区、上郭乡、三路里镇，调研环保、实施乡村振兴战略、农村两委换届选举、五小建设等工作。副区长雷刚参加。

同日　上午，省文明办综合处处长樊志强深入盐湖区，就"我们的节日·重阳"活动开展情况与基层干部进行座谈。市委宣传部副部长、市文明办主任闫伟杰，区委常委、宣传部部长苏引萍参加。

同日　下午，区委副书记、区长李哲主持召开第十七次常务会议，传达学习市委四届四次全会、区委十三届五次全会精神，听取当前重点工作情况汇报，审议相关事宜。区委常委、副区长董稷强，副区长丁廷轩、何伟、李磊、雷刚、薛红阳参加。

同日　下午，盐湖区召开环保专题工作推进会。区委副书记、区长李哲，区委常委、副区长董稷强，副区长丁廷轩、何伟、李磊、雷刚、薛红阳参加。

4日　上午，省妇联副主席王玉花深入盐湖区调研基层妇联改革工作。市委副书记、统战部长王瑞宝，区委常委、宣传部部长苏引萍参加。

同日　区委副书记、区长李哲深入北城办、大渠办、南城办、东城办，调研"散乱污"企业治理、散煤源头治理、扬尘治理等环保重点工作。区委常委、副区长董稷强，副区长雷刚、薛红阳参加。

5日　上午，区委常委、副区长董稷强主持召开大气污染防治工作协调会。

6日　下午，市检察院党组书记、检察长崔峰深入盐湖区，宣讲党的十九大报告关于司法体制和监察体制改革的精神要求，并开展调研活动。区委书记王吉敏，区委副书记、区长李哲，区委常委、政法委书记孟满堂，区检察院检察长段浩参加。

同日　省人社厅副巡视员韩国田带领调研组一行，就盐湖区人社工作情况在盐湖区人社局进行调研。区委常委、副区长董稷强参加调研。

同日　运城市盐湖区姚孟办岳坛村居民张某某诉盐湖区人民政府为第三人颁发《集体土地农业用地使用证》的行政诉讼一案，在临汾市中级人民法院一审开庭。盐湖区人民政府区长李哲出庭应诉。这是运城市首例行政正职首长出庭应诉"民告官"案。

7日　上午，区委书记王吉敏主持召开区委常委会，传达学习贯彻省委书记骆惠宁在山西省转型综改示范区调研座谈会上的讲话精神，听取盐湖高新技术产业开发区（筹）向省科技厅汇报高新区申报情况和开发区"三化三制"改革中层干部聘任等情况。

同日　上午，由省委党史办处长宋元带队的调研组，深入盐湖区调研党史文化建设情况。区委常委、秘书长张军参加。

同日　下午，区委书记、盐湖工业园区管委会党工委书记王吉敏同高新技术产业开发区新任中层干部进行任前集体谈话。区委常委、组织部部长任刚，区委常委、纪委书记、监委主任薛学农，盐湖工业园区管委会副主任管树刚、范水江参加。

8日　副区长何伟召开全区星级农家乐评选协调会，会议确定，由区文物旅游局、农委、食药等部门牵头，自12月11日开始对全区农家乐开展首轮星级评定工作。

10日　上午，区委书记王吉敏、区长李哲带领盐湖区党政考察团分两组在上海市、江苏省启东市考察学习金融创新和农村改厕工作。区领导钟立伟、郭一民、常正、董稷强、张军、丁廷轩、何伟参加。

11日　上午，盐湖区在上海虹口区举行招商引智恳谈会，旨在通过推介和交流，让盐湖区融入长三角，让长三角携手盐湖发展。区委书记王吉敏致辞，区委副书记、区长李哲作主旨推介。区领导钟立伟、郭一民、常正、董稷强、李俊龙、张军、丁廷轩、何伟参加。

同日　在上海招商恳谈会后，盐湖区又接连举行了盐湖区现代农业示范园区、关公文化旅游产业集聚园区、高新技术产业开发区三场专题推介会，展示盐湖形象，共谋盐湖发展。区人大常委会主任郭一民、区委常委、副区长董稷强，副区长何伟区政协主席常正、副区长丁廷轩盐湖工业园区管委会副主任范水江分别参加。

13日　河东大讲堂第94讲开讲，讲座特邀中央党校党建部主任、教授张志明做题为《中国共产党的新时代宣言——十九大精神学习辅导》的专题讲座。区委书记王吉敏主持并讲话。区委常委、纪委书记、监委主任薛学农，区委常委、政法委书记孟满堂，区委常委、宣传部部长苏引萍参加。

同日　下午，省环保厅厅长郭长青深入盐湖区，调研督导秋冬季大气污染综合治理工作。市委常委、常务副市长陈杰，区委副书记、区长李哲，副区长雷刚参加。

同日　下午，盐湖区2017年度"德政之星"颁奖暨先进事迹报告会在盐湖会堂举行。区委常委、秘书长张军参加。

14日　上午，市人大主任安雅文带领市人大专题调研组深入盐湖区，专题调研《运城市人民政府关于禁限放烟花爆竹的通告》的执行情况和禁限放烟花爆竹立法工作。区委书记王吉敏，区人大主任郭一民，区人大副主任邸广春，副区长雷刚参加。

同日　上午，区委书记王吉敏深入中城街道办事处，督导环境集中整治工作。区委常委、秘书长张军参加。

同日　临汾市督查室副主任李楠一行根据省政府办公厅安排，对盐湖区"13710"督办系统管理运行情况进行交叉检查。区政府党组成员、政府办主任孙冬青陪同检查。

15日　全省公安机关深化执法规范化建设现场推进会在盐湖区召开。公安部法制局副局长孙萍，省公安厅党委委员、副厅长杨通顺，省公安厅党委委员、政治部主任赵永胜，市委常委、政法委书记邓雁平，副市长、市公安局局长郭尚礼，区委书记王吉敏，区委常委、政法委书记孟满堂，副区长、盐湖公安分局局长李磊参加。

同日　盐湖区教育投资公司与山西省众合校

车服务有限公司合作签约仪式在区政府举行，标志着山西省首家县级"政府主导、市场运作"的校车运营平台正式成立。副区长丁廷轩，区财政局、教科局等相关单位负责人参加仪式。

同日　省生殖保健技术服务中心主任罗铭忠一行，在盐湖区验收创建新一轮全省计划生育优质服务先进县工作。副区长丁廷轩参加验收会议。

同日　市委副书记、统战部长王瑞宝深入盐湖区，调研家庭环境卫生建设和"衣被叠好、柴草整好、畜禽管好、卫生搞好'四好'建设"推进情况。区委副书记钟立伟参加。

16日　上午，区委副书记、区长李哲与宝田国际董事长王建新进行座谈，就打造盐湖区全域旅游事宜深入洽谈沟通。副区长丁廷轩参加。

18日　上午，盐湖区召开基层党（工）委书记抓基层党建工作专项述职会。区委书记王吉敏主持会议并讲话，市委组织部副部长任爱梅，区领导李哲、钟立伟、郭一民、常正、董稷强、任刚、薛学农、孟满堂、苏引萍、李俊龙、张军、齐全中参加。

同日　晚上，盐湖区召开清洁温暖过冬工作推进会。区委副书记、区长李哲参加会议并讲话，副区长雷刚参加。

19日　上午，盐湖区召开春节前保障农民工工资支付工作会议，统筹协调全面治理拖欠农民工工资问题。区委常委、副区长董稷强参加。

同日　下午，区委副书记、区长李哲深入大正集团双创基地、理想启智孵化基地、黄河世纪广场，调研经济运行情况。区委常委、副区长董稷强，盐湖工业园区管委会副主任管树岗参加。

同日　盐湖区召开全区质量工作考核部署会议。区委常委、副区长董稷强参加。

20日　盐湖区在上海招商引智恳谈会引来的上海红星美凯龙家居集团股份有限公司总裁刘源金应邀在盐湖区考察调研。市委书记刘志宏接见。市委常委、秘书长乔登州，区委书记王吉敏参加。

同日　区委副书记、区长李哲会见山投集团国有资产经营有限公司董事长卢向伟，双方就在盐湖区建设年产30万吨煅后焦及余热利用项目进行深入交流和对接。区委常委、副区长董稷强参加。

同日　下午，区委副书记、区长李哲深入虞坂古盐道旅游公路及袁家村·运城印象项目现场，调研项目进展情况。副区长何伟参加。

21日　上午，市委书记刘志宏深入盐湖区，召开医疗卫生机构一体化改革工作专题调研座谈会。市委常委、秘书长乔登州，副市长陈竹琴，区委书记王吉敏，区委副书记、区长李哲，区常委、秘书长张军，副区长丁廷轩参加。

同日　下午，市委办公厅副处级督查专员赵清泉带队的第一督查组深入盐湖区，督查贯彻落实市委四届四次全会精神。区委常委、副区长董稷强，副区长薛红阳参加。

同日　下午，区委人才工作领导组召开会议，学习贯彻党的十九大关于深化人才发展体制机制改革的重大部署，落实市委人才工作会议相关精神，研究讨论《中共运城市盐湖区委关于深化人才发展体制机制改革的实施意见（稿）》和《盐湖区引进高端人才暂行办法（稿）》，深入分析全区人才工作现状和存在问题，并对做好新时代人才工作进行系统研究和安排部署。区委书记、区委人才工作领导组组长王吉敏出席并讲话，区委常委、副区长、区委人才工作领导组副组长董稷强，区委常委、组织部长，区委人才工作领导组副组长任刚参加。

同日　下午，区老干部局老年大学举办学习

宣传"十九大"诗词楹联书画展。区委常委、组织部部长任刚参加。

22日 上午，盐湖区召开紧急会议，安排部署环保专项整治工作。区委副书记、区长李哲，区委常委、副区长董稷强，副区长丁廷轩、何伟、雷刚、薛红阳参加。

同日 省公安消防总队防火监督部部长张华东一行来到盐湖区中城街道办事处，就消防安全各项工作进行督查。副区长李磊陪同参加。

同日 上午，区第十六届人大常委会召开第十一次会议，听取审议《区政府关于区第十六届人民代表大会第二次会议代表建议办理情况》等有关报告，表决通过《区人大常委会关于批准2017年度参政预算调整方案的决议》等事项。

同日 上午，盐湖区召开区直机关党组织书记履行党建工作责任述职评议会。区委常委、秘书长张军出席。

同日 下午，原省长助理、山西大学原党委书记相丛智，省发改委原主任李宝卿等我市部分运城籍在外人士代表深入盐湖区，参观考察经济社会发展和精神文明建设成果。市委常委、宣传部部长王志峰，区委书记王吉敏，区委常委、宣传部部长苏引萍参加。

同日 晚上，区委副书记、区长李哲主持召开环保整治紧急会议。区委副书记钟立伟，区人大主任郭一民，区政协主席常正参加。

23日 上午，区委副书记、区长李哲召集正在八大办事处进行环保整治的包片领导及相关职能部门负责人，对全区环保整治攻坚行动进行再部署、再推进。区委副书记钟立伟、区人大主任郭一民、区政协主席常正出席。

25日 盐湖区召开县乡医疗卫生机构一体化改革工作推进会。会议传达学习了12月21日市委刘志宏书记在盐湖区调研医改工作时的重要讲话精神，分析了盐湖区当前一体化改革工作存在的问题，并对下一阶段工作进行安排部署。区长李哲，副区长丁廷轩，区政府党组成员、政府办主任孙冬青，区卫计局班子成员，区医疗集团班子成员，区医院班子成员，各乡镇卫生院院长、社区卫生服务中心主任等参加会议。

26日 上午，区委常委、副区长董稷强深入东城办督导散煤置换工作。

同日 区长李哲与盐湖区大渠、董家营等地4家资质健全、管理规范的优质煤经营户，围绕优质煤的采购、销售等问题进行了座谈。副区长雷刚，区政府党组成员、政府办主任孙冬青，区安监、环保等部门负责人参加了座谈。

同日 下午，区委中心组深入西张耿村，举行弘扬"红船精神"主题党日活动。区委书记王吉敏围绕学习和弘扬"红船精神"这一主题讲党课，区委副书记、区长李哲主持。

同日 晚上，运城中学举办了"不忘初心为梦启程"2018年元旦师生联欢晚会。区委常委、副区长董稷强，副区长丁廷轩，副区长、盐湖公安分局局长李磊、运城中学校长黄孟强、运城中学党组书记胡随社参加。

27日 上午，区反恐办在盐湖会堂广场开展《反恐怖主义法》普法宣传教育活动。区委常委、政法委书记、区反恐怖领导小组组长孟满堂，副区长、盐湖公安分局局长李磊参加。

同日 下午，区委书记王吉敏主持召开党政联席会议，专题研讨"三个推进计划"的实施情况。区领导李哲、钟立伟、郭一民、常正、董稷强、孟满堂、苏引萍、李俊龙、张军、齐全中、丁廷轩、何伟、李磊、雷刚、薛红阳、周长春、李雪峰、范水江参加。

同日 盐湖区召开安全生产工作会，就跨年度安全生产工作进行安排部署。区委常委、副区长、区安委会常务副主任董稷强参加会议。

同日 由省卫计委计控处副处长宋彬带队的省卫计委考核组一行来到盐湖区，就创建省级慢性病综合防控示范区工作进行考核验收。市卫计委党组成员、调研员李清学，副区长丁廷轩及区卫计、财政、教科等成员单位参加会议。

28日 上午，盐湖区在烈士陵园纪念碑广场举行"运城解放70周年"纪念大会。市委常委、宣传部部长王志峰，副市长陈竹琴，区委书记王吉敏，区委副书记、区长李哲，老军人、军烈属代表，73096部队代表及驻运官兵代表、党政机关负责人、城区居民代表等2000余人出席大会。

同日 盐湖区召开2017年今冬明春火灾防控工作推进会。副区长、盐湖公安分局局长李磊参加会议，并要求各相关单位要牢固树立火灾防控观念，紧盯人员密集场所、石油化工、电气火灾综合治理、重大火灾隐患不放松，全面开展火灾隐患排查治理，确保节前隐患排查整改完毕。要找准治理重点，把握关键节点，深化宣传教育，紧盯安全稳定工作目标，全力抓好今冬明春火灾防控工作；要强化工作责任，落实消防安全监管责任，依法严格进行责任追究。

同日 下午何伟在包联片区西城办召开环保工作再推进会议。

同日 下午，区委书记王吉敏深入东城办专题调研冬季清洁取暖工作。区委常委、副区长董稷强，副区长雷刚参加。

29日 上午，区委副书记、区长李哲主持召开区政府党组会议。区委常委、副区长董稷强，副区长何伟、李磊、雷刚、薛红阳参加。

同日 下午，区委书记王吉敏主持召开区委常委（扩大）会议，传达学习市委书记刘志宏12月21日在盐湖区调研县乡医疗卫生机构一体化改革会议上的讲话精神，研究审议并原则通过了《盐湖区关于全面加强城市基层党建工作的实施办法》《盐湖区关于贯彻新时代党的建设总要求进一步强化社区党建工作的措施意见》《中共运城市盐湖区委关于深化人才发展体制机制改革的实施方案》和《盐湖区引进高端人才暂行办法》。区委副书记、区长李哲，区委副书记钟立伟，区人大主任郭一民，区政协主席常正参加。

同日 区委副书记、区长李哲主持召开区政府第十八次常务会议，研究讨论盐湖区2017年事业单位人员招聘、2017年度科技研发经费使用计划、安全生产等有关事宜。区委常委、副区长董稷强，副区长丁廷轩、何伟、李磊、雷刚、薛红阳参加。

## 基本概况

运城市盐湖区古为盐泽，曾有盐邑、苦城、路村、圣惠镇、凤凰城等称谓。自宋、元至盐运使，并筑城驻运司，始名运城。是运城市政府所在地。地处秦、晋、豫黄河金三角区域，位于山西省西南部，东连夏县；西临永济、临猗；南与平陆、芮城毗邻；北同万荣、稷山、闻喜接壤。北距北京市874.9千米、太原市420千米、临汾市138千米，西距陕西省西安市241千米、渭南市189千米，南距河南省三门峡市58.6千米，东距郑州市315千米、洛阳市197.8千米，是晋豫陕黄河金三角的腹心地区。区境地处东经110°41′23″－111°12′27″，北纬34°48′27″－35°22′30″，东起东郭镇南界滩，西至席张乡西端，相距41千米；南起席张乡刀山，北至三路里镇沟东村，长达62千米。总面积1237平方千米。盐湖区下辖7镇、6乡、9个街道办事处、33个居委会、314个村委会、112个社区，共470个自然村，总人口70.6万。

## 经济建设

2017年，盐湖区生产总值完成246.1亿元，增长7%，占全市18.4%；规模以上工业增加值完成11.6亿元，增长6.6%；固定资产投资完成91.2亿元，增长15%；财政总收入完成26亿元，增长3%；一般公共预算收入完成8.7亿元，增长1.2%，占全市13%；社会消费品零售总额完成245.5亿元，增长7%，占全市32.6%；城镇居民人均可支配收入完成29432元，增长6.6%；农村居民人均可支配收入完成11379元，增长7%。

【着力提质增效，现代农业稳步推进】 2017年粮食播种面积60万亩，总产1.8亿千克。水果总面积35万亩，总产70余万吨，出口3.8万吨，同比增长303%。新增家庭农场11家，规范发展合作社50家。新栽树木319万株，绿化面积1.8万亩。完成王范片区高标准农田建设9000余亩。孙坞站北扩、峨嵋分干二期工程新增灌溉面积6万亩；北赵引黄末级渠系配套工程基本完工，新增灌溉面积6.7万亩。凯盛现代循环农业、阜民

"中央厨房"、双季槐深加工等产业链条不断延伸。王范甜瓜、龙居红香酥梨等十个标准示范园全部建成。中条山皂荚、涑水河休闲农业、峨嵋岭双季槐三大万亩农业带初步形成。获"国家农村产业融合发展示范园""国家级出口食品农产品质量安全示范区""全国农业全产业链开发创新示范区"。农业部确认盐湖区农业基本实现现代化。7月19日,省委书记骆惠宁深入三路里调研视察种植双季槐项目。

【加快转型升级,工业经济持续向好】 实施"512"发展计划,重点培育45家优势企业,同天翔、博鸣木业产值突破10亿元,登上"虎榜"。投资3.6亿元,实施天海泵业、石药银湖等9大技改项目。加快"五小企业"发展,新增小微企业345家,新增同杰化学、解义电泵等规上企业5家,凯盛肥业、格瑞特建材被评为"专精特新"企业,黄河新型化工、宏安翔被授予省级中小企业技术中心。工业园区科技中心被认定为省级科技孵化器,同邦创业基地被评为省级创业基地,星河创业基地被评为国家级"双创"基地。关心关爱在外务工人员,建立"三账三制"管理平台,为4万余名在外人员提供精准服务。成功举办京津冀、长三角招商引智恳谈会,签约项目24个。成立盐湖智库,设立吴建平院士和赵沁平院士工作站,新增黄河新型化工博士工作站。中农乐、鑫中大等6家被认定为高新技术企业。实施品牌战略,注册商标406件,认定德龙肥业、合盛兴泵业等7个山西省著名商标,安运风机、海顺线缆等6家企业荣获山西省名牌产品。

【注重多元发展,现代服务业势头强劲】 正达广场、黄河世纪、解放路地下商业综合体、大润发时代超市开门营业,新增营业面积6.5万平方米;优衣库、哈根达斯等知名品牌店入驻运营。电子商务、智慧物流等新业态快速发展。"小二便利网"用户数量达到6.8万家,日营业额超过6万元;乐村淘体验店覆盖到247个行政村;山西七品建成103个平价蔬菜销售点。举办花开盐湖、舜帝公园、牛庄红色教育基地、民俗文化旅游年等系列活动,全新角度打造盐湖区旅游。全年共接待游客723万人次,增长25%,实现旅游总收入243.7亿元,增长28.4%。

## 社会发展

【坚持蹄疾步稳,深化改革初现成效】 取消行政审批64项、行政职权7项,清理规范中介服务26项。启动企业登记全程电子化改革,发出全市首张电子营业执照。开发区"三制"改革采取公开招聘、竞争上岗,实现全员聘任。区乡村医疗机构一体化改革走在全省前列,在国务院新闻办公室发布会做经验介绍。推广集团化办学,"小而美"联盟,促进城乡教育均衡发展。梦想课堂模式在全国推广。整合资源,科学布局,优化结构,办人民满意的教育。舜帝公园管理权、经营权实现两权分离。完成76万亩土地承包经营权、91.7平方千米农村集体建设用地和宅基地确权登记。转变投资模式,吸引社会资本,古盐道林网绿化试点成功,实现合作共赢。

【聚焦群众期盼,民生福祉不断提升】 2017年盐湖区1163户3001人实现脱贫,4个贫困村顺利摘帽。12000余名贫困群众和2500名农村重度残疾人免费享受医疗保险。完成4.2万名老年人免费健康体检、7444名怀孕妇女免费产前筛查、695名贫困妇女免费两癌检查。转移农村劳动力

6277人，城镇新增就业5011人，安置就业困难人员348人，建档立卡农村贫困劳动力精准培训超额完成。投资4.5亿元，圣惠小学等5所新建公立学校开学招生，红军小学挂牌成立，新增学位10920个。运城中学、解州中学等5所公办高中完成标准化建设。50辆校车投入运营，解决19个乡镇3000余名农村学生接送问题。148所中小学师生安全饮水全部解决。113所学校配备安保人员。完成61个村、647台农灌变压器、218千米供电线路改造。岳坛城中村改造扎实推进。古盐道建成通车，179条小街小巷完成改造，群众出行更舒心。开展城乡环境卫生综合整治，投资8598万元，清运垃圾14.7万吨，拆除违建2.6万平方米，污水减排499吨，清理面源污染2.7万处。投资200万元，完成解州、东郭等6个乡镇垃圾中转站建设。投资500万元，购置环卫机械车辆。引入第三方评估，形成长效管理机制。环保治理采取全民参与，解决141件环境突出问题，22家工业企业实行错峰生产，取缔关停散乱污企业111家。清理回购散煤8462户、1.15万吨，清洁能源置换5839吨，使秋冬季大气质量明显改善。送戏下乡180场。盐湖剪纸等6项民间艺术列入省级非遗名录。舞蹈《当你老了》荣获山西省群星奖，区蒲剧团被评为全国服务农民、服务基层文化建设先进集体，泓芝驿余林农家书屋荣获全国基层图书发行单位先进集体。全民健身获全国群众体育先进单位。

**【突出共建共治，社会治理成效显著】** 盐湖区2017年完善监管防控体系，强化隐患治理，各类生产经营性事故起数和死亡人数实现双下降，安全生产形势持续稳定。全面开展国家食品安全示范城市创建工作，确保人民群众"舌尖上的安全"。全区刑事案件下降22.5%，治安案件下降11%。全省执法规范化、打击制毒犯罪、全市创新社会治理三个现场会在盐湖区召开。建立公共法律服务平台，实现农村、社区、企业法律援助免费咨询全覆盖，"七五"普法取得新进展。突出问题源头化解，实行包案包办工作机制，有效预防化解社会矛盾纠纷。314个村、112个社区两委完成换届。成立新乡贤理事会，加强农村社会治理。开展舜帝德孝、关公忠义等优秀传统文化传承实践活动。景靠喜家庭荣获全国文明家庭，盐湖区地税局获全国文明单位，复旦小学获全国文明校园，北城初中获全国未成年人思想道德先进单位。

**【切实转变作风，自身建设全面加强】** 深入推进"两学一做"学习教育常态化制度化和"维护核心、见诸行动"主题教育。严格落实中央八项规定精神和国务院"约法三章"。主动接受监督，办理市、区人大代表建议112件，市、区政协委员提案141件，办复率100%，满意率100%。坚持依法行政，落实行政首长出庭应诉制度，培训行政执法人员400人，受理行政复议案件22件，审查各类规范性文件40件、重大事项协议合同61件。持续开展"干部入企服务"，帮助企业排忧解难。认真落实"13710"工作机制，办理事项132项，提高政府工作的效率和执行力。

# 盐湖区四套班子领导人名单

## 中共运城市盐湖区委

区委书记：王吉敏
副书记：李 哲　钟立伟
常　　委：任 刚　薛学农　孟满堂　苏引萍
　　　　　李俊龙　张 军　齐全中

## 运城市盐湖区人大常务委员会

人大常委会主任：郭一民
副 主 任：陈建国　祁武昌　冯淑芳　邸广春

## 运城市盐湖区人民政府

区　　长：李 哲
副 区 长：董稷强　丁廷轩　何 伟　李 磊
　　　　　雷 刚　薛红阳

## 政协运城市盐湖区委员会

政协主席：常 正
副 主 席：王宗勤　李金果　周长春　李雪峰

# 乡镇办

## 东城街道办事处

【概况】 东城办位于市区中心地带，交通便利，经济发达。北临禹都大道，南至南环路，西起解放路，东与安邑办事处接壤。辖区下辖东阜、槐树凹、贺村铺三个村和河东东街、河东西街、高家垣等25个社区，总面积15平方千米。2017年人口接近15万（其中农村人口4279人，非农业人口103879人，流动人口38842人），下辖三十个党支部，党员1038人。

【经济发展】 随着城市的发展，东城办所属的三个村子成了名副其实的"城中村"，农民基本脱离了农业生产，经济收入主要集中在第三产业，房地产开发、交通运输、酒店宾馆、房屋租赁是农民增收的主要渠道。东城办的房地产开发，是以三个"城中村"改造项目为主，配合城市规划征地，先后开发了"大世界花园、新新家园、东阜小区、祥和小区、畅享天下"等一批房产项目；房地产的建筑施工，带动了交通运输业的发展，2017年有十几个运输队，100多辆大车，年产值一千多万元；先后投资建设了"凤凰假日酒店、金鑫大酒店、斯麦尔酒店、恒泽酒店、金马宾馆、金晖大酒店、香合湾"等一批精品星级宾馆酒店；房屋租赁业，三个村加强村容村貌改造和基础设施建设，房屋租赁业迅猛发展，2017年出租面积达10万余平方米，年收入1200余万元。

【三会一课】 2017年东城办维护核心见诸行动主题教育，重点抓好党的十九大精神和习近平新时代中国特色社会主义思想的学习宣传，通过印发"口袋书"、沿街电子屏、QQ群微信群、手机App、在线"微"党课，打造"不下课的课堂"。累计开展"主题党日+"活动336次。以"两委"换届为契机，3个村、27个社区一次直选成功，通过考评选聘，实现了优者上、庸者下、劣者汰；运用"六个一"工作法（编织一张责任网、绘好一张流程图、打造一条警示路、谈好一次提醒话、做好一事一监督、坚持一月一研判）。

【立体党建新格局】 创建立体党建格局，把区域性党建大网格细化统分为30个子网格、184个单元格,形成以党建为统领的社区治理网络体系。开展周一例会制、信息报送制、定期走访制、信息台账制等网格工作制度,确保队伍管理规范化;改造37条背街小巷,方便居民出行;构建"全域一体"数字"天网",智慧社区精准服务;组建"两会一队",实现群防群治常态化;发挥精英调解团队、片警、律师和职能站所联动,力促矛盾处置在楼宇、化解在网格、消除在社区,迎来全市综合治理现场会。实现十九大赴省进京零上访。东城街道党工委先后被评为"山西省综合治理先进集体"和"山西省信访维稳先进集体"。东城办2017年把每月11日定为主题党日,以支部为单位开展特色鲜明的"主题党日"活动百余场,引导党员干部围绕当前的基层党建、精准扶贫、重点项目、五城同创、环境卫生、综治维稳、民生保障等中心工作建言献策。坚持每周开一次创建全国文明城市工作调度会,加大宣传,营造氛围;典型示范、全面铺开;环保摘牌,成效显著。打造"八民""六型""五心"等文明特色社区。

【安全机制】 2017年东城办对辖区的餐饮业、公寓、出租房、宾馆进行详尽的普查,发现的问题一一登记造册、销号处理,并形成调研报告。接受7·28南风广场商场火灾事故,9·28东湖农贸市场火灾事故教训,对辖区门店商场进行反复筛查,对300平方米以上的人员密集场所发现的安全隐患及时上报安监部门处理,对家属楼院居民区消防安全工作做到宣传到位,突发事件第一时间处理到位。2017年人员密集场所比较集中的南风、金鑫、祥和普遍进行了消防演练,对东湖农贸市场的火情及时报告给管理部门市住建局。由市住建局向农贸市场下达整改通知。

【社会保障】 强化社保征缴,不断提高服务保障水平,截至2017年底,东城办符合参保条件并进行参保登记的人员96243人,其中到龄享受待遇的2015人,增幅达20.1%。执行"凤还巢"工作计划,鼓励东城外务工人员回乡创业,东城外务工人员为1012人,经做工作回乡创业7人。宣传新型医保政策做好城乡居民医疗保险征缴工作,2017年共征缴保费719100元,合计4070人,参保率和参保人数高出往年7.3%。

【环境卫生】 2017年东城办进行明确的责任分工,清广告、清四堆、治摊点、拆违建并把东城环卫所纳入管理范围,环境卫生工作管理有序,监管到位。2017年上报整修的37条巷道全部实现硬化、排水、亮化到位。在环境卫生集中攻坚工作开展之时,东城办有机构、有方案、有计划、有效果,其工作思路是"树立标杆巷道,打造精品社区,建立长效机制",突出问题导向,时时联合整治,在走访调查中,共梳理出三大类25项环境卫生存在问题,两次修改实施方案,针对群众反映比较集中的私家车占用公共巷道安装地锁,造成安全隐患和交通秩序混乱问题,东城办联合交警、城管、工商、派出所、社区(村)对槐树凹、贺村铺、高家垣主次巷道共计212个地锁,先发通知再做工作,对钉子户进行强制氧割拆除;针对贺村铺群众反应强烈的110亩防护林带多年无人管理,垃圾乱倒、杂草丛生、蚊蝇滋生的问题,一方面积极向托管单位市林业局反映情况,一方面主动担当组织机械、人工历时半个月清除垃圾和杂物,并对树木进行了刷白美化;针对市中心医院南贺村铺第三居民组流动人口多,店外占道经营影响主干道通行的问题,东城办联合城管、食药等部门拆除违章建筑46处、广告牌65个,确保交通畅通,秩序井然。建立了环卫微信工作群,环境卫生存在的问题,时时有监督件件有回应,东城环卫所每天都有例会,办事处每月有检查,检查结果报环卫处,奖优罚劣;东城办槐树凹村门店多、流动人口多,商户不愿意在门前摆放垃圾桶,就在槐树凹采取不设立垃圾桶,由龙澄公司每天早8点、晚7点两次收集垃圾,效果比较理想,逐步推广;学苑社区在荟萃南区实施垃圾分类一年,居民家的菜叶剩饭由公司教会居民使用酵素的做法也得到居民接受推广;贺村铺三组主巷道两侧门店分别由两家企业经营,与企业有效对接,每月由企业出资3000元,聘用两名城管实施有效管理,确保整治成果落到实处。

**【打造精品社区】** 吉祥社区鸿盛巷有76户人家,主巷长157米,大多为东阜居民。路面狭窄、柴堆、煤堆几乎家家都有,在环境整治中,东城办从清除柴物入手,做居民深入细致的思想工作,一周时间家家门前干净畅通,巷道居民裴丽丹利用自己的绘画特长主动请缨,在鸿盛巷作墙绘,弘扬社会主义核心价值观,设计的幅字笑脸墙和家风、家训山水画图令人耳目一新,丰富和拉近邻里关系,促进小区和谐。不仅如此,每个社区都有自己的标杆巷道,所有的巷道均为灰底白墙和徽派风格,以点带面形成个性鲜明的东城特色,2017年在环境整治工作中,盐湖区委组织部、土地局、区志办在职党员志愿者主动参与社区工作。老上访户胡桂芳经过东城办的努力,以息诉罢访,并作为府东街卫生管理员加入环境整治行列。分类施策,建立和巩固长效管理机制。建立了环卫微信工作群,环境卫生存在的问题,时时有监督件件有回应,东城环卫所每天都有例会,办事处每月有检查,检查结果报环卫处,奖优罚劣;东城办槐树凹村门店多、流动人口多,商户不愿意在门前摆放垃圾桶,就在槐树凹采取不设立垃圾桶,由龙澄公司每天早8点晚7点两次收集的工作机制,效果比较理想,计划逐步推广;学苑社区在荟萃南区实施垃圾分类有一年有余,把居民家的菜叶剩饭由公司教会居民使用酵素的做法也得到居民接受推广;贺村铺三组主巷道两侧门店分别由两家企业经营,已和企业家有效对接,每月由企业出资3000元,聘用两名城管实施有效管理,确保整治成果落到实处。

**【计生工作】** 全面两孩政策实施后,计划生育工作从管理型转为服务型,2017年东城办落实奖扶对象123户186人,其中独生子女户113户169人,奖扶资金169360元,并建立特困家庭帮扶、脱贫制度。

**【精准扶贫】** 2017年东城办确定的贫困户26户58人,按照一人一策工作要求,班子成员人人包户扶贫,做到宣传帮扶政策三到位。

**【综合维稳】** 2017年东城办坚持和完善三级议事例会制度,每月11号为社区村例会日,每月21日为办事处工作例会,做到小矛盾就地解决,大的问题在办事处层面解决。开展"大起底、大排查、大调研、大处置"活动,重点抓好精英团队建设,民调矛盾化解工作,创新信访工作机制,2017年无一人赴京上访,市区两级现场会东城河东东社区作为优秀典型,事迹在全市推广。各村严格执行《村级财务管理制度》,加强农村三资经济合同管理和农村集体工程建设项目招投标管理工作,严格按照三重一大工作程序要求,实现规范化管理。2017年贺村铺硬化路面项目,通过招投标300万资金实现全村巷道全部硬化，群众非常满意。2017年农村换届工作贺村铺支村委一班全部一次性当选，赢得了民心。2017年东城办27个社区，三个城中村支部村委会，全部顺利实现换届选举工作任务。

【环境保护】 环保工作从抓好散乱污企业的整治着手，东城办对谢安师龙骨厂实行坚决的两断三清工作，对槐树凹的三个养猪场制定了减量核销工作方案。对2017年煤改电、改气工作，东城办组织社区、职能部门、帮扶单位在机关干部的带领下，责任到人、宣传到户、工作到位，经过一个月的连续奋战，清运104吨散煤、10513块蜂窝煤、回购散煤800吨、置换清洁焦108吨，兑现资金56.7万元。

【廉政廉洁】 2017年东城办成立党风廉政建设领导小组、人民政府廉政领导小组。明确了办事处党工委书记为党风廉政建设领导小组第一人，明确了办事处主任为人民政府廉政领导小组第一责任人。各部门负责人按照分工负责业务范围工作机制。把各项工作细化落实到各部门负责人，一级抓一级，上下沟通的责任网络。结合党的建设、综合治理、统战宗教、农村经济、森林防火、防灾、危房改造等实际工作，采取"学、看、查、谈"四种方式，开展深入扎实的"警示教育"。强化管理，规范乡、村两级财政审批程序。惩防并举，注重从源头上解决问题。

【文化活动】 东城办不仅营造了浓厚的社区文化氛围，而且成为社区居民展现自我的舞台和融洽感情的纽带，街道先后举办了"我是舞王"广场舞比赛，10月举办了国庆节"喜迎十九大，欢乐度两节"活动，党在我心中广场大型文艺联欢会、美好家园社区文艺联欢晚会，各社区还先后举办了小手牵大手、共建文明社区、消防进社区等文艺联欢会，还经常性参与市、区举办的各项大型文化活动，并多次荣获大奖，为广大市民奉献了一道道丰盛的文化大餐，用文化创造环境，用文化增强底蕴，良好的人文已成为街道文明创建的灵魂和核心。

## 西城街道办事处

【概况】 西城办事处位于圣惠南路与红旗西街交汇处，辖区东起西花园，西至姚家卓，南依盐化二厂，北邻姚暹渠。辖区面积10.03平方千米，辖区有5个社区，6个村：西郊村、杜家村、蔡家村、李店村、姚家卓村、韩家营村6个村民委员会，3个社区居委会，总人口24000余人。耕地面积7002亩。主导产业以小麦、经济林、运输业、外出务工为主。全办共有小学5所，初中1所，建有村级卫生所6个。共有小街小巷147条，总面积172167平方米。

【党建工作】 切实发挥党支部领导核心作用。以"两学一做"主题教育活动为主线，贯彻学习习近平总书记系列重要讲话、加强"三基"建设。以党建工作为各项工作的统领，在全办开展了"大学习，大讨论"，将"三会一课"内容体现到发展、议事、民生服务保障上，发挥党员的模范带头作用。突出"主题党日"的载体作用。坚持每月11日、21日为主题党日，将各项活动融入主题党日活动，在全办掀起"我为人民做贡献"主题活动高潮，提高基层干部的执政能力。2017年，通过这一形式，解决了西街多年上访问题，研究了杜家村、蔡家村城郊新型体验式农业问题。全面从严治党向基层延伸。围绕加强"三基"建设,全面从严治党决策部署在西城变成了生动实践。西城办要求各村(社区)及各站所实行节假日值班制,并用不定期查访的形式进行监督检查,对各村(社区)及各站所进一步严肃工作纪律、认真履行工作职责起到促进作用。2017年全办共召开《细则》落实专题会议5次,出台实施方案1个,撰写笔记和心得体会539篇次,举办知识竞赛或笔记本展评1次;各级党组织和班子成员共制定清单474条。提示谈话131次,提醒谈话42次。

【社会保障】 2017年西城办城乡居民养老保险参保2945人,1041900元。全办在救灾救济工作中,坚持做到有灾及时报,现场救灾、核灾。坚持专款专用,重点使用的原则,严格按方案要求发放救灾款。2017年审核上报低保340户,572人。申报廉租房86户,178人;公租房49户,99人。

【安全生产】 2017年西城办完善了度汛计划和抢险应急预案。建立了办、村、组、户四级防汛体系,坚持24小时防汛值班制度,加大对姚邕渠、居民危房的排查与除险,做到一日一记录,一日一汇报;持续开展"隐患排查治理"专项行动,会同消防队、派出所、工商所、社区对电脑城、家电市场、板材市场、化工市场和仓储企业共计231家商户进行了隐患排查。

【特色农业】 西城办杜家村、蔡家村充分发挥地处中心城区边缘的近郊的地理优势,探索城市近郊农业发展新模式。杜家村建立面积30亩的QQ农场,认领耕地承载量达300余户,水利灌溉等配套设施基本完善。2017年,已有51户认领QQ农场耕地,实现"郊区有我一分田"的美好生活愿望。蔡家村50亩的QQ农场兼观光采摘园也在积极建设中。西城办将脱贫攻坚与近郊新型体验型农业发展相互融合,园区工作人员以村里贫困户为主,让贫困户有机会做自己力所能及的工作,从而摆脱贫困。

【精准扶贫】 精准扶贫是西城办2017年的第一民生工程。成立了扶贫攻坚工作领导组,分户到人、责任到人进行帮扶;坚持每月例会制度,召集包联区直单位环保局、经管局、班子成员和各村主干进行讨论,研究帮扶措施,围绕基础建设、产业发展、城乡环境整治等重点工作确定帮扶项目;进行走访和联系,进行实际帮扶。蔡家村、杜家村发展城郊型体验型农业,姚家卓、李店、西街、韩家营在城乡环境整治中用人用工,人社局农民职业培训等,都将扶贫户拉入其中,同时做好贫困户思想扶贫。2017年全办6个行政村共48户贫困户,106人,现已有3户13人脱贫。

【计生服务】 2017年西城办出生人口265人,出生率11.38‰,自增率5.97‰,政策符合率为99.25‰。通过媒体报道、上街宣传、入户随访等途径,全面宣传落实二孩政策。

【两委换届】 2017年是新一届村、社区"两委"换届之年,西城办以"提升组织力,突出政治功能"为定位,坚持"先定事、再选人、揭榜竞选"办法,选出一批党性强、能力强、改革意识强、服务意识强的村、社区党组织书记。对于2个重点难点村,做好了换届前的各项准备,提前化解了矛盾隐患,确保全办换届稳定。顺利完成了6个村党支部(总支),6个社区党支部的换届工作。

【环境整治】 2017年西城办按照省、市、区关于开展城乡环境集中整治攻坚行动的要求，重点围绕"四治六化一创"来展开工作，高点定位，重点发力，打出组合拳，掀起大整治。一是对影响城市容貌的破旧广告牌匾进行了集中清理，共清理户外广告1000多个，规范门头牌匾600多块，没收落地灯箱80余个，城区主要道路的户外广告、门头牌匾基本规范完毕；二是深入治理乱贴、乱画，集中清理小广告8000余处；三是规范店外经营500余户；四是清理辖区内乡村管理的生活垃圾300余吨；五是清理"四堆"1300余处；六是粉刷墙面42000余平方米；同时进行灭鼠、灭蝇、灭蚊、灭蟑等病媒生物防治活动600余处，修剪树木冬青4000余棵，整治公路沿路3.5千米。截至2017年12月共动用4000余人，大型机械设备80余台次。

【产业发展】 落实惠农政策，积极培育和扶持科技示范户、专业大户，引导农民发展特色产业、优势产业，2017年全办涌现出各类加工示范户20余户、运输示范户50余户、种植示范户500余户、养殖示范户150余户，个体经营者300余人。

【德孝文化】 2017年积极开展"孝顺媳妇"评选、"九九重阳节"送戏下乡、文化进社区消夏晚会，参与折子戏、"关公锣鼓"大赛、百人八段锦等活动，利用人民喜闻乐见的活动形式和德孝大讲堂进行中国梦和社会主义核心价值观教育。

【其他工作】 2017年在环境保护与治理过程中，因地制宜，因时制宜的落实各项环保治理措施。做好三烧治理、煤炭补贴、无烟煤发放工作；开展"三治一化"治理工作，减少环境污染，改善空气质量。民生工程多点开花。对杜家村村内600余米下水管道进行了改造，硬化路面1千米；韩家营村新打水井2眼，铺设地埋管800余米，并对全村200余户自来水管网进行了改造，安装变频无塔送水器。另外农业普查、美丽乡村建设等方面均取得明显成效。

# 南城街道办事处

【概况】 南城办因位于运城市区南部，扼守市区南大门，故得名南城街道办。北承市区，横跨盐湖，南至中条山分水岭。东与东城街道办、东郭镇相邻，南至中条山分水岭，与平陆县张村镇接壤，西邻解州镇、西城街道办，北与中城街道办相接。下辖八城市社区：马家窑社区、银湖街社区、池神庙社区、西湖社区、东湖社区、钟楼社区、银湖街社区、凤凰南路社区。一个企业社区：盐化社区。两个农村居委会：南郊、环池。六个农村村委会：小李、大李、柏口窑、西姚、义同、银张。2017年全办总面积50.2平方千米，常住人口45249人。其中非农业人口32845人，农村人口12450人。另有流动人口3000余人。位置优越，可以方便地享有工行、建行、中行等多家大型银行的服务。还设有南城、西姚两个农村商业银行。

【党建工作】 推进"两学一做"学习教育活动，开展了现场学习会、参观学习会、专题讨论会以及党员清理环境卫生、党员植树造林、党员帮扶贫困户等主题实践活动，通过这些活动，将全办党员干部的思想紧紧凝聚在喜迎十九大的主题上面。

规范了"三会一课"制度和组织生活会制度,机关干部与村(社区)党员干部共同学习,共同过组织生活;在"三基"建设和党员队伍建设上下功夫。及时调整了1个村支部书记、4个社区支部书记,增添了2名支部委员,整改完成一个软弱涣散村党组织,组织了两次村级党员干部集中培训;开展村(社区)两委换届工作。到2017年11月20日,全办8个村党支部和9个社区党支部换届工作已全部完成,村委和社区换届工作正在进行中;党风廉政建设的重点放在制度的检查和落实上,以制度规范党员干部的言行,人人建立台账,事事要有结果。

【民生经济】 南城办2017年投资45万元,高标准绿化莲花山道路,栽植法桐2000棵。投资100万元,打造义同省级园林村。投资76万元,建设柏口窑2千米排水工程。配合区政府投资2800万元,完成皂荚创新示范园建设,栽植面积1600亩。投资45万元,完成池神庙道南路硬化、绿化、亮化工程;投资3万余元,安装监控探头16个。半月内动员580户迁坟560座,配合完成南环高速通道绿化工程。投资30万元,建设银湖雅居多功能运动场。以介绍务工、技能培训、荒山承包、大病救助为主要措施,使35户55人建档立卡户成功脱贫。

【社会治理】 2017年,南城办实行办、村、组、巷四级干部负责制,建立乡村清洁工程长效机制。街道、社区、巷道、小区,上下联动责任制,落实"五城同创"工作任务。改造东湖服务大楼,完善功能模块设计,将其打造为南城德孝文化教育基地。打造柏口窑精细网格管理示范村,探索农村村民自治新模式。打造南城司法金牌调解室,成功调处了义同李红斌死亡纠纷、池神庙黄康琴房产纠纷、东方驾校清洁工死亡赔偿等一系列影响较大的案件,维护了社会的和谐稳定。

【经济建设】 2017年南城办依托1600亩皂荚创新示范园,着眼沿山20,000亩野生皂荚资源,2017年完成承包改良面积5000亩。以公司提供接穗和技术服务,农户承包经营的模式,政府每亩补助500元,总投资250万元。到2017年底,基本形成以点带面连成一片的前山万亩皂荚林带,以此为基础建设林带公园,实现生态效益和经济效益的双丰收。

【旅游经济带】 2017年柏口窑旅游服务提档升级和莲花山道路绿化美化的基础上,继续挖掘旅游服务市场的潜力,同时加快义同园林村和莲花山的开发建设。2017年拓展旅游经济的重要举措将是对南城办辖区内的30余家农家乐进行规范、培训和改造,形成多样化的品牌特色,与50余家旅游饭店成为旅游服务的支柱产业,带动就业520余个,创造家庭务工收入1000万元。

【精准扶贫】 南城办坚持责任到人、措施到位、以务工创业帮扶为主与病残扶持相结合的办法,在荒山承包上向贫困户倾斜,尽量保证每个贫困户都有一片林,对无劳动能力的贫困户进行帮助,一次投资终身受益。在各种帮扶措施下,确保2017年脱贫43户77人,圆满完成脱贫任务。

【信访维稳】 2017年南城办以小事不出村,大事不上访为目标,完善信访调处机制,充分发挥金牌调解室的作用,确定各村(社区)调解联系人,建立起一支能够发挥联动效应的基层调解

# 北城街道办事处

【概况】 北城办位于盐湖区城区北部，南北长3千米，东西长6千米，辖区面积18平方千米。办事处地址位于运城市盐湖区工农东街299号，属盐湖区城区中心地带。北城办共有5个村（居）民委员会：原王庄、东留村、西留村、西冯村和北街居委会；社区居委会11个：葡萄园、石化、新桥、北苑、圣惠北路、幸福庄、康乐、禹香苑、四季绿城；2个单位社区居委会：省汽运、拖厂；辖区单位170家，其中机关企事业单位53个，非公有制经济组织10个，新社会组织1个，个体商业网点2457家，街道党组织下设18个党组织。全办常住人口25480户，共77421人，其中农业人口1.2万人。耕地面积7952亩。

【党建工作】 2017年结合"两学一做"学习教育常态化制度化、维护核心见诸行动主题教育活动，加强三基建设。2017年，北城办把每月11日定为主题党日，以支部为单位开展特色鲜明的"主题党日"活动百余场，规范"三会一课"制度，引导党员干部围绕当前的基层党建、精准扶贫、重点项目、五城同创、环境卫生、综治维稳、民生保障等中心工作建言献策，充实"三会一课"内容。坚持每周开一次创建全国文明城市工作调度会，加大宣传，营造氛围；典型示范、全面铺开；环保摘牌，成效显著。打造"八民"、"六型"、"五心"等文明特色社区。

【社区服务场所】 2017年北城办31个社区通过自建、租赁、共用等方式均已达到了200平方米的标准。干河社区已建成395平方米的社区办公用房；锦华社区新建办公场所各500平方米以上，均已投入使用；腾飞盛园、理想城、锦绣北、圣惠北、幸福庄5个社区新建社区办公场所，已进入申报程序。西留村对党支部阵地进行了升级提档，同时新建了村民德孝文化舞台；机关"五小"建设已全部完成，达到省市要求。

【精准扶贫】 2017北城办5个驻村帮扶工作组每季度至少到村到户2次，一周一例会，对58户贫困户共计120人实现了"一对一"结对帮扶，解决实际困难160多件，5个驻村帮扶工作组每季度至少到村到户2次，每月召开一次扶贫联席会议，通过"一对一"结对帮扶，2017年脱贫43户81人。还与北城农商银行积极联系，为符合条件的贫困户提供免息贷款；通过第一书记帮扶，为贫困户提供适合的工作。

【集体经济】 2017年北街居委会充分利用和盘活可经营性资产，新建亚朵酒店、改建玛钢厂公寓楼对外出租，年收入250余万元，北街居委会充分利用和盘活可经营性资产，集体资产已达到八千余万元，村集体年收入达三百余万元，位居全区前列，成为全区"资产盘活型"集体经济破零的典型。

【社会保障】 2017年北城办做好居民养老保险缴纳工作，确保参保人员信息及时录入系统，北城办新农合参保人数达11379人，共计征缴2048220元，比上年多完成了310320元，同时结合实际，开展针对性强、普及率高的实用技能培训。

积极组织电商培训及创业培训，大力宣传月嫂、保姆、电工、钳工等技能培训。

【综治维稳】 2017年共集中排查80余次、消防检查6次、打击传销宣传活动4场次；打击黑加油站8处，关停土小企业12家；全国两会、省两会期间，重点排查重点群体，落实好包案领导和包案责任人"五包一"制度，有效控制了越级信访。

【换届选举】 2017年在农村"两委"换届前开展以"四查四看"为主要内容的村"两委"成员分析研判，通过届底交账、座谈了解、个别谈话、入户走访等方式，摸清底数，建立台账，严格按照"先定事、再选人、揭榜竞选"方式，选优配强村、社区"两委"班子带头人，顺利完成换届工作。

【民政帮扶】 认真开展街道低保享受人员清理核查工作，做到动态管理、应保尽保；做好困难群众大病医疗、临时救助。2017年，发放大病救助20户，共计113550元，临时救助9户，共计27000元；落实好孤儿和五保户救助政策，及时足额打卡发放孤儿和五保户的款项；认真做好新增60周岁以上农村退役士兵的统计上报工作和优抚对象信息录入和换证工作。

【文体事业】 2017年组织举办"我是舞王"广场舞比赛、"我有拿手戏"文艺演出、"我爱我社区、我为社区添光彩"活动、"永远跟党走"系列活动、"九九重阳节"孝老孝亲等大型群众文化演出、竞赛活动上百余场，集中展示了北城办文化建设的成果。

【综治维稳】 结合"大起底、大排查、大调解、大处置"专项活动，2017年共集中排查80余次、消防检查6次、拆除6家10吨以上的锅炉，取缔5个散煤市场和9个黑加油站点，关停11家散乱污小企业。彻底化解了信访问题7件，对未能及时化解的信访问题，因人定策，积极做好稳控工作。

# 中城街道办事处

【概况】 中城办事处位于市区中心，地段繁华，商贸发达，是市区政治、经济、文化的窗口。办事处东邻解放路，西邻西城墙路，南邻府东街，北邻解放路立交桥，辖区面积3.25平方千米，7个社区居民委员会，61个网格，3.8万余人（其中流动人口1.8万人），1.4万余户。驻区单位162个，驻区党员1200余名，全办共有行政在职人员15名（正科4名，副科11名），机关工勤人员1名，行政非在职人员5名，事业在职人员17名，单位内设机构4个，为财政所、农村经济管理中心、计划生育服务中心、综合便民服务中心。共有党（总）支部13个（其中社区党支/总部7个），直管党员460名（其中社区党员348名，离退休党员235名），是一个纯城市性质的街道办事处。

【党建工作】 中城街道辖12个党支部，其中机关支部1个，社区支部7个，企业支部4个，党员470名。要求所属总支及支部，将党的十九大精神作为全办重点学习内容，学深学透、融会贯通。街道党工委2017年11月3日召开了50余人参加的学习贯彻党的十九大精神动员大会；邀请包街道县级领导冯淑芳主任、区委党校高级讲师王新春对12个支部书记、150余名党员干部进行了专题培训；配齐学习资料，统一发放学习笔记本，编印《中城街道学习十九大精神100

题汇编》200册；组织街道十九大知识竞赛和演讲比赛；成立学习十九大精神宣讲团，开展进社区、进居民楼院、进商务楼宇、进企业的面对面宣讲活动；通过电子屏、悬挂条幅宣传，发放学习手册，居民编排十九大成果展《三句半》、快板等文艺节目等形式营造宣传氛围。街道社区领导干部13人带头宣讲16场次，听课人数达3000多人次。

中城街道把推进"两学一做"学习教育常态化制度化、开展维护核心见诸行动主题教育作为2017年党建工作的重头戏，先后组织开展专题党课28场次、基层理论宣讲15场次，集中讨论10次，480人参加全面从严治知识测试；机关社区35岁以下年轻人每季度一次主题不同的演讲比赛，每周一篇钢笔字帖，每月读一本书，每月一篇读书心得体会等学习培训，开展学习"一文一书"系列活动，确保基层治理方向正确；注重发挥"三会一课"政治引导作用。每月由街道党工委确定主题，11日左右各党支部集中召开，同时将督查与指导、整改与立制、评价与考核紧密结合起来，确保"三会一课"落实到位，不断增强基层党组织的战斗力和凝聚力；注重凝聚党员群众创新创作力量，自发创作的系列重要讲话连环画、优秀党员剪纸、微信扫扫小手册等作品，开展的"读书会""讲故事""大手拉小手"等活动，营造出爱党、敬党、跟党走的浓厚氛围。

【三基建设】 开展2017年三基建设专项行动。一、开展"三基建设"调研。二、强化"三基建设"示范点创建培育工作。全办确定了解放路社区党总支、西花园社区党支部为"三基建设"示范点，开展创建培育工作。三、规范各项基础工作。办事处组织综治、民政、财政所、计生、妇联、文化站、财政所、经管站等部门对照自身职能，对应上级部门要求，按照行业系统特点梳理编制基础工作目录，制定工作流程图，编制便民服务手册、应知应会手册、三基建设手册，各部门根据年度重点工作任务，按季度细化工作计划，制定工作目标，完成各项工作任务。四、强化干部教育培训。街道党工委重点抓好学用习近平总书记视察山西重要讲话精神、"四大讲四增强"、十八大成就和十九大宣讲、普通党员进党校、'领头雁'培训、党员冬训等党员干部培训工作，通过微信答题、笔记展评、演讲比赛、读书心得分享、学习诵读活动等活动，组织机关全体人员、社区"两委"成员到警示教育基地、牛庄革命老区等实地接受革命教育，开展重温入党誓词、上党课等活动等方式，组织广大党员干部积极学习，提高理论素养，牢固树立"四个意识"，做到看齐紧跟见行动。组织干部集中观看《作风建设永远在路上》《将改革进行到底》《总书记在山西》等视频，学习《中国共产党廉洁自律准则》和《中国共产党纪律处分条例1》，撰写了心得体会，开展党纪党规学习。五、改善"五小"设施。按照中城办制定的"五小"建设实施方案，高标准、高质量完成"五小"建设，截至2017年12月，小食堂、小厕所、小澡堂、小文体室、小图书阅览室全部完成。六、抓好社区"两委"换届。在区委换届动员大会召开后，街道迅速召开动员会，成立以党工委书记为组长的换届工作领导小组，制定实施方案，围绕"四查四看"对7个社区的换届前期工作进行分析研判，根据"先定事、再选人、揭榜竞选"的方式，严格按照"两推一选"程序要求，完成9个社区党组织换届工作。七、群团组织，按照上级部门要求，坚持去机关化、行政化、贵族化、娱乐化，扎实做好党建带群建工作。由"妇代会"改为"妇联",7个社区进行了换届改制;建立"妇女家庭"工作,10个人就必须成立"妇女之家",7个社区全部完成了妇联区域化改革工作。

**【环卫保洁】** 2017年中城办办实行环卫保洁整体外包,按照"属地管理、分级负责、无缝对接、全面覆盖、责任到人"的原则,制定网格化环境监管工作方案,以社区为责任主体,明确环境保护职责,构建"任务明确、责任具体、考核公平、奖惩分明"的环境监督网格,全办环境监督不留死角、不留盲区、不留隐患。办事处适时改变工作重点,实行"办事处巡查、社区监督、公司自查"的监管机制,落实"每日一巡检、每周一抽检、每月一考核"的检查考评方案,确保环卫保洁市场化健康运作。打造出"一巷一圈一社区",用绘画上墙来展示盐湖特色文化和风土人情,用版面形式展示特色美食和旅游文化,推进全域旅游发展,突显"这里最早叫运城"的城市形象。2017年未发生一起"三烧"事件,三治一化工作共排查出餐饮业油烟污染汇总数238家,建筑工地扬尘污染13家,企业及物料堆场扬尘污染5家,周边道路垃圾扬尘污染13家。截至12月底,全部整改到位。

**【民生工程】** 2017年中城办低保135户,234人,共发放低保资金86900元;为三户低保和低收入家庭申请临时救助11000元;城市医疗救助共计7户,共发放医疗救助金额38390元;优抚工作中挂光荣牌1313人,发放退役士兵补助63人943592元,优抚对象90人月发放127922元;救灾群众34户,56人,共计发放资金2万元;公共租赁住房共计分配住房27户。全办2017年城镇居民养老保险参保704人,新参保67人,共缴费516400元。按月填写增减表,将到龄领取养老金人员及死亡人员信息及时上报,防止遗漏和冒领。计生工作截至2017年9月底,全办共出生197人,出生率73.4%,自然增长率33.2%,流动人口2628人,慰问计生特扶户7户,为150户计划生育家庭户办理意外伤害保险,加大计生工作宣传力度,发放宣传资料4000余份。

**【社区联动】** 以"三社联动"为契机,构建以社区为平台,以社会组织为载体,以社会工作者队伍为支撑点的基层社会治理机制,推进基层社会治理创新发展,调动社会力量参与公益服务,不断提升社区为民服务工作水平。2017年,解放路、潞村、站前社区已被确定为全市"三社联动"示范点。

**【文化活动】** 2017年在春节、元宵节、端午节、七一期间,组织开展了写春联、文艺晚会、包粽子比赛等主题活动近30次,与区直工委联合举办大型庆七一文艺晚会两场,并在微信等网络平台进行氛围营造。积极开展"孝顺媳妇""道德模范"评选活动、"情系空巢爱在身边"志愿服务活动,在全社会培育知荣辱、讲正气、做奉献、促和谐的良好风尚。结合中城办的重点工作和各种节庆日活动,积极组织策划新闻宣传报道;截至12月,《黄河晨报》25篇、《今日盐湖》8篇,盐湖新闻报道45片,盐湖宣传14篇,提高了中城知名度。

**【社区医疗】** 中城办不断完善"六位一体"的功能,为实现"小病到社区,大病到医院,康复回社区"做出了积极努力。2017年3月份起,组织安排社区服务中心给辖区65岁以上居民进行免费体检，建立居民健康档案，体检的内容有心电图，B超，测血糖，量血压，健康讲座，专家咨询，妇女儿童保健和计划生育等项目。2017年中城办社区卫生服务中心现建居民健康档案6486户，共19100人。在为480位65岁以上居民免费体检过程中，普查出慢性病居民419人，其中高血压居民283人，糖尿病居民54人。

【安全生产】 中城办严格落实安全生产党政同责、一岗双责制度，定期召开安全工作联席会议，制定安全检查工作计划，始终坚持两个"四位一体"：即"安全员，网格长，社区人员，办事处人员"组成的联动工作机制；"始终坚持一日一巡查，一周一通报，一月一评比，一季一考核"的安全考核评价机制，严抓治安防控、消防安全、食品安全和特种设备等安全。完善责任追究制度，制定出《消防安全事故应急救援预案》《地震应急预案》《防汛应急预案》与辖区重点企业、沿街门店、居民楼院均签订安全生产责任书，对辖区2538家沿街门店、230家宾馆、90家特行单位及娱乐场所进行走访排查，对辖区人员密集场所、危化门店、烟花爆竹、建筑施工等重点企业进行安全隐患排查，切实做到具体情况、具体分析、具体处理。同7个社区、2838家企业和商户分别签订了年度安全生产目标责任书。2017年6月份，开展了"安全生产月"的宣传活动，现场发放安全宣传单、安全手册等共计800余份，参与活动的人数达300余人。11月份，专门制定了今冬明春消防工作方案，认真梳理、建立台账、逐一销号的办法，确保辖区安全。

【平安建设】 在2017年春节、三级"两会"召开等矛盾纠纷高发的敏感时期，召开专项会议，充分发挥调网格长、楼院长（巷长）、调解志愿者的作用，成立"三会一队"，深入排查，发现问题及时汇总上报。将7个社区划分为63个治安网格，明确网格所辖范围、户数和人口数等情况。各网格均由派出所民警担任网格警，社区专职社工担任网格员，切实担负起宣传发动、入户走访、信息反馈、治安防控、矛盾调处等职责。辖区内各社区均与一名专业律师签订合同，社区律师为社区居民提供法律咨询，2017年共调解纠纷128起，口头调解108起、制作案卷20起，调解成功率达100%。

【食药安全】 2017年共检查经营单位1110户次，其中食品经营销售类652户次，食品经营餐饮类299户次，食品生产及加工小作坊30个次，药品经营企业37户次，医疗器械经营企业32户次，化妆品经营单位41户次，保健食品经营12户次，药品及医疗器械使用单位7个次。下达监管文书940份，现场销毁不合格食品约53千克。在日常监管过程中及时发现问题，及时责令改正，有效地降低了辖区内投诉举报的频率，对符合要求的食品经营餐饮类经营户进行动态量化分级，其中优秀的4户，良好15户，一般207户。辖区内共申报聚集性家庭聚餐58起，未发生食品安全事故。

## 安邑街道办事处

【概况】 安邑办事处位于市区以东城乡接合部，209国道盐湖大道、机场大道、运三高速等贯穿全境，四通八达，交通便利。2017年安邑办有32个行政村，13个社区，144个居民组，6万余口人，耕地面积15000余亩，其余耕地被运城市新区土地局、城投公司、运城经济技术开发区等开发建设征用涉及32个村。现有基层党支部51个，其中机关支部1个，供销社支部1个，非公支部4个，农村支部32个，社区支部13个。共有党员1628名。班子成员12人，文化程度均为大专以上，平均年龄44岁。

【党建工作】 2017年，安邑办党建工作采用系统谋划设计、整体推动落实，探索创新以"党工委统一组织、融合推进，基层党组织承接落实、多元参与"的基层党建工作联动机制。制定《党建年度目标责任书》，召开基层党组织建设工作动员会，对全办基层党组织建设工作进行了安排部署，并与各村（社区）支部书记签订了年度党建工作目标责任书。建立了基层党建工作例会制度、基层党建协调会制度、党政领导包村制度、党委成员党建联系包点制度和分级负责的责任体系。组织农村（社区）两委主干参加区委党校培训，执行月例会学习制度和进行廉政警示教育等，激发党员干部干事创业的激情。实施"五项工程"：一是"强队伍"工程、二是示范工程、三是"纪肃"工程、四是矛盾调处工程、五是"五小"工程。

【安全生产】 2017年，安邑办事处对辖区内的人员密集场所、建筑工地、学校、幼儿园、辅导部、公园游乐设施、小区电梯以及销售烟花爆竹的商店等场所进行安全隐患大排查。完善了防汛计划和抢险应急预案，建立了办、村（社区）防汛体系，坚持24小时防汛值班制度；认真执行安全法律法规，加强日常安全隐患排查，持续开展"隐患排查治理"专项行动，会同民政、电力、派出所、中心校、水管站、住建、药监等部门以及各村（社区）村（居）委主任对辖区内的日间照料中心、学校、幼儿园、卫生所、危房户、全办水利设施及防汛安全进行检查；对全办诊所、饭店、"一条龙"流动饭店进行安全检查，在各村建立食药安全监管网格。

【环境建设】 2017年安邑办事处以"一街一道一路两村"生态循环圈为重点，实施了城乡环境集中整治工程。制定了环境集中整治方案，成立了领导小组、制定了"三个清单"，建立了包片蹲点联巷目标责任制、整治工作督查机制，实现了环境整治"全覆盖"、无盲区、没死角。在环境集中整治行动中，安邑办事处共出动人力5000余人次，悬挂横幅50余条，出动车辆800余次，其中大型机器60台次，共清理沿路、沿村城市生活垃圾、建筑垃圾和历史遗留的垃圾7000余立方米，清理小广告、乱贴乱画1700余处，清理林带路边杂草16千米，林木刷白1500株，清理"四堆"4000余处，清理店外经营50余户，刷涂墙面1万余平方米。

【惠民政策】 优抚对象的定补款及时足额发放 2017年，安邑办共有各类优抚对象298人，其中伤残军人8人，复退军人78人，烈士子女3人，参战军人12人，60岁以上领取老年生活补助的退伍军人197人。2017年春节期间，共计慰问贫困户108户，发放救灾款合计45000元，全部打卡发放。大病救助8人，发放救助款35300元。2017年安邑办事处共有城乡低保户176户，其中城市低保户28户，34人，月发放低保款4480元，农村低保户148户，332人，月发放低保金62800元。在低保复审和审批工作中，对每户所有人口的身份证、户口本、残疾证、退休证、医院病情诊断书、家庭住房情况、收入情况都要进行核查，并张榜公布，每户交二寸照片存档待查。让参保人员互相监督，并建立随时举报制度。

【军人优待】 配合民政局做好复转军人调查摸底工作。配合民政局走访摸排复转军人187人次，为退伍军人发放各种补账号款193567元。2017年10月，给45名现役军人发放优待款1444045元。

禹都空港移交村的优抚对象、五保户、低保户、孤儿的接收和款项发放工作。接收各类服务对象600余人，并及时为他们发放各类补贴、补助300多万元。

【计划生育】 2017年，安邑办事处印制新《中国共产党纪律处分条例》宣传页2000余份，对村的《中国共产党纪律处分条例》进行了更换；打造了安邑所有村"健康素养宣传一面墙"，制作版面461.5平方米，并在辖区内每村制作上墙健康宣传版面两块，发放宣传单1000余份。安邑办事处对检查的夫妇每对发放100元的早餐、路费用误工补贴。经过多方努力，超额完成孕前优生健康检查工作任务，共计67例，完成率达到106%。对新增的流动人口信息进行移入或跨省流入操作，共核对信息400余条，其中新增外省流入人口8人，删除或移出流动人口64条。每月对流动人口婚育证明进行网上查验，确保查验率达100%。

发放独生子女奖扶金169户计167100元，退二孩指标家庭3户计15000元，国家奖扶10人，计9600元。对151户独生子女和双女户家庭办理了意外伤害保险。为计生家庭免费提供净水器，安装56户，此活动还在进行中。征收社会抚养费共征收1人，建档1人，征收社会抚养费13500元，全部上缴财政专户。办理一、二孩生育服务证70份，独生子女父母光荣证10份。

【社会保障】 2017年安邑办城乡居民养老保险总任务86.34万，现已完成101万元，超额完成14.06万元。

安邑办事处城乡居民养老保险领取人员共计6204人，为了杜绝死亡冒领现象的发生，保证数据的真实性和准确性，进行年检核查。

开展参保登记工作，完善社保政策制度，努力实现社会保险从制度全覆盖到人群全覆盖的转变。"全民参保"由安邑社会保障所负责宣传发动、信息系统操作及业务经办培训，依托盐湖区全民参保登记信息系统，进行信息对比，确定调查对象，指导各村开展入户调查、扩面参保工作。现已登记建档全民参保累计40320人，初步建立安邑社会保险业务基础数据库。

为落实《国务院关于支持山西省进一步深化改革促进资源型经济发展的意见》文件精神，运城市市委、市政府提出了关心关爱在外务工人员计划（"凤还巢"计划），安邑劳动保障所联络各村负责人相互配合，做好调查和统计的相关工作，为"凤还巢"计划的顺利实施打好坚实的基础。截至12月底，已建立安邑辖区内在外务工人员档案共计1500人。

【土地确权】 2017年，严格遵守三资清理和土地确权登记的相关法律政策，全办共32个村，三资自查自纠和全面整改工作已经完成。土地确权共涉及3个村，18个居民组，已经完成测绘、百姓指界签字和公示。其他29个行政村等产权制度改革时确权。

【精准扶贫】 2017年，安邑办事处坚持把精准扶贫工作作为全面实现小康社会的重要抓手，严格按照贫困户识别标准及符合条件的低保户和残疾人口家庭，精准识别确定贫困户，确定贫困户144户370人，积极与帮扶单位入户了解情况，做到帮扶对象清、帮扶家庭底子清、帮扶措施清、帮扶政策清。

安排村干部入户填写《贫困户信息采集表》，严格按照每户实际情况填写，并将每户信息录入《全国扶贫开发信息系统业务管理子系统》，明确贫困人口对象和人口底数。填写《脱贫攻坚入户手册》，签订帮扶责任书，并对每户悬挂帮扶政策牌，提高建档立卡贫困户帮扶政策精准度和群众政策知晓度。

## 大渠街道办事处

【概况】 大渠街道办事处位于运城市市区西北隅，地势平坦，水利条件较好，下辖13个村民委员会，分别是大渠村、羊驮寺村、南李村、程家庄村、乔安庄村、东孙坞村、北孙坞村、南孙坞村、北张村、南张村、董家营村、寺北村、王家营村。4153户，52个居民组，13105口人，35095亩耕地。主导产业以小麦、棉花、蔬菜、经济林为主。建有1所中学（河东中学），7所小学，1所乡镇卫生院，13个村级卫生所。

【党建工作】 以上率下，固本强基，切实加强三基建设。高度重视，多措并举，推进"两学一做"在学习教育中提高党员基本能力。建好阵地，示范引领，以示范点打造强化基层组织建设。健全制度，明确责任，在规范权力运行中做好基础工作。认真开展谈心谈话，规范党员干部日常行为规范和工作纪律，2017年共进行各类谈话377人次。加强监督执纪，制定了监督检查工作方案，结合有关规定要求，全年共开展监督检查15次，处置问题线索5个。强化理论学习，更新思想理念，利用三会一课对党员干部进行教育培训。利用媒体加强对外宣传力度。悬挂宣传横幅400余条、制作宣传板报30余块、发放社会主义核心价值观教育读本4000余本。悬挂宣传十九大精神的宣传标语50余条，制作宣传版面10余块。

【创优环境】 2017年，大渠办事处在创优环境上抓第一责任人，社会治安综合治理工作目标责任落实到位。抓阵地建设，综治中心标准化建设落实到位。抓社会治理"大处置"，实现"零上访"落实到位。抓校园及周边治安环境专项治理，实现"三有"、落实"三到位"。抓完善基层"两会一队"建设工作，人员机构管理，制度到位。抓法治建设，把干部依法行政、群众守法的思想理念宣传落实到位。

【换届工作】 大渠办两委做好2017年换届调研摸底和分析研判，做好各种矛盾的排查化解，依法依规严肃查处违纪违法行为。圆满完成村级支部换届工作。按照"先定事，再选人，揭榜竞选"的工作方法，顺利完成13个农村党支部换届工作。

【环境整治】 打造高标准城市出入口。对大渠办辖区主要道路及各村巷道的环境卫生进行了彻底整治，全办共组织人力1万余人次，出动机械车辆1100台次，清理杂草503000平方米，清理垃圾5378立方，清理行道"四堆"1800余处，清理店外经营210余户，拆除主要道路沿线的违章建筑，清理林带广告牌320余处，发放专项整治通告和签订门前"三包"责任书410余份，清理小广告乱贴乱画 2200 余处，粉刷墙面 140000 平方米，通过整治，全办环境卫生状况得到明显改善。

【环境保护】 禁止农村"三烧"现象，禁止企业乱排放，彻底整治、散乱、污染企业，减少扬尘污染，改善辖区环境空气质量。取缔关闭散乱污染企业 12 家，停产整改企业 2 家，取缔黑加油站点 6 个，苫盖裸露地面 8500 平方米，清理垃圾土方 7 万余方，有力地维护了大气环境质量。

【基础设施】 2017 年，大渠办程家庄村投资 40 万元，改造硬化村东道路 1000 米。东孙坞村投资 60 万元，建起 2 座高标准门楼。北孙坞村投资 10 万元，建起 2 座门楼。南孙坞村投资 5 万元，建起 1 座门楼。南李村投资 90 万元，对通往运临路的 2000 米出村路进行硬化。

【惠民政策】 协调解决各种矛盾和问题，完成了王家营、寺北等 12 个村的农村土地承包经营确权工作。组织新农合筹资工作，2017 年全办参合人数达到 13455 人，完成第三次全国农业普查工作。做好 2018 年度的低保户审核评定工作。

【安全生产】 完成王家营、北张、南李等 10 个村的农村财务审计工作，对查出的不符合财务管理规定的支出全部追回，有力地维护了财经纪律。做好汛期防汛工作，确保全办安全度汛。宣传土地法规，严肃查处违法占地行为。做好安全生产检查，及时消除安全隐患，全年共出动检查 32 次，检查企业 96 家，发现隐患 41 处，全面完成整改，确保了人民群众生命财产安全。

【重点工程】 2017 年多方协调，确保城北污水处理厂项目顺利开工。配合市公路局、市住建局对圣惠北路羊驮寺段进行提升改造。配合区交通局做好旅游路寺北村口至运金路的建设工程。

【精准扶贫】 因地制宜，分类造册，完成建档立卡贫困户 85 户 159 人的信息补充完善，对录入人口进行动态化管理。加大帮扶持力度，同帮扶单位和村干部一起，对建档立卡户分类施策。2017 年底，全办有 36 户 59 人达到脱贫标准，依规退出了贫困人口管理序列。

【德孝文化】 做好老年日间照料中心的管理。把德孝文化建设作为凝聚正能量、实现大渠梦的重要途径，确保 5 个高标准的日间照料中心运营正常，德孝文化苑提档升级工作取得初步成效。开展孝顺媳妇评选活动，全办共推选出 13 名孝顺媳妇参加盐湖区的评选，有 5 名孝顺媳妇被评为盐湖区百佳孝顺媳妇。通过孝顺媳妇评选，在全办营造了敬老爱老氛围。开展志愿者服务活动，卫生医疗志愿服务队深入各村，为 70 岁以上老年人进行体检。各村志愿者服务队都能够坚持为老年人进行理发、洗头、剪指甲、整理房间床铺等服务。德孝大讲堂坚持传播正能量，引领德孝新风尚，推动村民存好心、说好话、办好事，做好人。文艺宣传队经常开展积极的文艺活动，以健康向上的文化活动推动村风民风淳朴向善，社会不良风气日渐减少。

## 姚孟街道办事处

【概况】 姚孟街道办事处位于城郊接合部，交通便利。土地庙面积 27 平方千米，耕地面积 2

万余亩。下辖7个村、3个社区，1.8万人，共有13个党支部，445名党员。

【党建工作】 强化组织指导。姚孟办把"学党章党规、学系列讲话，做合格党员"作为2017年党建工作的主要任务，着力解决党员队伍在思想、组织、作风、纪律等方面存在的问题。成立领导组，制定学习教育实施方案、学习内容、学习计划、目标任务、工作流程等。组织召开各支部"两学一做"动员会议、专题生活会。利用"三会一课"、三级议事例会、德孝大讲堂、流动课堂等有效载体，以"干部带头讲党课"为抓手开展集中学习，针对党员多样化学习需求，引导党员利用共产党员网、手机报、电视栏目、QQ群、微信易信、山西干部在线学院、远程教育平台等平台开展自学，采取集中学习与自学相结合的方式，做到学有笔记、学有会议记录、学有心得体会。发放"两学一做"测试题进行测试，了解党员学习情况。

确保工作实效。2017年姚孟办以"四讲四有"为主题，每月开展专题学习讨论，紧紧围绕如何确保政治合格，做到对党忠诚；如何确保执行纪律合格，强化"四个意识"；如何确保品德合格，做到明大德、守公德、严私德；如何确保发挥作用合格，践行党的宗旨，保持为民本色，敢于担当等开展研讨，对照党员标准检视和改进自己，真正把合格党员的标尺立起来。以开展"七一"系列活动为契机，增强党员党性观念。姚孟办各支部开展了以"纪念党的生日、做合格共产党员"为主题的"五个一"党日活动，集中表彰了5名优秀共产党员、2名优秀党务工作者和1个先进基层党组织，用身边优秀事迹教育身边人，使广大党员干部照有镜子、行有尺子、学有榜样、赶有目标。结合此次活动，开展了"尊老敬老扬德孝"活动，组织年轻党员走进日间照料中心，帮助老人整理内务、座谈聊家常、听党史等。

【重点工程】 城中村改造按照依法、公开、阳光、和谐拆迁要求，2017年岳坛村城中村改造签订拆迁协议200户。高铁商务区招商引资项目落地和基础设施建设，协调亨通药店征地工作；配合完成区政府全力推进运城市第一人民医院、实验小学北校区施工建设和入校道路征地工作；配合完成人民路、建设路、规一路的基础设施建设任务；配合市政府全力完成经济适用房——惠民家园的开工建设工作；配合交通局完成姚孟至陶上的上下道路路面硬化工程；配合完成运城高速北口绿化征地协调工作；配合协调大禹街道路修建征地工作。

【发展集体经济】 姚孟办事处地处城市北部，是城市北扩的主战场。2017年发挥余留地。岳坛村、姚孟村借助城中村改造，通过余留地，共同开发，将商业用房留到村集体，收入非常可观。永安庄、北南村、南村三个村依托文化产业园区，按照文化产业园区的规划，这里上一个大型物流园，把集体土地兑换成门面房，以此壮大集体经济。2017年依托土地进行劳务输出。南村已经成立美洁达市政服务有限公司，解决失地农民近五百余人。还成立工程机械、园林绿化、物业管理公司搭建平台，壮大集体经济。

【基础设施建设】 2017年筹资30万元在南村完善文化活动广场；筹资60余万元，在姚孟村修建300米主巷道和完成300米下水道改造工程。

【环境卫生】 2017年姚孟办全方位、无死角对卫生进行专业清扫、集中转运。做到定时清扫、干净卫生；加大宣传力度，努力营造爱护环境、人人有责的良好氛围。

【换届工作】 2017年姚孟办成立换届风气领导组，召开动员大会。营造换届风气，各村、社区张贴《关于严肃换届纪律的公告》40余张，条幅30余条，发放"九个严禁""九个一律"换届纪律知晓卡1200余张。严把换届工作重要节点、时间进度等情况，在"两代表一委员"中聘请换届风气监督员2名。组织党员学习干部选拔任用、换届选举工作的政策、法律法规和换届风气应知应会知识；组织党员干部、"两委员一代表"观看警示教育片；开展换届纪律的专题谈心谈话，提醒、告诫、督促党员干部带头严守纪律。畅通群众举报渠道。公布举报电话，设立举报箱，实行换届期间举报受理专人值守制度。成立违反换届纪律问题专项查核组，对违反换届纪律问题的举报，接到一件，立项专办一件，优先办理、快查快结。注重宣传教育，做好舆情应对，营造良好换届氛围，顺利完成换届工作。

【人大代表选举】 2017年，成立人大选举工作指导组。做好宣传发动工作，全办共悬挂选举条幅30余条，发放选举宣传资料500余份。共培训选举工作人员70余名。做好选民登记工作。在选民登记中，首先培训好选民登记人员，其次是搞好选民登记以及审查选民登记工作，最后张榜公布选民名单。在选民登记的各个环节中，认真把握选举时间节点，做到选民登记不错登、不漏登、不重登，按时公布选民名单。按时间酝酿、提名、推荐了5名正式候选人，并对他们进行组织考察和审查。认真组织选举，严把选举程序，选出3名合格区代表。

【组织关系排查】 2017年姚孟街道党工委按照"认真谋划，仔细摸排，分类梳理"的工作原则，按照区委下发的《关于开展党员组织关系集中再排查的实施方案》精神要求，认真开展组织关系在排查工作。一是核查党员身份信息，补充填写《党员基本信息登记表》，摸清流动党员底数；二是理顺党员组织关系，对于新转出的党员，要动态做好标记；三是健全完善党员档案，对与党组织失去联系的党员做出妥善处理。四是查党员参加组织生活情况，查党员交纳党费情况，查党员的现实表现情况，查党员遵纪守法情况，查流动党员、口袋党员、隐形党员等情况。各支部摸查的基础上，完善了党员综合情况信息库，目前每个支部对摸排的情况及时进行了梳理汇总，形成了综合报告，并上报了街道党工委。

【创优环境】 2017年，姚孟办深入推行平安家园和综治大巡防，实现全办"天眼工程"全覆盖，并建立完善社会治理长效机制，坚持不懈地开展各种形式的社会治安活动，依法严厉打击各类违法犯罪现象；坚持把信访稳定工作，特别是涉及农民自身利益的事情（如拖欠农民工工资问题）放到重要位置，做到早发现、早介入、早处理，努力把矛盾解决在基层；加大对辖区内的学校、市场、房地产企业、小商店、小作坊等重点环节、重点部位、重点行业的安全生产检查力度，多部门联合检查打击黑加油站，关闭12家黑加油站，杜绝重大事故的发生，保障人民群众生命和财产安全；加强环保治理工作，关闭取缔土小企业10家和对废旧垃圾场进行处理，抓紧落实姚孟、曲渠、岳坛三村煤改焦工作和吕儒村的改天然气工作。环境卫生整治，辖区内7个村的环境卫生已与启迪桑德公司进行对接,卫生清扫工作和垃圾清运工作运行正常。

【民生工作】 各项支农惠农政策落实到位。小麦、玉米、杂粮等粮食补贴发放到位;省政府对低收入家庭户每户一吨煤炭补贴已全部发放到位。社保农合工作扎实有效。全办新农合参合率100%,总收缴参合资金92万元,截至2017年10月,参合农民门诊报销2068人次,累计补偿16.1万元;新农保参保率94%,收费48.9万元,截至10月底已有1151人享受待遇。社会保障能力逐步提高。做好精准扶贫工作,扎实开展贫困户排查,做到村不落户、户不落人,2017年共确定贫困户56户,按照一户一档建档立册,明确扶贫责任人,确保3年内完成脱贫工作。发放救助款183460元;发放救助款34200元;大病救助18户,发放求助款67677元;向复员军人及三属人员发放抚恤金15325余元,义务兵优待金4195元;向离任村干部发放定额补贴24000元。

# 车盘街道办事处

【概况】 车盘街道办事处,是盐湖区政府特设的乡级行政管理机构,全办十七个行政村,东西长25千米,南北宽五千米的狭长地带,东北靠龙居镇、金井乡,南与解州古镇隔水相望,西与永济市接壤,境内地形地貌独特,两岗三滩尽在其中,东有四十里岗、西有硝池垯岗,长乐滩在四十里岗北边。一望无际的北贾滩连着硝池垯岗,西边与永济市接壤,中间与解州北门滩以水为界,周围有大面积的滩涂湿地。临陌公路从车盘中部南北贯穿,南同蒲铁路卧在四十里岗和长乐滩之间,运城市西南绕城高速公路在境内盘旋而过。办事处设在中部车盘村所在地,下辖17个村民委员会,全办共有劳力资源11374人,农民人均收入5700元。有耕地45454亩,深井73眼,浅井110眼。主导产业以小麦、棉花、水果为主。全办共有中学1所,小学6所,2238名学生,其中小学生1653名,中学生585名。乡镇卫生院1所,村级卫生所17个。

【"三基"建设】 2017年以"三基"建设为抓手,提升基层党组织的战斗力和凝聚力。对各村党支部基础设施进行全面改善,配齐了党员会议室、活动室等基本要素。对全体党员进行轮流培训,重点对党支部书记进行教育培训,提高基层党员干部的履职能力。健全各项管理制度,转变基层支部工作作风,提升支部服务能力。

【物流园建设】 运城金三角铁路物流园项目是省市区重点项目。物流园的征地工作是车盘办2017年上半年首要工作。办事处主要领导从3月初到6月中旬带队日夜奔波,深入农户反复开导做宣传动员工作,干部包户包人,逐人逐问题化解,为铁路物流园建设征地献计出力,为完成征地任务付出了很大心血。截至12月底,铺架基地170余亩土地和物流园所占2500余亩土地全部征回。

【农业供给侧改革】 2017年,车盘办以市场为导向,以农业供给侧改革为主线,推进全办农业现代化快速发展。其中北高玉、西高玉、东高玉、寺下等村创建联合合作社,为群众种植、生产、销售等各个环节提供服务,发挥党员的服务志愿先锋队作用。车盘、中凹、下凹等村通过党员示范引导,带领群众发展现代农业和特色经济，做大农业实体经济，水果类的鲜桃、葡萄、樱桃、玫瑰、冬枣等得到发展，为农民群众致富打下基础。郑费、西辛庄、北贾等村依托村里经济发展和人文历史条件，发展乡村采摘旅游和传统庙会旅游，吸引众多游客。扩大优质葡萄种植规模，尤其是冷棚葡萄，达到150亩左右。露天葡萄面积也有增长，稳定在7000亩左右。2017年葡萄品种增加到9种，从6月份到11月份，每月都有新品上市。2017年葡萄收益平均每亩收益8100元。增加大棚冬枣面积，达到300亩左右。2017年加大了冬枣管理技术指导培训，提高枣农科学管理技能，冬枣收益比2016年增长10%，平均每亩收益8500元。配合林业局对运解路十里铺、沙窝、邱家坡等村的千亩柿树进行嫁接，对老旧柿树进行提质增效，提高群众种植管理的积极性，2017年嫁接了100亩。

【环境卫生】 2017年以运解路、临陌路、辛柳路为面子，以各村巷道为里子，以车盘村、柳马村、北高玉村为示范点，有重点、分阶段、高质量全面推进乡村环境整治。全办以"三道三村"为重点，高标准、高起点打造示范路和示范村，其他路段和各村依照示范标准进行。办村两级干部全员上路、群众全民参与，人人肩上有责任，天天督查通报，确保乡村环境整治如期完成。

【营商环境】 2017年，车盘办积极贯彻区委、区政府优化营商环境的会议精神，采取多种有效措施优化营商环境。城西化工机电园区新招引两个企业山西恒慧凯化工有限公司和山西三安电器设备有限公司，2017年分别投资1亿元进行建设投产，职能部门全方位跟踪服务，第一时间解决企业建设中遇到的各种难题，帮助企业顺利建设，尽快投产。

【文体活动】 2017年车盘办以大力提高群众素质为目标，全办5月份组织17个村开展了"我是舞王"群众选拔赛，有400余名群众参加，7月份参加了全区总决赛，取得了优异成绩。各村也以不同形式开展群众文体活动，丰富群众文化生活，培育文明优良的村风民风。

【维稳工作】 党的十九大是2017年党的重大政治活动，车盘办按照区委"六包一"要求，严控非法上访和越级上访。各村认真摸排全村的矛盾问题，梳理各类上访人员。办事处主要领导和其他班子成员包村包人，做通上访群众的思想工作，采取多种措施解决群众反映的各种问题，向群众大力宣传党的十九大的伟大意义，为十九大胜利召开创造良好的社会氛围。

【扶贫攻坚】 通过产业带动、技术培训、健康扶贫、帮助就业等途径，落细落实扶贫工作，坚决打赢2017年的扶贫攻坚战。办事处和扶贫工作队每半月召开联席会议，研究解决帮扶措施，2017年共帮助全办38户92人顺利脱贫。

# 解 州 镇

【概况】 自然环境：解州镇位于运城市区西南20千米处，南靠巍巍中条，北依粼粼硝池，东襟百里盐湖，西望风陵古渡，总面积约204.5平方千米。镇域交通便利，南同蒲铁路，运永公路横贯东西，解芮公路，解临公路纵贯南北。解州镇历史悠久，史称"三晋明珠"，一直是运城市盐湖区西半部的经济、文化交流的中心。

区域优势：解州镇是武圣关公的故里，拥有全国最大的武庙——关帝庙。为中华民族的发祥地之一，是一座具有悠久历史的古城，物华天宝、人杰地灵、文物古迹、历史名胜遍地，名人墓葬星罗棋布，而从构成了关公故里光辉灿烂的人文资源。解州镇是山西省重点培育发展的百镇建设镇之一，全国重点镇、国家特色景观旅游名镇、山西省历史文化名镇。

行政区划：解州镇现辖区21个行政村，36个自然村，2个居委会，2017年总人口4.7万人。

经济状况：解州镇人多地少，人均土地0.7亩，主要是依靠发展二、三产业来带动经济发展。如矿泉水加工业、旅游开发业、潜水电泵制造业、矿山机械和铸造业，各产业均取得显著成绩。

【党建工作】 坚持以党建为统领，抓好各项工作。完善"三会一课"内容，将"四议两公开""村级议事例会""德孝大讲堂"等内容纳入其中。以主题党日为载体，2017年，把每月11号确定为各支部主题党日，各支部组织党员集中学习、听党课、交纳党费，开展民主议事和志愿服务等活动；每月21号确定为乡镇党委主题党日，将全镇各村的"两委"主干集中起来召开专题会议，研究解决各村11号上报的热点难点问题。坚持周一、五机关例会制度，制定周一、四机关干部下乡日制度，督促机关干部深入群众内部，开展驻村工作；严格落实村干部坐班制度和便民服务站工作制度。

【换届工作】 按照"先定事、再选人、揭榜竞选"的方式，抓好村"两委"换届工作，选出一批"务实干事、敬畏法纪、敢于担当"的好班子，截至2017年11月15日，全镇21个村党支部全部完成换届任务，在盐湖区排名前列。

【"五小"建设】 截至2017年12月，解州镇小食堂、小厕所、小文体室、小澡堂、小图书室和干部周转房建设已经全部完成。

【集体经济】 依照产业带动型、筑巢引凤型、资源开发型、资产盘活型、股份经营型等八种模式，积极落实发展集体经济的各项工作任务。截至2017年12月，解州镇21个行政村集体经济收入全部"破零"。

【脱贫攻坚】 按照"因地制宜、一户一策"的工作要求，采取"321"的帮扶措施，即科级干部结对帮扶3户、一般干部结对帮扶2户、村干部结对帮扶1户，做到结对帮扶全覆盖。截至12月底，解州镇2017年度共计脱贫56户、107人，圆满完成本年度脱贫任务。

【重点工程】 2017年投资6000万元，完成了关帝庙南广场建设及绿化改造工程；投资450万元对五龙堰西段进行绿化；投资1600余万元对常平关帝家庙周边进行拆迁；投资3200余万元对曲村到常平高速路两边进行绿化；投资1.08亿元对西塬湖水库进行生态治理等。

【经济增收】 2017年曲村、常平等村发展皂角树种植，达600余亩；史家坟村发展核桃树种植，现已种植600余亩；白峪口、桃花洞村大力发展双季槐种植，达到1000亩；墩台岭村大力发展花椒树种植，在现有发展1000亩的基础上，年底突破2000亩，3年达到1万亩。全镇2017年共举办核桃树、双季槐、花椒种植、实用技工、家政服务等培训14次，培训人员达3520人。

【民生工程】 低保方面：2017年全镇居民享受城市低保91户，152人；农村低保189户，394人，低保金全部通过打卡发放。

养老保险：2017年解州镇农村居民参保11619人，征收保费314.74万元；城镇居民参保11797人，征收保费328.92万元，超额完成任务的117%。截至10月底，全镇5100名60岁以上老年人按时按月足额发放养老金386.3万元。

全民参保登记工作，解州镇于7月10日完成信息录入工作，在盐湖区排名第一。

新农合方面：全镇共参合人数达30264人，征缴新农合筹资款项544.8万元，参合率达到100%。

危房改造：2017年危房改造任务是23户，截至12月已经全部完成。

【环境整治】 在解州镇范围内进行环境卫生大整治，按照"一步一步改造、一点一点提升，下绣花功夫，写锦绣文章"的整治思路，2017年共培土路肩、除草打带20余千米，墙体立面整视美化6万余平方米；拆除违建15处，门头牌匾106块，乱贴乱挂广告300余处；清理小街小巷550条，清理垃圾4788吨，清理"四堆"216处，治理残垣断壁26处。

【维稳工程】 巩固和提升区"四大"活动的落实成果，建立长效机制，把矛盾纠纷化解在萌芽状态。充分发挥"和事佬""新乡贤"民调会的积极作用，全面落实"六包一"措施，实现了金砖会议、全国"两会"、G20峰会、香港回归20周年、十九大等重要会议节点的进京"零"非访。

【"三大计划"工程】 实施工业企业"龙腾虎跃"发展计划，天海泵业有限公司年工业总产值和经营收入超过10亿元，同天翔铝业有限公司年工业总产值达18亿元；抓小微企业，实施"群星灿烂"育苗计划，绿豆饼、矿泉水、无人机生产等小微企业蓬勃发展；实施"凤还巢"计划，截至2017年12月底共统计回乡创业人员达3400人以上。

# 龙居镇

【概况】 龙居镇位居盐湖区西北部，距城区10千米，是盐湖区的西大门。全镇共辖35个行政村，行政区域160平方千米，现有人口43928人，耕地面积96435亩，是一个农业大镇。镇域内交通便利，省道大运公路、候运公路交汇境内，区级主干道运金路穿越全境，是全区承东接西的重要交通枢纽。

【明星村】 雷家坡村位于盐湖区龙居镇东南四十里岗一带，共有6个村民小组、387户、1439人，耕地面积2286亩，坚持人居环境整治与德孝文化相互融合，取得明显成效，被命名为"全国文明村"和"首批省级美丽宜居示范村"。

西张耿村位于运金路八千米路南一侧，全村共3个居民小组，279户，889口人，其中党员23人。该村地势平坦，水利设施完善，农业生产条件优越，耕地面积1813亩，主要发展以红香酥梨、春美桃为主的特色产业，被省政府确定为"新农村建设生态村"；被运城市评为"美丽宜居示范村"。

赵村位于龙居镇以东4千米盐湖区以西5千米处，东邻冯庄头村，西邻王马村，北邻南庙村，南邻杜家坡村。全村共分4个居民小组，

550户1850人，其中党员55人。全村共有耕地2975亩，重点发展设施农业、梨果经济林和养殖，并积极向外输出劳务，多措并举增加农民收入。被省政府确定为"新农村建设生态村"。

【党建工作】 实开展"两学一做"学习教育。2017年通过每周二集中学习，举办干部"两学一做"知识竞赛等丰富多样的活动，深入学习党章党规和习近平总书记系列重要讲话精神，全面提高基层党员干部的纯洁性和先进性。加强"三基"建设。积极制定《龙居镇"一抓双促强三基"实施方案》和《关于在推进"两学一做"学习教育常态化制度化中加强"三基建设"的实施方案》，从强设施、强能力、强基础方面加强基层党建工作。建章立制，提高服务能力。抓好机关干部值班、村委会值班、村两委主干乡镇机关轮流值班和便民服务制度等，最大限度服务群众。坚持"三会一课""四议两公开"制度，建好活动阵地，强化基层组织。各部门整理汇总形成管理手册、便民手册和应知应会手册，完善各项基础工作。从严落实两个责任。制定党风廉政建设主体责任和纪委监督责任的实施意见、责任清单，并进行责任分解，分工明确，责任到人。2017年，龙居镇在双述双评工作中，35位农村党支部书记和34位专职纪检委员均向党委做了履行主体责任报告和履行监督责任报告，真正做到挺纪在前敢担当，从严治党不放松。推进"五小设施"建设。龙居镇从巩固党的基层主阵地的高度，积极抓好乡镇"五小（小食堂、小厕所、小澡堂、小图书室、小文体室）设施"建设，充分调动干部职工扎根基层、干事创业的积极性。截至12月，小澡堂、小食堂已经投入使用，小厕所改造进入收尾期，小图书室和文体室建设正在有序进行中。同时，积极为7名下乡挂职干部配备周转房、办公室，解决干部后顾之忧。开展村党组织换届工作。按照动员准备、选举实施、总结验收三个阶段，扎实推进选举工作平稳运行。截至12月，各村党组织换届选举实施工作已经结束，进入总结验收阶段。

【经济建设】 2017年，龙居镇将现代农业产业发展从四大基地拓展为"三红"（红香酥梨、红不软桃、优质红提）、"三绿"（特色冬枣、大棚蔬菜、薄皮核桃）产业板块。全镇共发展各类农业专业合作社214个，"一村一品"专业村22个，果品交易大棚100余处；投资600余万元，新建可储存800万斤①的果品储藏冷库1个，全镇共有果品储藏冷库29个；各村田间道路和引黄渠道的覆盖面积基本都达到群众要求；现场观摩、专家讲课、技术夜校、合作社培训等农业技术培训形式不断创新。全镇共登记注册各类企业商户达850余家。大小企业近20家，均能保持良好运营，形成了三次产业齐头并进的良好局面。

【土地确权】 2017年，龙居镇认真落实土地三十年不变政策，确保家庭承包经营制度长期稳定，引导农村土地合理流转，指导土地流转合同的签订和鉴证工作。完成全镇35个村的土地确权各项任务，争取全镇每户村民早日拿到确权证书。12月底确权工作已进入纠错及扫尾阶段。

【安全生产】 龙居镇辖区2017年登记在册的各类企业共有165家，其中化工类企业3家。安全生产排查方面，坚持每周一次安全隐患大排查，半月进行一次重点企业自查，每月组织一次安全

---

① 注：1斤≈500克

生产专项检查。对于烟花爆竹储存、危险化类企业采取"四不两直"的检查方式，组织了多次突击检查。9月份以来对南庙烟花爆竹储存点进行了5次检查，排除安全隐患3处，对三维丰海化工有限公司进行了3次检查，排除安全隐患2处，整改环保隐患3处。对麻村、龙居两座加油站实行联合执法，强制关停，拆除设备。

【民生事业】 民生工程稳步推进，群众获得感显著增强。2017年，杜家坡安全饮水工程。共投资70万元，铺设完成全村446户引水管道，引进优质水源，不仅解决了村民饮水难问题，更极大提升了水源质量。雷家坡下水道建设。投资50余万元铺设全村大小巷道下水管道，12月中旬已基本完工。建成后路面常年积水问题妥善解决，人居环境得到极大改善。投资50余万元的袁家庄日间照料中心建设正在进行，建成后可容纳50人养老。王南村滴水檐硬化，投资31万元，硬化面积达8000平方米，有效改善农村脏乱差问题，村容村貌明显提升。在王马村北1千米处新建垃圾中转站，占地1400平方米，投资25万元，有效解决了垃圾存放问题，保护了生态环境。投资43万余元对龙居大街进行拓宽改造，提升龙居大街整体形象。

【精准扶贫】 龙居镇党委、政府始终把精准扶贫作为2017年工作的重点，落实党委主体责任和纪委监督责任。全镇共有贫困户348户，799人。2017年脱贫129户，300人。建立贫困户信息台账，整理完善本乡镇扶贫资料，每月召开扶贫联席会议，密切联系17个帮扶单位和3个第一书记，并加强管理，狠抓工作落实，严格按照程序做好2017年贫困户退出工作，确保各项工作有序推进。

【社保工作】 农村社会保险是农村社会保障的核心。2017年，龙居镇完成了城乡居民医疗保险收缴工作。全镇2017年参保人数38843人，参保金额6991740元。新增658人，养老保险参保人数15397人，缴费总金额3793300元。养老保险金领取人数7140人。

【计生政策】 2017年，龙居镇加强基层政策宣传，特别是全面两孩政策经过长期宣传已经深入人心，推进计生惠民政策的落实，包括全面兑现奖励扶助政策、积极开展孕前优生健康检查等，减少出生缺陷，提高出生人口素质。

【危房改造】 认真贯彻落实《盐湖区2017年农村危房改造工作实施方案》，坚持公开、公平、公正原则，组织动员乡镇干部挨家挨户对申请人的真实情况进行实地审查，并对危房进行鉴定，严格审批程序，2017年全镇共完成48户危房改造任务的审查上报。进入工程建设和验收阶段。

【环境整治】 改善村容村貌。2017年龙居镇按照"干部带头、全民参与、不留死角、重点打造，整体提升"的工作思路，先后召开三次会议进行安排部署，深入动员广大干部群众共同投入到美化自己家园的行动中来。要求各村按照清三堆、拆违建、除杂草、剪花木、拉垃圾、刷树木、涂围墙、大清扫、最后写标语和绘制文化墙的顺序开展整治。先后参与群众13000余人次、投入车辆机械500余台次、清理违建300余处1600余平方、清理三堆5000余处、清理小广告6000余处、整治区乡村级道路120余千米、粉刷墙面76200余平方、绘制文化墙535平方米、修剪花草树木56000余株、规范临时摊点170余家。镇容村貌大为改观，人居环境有效改善。重点打造，以点带面。以运金路、运解路和麻村至南庙循环圈的赵村、南庙、麻村等13个基础较好的村为重点，重点打造，做出样板，树立标杆，最终达到以点带面，共同提高的目的。集中攻坚，总体提升。针对乡镇所在地龙居大街门头牌匾统一、取缔店外经营等整治难度大的问题，抽调镇村干部和有关职能站所组成整治小分队，挨家挨户、挨门挨店做工作，讲道理。共投资20余万元，拆除违章建筑42处、取缔店外经营68家，规划早夜市16处，规范门头牌匾116户，统一灯箱标语86个，2017年龙居大街成为全区各乡镇优美环境、优良秩序的典范。建立环境卫生长效管理机制。完善卫生监督责任制，实行村干部包巷，组干部包户，层层落实责任。以各村"两会一队"为基础，建立村级环境卫生督查监管制度，切实构建起农村环境卫生治理工作事事有人抓、处处有人管的格局。建立环境卫生村规民约。聘请村里德高望重的老党员、老干部做村规民约监督员，引导教育农民养成良好的卫生习惯，提高环境卫生自我保洁意识和行为。健全督查考核评比机制。成立考核组，定期对各村环境进行考核评比，奖优罚劣，把卫生考核结果和干部考核挂钩，作为2017年换届任用干部的参考。

【生态环保】 2017年龙居镇积极防治大气污染。根据农村大气污染的主要来源，各村委主干抓紧抓实"三烧"问题，通过广播、巡查等方式加大检查，应对雾霾天气。督促企业及时苫盖原料，减少工厂扬尘。取缔散乱污企业，2017年共取缔罗义石料厂等2家企业，规范整治西张耿和大张粉柴厂等3家企业。严格规范农村畜禽养殖。取缔小张坞等8家养鸡、养羊场所，督促养殖户及时清理、清运粪便，定时喷洒灭蝇药物，保证养殖场环境卫生。积极应对面源污染。取缔麻村和龙居两家不合格加油站。截至12月底，采用双层环保加油罐的环保型加油站正在建设中。此外，重视中央、省环保督查举报案件，及时采取有效措施，解决好群众身边的问题。

# 陶 村 镇

【概况】 陶村镇地处运城市盐湖区东大门，是商圣范蠡陶朱公祠所在地，大运路、太风路、南同蒲铁路穿镇而过，紧邻侯运高速、运三高速、关公机场，面积47.3平方千米。全镇下辖16个行政村，91个居民小组，28000余人，53800亩耕地。土地肥沃、水利条件优越，主导产业以油桃、葡萄、红薯、冬枣为主，是一个农业重镇和乡村旅游大镇。全镇县道总长度29千米，乡道总长度18千米。班子成员11人，文化程度全部为大专以上，平均年龄37岁。

【两学一做】 2017年推进"两学一做"学习教育常态化制度化，加强理论武装。铭记抓好党建是最大的政绩这一政治使命，举办专题党课6次，组织班子成员专题学习15次，撰写剖析材料4份，查摆整改自身问题6件，谈心谈话86人次，开展维护核心见诸行动主题教育，组织开展多种形式的红色、廉政、理论教育，全年党建活动不断档。

【三基建设】 "三基建设"是做好基层党建工作的基础和关键。陶村镇共有788名党员，从事农业生产432名，在外务工213名，年老体弱143名。共有20个党支部，其中农村党支部16个，社区党支部2个，企业支部1个，机关支部1个。科学研判十九大报告中提出的新时代党的建设总要求与陶村工作实际的结合点和着力点，以大调研为基础，直面问题、破解难题，一方面实施硬件升级工程，克服各种困难，完善机关五小建设和新成立社区各种设施，确保了苦池、张孝、大村三个村接收后各项工作的无缝对接，另一方面实施软件提升工程，针对机关和农村两委干部各自短板，先后开展了农科、扶贫、电商、换届等专题培训。在农村两委换届中，严把宣传、审查、程序、监督、稳控5个关口，未发生一起越级上访，达到了组织意图和基层民主的统一。

【集体经济破零】　2017年，陶村镇以三产融合为突破口，寻求集体经济破零。针对各村实际情况，盘活集体资产，以农业供给侧改革为契机争取项目，以"凤还巢"计划为平台引进人才，充分发挥城郊乡镇区位优势，顺势而为，借力发力。五曹村大棚连片集中、土地流转到位，建立全区最大的桑葚樱桃采摘体验基地。石碑庄果木枝条农业废弃物较多、辐射村庄较多，发展枝条粉碎加工生态木板和生物燃料项目。东纽村肉猪养殖产业规模较大、产业基础较好，建立标准化生态养殖合作社。张良红薯、辛曹五曹油桃品牌效益较好、产业发展成熟，做大做强互联网销售平台和深加工体验项目。

【安全生产】　2017年，陶村镇继续完防汛计划和抢险应急预案，建立了镇、村、组、户四级防汛体系，坚持24小时防汛值班制度；认真执行安全法律法规，加强日常安全隐患排查，持续开展"隐患排查治理"专项行动，同民政、电力、派出所、中心校、水管站、住建、药监等部门以及各村村委主任对片区内的日间照料中心、学校、幼儿园、卫生所、危房户、全乡水利设施及防汛安全进行检查；对100余家从业单位进行监督检查，其中食品生产企业，小作坊共检查24家，对全镇各类食品流通单位共检查205次，接到举报案件3起，对2家违法从业单位进行了查处，配合有关部门查封1家违法小作坊经营场所，有力地震慑了违法分子，保障了人民群众的食品用药安全。安全生产方面，共巡查19次，发现存在隐患企业32家，安全隐患47条，当场整改32条，限期整改15条。

【环境卫生】　按照"政府引导、全民参与、科学实施、长期保持"的思路，分类规划、精准实施，网格管理，粉刷、张贴标语96条，印发"致全体村民的一封信"10000余份，编印专题简报10期，在主要公路沿线部署了六支队伍，投入200余人，40余台机械车辆，完成道路整治28千米，拆除违章建筑116间，清理各类垃圾36000余方，全镇环境卫生得到彻底改善。

【环保治理】　加大宣传力度、加强日常巡查、畅通举报渠道三方面确保治理工作常态化，形成打击环境违法行为的高压态势，建立了环境治理联席会议制度，做好环保、国土、公安、电力等部门的统筹协调，建立环境排查和预警机制，形成治理污染的工作合力。全年共通过停水断电等措施停产、取缔企业20余家，其中砖窑停产5家，复垦4家，涉及面积400余亩，有力地打击了各类环境违法行为。针对中央环保督察组交办的东纽村养猪场问题，先后8次召开会议专题研究，深入每家养殖户，禁养区内存栏量从5月底的44家17000余头，减少至目前的2家800余头，全村环境卫生得到有效改善。

【民生保障】　对保障对象和补助标准实行动态

管理，2017年全镇共确定低保127户，243人，上报受灾人员113户、417人，按照"分类施救、突出重点"的原则，共救助低保户、五保户、优抚对象、困难户等各类群众共计25人，救助金额117481元。全年完成危房改造15户，其中四类重点户3户，一般贫困户12户。全面完成全镇16个村8319户低收入农户冬季取暖货币补贴申报工作，补贴资金166.38万元。对半坡村日间照料中心进行改造升级、重新建设，张孝村日间照料中心已投入使用，成为全区2017年新建的两家之一。

【文化建设】 2017年先后举行了"我有拿手戏"群众大展演活动和"我是舞王"广场舞选拔赛；7月15日陶村镇代表队在盐湖区举行的"我是舞王"广场舞比赛中取得了优秀表演奖；9月底开展了"欢乐度两节，喜迎十九大"系列群众文化活动。十九大召开后，文化站又组织人员进行宣传十九大精神文艺巡演，反响良好。

【土地确权】 严格遵守三资清理和土地确权登记的相关法律政策，土地确权主体工作已经完成。共签订合同4319份，面积39799.32亩，化解土地纠纷19起，为土地流转打下坚实基础。

【惠农工程】 通过争取项目和多方筹集资金，2017年陶村镇共投资100余万元，更新深井12眼，铺设低压输水管道4000米，受益耕种面积近20000亩。赵堂庄村更新地埋管8000米，硬化田间路3300米，栽植红叶女贞800棵，国槐800棵。五曹村积极推进"气化盐湖"工程，现已实现全村通天然气。完成了半坡门牌楼建设、辛曹水网改造、张金、石碑庄监控安装等4个村一事一议工程的验收，发放奖补资金60.7574万元，惠及4862家农户。完成五曹村下水道改建工程项目申报建设。移民工程方面，全年申报了陶村下水道改造、寺家卓文化广场硬化、石碑庄两条道路硬化、裴郭巷道硬化、半坡日间照料、道路硬化6项工程，现已完成2项，正在施工1项。

【美丽乡村建设】 2017年，陶村镇五曹村通过电视竞演，获得十大美丽乡村第一名殊荣，已争取到位35万元资金，对原有废弃大棚进行改造升级，种植温室樱桃桑葚，带动周边19个大棚发展樱桃产业，已进入场地平整、苗木栽植阶段。积极为赵棠庄村招商引资茗菊韵茶叶公司，发展菊花深加工产业，土地流转近三百亩，带动周边劳动力100余人。

【乡村旅游】 2017年，运城市第二届"花之海俏运城"启动仪式和开幕式在陶村镇辛曹村桃花岭举办，全镇干部全力以赴，前期分成环境卫生、现场施工、树木管护、文艺节目、新闻宣传等五个工作组，完成了土地租赁、苗木赔青、版面设计、现场布景、场地平整、三级路沿线树枝修剪以及环境卫生等工作，后期分成秩序维护、交通疏导、现场协调、水电供应等四个工作组，为"花之海俏运城"启动仪式和桃花节的成功举办打下了良好基础。活动吸引周边县市游客达10万余人次，极大地扩大了陶村乡村旅游的知名度和油桃产业影响力，同时，还开展了桃树认领、亲情林、油桃预定等活动，招引微商、电商、客商，做大做强油桃产业，真正把三产融合从文件上落实到实践中。

# 泓芝驿镇

【概况】 泓芝驿镇位于盐湖区西北部，地处峨嵋岭前沿，涑水河畔。西与临猗交界，南同舜帝陵景区毗邻，交通便利。全镇下辖16个行政村，89个居民组，2017年全镇共有人口22019人，耕地面积49981亩。是一个以酥梨产业为主的大镇。其中主导产业酥梨32000亩，小麦10500亩，棉花、杂粮等6500亩。酥梨远销新加坡、泰国及全国各大城市，是远近闻名的酥梨基地，酥梨收入占全镇农民收入的76%以上。先后有乔阳等6个村分别被列为省市区新农村建设试点村和园林示范村，全镇共有1所中学，6所小学，乡镇卫生院1所，村级卫生所16个。

据《安邑县志》记载：泓芝驿，为北驿路马号所在。人传驿号在真武庙后。庙前有池，池水不竭，池草色红，马稍困乏，驿卒牵至池边饮水食草，马病即愈。时人有灵芝之称，故名泓芝驿。

泓芝驿的酥梨，主产于峨嵋岭一带向阳坡地，海拔较高、土壤肥沃、气候温和、光照充足、温差较大、环境无污染。由于独特的自然生态条件及梨农独特的科学管理，果实呈现个大、皮薄、色艳、质细、汁多、味甜、酥脆爽口等特色。

经鉴定，可溶性固形物含量为12.8%，总酸量0.09%，固酸比为142.2，维生素C0.78%，果型指数1.07，平均单果重364克，并富有多种对人体有益的钙、铁、磷等微量营养元素，食后止渴、清火、润肺、止咳、化痰，能起到祛病养身之效，所以一致被人们作为逢年过节，走亲访友，馈赠待客以及日常生活中的必备佳品。

【党建工作】 泓芝驿镇2017年制定出台了《泓芝驿镇关于推进"两学一做"学习教育常态化制度化、开展维护核心见诸行动主题教育的实施方案》，每月由镇党委确定当月"主题党日"活动主题和学习内容，各支部根据主题分别开展活动，组织党员进行学习，包村、包片干部按时参会，进行现场指导，规范各支部的"三会一课"，会后及时反馈会议情况和资料。严格落实集中学习、中心组学习制度，在七一党日活动中组织开展牛庄红色体验，规范党内政治生活。多次开展专题讨论，通过党员们的发言，切实维护核心。

对各村党支部进行了摸底调查，全面实施了"一带三创"活动，开展"五个好"村党组织创建工作。根据摸底情况，制定问题解决规划。开展农村"两委"换届选举工作，截至2017年底，15个村的党组织换届工作已经圆满完成。加强农村"两委"主干的能力建设。组织到廉政警示教育基地参观学习；抓农村的党风廉政建设工作，建立健全了各村的村务监督委员会，印发《泓芝驿镇村（组）财务审批实施细则》等五项制度，规范办事程序；建立、完善了村干部值班制度，实现了便民服务牌全覆盖，每天安排一名村干部在便民服务站值班，按照"谁受理、谁处置、谁反馈"的原则，处理事务"有记录、有答复、有反馈、有签名"，及时协调予以解决。大力开展乡镇"五小"建设。在机关大院西侧新建一栋310平方米的房屋，用于周转房，设置小澡堂、小图书室、小文体室，并对小厕所设施进行完善，购置书架、文体器材、洗浴设备等。

【经济建设】 酥梨产业作为泓芝驿镇的招牌产业，2017年种植面积达4万亩，年产酥梨1亿多千克，全镇共有果库6处，仓储能力在2000万吨左右。围绕这一优势产业，泓芝驿镇2017年先后成立了王过酥梨协会、完成了农业部农产品地理标志的申请，郭半村、王过村通过省级农产品出口平台验收，经过镇党委、政府的努力，和新科阳煤、殿旗合作社等经纪人组织的支持，酥梨远销东南亚、美国、俄罗斯等地，使泓芝驿镇酥梨价格趋于稳定。引导酥梨产业相对薄弱的南片村庄，扩大劳务输出，为想外出打饼村民提供信息、培训技术、搭建平台。近两年，靠"一根面杖打天下"的打饼人员人均收入已达5万元，成为南片村庄的主要经济来源。耗资38万元，举办"花之海·俏运城"泓芝驿梨花节助力全域旅游发展，设置分会场2个，文艺演出12台，接待各地游客2.6万人次，带来直接经济效益20余万元。目前全镇农民人均年纯收入达10000余元，居全区前列。

【民生实业】 2017年，泓芝驿镇坚持每月定期召开扶贫例会，召集包村干部、驻村工作队、第一书记进行座谈，交流脱贫攻坚工作情况，制定扶贫措施，大力发展集体经济，探索集体经济股份制合作社模式，力促产业发展和集体经济齐头并进。2017年，镇卫生院完成63户182名贫困户的健康扶贫双签约工作，全镇共有建档立卡贫困户29户93人成功脱贫。开展农村环境卫生集中整治，共整治道路27.15千米，绿化带8.6万平方米，拉土方1.5万余立方米。清理河道5千米，清理乱贴乱画、小广告6100余处。整治村内主巷道38条，辐射巷道386条，清理"四堆"670余处，垃圾1500余车7700余方，去除病死树木108株，拆除违章建筑98处，残垣断壁14处，粉刷墙面5万余平方米，美化500余平方米，出动人力2.2万余人次，机械800余次。为全面提升泓芝驿形象，投资9万余元，为泓芝驿大街安装路灯52盏，泓芝驿答卷下水道改造工程也已经进入施工阶段，镇容村貌大为改观，人居环境有效改善。新农合收缴3218760元，惠及18285人次，2017年底，全镇共有低保户41户，90人，五保户34人优抚对象181人，登记退役士兵406人、现役士兵36人，落实危房改造5户，全力确保各项惠民政策落实到位。

【和谐维稳】 结合"大起底、大排查、大调解、大处置"专项活动，2017年，泓芝驿镇配备了109名巡逻队员，开展安全稳定风险隐患排查35次、共发现解决各类风险隐患25件次、消防检查6次、对5家散煤市场进行规范和苫盖处理，查处黑加油站点2个，拆除无证经营的木炭窑1家、对镇西无证加油站进行了"两断三清"的取缔处理。全面落实从严治党责任，镇村党员领导干部共制定责任清单175条，征求意见30项。在专题民主生活会上收集批评意见141件，整改到位141件，排查廉政风险点51个，举办"全面推进从严治党 同心共建幸福梨乡"专题文艺演出，选送各类从严治党主题文艺节目23个，营造从严管党治党氛围。全年查办案件2起，立案查处1案1人，初步核实1起。截至2017年10月，全镇网格化管理共上报1023条信息，其中平安建设220条，社情民意208条，公共服务559条，应急处置5条，其他31条，处置率均为90%以上，其中有六次处置率为100%。全年经镇村两级人民调解委员会调处矛盾纠纷有70起，调成69起，调处率达100%，调成率达98%以上，取得了良好的社会效果。

# 三路里镇

【自然环境】 三路里镇位于盐湖区最北端的稷王山南麓，栢王山脚下，距城区35千米。北与万荣县汉薛镇接壤，西连上郭乡，东邻上王乡，南毗王范乡，面积64平方千米。上临路与陶上路在境内穿过，交通方便，是一个典型的靠天吃饭的纯旱垣山区乡镇。地处北温带大陆性气候南缘，气候干燥，冬季寒冷，夏季炎热。热资源充裕，水资源严重缺乏。年平均气温13.6度，平均最低气温-7.3度，最高气温32.6度。年降水量564-750毫米。年际变化大，最大丰水年879.9毫米，严重干旱年368.9毫米，相差511毫米。年日照总时数2271小时。年平均初霜期在10月24、25日左右，最早出现在10月10日。年平均无霜期207天。风向多为西风。发生于夏秋时节，冬春少见。

【行政区划】 全镇下辖9个行政村，32个自然村，75个居民组，14000口人，4.8万亩耕地，2016年底人均收入达到9670元，略低于该区农民人均纯收入10733元，是一个比较贫困乡镇，该镇建档立卡户338户，991人。

【经济状况】 三路里镇的农业主导产业双季槐，2017年，发展面积近3万亩，其中2万亩达到丰产期。在墩张村完成430.5亩双季槐苗木植树造林任务；在三路里村道路沿线栽植国槐2000余棵，在墩张至墩张庄道路两旁栽植国槐1000余棵，成活率达95%以上。三路里还是盐湖区乃至运城市远近闻名的石料建材供应基地，年产青石200万吨、白灰100万吨。

【党建工作】 一是不断加强学习。深入开展"两学一做"学习教育常态化制度化及"维护核心、见诸行动"两大活动，镇党委中心组坚持每周一、周五的集中学习及自我学习，各村通过"三会一课"、党员活动日等开展学习，使理论学习成为一种常态。二是扎实做好"三基"建设。对各村活动场所确定专人负责管理，对部分党员活动阵地进行提档升级，在五小建设及干部周转房建设上，初步建成小食堂、小文体室、小阅览室，新建140平方米干部周转房主体工程完工，累计投入资金15万元。三是平稳推进村"两委"换届工作。全镇9个村党支部顺利完成换届选举任务，产生新一届村党支部委员会委员，12月20日前将完成第十一届村委会换届选举。四是学习宣传党的十九大精神，悬挂户外喷绘4块，条幅40条，书写黑板报9个，宣传栏12块，并召开专题学习会议，每人撰写学习笔记和心得体会，开展十九大精神应知应会知识测验，真正把学习宣传落到实处。五是深入推进全面从严治党在基层落地生根。镇党委对班子成员，班子成员对分管站所负责人和所包村两委主干谈心谈话6次、提示提醒谈话150次，组织全体机关干部及村"两委"主干赴牛庄红色革命基地和区警示教育基地接受教育，建设廉政文化长廊，打造特色谈话室。截至12月，全镇共核结案件1起，正在调查问题1起。

【特色产业】 2017年，以沟西村为试点，流转土地840余亩探索发展中药材规模化种植和管理；发展全域旅游，打造万亩双季槐循环圈和山地自行车骑行线路圈，沿两圈路线及3处观景台广泛种植油菜花，绘制了"花开盐湖"相关旅游图案，并挖掘历史民俗文化，特产、特色小吃等，为明年举办乡村文化旅游节奠定基础。

【环保环卫】 2017年，加大对堆灰场、石料场、道路扬尘的环保整治，取缔土小企业42家，关停2家手续不全的石灰窑，对3家石灰窑停业整改，有效整合18家石料厂为1家，进行集中统一管理，对全镇非煤矿山、危化品、交通、建筑、消防、防汛、危房等开展3次安全专项大检查，发现安全隐患20处，查处黑加油站点3家，同时严禁"三烧"，守住环保底线。加大环境整治宣传力度，向每户居民发放一封公开信，悬挂条幅50条、书写黑板报9块、通过村喇叭广泛宣传环境整治的目的意义。全镇共动用人力6000余人次，动用各种机械400余台次，清理垃圾5700余方，整治林带12万平方米，粉刷墙面28930平方米，拆除违章建筑450平方米，清理卫生死角23处，清除"三堆"3100余处，环境卫生整治工作取得明显成效。

【精准扶贫】 2017年，三路里镇贫困户退出140户430人。57户贫困户参与金融扶贫项目，每户每年可直接受益2100元。继续加强三路里村、墩张、墩张庄槐米大型烘烤制干项目建设，解决槐米烘烤难题，直接带动贫困户102户275人受益。发挥好民政工作的作用，全镇共发放低保金154户272人500604元，发放退伍军人优抚金126人539340元、发放五保金58人203000元。

【计生优生】 2017年，三路里镇共登记生育一孩47人，二孩登记69人，办理独生子女证6户，家庭奖励扶助417050元，特别扶助1人奖励6000元。

【医保养老】 全镇2017年应参加城乡居民医疗保险12690人，其中建档立卡贫困户1114人，截至2017年12月，共缴纳城乡居民医疗保险资金1985670元。全镇2017年新型农村养老保险参保人数共4543人，新增参保42人，目前完成参保金额108.43万元，超额完成金额16.59万元。全镇享受养老保险领取待遇人数2491人，累计总发放金额236万元。

【危房改造】 2017年完成23户，其中低保户2户，五保户6户，建档立卡户11户，一般户4户，全部完工。

【道路改造】 2017年，三路里镇投资9.8万元修补循环圈道路800平方米，安装路标、村牌70多处，超限路牌5个，超限监控1个。

【综合治理】 三路里镇充分发挥服务例会和各村民调的作用，坚持每月召开一次矛盾纠纷排查调处工作会议，共调解各类矛盾48起，其中调解成功40起，处理治安案件69起，刑事案件3起，抓获"法轮功"头目1名，加强普法宣传，2017年共进行普法宣传4次，发放宣传手册3500份，提供法律咨询服务50余人次。全镇无发生一例安全生产事故和越级上访案件，严厉打击邪教组织和邪教人员，保障了全镇的和谐稳定。

# 北相镇

【地理位置】 北相镇地处运城市正北部、鸣条岗西端、涑水河南畔，地势平坦，水源充足。东依盐湖区冯村乡，陶村镇，安邑办事处，西邻临猗县楚候乡，南依姚孟办事处，北邻泓芝驿镇。境内有运泓路，运稷路横贯南北，又有舜王路横穿东西，交通便利。北相镇是盐湖区的北大门，也是盐湖区重要的农业和工业生产基地。随着近年来盐湖工业园、文化产业园、现代农业示范园的快速发展，北相镇已成为盐湖区重要的经济发展中心。

【政区划分】 2017年末辖北相、南相、曹允、王桐、北任留、南任留、东任留、侯家卓、自治庄、麻家卓、张村、李村、陈邵、东古、西古、古南庄、东翟底、店上、相庄、寨庄、西曲马、东曲马、杨包、东张贺、西张贺、振新庄、滕家卓、古上28个村民委员会和一个文化产业园社区。

【人口面积】 2017年末，辖区东西最大距离8千米，南北最大距离15千米，全镇面积约63平方千米，镇区面积7平方千米，共有28个行政村，109个居民组，耕地面积59096亩，镇区人口0.8万人，现有农业人口40756人，12341户，劳动力人口24404，合作社102个。2017年人均纯收入达11282元。

盐湖工业园、文化产业园、盐湖现代农业示范园相继在北相镇境内建设实施，助推了北相经济的快速发展。2017年底，工业园和文化产业园共占地31000余亩，涉及曹允、王桐、北相、南相、北任留等15个村，5000余户，18000口人。现代农业示范园占地3395亩，涉及北片9个村，900户，3200余人。

【经济概况】 北相镇依托三大园区区位优势，形成了以北相村为界，极富特色的南、北两大经济板块服务模式。南部围绕文化产业园、工业园劳务输出、商品贸易、文化产业等展开服务。组织专业团队在王桐、北任留、南任留、自治庄、麻家卓、侯家卓等村巡回对该村失地农民进行专业技术培训，形成农民与企业互利共赢。2017年为工业园和文化产业园输入劳力10000余人次，收到了很好的社会效果和经济效益，保证了失地农民失地不失业。在东曲马、西曲马、东张贺、西张贺、杨包等村发展现代服务业和生态型都市产业，创建环境优美、生态平衡、业态协调的生态型区域。

北部围绕现代农业科技示范园开展农业技术培训、名优特品种培育，食用菌技术培训等，发展优质高效作物种植。重点抓好李村、张村、陈绍、东古、西古、古南庄、店上、东翟底、相庄、寨庄等村的优质粮食、果树、蔬菜基地建设，大力发展设施农业和现代农业。

【脱贫攻坚战】 北相镇每月召开一次联席会议，每个帮扶责任人每月至少到村入户1次；推进教育扶贫、落实雨露计划4户（为本科生李蔓联系教育扶贫资金5000元，其他三个学生每人每年获得助学金2000元）；办理低保26户78人；在李村举办农业技术培训1次；返还2017年新农合补偿款33000元。代缴2018年新农合补偿款90720元；完成77户179人的脱贫任务。

【养老社保】 2017年圆满完成全镇28个村的养老保险征收工作，参保人数12370人，发放人数5978人，共征收养老保险基金301.2万元，整理档案18000多份，发放社保卡3500余张。2017年积极和各村卫生所配合，完成2018年新农合的征收工作，共征收30000余人，600余万元。粮食直补。2017年，北相镇按照粮食直补标准，共统计小麦补贴面积23603.1亩，补贴资金189万元；统计玉米补贴面积30209亩，补贴资金178万元。2017年为低收入农户冬季取暖补贴，共统计11516户，发放资金230余万元。

【环境卫生】 2017年，通过开展禁止"三烧"、扬尘治理、取缔小散乱污企业、打击环保违法等专项行动。清理三堆6500余立方米，并对每户群众直接签订"禁烧承诺书"，从源头上杜绝"三烧"；苫盖扬尘污染面源6700平方米；发现小散乱污企业2处，并对其进行依法取缔；2017年对全镇进行美化、亮化提档升级工作。北相南北大道绿化带、运稷路和运泓路林带、园林绿化村（西古）补植补栽雪松、国槐、杨树等苗木1500余棵；拆除店外经营违章建筑10余处；粉刷墙面3900余平方米，做文化墙体画230平方米。

【安全生产】 建立健全月巡查制度，坚持每月进行全方位、无死角排查；与每村、各个企业签订责任目标书，形成安全生产高压态势；坚持定期排查与专项检查相结合，做到事事、时时有人抓；加强法制人文建设，着力化解基层矛盾，集中力量解决影响社会发展的不稳定因素。2017年推进"七五"普法活动，向群众讲解法律知识200人次，发放法律宣传单共1000余份；发挥村级"两会一队"和网格长作用，每天检查村内各巷道有无存在安全隐患和社会治安隐患，将村民矛盾消除于萌芽状态。

【文化活动】 举办了2月2"四圣出巡"非物质文化遗产传承活动；2017年7月18、19日，为群众奉献了两场以"维护核心，见诸行动"为主题的第四届消夏文艺晚会；并在举办的"我是舞王"广场舞比赛中取得了一等奖；10月举办了国庆节"喜迎十九大，欢乐度两节"活动；12月底，在五个行政村组织了5场"宣讲十九大"群众文艺节目巡演。

【换届工作】 2017年，北相镇选出区人大代表13名，镇人大代表61名，顺利换届，两委主干共计46名。

## 东郭镇

【概况】 东郭镇位于运城市区东南部，东经110度，北纬34度。东边与夏县接壤，南与平陆临界，西与南城办事处为邻，北与安邑办事处相交。下辖：东郭、白庄、下月、界滩、上月、磨河、界村、蚩尤、刘范九个行政村。南北长8千米，东西宽7千米，总面积56.53平方千米，总人口12895，耕地面积1.5万亩。运三高速公路穿越上月、界滩村，环城高速公路横跨九个行政村。九龙大道、伯乐大街、解杨公路以及通村道路形成便利的交通网络。属于北温带大陆性气候，一年四季分明。年平均气温14度左右。旱灾、风灾频繁，素有"一年一场风，年初到年终"的特点。东郭镇地下水属含腮重碳酸钙天然矿泉水，确定为饮用水供水基地。东郭镇地处中条山经济带盐湖段的东端，是南山开发向东发展的重要承接地，南靠中条山，北面盐池滩，素以"黄帝战蚩尤""伯乐相马"等经典传说而闻名，是一个有着悠久历史的文化古镇。全镇10个行政村，56平方千米，耕地2.1万亩，人口1.6万人。传统的粮、棉、果等农业产业仍占主导地位。2017年，区委、区政府提出"三圈经济""四大融合"发展布局。东郭镇作为一个具有悠久历史的文化古镇，具有小城镇建设配套企业税收优惠政策，又被纳入运城市区建设范围，定位为运城市的后花园，九龙山风景区被命名为山西省森林公园。镇党委、镇政府依托东郭水质好、有温泉，交通便利，旅游资源丰富的优势，理清了"深入挖掘文化、旅游资源，大力发展观光、休闲产业"的发展思路，落实了以"袁家村·运城印象"工程为中心的十项重点工作，并全部完成。

【打造五型政府】 2017年，东郭镇通过学习，努力建设"法制型、高效型、创新型、诚信型、廉洁型"政府。制定"明责、履责、督责、问责"工作规范。建立信访接待制度，班子成员坚持24小时值班，热情接待群众，方便群众，不断拓宽群众诉求渠道。

【虞坂古盐道改造】 2017年，虞坂古盐道旅游公路改造工程南杨家庄至磨河村段已全面完工，磨河村至九龙山段协调工作已完成，道路建设正在紧张施工，袁家村段已经完成前期地面附着物摸底、登记工作，资金到位后将全面开工建设。整个工程完工后，公交直通九龙山，方便全镇人民群众生活，加强中心城区和东郭镇的交流互动。

【九龙山景区】 九龙山沟深山齐、水急草茂、潭瀑相连、风景优美。2017年，东郭镇依托独特的自然资源、地貌特征打造户外拓展基地，以伯乐文化为载体开发研究基地和青少年德育教育基地。

【根祖文化】 2017年，东郭镇挖掘"皇帝战蚩尤""伯乐相马"等经典传说的文化价值，承担整理蚩尤文化责任，在仙阁山门前建设始祖文化广场，筹建蚩尤文化园。

【休闲农业】 巩固现有观光农业基地，延伸产业链，提高效益，东郭镇2017年有观光农业"艺莲苑"泉水莲菜350亩，田馨玫瑰园200亩，建有南山农场，田园农业，东月山庄，悠然山庄，绿地庄园，QQ农场，条山农庄，温馨庄园等观光农业2000余亩。

【旧村改造】 2017年，东郭镇以建设"美丽乡村"为目标，整合资源，招商引资，利用刘范、上月等老村的旧房、窑洞，开发建设乡村旅游，修身养性，休闲度假等。特别是刘范村，2017年12月底换届工作已圆满完成，选出了一套团结一致、齐心协力的村支两委好班子。加之已有投资方确定投资，在何伟副区长已多次亲临现场考察指导工作，加大政策、资金支持力度，努力把刘范村打造成美丽宜居、和谐向上的田园综合示范体。

【桃杏基地】 东郭镇沿山具有光照长，沙石土壤，水力强等优势的上月、下月、界滩等村，2017年扩大早熟桃杏基地建设。通过加强技术培训，品种改良及建立果品市场，拓宽销售渠道等手段达到高产高效的目的，2017年成立了合作社，完成托管经营700余亩。

【精准扶贫】 东郭镇包村干部做好与扶贫单位对接，包户到人，完善扶贫领导组、镇政府扶贫工作站建设，做好档案管理、资料收集。全面落实危房改造、水利工程、新医合、农保、低保、优抚、老龄、救济等各项惠民政策。做好白庄、刘范、界滩、上月四个村的日间照料管理，弘扬德孝文化得到了大力弘扬。

【综合治理】 2017年东郭镇持续加大防火、防汛、交通、食品、地质灾害等安全防范，进行大整顿，大排查，确保无安全事故；继续开展好大起底、大排查、大调解、大整治活动，每月开好一次村级议事例会，排查一次矛盾纠纷等不稳定因素，基本做到"小事不出村，大事不出镇"；化解信访积案，严防越级和群体上访事件，确保全镇和谐稳定。

【"袁家村·运城印象"】 2017年"袁家村·运城印象"项目落户东郭镇，该项目占地1900亩，一期投入5亿元，占地400亩，项目以健康食品为核心，以打造民俗文化为宗旨，最终实现一产三产融合发展，解决当地村民就业并带动周围村庄共同致富。

"袁家村·运城印象"是袁家村走出来投资的第一站、第一基地，已列入全市重点项目，涉及磨河、东郭、界村三个村，将以此为新引擎，促进全镇文化旅游业快速发展。

截至2017年12月，袁家村项目小吃街、作坊街、十三县名优特产一条街、酒吧街、文化街基建已完成。小吃街已签约商户60余家，部分商户已开始内装；作坊街已签约商户11家，部分设备已入驻；酒吧街已招商完毕；十三县名优特产一条街和文化街还在规划和招商中。共完成小吃街108间、酒吧街38间、文化街30间、名优特产街65间、作坊11个的工程建设，面粉厂、醋厂、安徽人人福豆制品、成都小吃坊、粉条厂、辣椒厂已完成。

【森林防火】 东郭镇现有天然保护林23576亩，共配备5名专职管护员，30名看守山人口人员，在15个入山口进行盘查登记、火种留存、严防死守，确保森林防火工作扎实有效完成。森林防火工作稳步推进开展消防安全专项行动。不定期对存有消防隐患的企业、商店、学校进行排查，保持工作常态化，把隐患消灭在萌芽状态。2017年，东郭镇进行消防演习3次，增强了群众的安全消防意识。

# 上郭乡

【概况】 上郭乡位于盐湖区最北端，离市区约30千米，东与三路里镇毗邻，西与泓芝驿镇相邻，南傍冯村乡，北与万荣县汉薛镇相接，是个农业大乡。辖区内以起伏平缓、绵延不断的丘陵山地为主。乡政府位于上郭乡上郭村，下辖17个行政村：西陈村、南陈村、中陈庄村、上段村、五里窑村、上马村、苏村、上郭村、邵村、山门村、郭家岔村、西北庄村、正北庄村、路家庄村、北陈村、东陈村、中陈村。108个居民组，共5593户，2.2万人。上郭乡国土面积约90平方千米，耕地面积8.5万亩，退耕还林面积1.37万亩，其中生态林9000余亩，经济林4000余亩。主导产业以小麦、棉花、苹果，梨，蔬菜为主，其他以经济林、退耕还林（香椿）、外出务工为辅。经济发展于平稳中逐年增加。

【党建工作】 开展"两学一做"和"维护核心，见诸行动"专题教育。广泛开展"主题党日"活动，不断提升党员干部素质和党组织的战斗力、凝聚力。2017年"七一"前夕，组织全乡党员干部到牛庄村接受红色教育，重温入党誓词。严肃党内政治生活，增强广大党员干部的规矩意识。落实"三会一课"制度，乡党政班子成员带头讲党课，召开乡党委班子民主生活会2次；开展不同形式的廉政警示教育6次。组织党员干部收听收看了《永远在路上》《将改革进行到底》等政论专题片，进行了认真讨论，撰写了学习笔记和心得体会。开展从严治党工作。在全乡各村醒目位置刷写从严治党标语30余条，营造良好的舆论氛围。对班子成员从严治党责任进行了分解并做到版面上墙。在班子成员严格履职的基础上明确了两委主干和站所负责人的从严治党责任。共开展各类谈心、谈话活动300余人次。

【环境整治】 2017年确立了"突出重点、以点带面、全面推进、确保长效"的工作思路，将运稷路、三横线、安上路、上临路4条主道路和上郭、南陈、苏村3个村作为重点整治对象。完成全长30余千米的道路路肩树带整修、花木修剪、树木涂白、杂草清除等整治工作；整治村内主巷道38条，辐射巷道276条，清理"三堆"1200余方，小广告2600余处，拆除老旧房屋、私搭乱建70余处，粉刷美化墙面3.8万余平方米，更换制作大型宣传标语160余平方米，绘制文化墙60余块。共动用人力1.3万余人次，机械360余台次，拉运土方4000余方，投入资金150余万元。

【生态环保】 2017年，王范乡关停小砖窑、小作坊等环保不达标企业，规范馍铺、豆腐坊、红白喜事一条龙等小作坊、小餐饮。通过广播、条幅、宣传车等途径大力宣传环保知识，营造人人关心环保的良好社会氛围；在每个居民组安排一名环境巡查员，确保人员到位、工资报酬到位、管理措施到位，坚决制止焚烧秸秆、垃圾等破坏环境行为。

【重点工程】 2017年，引黄工程干渠、支渠都已基本完工，末级渠系正在积极建设之中，年底前有望投入使用，邵村、正北庄、郭家岔、山门等村的灌溉难问题将得到彻底解决。

【现代农业】 做好仁核山谷核桃种植项目与农户之间的土地流转矛盾纠纷化解处置工作，确保万亩核桃基地良好发展。服务好路家庄桃园山庄等美丽乡村项目建设，探索乡村旅游和三产融合发展新模式。2017年，路露红等一批农业专业合作社迅速做大做强，品牌影响力和市场占有率不断提升。以路家庄为主的农民电商、微商迅速发展，运用"互联网+"模式为农产品销售开辟了新渠道。开全区先河，将无人机技术应用到果园管理领域。积极探索巩固苏村、邵村2个温室大棚蔬菜基地管理运营新模式，实现新发展。通过公开竞演，苏村被评为全区10个集体经济破零试点村之一。建立严格的管理制度，使用好国家100万元的"美丽乡村"建设扶持资金，对苏村蔬菜大棚进行修复，促使良性发展。

【旅游事业】 成功举办晋南民俗年活动。2017年举办了"上海人家·盐湖苏村"民俗年活动。上海游客亲自参与体验了写春联、学剪纸、捏花馍等传统年俗活动，与广大村民进行了广泛互动交流，与苏村群众达成了多元化合作意向，运用微信、电商等平台途径对我区历史文化、风土人情和特色产品进行了大力推广宣传，受到社会各界的广泛关注和一致好评。

发展油菜种植，为"花开盐湖"活动做好准备。在观光农业"三横线"沿线200米范围内发展油菜种植2000余亩，与三路里镇2017年成功举办的油菜节形成互动效应，全力服务即将举办的2018年"花开盐湖"活动。

【精准扶贫】 2017年正北庄村安装了健身器

材,解决了3户五保户的住房问题,帮扶企业为该村免费安装了大型地磅,方便果品购销;郭家岔村发展旱垣有机蔬菜种植30余亩;山门村中润垣槐米合作社产业扶贫项目发展良好,村民安全饮水问题在区水务局帮扶下将得到彻底解决。区开发办驻郭家岔村帮扶工作队和第一书记王凯同志登上全市扶贫帮扶工作红榜,受到通报表扬。

【三基建设】 推进机关"五小"建设工作,市区8名帮扶干部全部到位,乡村两级经费和工作人员得到了全面保障。

2017年"两委"换届稳步推进,各村支部换届已全部完成,村委会换届工作将于12月10日前完成。完成信访稳定、安全生产、环境整治等重点工作;其各项工作都取得了较好的成绩。

## 王范乡

【概况】 王范乡位于盐湖区东北部,距城区25千米,北靠峨嵋岭,南依鸣条岗,涑水河东西横穿而过,总面积43.45平方千米,占全区总面积的3.5%,耕地面积5.3万亩,下辖13个行政村,70个居民组,2017年,全乡有5512户居民,18752人。王范乡地势开阔,土地肥沃,灌溉条件良好,主导产业为韭菜、葡萄、冬枣、甜瓜、梨果。其中韭菜9000余亩,葡萄8000余亩,冬枣5000余亩,大棚甜瓜3500余亩。

【安全生产】 按照"全覆盖、零容忍、严执法、重实效"的总要求,开展安全生产大检查,重点检查企业安全生产、道路交通、人员密集场所、涉氨制冷果库、日间照料中心等。完善安全生产每月定期排查整改制度,确保安全生产隐患早排查早发现早治理,建立重要节点值班值守制度,完善安全隐患排查台账。2017年联合各部门进行安全生产大检查8次,开展各项安全隐患排查130余次。

【环境整治】 按照"四治六化一创"要求,借力"三合一"联合攻坚行动,加大环境卫生综合整治力度。雇用大型机械对辖区内24千米的县道及各村大街小巷的生产生活垃圾进行了彻底清运,拆除违章建筑49处,环境卫生集中整治工作走在全区前列;划片管理,明确责任,加强对启迪桑德保洁人员的监管,确保辖区内垃圾日产日清。在2017年7、8月份环境卫生集中整治中,姚张村焕然一新的村容村貌,赢得了各级领导和群众的好评,姚张村的卫生管理模式,更是在全区得到了推广,并多次在区一级的会议上受到区委表扬。在县道管理上,积极尝试市场化运作模式,效果明显。

【环境保护】 2017年,王范乡践行"绿水青山就是金山银山"理念,把环保治理当作涉及人民群众切身利益的大事要事,明确任务清单和工作标准。对5家"散乱污"企业实施了"两断三清"。李彦明砖厂、杜西庄塑料厂、王范塑料厂完全达到了"两断三清",其中李彦明砖厂达到了复垦条件。姚张庄砖厂、王范庄料场基本做到"两断三清",完全停工停产。取缔5处无相关手续、存在安全隐患的黑加油站点,对王范、霍赵2家无证加油站实施了"两断三清",对下马、张董、王范3处黑加油点进行了取缔。开展大气污染防治行动。在全乡进行无盲点宣传,做到了家喻户晓;与派出所联合下发禁"三烧"公告,依法打击,形成震慑;实行网格化管理,目标明确，责任到人；及时清运路边、地头对方的生产垃圾及柴草，彻底挖断"三烧"根源。

【乡村旅游】 王范乡政府于2017年5月28日-29日举办了盐湖区首届粽子节，活动中有精品节目展演、包粽子比赛、吃甜瓜比赛等；6月3日-4日与晋城银行联合举办了"王范甜瓜吃大赛"。在带动农业产业的发展，向外推广特色农产品打造乡村旅游品牌，树立王范形象，打响王范品牌，提升王范品味，促进王范经济、乡村旅游和城乡统筹发展。

【特色产业】 甜瓜产业：建设高标准棉被棚11个，甜瓜总面积已扩展到3500亩；2017年6月9日-10日，组织全乡9名种瓜能手赴陕西省渭南市参加了全国西甜瓜产业发展体系研讨会。韭菜产业：9月2日，运城市的"日晒高温覆膜法"防治韭蛆新技术示范会在刘村庄举办，山东省寿光市的蔬菜专家刘天英、省农科院专家聂园军、市蔬菜办主任董斌出席，并进行了实地指导和讲解；8月份，在王范乡党委政府的全力争取下，刘村庄成功申请到运城市韭菜标准化生产建设项目。葡萄产业：在2017年的德孝文化节上，市委书记刘志宏、市委常委王瑞宝、王志峰等人亲口品尝了杜西庄出产的志峰葡萄酒，并给予肯定。冬枣产业：争取到山西省物理农业技术装备应用示范项目，位于姚张庄村的物理农业示范园落成，占地200余亩，投资1000余万元。

# 席张乡

【概况】 席张乡位于盐湖区最西端，距市区30千米，东临解州镇，西与永济市接壤，南靠中条山，北临硝池滩，运永旅游公路、南同蒲铁路穿乡而过，交通便利，2017年有12个行政村，56个居民组，1.6万人，有15个支部，520名党员，国土面积64平方千米，耕地2.3万亩，主要产业为薄皮核桃、泉水莲菜、养殖，是个纯农业乡镇，农民收入普遍较低。

【基层党建】 席张乡12个行政村，2017年底完成支部选举，配强了基层队伍；重视党员发展，2017年培养入党积极分子12人，发展预备党员3人，预备党员转正1人；常态化制度化推进"两学一做"专题教育。督促指导各党支部全面落实"三会一课"等有关制度，组织党员干部认真学习各级重要会议精神，进一步巩固了党的基层政权。开展党风廉政建设和反腐败工作。全年制作党风廉政建设宣传横幅15条，版面35块，开展警示教育1次，为党员干部播放警示教育片4次。

【生态环境】 2017年席张乡打破传统，在农业观光循环圈营造开阔、自然、适用、休闲的环境。在苗木选择上，以景观树为主，乔灌搭配，总计栽植国槐、法国梧桐、木槿、柳树等8000余株，成活率达到90%以上。在环境综合整治工作中，全乡投入大量人力物力财力，对"三烧"、土小企业冒黑烟、违法排污等，严防死守，加大打击力度，顺利通过环保部的摘牌验收。

【农业基础设施】 在小麦春浇中，全乡共开动机井168眼，灌溉面积28000亩次。更新铺设灌溉管道8000米，更新深井电泵19台，为夏粮丰收提供了可靠的水利保障。截至2017年10月底，全乡已完成席张、南贾、东底4个村的农网升级改造，其中西底村改造工程受到国家发改委、国家电网公司专家的充分肯定。

【精神文明】 评选2017年"最美人家""孝顺媳妇"和"道德模范",席张村的梁淑平被评为盐湖区"十大孝顺媳妇",南贾村的程山林被评为盐湖区"十佳道德模范",通过普通群众的身边典型,带动良好民风社风;抓好下一代德育工作,举办集体12岁生日活动,参加运城市主题经典诵读大赛,引导学生健康文明成长。

【扶贫脱贫】 脱贫攻坚作为最大的民生工程和重要的政治任务。坚持将改善全乡基础设施建设作为脱贫攻坚的工作核心。席张乡共认定贫困户561户1846人,脱贫任务是438户1489人。2017年,给王马村申请扶贫资金18.6万元,打深井一眼;向武装部申请扶贫资金5万元,用于小胡村村委会场地修建。把培育产业作为群众增收脱贫的主要手段。2017年着力发展花椒种植这一产业,从品种的选择、前期的宣传到培训,乡党委、政府全程服务,通过"公司＋基地＋农户"等办法,借力运城农商行这个平台,为花椒种植合作社拨付扶贫资金30万元,用于购买花椒苗、拖拉机、压地埋管、建办公用房。

在王马、李家庄、小胡、西胡、南贾、席张等村发展红狮子花椒420亩,在东底张、西底张发展油用牡丹500亩,从根本上解决贫困户持续增收、稳定脱贫问题。

【环境治理】 发放宣传单1000余份,在乡主要干道悬挂横幅16条,并在运用路沿线设立宣传栏。2017年清除卫生死角58处、清除牛皮癣广告326处、清运垃圾1400余吨,席张乡环境面貌发生了较大的改变。

【安全生产】 2017年在全乡安全隐患排查工作中,共查处一个无证加油站,2个黑加油点,取缔一处废旧轮胎炼油点;加大饭店、一条龙、商店、馍铺从业人员健康证办理力度,实现了全覆盖;森林防火期间,全天候专人值守,严防死守,未发生一起森林火灾;全乡各村都制定了防汛抢险应急预案,购置了防汛抢险物资,设立了地质灾害监测员和水库值班人员,进行了防汛抢险演练,确保人民群众生命财产安全。

【信访维稳】 严格坚持一月一次和节假日前安全大检查,2017年开展安全检查24次,隐患排查24次。全面落实信访工作责任制,做好重点人员的管控,有效控制了越级上访和集体上访事件的发生。截至12月,排查各类纠纷78起,成功调处矛盾纠纷77起,保障了全乡经济社会发展和各项工作的推进。

【养老保险】 2017年,席张乡召开农村养老保险专题培训会议4次,积极采取多种宣传方法,让更多的农民享受到国家的惠民利民政策。截至12月,全乡参保人数累计达6127人,2017年全乡缴费人数3880人,缴费金额1205100元。

【民政低保】 2017年,席张乡做好复员军人定补、农村低保困难补助发放、残疾人困难补助、医疗救助工作。按照低保申请流程,做好全乡贫困人员和贫困户低保申请、审核、民主评议、公示工作,2017年,全乡共有五保户38户、残疾人员280人、低保人员230人。

# 冯村乡

【概况】 冯村乡位于运城市区西北处，距市区21千米。南有鸣条，丘陵起伏，北有涑水，地势平坦。辖区19个行政村，80个居民组，2017年总人口22798人，耕地面积58162亩地。土地肥沃、水利条件优越，主导产业以早熟果、油桃、梨、大棚蔬菜为主，是一个纯农业乡镇。全乡共有21个党支部，其中农村党支部19个。全乡县道总长度27千米，乡道总长度21千米。乡政府班子成员11人，文化程度全部为大专以上，平均年龄41岁，其中，正科级干部4人：分别为书记赵红波，乡长尉江娟，人大主席李明晖，主任科员高铭娟；副科级干部7人：分别为党委委员副书记王海科，党委委员纪检书记李俊，党委委员武装部长李有志，副乡长张卫东，副乡长高耀文，宣传委员廉荣荣，统战委员徐志华。

【安全生产】 制定2017年防汛计划和抢险应急预案，建立了乡、村、组、户四级防汛体系，坚持24小时防汛值班制度；执行安全法律法规，坚持日常安全隐患排查，持续开展"隐患排查治理"专项行动，会同民政、电力、派出所、中心校、水管站、住建、药监等部门以及各村村委主任对片区内的日间照料中心、学校、幼儿园、卫生所、危房户、全乡水利设施及防汛安全进行检查；对全乡诊所、饭店、"一条龙"流动饭店进行安全检查，在全乡各村建立食药安全监管网格，由各村主干担任网格管理员，实行每月一排查一总结。把安全风险管控住，确保不放过任何一个隐患、任何一个苗头、任何一个细节。

【环境建设】 根据上级部门部署要求，广泛宣传，开展集中整治，关停土小企业，加强巡逻，杜绝"三烧"，落实好"三治一化"工作。按照"四治六化一创"要求，站在推动"全域旅游"发展和打造无公害无污染农业示范区的高度，开展环境卫生整治，提升居民公共空间意识，引导村民形成良好的生产生活习惯，构建良好的生态环境安全体系。2017年投资300余万元，完成3条县道、19个村整治，共修整路沿30多千米，拆除私搭乱建50余处，补栽苗木3000余株。9月7日，郭店村代表盐湖区接受了全市环境卫生观摩，得到充分肯定。投资300余万元高标准高质量打造北畔村和杜村两个园林示范村。全乡种植各类苗木3.6万余株。

【惠民政策】 2017年按照相关规定，严把工作流程，完成低保户、五保户、优抚对象、大病救助等工作；完成小麦直补、玉米杂粮直补、低收入农户取暖用煤、计划生育等工作。

【计划生育】 冯村乡开展宣传服务工作，宣传二孩政策，2017年刷写大幅标语19条，发放各种宣传品2000余份。对1500对已婚育龄妇女进行了2次健康检查服务，对符合条件生育的100对育龄夫妇进行孕前免费检查服务。12月底，全乡共有外出育龄妇女101人，都已分类造册，做到底子清、情况明。在惠民政策落实方面：申报计划生育奖励扶助对象837人，享受独生子女中考加分9人，并为301户独生子女办理意外伤害保险。

【社会保障】 2017年，冯村乡劳动保障所每月按时报送60岁到龄领取人员增减表，零死亡报告余额表、退保注销登记表。劳动保障所已完成全民参保登记工作20000余人，养老金领取人数共3500余人，每年共计发放养老金380万。辖区居民医保参保人数为20138人，参保金额共计362万。新农合参合人数达20142人，筹集资金362.56万元，参合率达99%。

【土地确权】 2017年，完成全乡19个行政村，80个居民组，4543户农户，68079.5亩土地确权工作。

【惠农工程】 完成了顺郭村老年日间照料中心建设。引黄工程、农村电网改造、天然气管道铺设在冯村乡进展顺利。2017年完成2处舞台、1处日间照料中心、4个村水泥路面的硬化和三条重点道路提质改造工程，同时更新机井4眼、水泵3台，共投资达485万余元。落实惠农强农政策方面，按照相关规定，严把工作流程，完成低保户、五保户、优抚对象、大病救助等工作；完成小麦直补、玉米杂粮直补、低收入农户取暖用煤、计划生育等工作。

【精准扶贫】 2017年"建档立卡"户23户53人保底收益6360元整，村集体年底保底收益2640元整。村集体和贫困户持有的扶贫股可参与收益分配，实现脱贫后可持续享受3年收益。在保障义务教育方面，按照补助标准已全部落实。基本医疗方面，全部免除贫苦户的医保费用，落实好建档立卡贫困户医疗保障方案。2017年8月，乡政府组织乡扶贫办、卫生院、帮扶单位、第一书记和包村干部对全乡19个村110户因病致贫的建档立卡贫困家庭走访入户，进行健康体检，签订健康扶贫协议书，并发放了健康礼包。

# 金井乡

【概况】 金井乡位于盐湖区西部，与永济、临猗两县市交界，距运城市区17千米，运风高速公路、运永、临陌三条公路穿乡而过，交通便利。下辖13个行政村，总人口8012户24564人，耕地6万余亩，境内建有引黄渠道80余千米，机井173眼，灌溉方便，地势平坦，具有非常良好的生态优势。

【党建工作】 落实"两个责任"，从严治党取得初步成效。2017年，金井乡严格按照全区《落实全面从严治党责任实施细则》的工作要求和步骤环节，及时成立了领导组，先后组织召开了6次专题会议，从党委到党支部、从班子到成员，细化明确了136项责任清单，完善了47项规章制度，配备了电子屏、档案柜、标语、举报箱等设施，累计开展了提示谈话189人次，提醒谈话57人次，积极受理群众来信来访，严肃查处发生在群众身边的"四风"和腐败问题，受理案件3起，立案2起，核结1起，有2名村干部给予党内警告处分，2名村干部给予诫勉谈话。全乡党员干部中"不敢腐、不能腐，不想腐"局面正在形成。

【"三基建设"】 扎实开展"两学一做"常态化制度化、维护核心见诸行动主题教育。先后开展了"戴党徽、亮身份、作表率""挂牌亮户""深入基层讲党课""一文一书"学习笔记心得体会展评等活动，达到了每名领导干部讲党课3次，机关干部撰写学习心得体会6类212篇；召开专题座谈交流会9次，收集发言材料126篇，使全乡党员干部的素质和能力得到全面提升；健全完善了机关签到制度、请销假制度、学习制度、财务制度等20余项干部管理制度，严格落实了村干部值班制度，每个党支部都制定了"便民服务台"，排出了值班表，完善了值班日志；切实执行发展党员"四项机制"全年共发展党员6名。阵地建设提档升级。在南扶村新建两层580平方米的村级组织活动场所，对卫唐村村委会进行了整修；对侯村支部活动场所内部设施和版面进行了更新。全面启动了机关"五小"设施和周转房建设，预计11月底完工。五是严格程序，稳步推进农村两位换届，目前，13个村党支部的换届工作已圆满完成，村委会的换届工作正在有序进行当中，预计12月3日全面完成金井乡的"两委"换届工作。

【经济建设】 发展乡村旅游，不断增加群众生活收入。从2017年上半年开始，金井乡启动实施"1110"工程，通过美化、绿化和基础设施建设等措施，实现了十个生态农业休闲旅游园区内部设施功能的提档升级，文昌阁的修缮工作也即将开始，为打造全乡的乡村旅游观光循环圈奠定坚实的基础。

【精准帮扶】 完成2017年脱贫工作任务。全乡贫困户共186户346人，2017年脱贫人数共计51户76人。工作中坚持每月召开一次扶贫联席会议，想方设法为贫困户早日脱贫创造条件，争取上级扶贫资金25万元，使贫困户累计"分红"10560元，为贫困户提供危房改造资金4.2万元，资助两名大学生每人1万元，为8个村的贫困户提供了价值约6万元的有机肥996袋。

【惠民政策】 不断加大群众生活保障力度发挥好民政工作的作用，全乡共发放低保金228人50.3万元、优抚金109.9万元、五保金64万余元；加大计生优生优育和奖扶力度，超额完成138例孕前优生健康检查，发放奖扶金686350元；全乡收缴2018年城乡居民医疗保险22725人4090500元，每月发放养老金4135人36万元；超额完成危房改造工作26户；按期完成土地确权登记工作。

【综合治理】 2017年，金井乡不断增加群众生活平安指数。充分发挥服务例会和各村民调的作用，认真开展"大起底、大排查、大调解、大处置"活动，全乡共排查化解各类矛盾纠纷32件、治理安全隐患123处、查结治安案件19起、完结信访案件7起，无发生一例安全生产事故和越级上访案件，尤其是在党的十九大召开期间，严格落实"六包一"机制，确保重点对象的稳控，保障了全乡的和谐稳定。

【惠民工程】 文化广场 2017年，金井乡政府与村委会共同努力，筹集资金300余万元，建成占地5000多平方米包括舞台、文化活动中心、关公庙、健身广场等在内的综合文化广场。文化建设。

文化长廊 洗马村位于金井乡西部，多年来一直保持了"班子团结、村容整洁、村风和谐"的良好局面，德孝创建活动更是成效突出，在乡党委、乡政府的支持下，2017年，洗马村又投资11万元，建成了文化长廊，集政策宣传、娱乐休闲、大气美观于一体，进一步提升全村的环境档次、营造了浓厚的文化氛围。

下水道改造 投资13万元，疏通下水道1200米，彻底解决这一问题，群众非常满意。

田间道路 2017年，在金井乡政府的支持下，大井村通过一事一议筹资，村民集资18万元，对 5 千米的田间道路进行硬化整修，极大地改善了群众的生产条件。

**【环境卫生】** 从 2017 年 7 月至年底，金井乡党委、政府在全乡发动群众，掀起环境卫生整治热潮，全乡共清理小街小巷 359 条，清理公路卫生 9 千米，清理林带卫生 302 处，清理四堆 2966 处，治理残垣断壁 81 处，拆除乱搭乱建 139 处，清理乱写乱画小广告 928 处，清理违章建筑 35 处，极大改善群众生活环境。

**【环保整治】** 2017 年，金井乡围绕打造"生态金井"，先后关停南扶、西曲凡、赤社、谢家营四个砖厂，为 56 家饭店、食品加工点、饼子摊等换用了清洁燃料和环保煤球，强制拆除了两家土小企业，取缔了两个散煤场，对三烧现象实行田间地头定期巡逻和日报告制，对工地扬尘实行定时洒水，对料场、煤场进行全覆盖。

**【果品市场】** 2017 年，金井乡党委、乡政府积极与上级的集体经济扶持项目对接，在赤社村成功申报了集体经济项目"果品综合市场"，投资 60 余万元，占地 3000 平方米，建筑 1600 平方米，建成后年可增加集体收入 8 万余元。

**【"五小工程"】** 根据盐湖区 2017 年机关五小工程和周转房建设的要求和部署，金井乡政府在机关开展实施了工程建设，先后建起了标准化公共卫生间、浴室、图书室、活动室、餐厅，修缮了周转房，各项工作进展顺利，2017 年底逐步投入了使用。

# 上王乡

**【概况】** 上王乡地处盐湖区稷麓山腹地，稷麓抗日政府曾在这里诞生，这里有着光荣传统的红色革命老区，在盐湖区的东边隅，南邻夏县，东靠闻喜，北眺万荣，"鸡鸣闻四县"就是上王乡边隅乡镇特殊位置的形象描述。距离盐湖区市区中心 36 千米。上王乡有 9 行政村，分别是上王村、郭村、垣峪村、子谏村、牛庄村、后堡村、董家池村、郭村庄村、西堡村，43 个自然村。截至 2017 年 12 月底，全乡共有 2709 户居民，10827 口人。全辖区总面积 51 平方千米，耕地面积 36400 亩，退耕还林面积 11000。由于上王乡地处山区，海拔偏高，水资源奇缺，农业用水紧张。水成了这里农业发展的瓶颈。主导产业以经济林、退耕还林、劳务输出为主。

**【廉政教育基地】** 日本侵略者在上王乡牛庄村制造了耸人听闻的"四九"惨案，杀害了无数抗日壮士和群众。为了不忘国耻，上王乡政府围绕这段历史，在牛庄村建立了廉政警示教育基地，发展起红色旅游。经过几年努力，一条"觅先烈足迹——赏田园风光——采生态酥梨——品绿壳乌鸡蛋——住农家窑洞"的红色生态休闲旅游圈已成功打造出来。

**【党建工作】** 推进"两学一做"学习教育常态化制度化、开展维护核心见诸行动主题教育。2017 年具体通过开展"我是党员我骄傲我奉献"主题实践八大活动来落实推进，取得实效。强化党员干部队伍教育管理。规范开展"三会一课"；进行两次党建专题知识培训；定期召开民主生活会和组织生活会。每周五下午集中进行理论学习；广泛开展了"四大讲四增强"活动；发动党员群众利用微信平台，参加"两学一做"知识竞答；七一到牛庄红色革命基地接受红色教育，开展"喜迎十九大，党员争先锋"活动。组织开展一次学习笔记展评、从严治党知识测试、义务植树、义务环境卫生整治等活动；每月11号集中开展"主题党日"活动，激发党员发挥先锋模范作用。

【"三基"建设】 2017年投资40余万元，以"两坊两馆一树一线一故居"为思路，打造牛庄红色革命教育基地，目前接待党政机关单位、企业、社会团体、周边群众逾万人。二是开展机关"五小"场所和周转房建设，目前除了厕所和周转房正在建设外，其他场所已经完工并投入使用，计划12月初全部完工。

【换届工作】 2017年11月15日前，9个村党支部已全部换届完成，12月初各村委会选举工作全面结束，确保平稳有序做好换届选举工作。

【廉政建设】 做好巡视组巡察工作。针对区第三巡视组对我乡全面巡察工作进行问题反馈提出10个方面的问题，乡党委、政府积极整改，通过问题整改制定了一系列的制度，形成长效机制。以全面从严治党为切入点，加强干部和驻村工作队的日常监管，坚决查处发生在群众身边的腐败现象，2017年共核结两案，协助区纪委办案2起。三是5月12日，组织村主干、全体机关干部40余人到盐湖区廉政教育基地接受革命教育，开展了重温入党誓词、写廉政心得等活动。

【经济形势】 在原有的4+3产业模式基础上，加大科技投入，发挥品牌效应，促进三产融合，2017年小麦取得大丰收，山楂效益明显提高。积极推进"凤还巢"政策。借助运城籍在外务工人员的优势和力量，吸引他们回乡创业、投资兴业，助力家乡发展。在郭村成立一家柿醋厂，在垣峪村召开了果品发展现场会。

【基础设施】 2017年投资270余万元完成上王乡卫生院1100平方米业务用房的新建建装修和宿舍用房的装修升级和提升改造；协调完成了北赵引黄二期45标征地任务，确保项目如期完工；投资50余万元完成了垣峪、后堡、董家池共计2000平方米的村中路、田间路的修建铺设。

【美丽乡村建设】 2017年在春季植树造林，共在11.4千米的道路上，新栽植国槐、刺柏、雪松等共计8100多株。集中环境卫生整治。以"道路即是风景，田园就是风光，村庄就是看点"为理念，形成政府购买服务长效机制，从根本上解决农村"脏乱差"问题。环保工作，常抓不懈。多次联合区执法大队，严禁焚烧秸秆，对上王乡"五类"场所进行环保督查，确保企业环保达标。食品安全，紧抓手上。乡食药所多次深入基层，对各村一条龙、小超市进行食品安全大检查，确保食品安全可靠。

【和谐维稳】 各村成立"两会一队"，日夜巡逻，为乡村的稳定和安宁做出贡献。在牛庄村率先实施网格化精细管理，实现管理责任具体化、明确化。高度重视社会稳定风险隐患大排查大整治工作，2017年每月8日、23日，梳理大排查大整治情况，全年没有重大社会稳定风险隐患。对于重点人员，严格实行"六包一"制度，全年实现零非访。

【民生工程】 扎实做好民生工作，确保人民安居乐业，拨付320750元，完成验收2017年20户危房改造户；完成60例适龄妇女孕前检查；发放低保五保金、优抚金、大病救助、救灾资金共计135万多元；新农合参合人员达到全覆盖；1786位60岁以上老人开始领取养老金；卫生院为全乡7138人签约了家庭医生服务。发力精准扶贫工作，打赢扶贫攻坚战役。2017年88户308人顺利完成脱贫工作。为全乡精准扶贫户免费缴纳新农合和大病救助保险；组织21名贫困妇女参加刺绣职业技能培训；54户贫困户与阜民集团、信用社办理金融扶贫项目，每户三年可分红6300元；争取发放15000元贫困助学金。

# 政 治

## 组织工作

**【学习贯彻党的十九大精神】** 2017年盐湖区组织部要求党员干部全员"通学"十九大精神。24个基层党（工）委、314个农村党组织、112个社区党组织及89个区直单位党组织组织党员、入党积极分子、"两代表一委员"和群众代表等6万余人，利用党员活动阵地"同屏共振"看直播，"全程全文"听报告，做到了党员全覆盖、群众广参与。同时，结合脱贫攻坚、五城同创等活动，面对面到群众"家中送学"，将十九大精神传递到每个党员和群众之中。

盐湖区四大班子领导在召开中心组学习讨论的基础上，结合个人体会思考，及时把权威媒体解读、报告学习要点向包联乡镇和分管部门进行了传达学习。10月30日，盐湖区组织部邀请侯占平、原贵生两位十九大代表在全区领导干部大会进行了宣讲。印发了《关于做好盐湖区党的十九大精神宣讲工作的方案》的通知，组建了四支宣讲队伍，412名基层宣讲员，在全区范围内组织开展党的十九大精神集中宣讲活动。2017年宣讲180余场次，受众12万余人次。

11月26日，盐湖区召开了十三届五次全会，深入学习贯彻党的十九大精神和十九届一中全会精神，传达贯彻省委十一届五次全会和市委四届四次全会精神，对全区学习宣传贯彻党的十九大精神进一步做出安排部署。盐湖区委组织部印发了《关于学习宣传贯彻落实十九大精神的工作方案》，在全区组织系统开展大学习、大宣讲、大推进、大总结活动，并从坚持深入基层调研，健全工作机制、坚持用新时代思想武装头脑，不断提高党员干部的本领、坚持把党的政治建设摆在首位，全面加强政治能力建设、坚持聚焦转型发展要求，建设高素质专业化干部队伍、坚持持续推进"三基建设"，全面提升基层党组织和党员队伍水平、坚持深化人才发展体制机制改革，实行更加积极开放有效的人才政策、坚持密切联系群众，帮贫解困办实事、坚持开展主题实践活动等八个方面对组织工作进行了安排部署，真正把贯彻十九大精神落到实处。

**【八项任务定主题】** 围绕"8+5"工作要求，推动主题教育各项任务落实落地。盐湖区各级党员干部讲党课2300余次，集中学习3800余次，开展主题党日活动3650余次，各级党组织开展学用习总书记视察山西讲话精神交流活动900余次；区级层面建立了"三清单一制度"，查摆问题30个，确定整改措施90条；举办书画摄影巡展十余场；深入学习"一文一书"，在盐湖区开展"河东儿女学'习语'，看齐紧跟见行动"系列活动，引导广大党员干部群众将维护核心的强大精神动力融入各项工作中。

【七学七进】 把"七学"作为经常教育、日常学习的主渠道，把"七进"作为纵向贯通、横向联动的学习网。印制《图话系列重要讲话精神》《百名优秀共产党员》系列剪纸画册7万余本，通过"墙体画""口袋书"的形式，使习总书记系列重要讲话成为党员干部的"案头卷""工具书""座右铭"。

【六大活动 五项机制】 围绕"喜迎十九大、党员争先锋"主题，引导党员干部在盐湖现代服务业、实体经济、全域旅游三大推进计划中，做到"三个带头"，彰显模范作用。126名党员干部深入43家企业开展零距离服务，破解发展难题。开展12期"普通党员进党校"活动，对3200余名普通党员进行培训。

建立工作动态周报、重点工作提示卡、典型示范宣传报道、督导落实、办公室双周例会等5项工作制度，加强综合组、宣传组、联络组等内设机构的沟通联系，进一步形成工作合力，推动学习教育和主题教育各项工作落实落地。

【农村（社区）"两委"换届工作】 选优配强基层党组织带头人。坚持"先定事、再选人、揭榜竞选"办法，做好农村（社区）"两委"换届工作，2017年，314个农村党组织完成选举308个，村委会选举完成230个；112个社区全部完成社区党组织选举，96个完成居委会选举。开展农村"领头雁"培训，社区"领头雁"培训，区直单位党组织书记培训，共计500余人。

【并村简干提薪招才建制】 盐湖区财政2017年共落实954.78万元，已拨付357.19万元。村两委主干年平均工资达22000元；社区专干月均达到1850元，2017年10月已达到月工资2000元，并落实"五险一金"政策。

【村级集体经济】 制定出台《盐湖区村级集体经济"破零行动"指导意见》，盐湖区财政列支260万元用于扶持发展村级集体经济，确定10个村级集体经济试点项目。2017年，盐湖区314个行政村已有302个实现破零。

【基层投入保障】 13个乡镇运转经费平均达69.13万元，8个街道运转经费平均达60万元，279个行政村村级运转经费平均达到10.75万元，新转入的35个行政村的村级运转经费已经列入预算。88个社区平均每个社区运转经费14.5万元。乡镇"五小"建设在市财政每个镇（街道）10万元补助的基础上，为每个乡镇配套5万元，全部落实到位。周转房建设方面，拨付280万元，乡镇干部新增补贴拨付77.62万元。

【基础工作】 组建驻村帮扶工作队13个，45名驻村工作队员与第一书记长期驻村，对13个贫困村进行全脱产帮扶，参与结对帮扶的党员干部1852人。选派104名年轻干部到乡镇挂职帮助工作。各单位编制基础工作目录、制定工作流程图，编制管理手册、应知应会手册、便民手册情况，已经全部完成。

【基层组织】 成立中共运城市盐湖区非公经济组织和社会组织工作委员会，依托工商分局，成立了非公企业党委和社会组织综合党委，新建党组织49个，下派党建工作指导员133个，党组织覆盖率达到70%以上。新建社会组织党组织43个，党组织覆盖率达到90%以上。

【领导干部队伍建设】 围绕树立正确导向抓好干部选用。按照"好干部"标准，严格执行《中国共产党纪律处分条例》的内容和要求，落实市委"五看"导向，创新性提出看实绩、看能力、看阅历、听口碑"三看一听"办法，努力做到"人岗相适"，不断激活干部队伍。通过扩大民主推荐范围、全程差额等，大力选用能够主动谋事、务实干事、真诚共事、勇于成事的优秀干部。共调整涉及干部146人，其中平调52人，重用12人，免职24人，提拔47人，调任6人，非领导职务转任领导职务4人，该任非领导职务1人。及时调整退出"为官不为"和不适宜担任现职干部，免职调整干部24名，其中对4名乡镇党委书记、1名乡镇长免职调整岗位，3名政府组成局长给予免职。

【干部培训】 举办12期河东大讲堂、2期中青年干部培训主体班、1期"锤炼党性、维护核心"暨习近平总书记视察山西重要讲话精神专题研讨班，累计培训党员干部3200余人次；选派65名优秀年轻干部到乡镇挂职锻炼；组织10名优秀社区干部赴北京市海淀区进行了半个月的挂职培训；打造舜帝德孝文化教育基地、关公忠义文化教育基地、廉政警示教育基地、上王牛庄红色教育基地、烈士陵园革命教育基地和核心价值观教育学院"五基地一学院"，累计培训党员干部两万余人次。

【干部监督】 根据"六查"要求，向盐湖区纪委等11个部门征求意见264人（次）。做好领导干部个人有关事项报告，共上报个人事项报告900余份。重点对128名拟拔使用的干部进行个人有关事项报告核实。对1名同志进行了诫勉，要求其写出书面检查，书面提醒14人、要求书面说明8人，进一步细化了提醒函询诫勉工作的操作办法，压实监督责任。开展因私出国（境）证件专项治理"回头看"工作，更新登记备案信息1406人，新收缴证件17人25本，注销证件5本。

【党管人才管理】 完善人才新政。研究起草《盐湖区引进人才办法（试行）》，加大对人才各方面的政策倾斜力度。优化人才服务环境，全力支持选派的优秀科技人才到盐湖区重点项目、企业开展技术帮扶，并对帮扶情况开展年度考核。

夯实基础工作。在盐湖区范围开展人才信息收集工作，收集整理党政人才、高级专业技术人才、高技能人才、企业经营管理人才、农村实用拔尖人才、优秀社会工作人才、运城籍在外工作高层人才等七大类共632人。

优化服务环境。组织百名优秀人才分批体检，落实人才关怀政策。在山西寰烁电子科技股份有限公司成立院士工作站，成立"盐湖智库"，邀请中央财经大学博士魏鹏举、中央党校党建教研部副主任张志明等8名当前全国范围内经济社会发展方面的专业人才及山西籍企业家在北京、浙江、江苏等发达地区的商会会长作为"盐湖智库"成员。

【树立良好组工形象】 政治建部，用核心理念促进习惯养成。在推进"两学一做"学习教育常态化制度化、维护核心见诸行动主题活动中，通过支部学习、开展集中研讨、红色教育等方式，深入学习党章党规、习近平总书记系列重要讲话精神和在山西视察讲话精神。

学习强部，打造素质过硬干部队伍。以"写讲干"活动为抓手，严格落实全员信息写作机制。组工干部人人上手，每两周写一篇高质量的信息。每人每月撰写时政信息、评论文章、感悟认知不少于一篇。每周五举办一次"组工讲堂"，组工干部人人当"老师"。在中心任务中给组工干部定任务、压担子，锻炼提高组工干部的"实战能力"。一名组工干部到村任第一书记，两名组工干部到偏远乡镇挂职锻炼。开展"万名干部大调研"活动，科级干部下乡调研不少于20天，人人写出高质量的调研报告。

【依规治部】 编印《岗位责任书》《应知应会手册》《便民服务手册》《管理手册》等四册一书，将干部选拔任用、教育培训、考核评价、人才发展、党员管理、基层组织建设等各项组织工作全部纳入规划、程序、流程三大体系之中，从方方面面对组织工作进行全方位的规范。

组织部对2017年度目标责任进行了分解细化，制定出台了《运城市盐湖区2017年度目标责任考核实施细则》；组织开展了借调人员专项清理工作，共统计借调人员16人，其中清理清退5人，办理借调等相关手续仍在试用期的11人。对25名干部晋升了职级；大学生村官全部实现有序流动；拍摄制作微电影《梦的延续》获市级二等奖；成立离退休老干部党工委，探索市区、县区、城乡"三个融合"；"写讲干"活动持续开展，组工干部自身建设不断加强；舆情监测、远程教育站点全覆盖等各项工作均圆满完成。此外，《盐湖区创新党建载体激发基层组织活力》《盐湖大地党旗红》两篇文章分别在《山西日报》《运城日报》头版头条刊发。截至2017年底，共在《人民日报》《山西日报》等主流媒体发表宣传盐湖组织工作各类文章20余篇。

## 宣传工作

【"七进"活动】 2017年盐湖区宣传部开展习近平总书记系列重要讲话精神和党的十九大精神进机关、进农村、进社区、进学校、进企业、进家庭、进党校"七进"活动，印发"口袋书"10万余册，绘制墙体画2000多幅，推送大喇叭、小广播1000多条次。组织十八届六中全会精神和十九大精神集中宣讲200多场次，400多人的基层理论宣讲员队伍开展主题宣讲1000多场次。邀请原贵生、侯占平两位十九大代表和中央党校张志明教授等宣讲十九大精神。完成中心组网络学习平台线上注册260人，组织盐湖区委中心组学习20多次，乡镇（街道）中心组学习1000多次。扎实开展"两提一创"大讨论活动，开展"转变作风抓落实、走访调研比业绩"主题活动超过100人次，推动了全系统干部精神状态、工作纪律、干部作风明显转变。

【"1234"机制】 制定盐湖区实施办法，建立区、乡两级领导组，健全新闻发布常态化、舆情监测处置和内宣外宣"一盘棋"三项机制，抓住党政机关、党员干部、新闻媒体和网络空间四个重点区域，以"1234"工作机制为重点抓好意识形态工作。盐湖区委书记王吉敏在《山西日报》《运城日报》刊发意识形态理论文章。举办"展示新成就，喜迎十九大"辉煌成就展，完成十九大精神社会宣传标语3000多条。开展网络正面评论、引导3万多人次，监测、监看负面舆情信息300多起，开展34家公办网站"问题地图"专项治理自查、3462家属地网站排查清理，和有害政治类信息专项举报工作。

【外宣工作】 《今日盐湖》开通电子版，进行了从四版到八版的"增容升级"；盐湖广播电视站开通"盐湖广电"微信公众号和《盐湖时间》微直播平台，推进传统媒体和新兴媒体融通融合。大力推进对外宣传工作，在国家级媒体和省级媒体发稿400余条。其中，《人民日报》两次，《山西日报》头版头条两次，中央电视台发稿量超过40条，实现了一个大的突破。党的十九大精神"口袋书"在山西电视台《新闻联播》进行了四分多钟的深度报道。《记住乡愁》解州镇开机仪式在央视网、央视客户端、今日头条等直播两小时，点击量接近两千万人次，"今日头条"单个点击量就达到587万人次。

【五城同创】 2017年共代表市区迎接"五城同创"专项检查50多批次，完成了文明城市测评验收工作任务，和未成年人思想道德建设省级测评任务。评选表彰各类模范、典型200多名，初步形成七星共明、群星灿烂的先进典型群体格局。获国家级精神文明建设荣誉4项，分别是：景靠喜家庭荣获首届全国文明家庭；区地税局荣获国家级文明单位；复旦小学荣获首届全国文明校园；北城初中荣获全国未成年人思想道德先进单位。获省级精神文明建设荣誉25项，其中精神文明创建先进单位个人18项，志愿服务先进单位个人7项；获市级精神文明建设荣誉76项，其中精神文明创建先进单位个人71项，5人获评"运城好人"。

【文化惠民】 2017年送戏下乡近200场次，送电影下基层4890场次，图书馆免费接待读者2万人次，7个农家书屋荣获"全市书香之村"。文化馆免费培训上万人次，举办"盐湖有拿手戏"群众文艺大展近百场。蒲剧《风雨鹳雀楼》成功申报国家艺术基金资助项目。四个节目参加首届山西省艺术节展演，舞蹈《当你老了》荣获第十八届"群星奖"山西选拔赛优秀创作作品奖。在运城市"盐湖有拿手戏"决赛中，获一、二、三等奖各一名。认真开展属地文化产业普查调查工作，积极参加省文博会，获优秀组织奖。举办"花之海·俏运城"系列活动，举办舜帝南巡活动，袁家村·运城印象项目动土开工。

【政治文化建设】 与中央党校党建部联合开展"优秀传统文化与党内政治文化建设"课题研究，精心打造革命红色文化、优秀传统文化和爱国主义、廉政警示等五大教育基地，涌现出了上王乡牛庄村红色文化、冯村乡郭店村知青文化、解州镇西元村关公文化、龙居镇雷家坡村德孝文化等一大批基层典型。恢复关王庙"晨钟暮鼓"，举办大型人文纪录片《天下关公》和大型纪录片《记住乡愁》第四季《解州镇大义参天》开机仪式。摸底建档新乡贤1000多名，成立全区新乡贤理事会，承办运城市"落实凤还巢计划，弘扬新乡贤精神"运商运才文化公益工作会议现场观摩活动。在德孝文化节期间，举办重阳庙会、大戏台艺术表演、民间祭拜舜帝、盐湖智库成立等10项活动，进一步彰显了"大运城"厚重文化底蕴，推动了"优秀传统文化传承发展示范区"建设。

【党风廉政建设】 2017年宣传部班子成员积极履行党风廉政建设"一岗双责"，坚持定期听取分管科室工作汇报，不定期与分管科室成员谈话，督促和指导分管科室加强作风建设、加强廉政教育、规范权力运行。坚持抓细落实，以迟到早退、塞责敷衍等细小问题为切入点，以工作纪律不严、工作作风不实等重点问题为突破口，经常组织开展集中学习和集中整治工作，在单位内部形成了干净清爽的同志关系，营造了健康向上的政治生态。切实加强对单位党风廉政建设工作的领导，成立"党风廉政建设领导小组"，把落实党风廉政建设责任制作为经常性的工作来抓；把单位的班子成员的党风廉政建设工作认真进行责任分解，任务到人，建立了责任监督考核和责任追究制度，并落实了"谁主管谁负责"的原则，形成"人人有责，人人负责"的局面；加强检查督促，明确责任，形成"一级抓一级，一级带一级，一级对一级负责，层层抓落实"的格局。

## 纪检工作

【履行监督职责】 2017年盐湖区纪委聚焦《盐湖区落实全面从严治党责任实施细则（试行）》落实，以"明责清单化、履责规范化、督责实效化、问责常态化"为目标，采取"指导+督查+通报+问责"多管齐下的方式，推动各级党组织管党治党责任落地生根。

印发《关于全区全面从严治党工作督查情况的通报》《关于落实＜细则＞的几点要求》《全面从严治党责任落实工作提示卡》等文件，对盐湖区各级党组织和党员干部落实《细则》、践行"四化"机制进行进一步规范和指导；

与组织部门联合，成立8个督导组，分片对全区各级党组织履责情况进行"一对一指导、手把手纠正"，对各单位履责情况逐条对照、逐条验收，不达要求绝不放过，真正使所指导的单位履责到位。

通过层层指导和逐项验收，重点打造出首批24家履责比较规范的单位，供其他单位学习示范。在此基础上，挑出第二批单位进行指导，以点上示范带动面上提升。针对一些单位不愿动辄则咎，不敢"刀刃向内"的实际，做出硬性要求。规定如果各单位按期上报的从严治党资料，较长时间内存在无提醒谈话、无诫勉谈话、无问题通报、无违纪查处案件（或提供线索）的"四无"情况，盐湖区纪委将在巡察、检查、受理举报等方面从严把关，一旦发现存在问题，将从重追究单位主要负责人的主体责任和纪委的监督责任，进一步传导责任压力。

【干部整改管理】 2017年，盐湖区纪委监委共汇总梳理各级党组织存在从严治党方面问题1200余个，下发整改函2件，约谈党组书记10余人次，列席参加了农委、地震局等8个单位民主生活会；先后对管党治党不力的1个党组织、23名党员领导干部实施问责（其中"一把手"8人）；对1个党组织和2名党员干部进行了通报。各级党组织累计召开专题民主生活会226次，列出管党治党责任清单5030项。各单位累计出台"三重一大"集体决策制度130余个，排查出廉政风险点2048个，制定完善规章制度1300余项。各级党组织开展提示谈话11099人次、提醒谈话1414人次、诫勉谈话14人次，党内问责14人，通报曝光162次489人。

2017年共处理党员干部409人（次）。其中，批评教育、谈话函询176人（次），占43.03%，；纪律轻处分、组织调整201人（次），占49.14%；纪律重处分、重大职务调整8人

（次），占1.96%；严重违纪涉嫌违法立案审查24人（次），占5.87%。

【警示教育】 聚焦构建"不想腐"的堤坝、全面净化政治生态的目标任务，通过多种形式教育提升干部自盐湖净化能力。2017年组织党员干部14000余人参加了"廉洁运城"知识测试、25万余人次党员干部参加了"两学一做"知识竞答、64批3200名党员干部到警示教育基地接受教育、6000多名党员干部参观了"运城市廉政警示教育网上展馆"，对盐湖区纪委监委全体人员及盐湖区直各单位、乡镇重点部门、重点岗位、重点人员进行了预防职务犯罪知识测试；联合盐湖区委宣传部、妇联等单位，开展了"扬德孝传忠义、倡树好家风、争当廉内助"主题实践活动；安排纪委监委班子成员就全面从严治党和预防职务犯罪等内容，撰写专题党课讲稿，轮流到各重点单位、党组织进行宣讲。

【惩治腐败】 2017年受理信访举报87件，处理问题线索396件，立查案件235案，核结43件，谈话函询129件；处分违规违纪人员223人（次），包括乡科级干部40人（乡科级重处5人），一般干部119人，农村党员干部64人。其中，党纪处分152人，政纪处分83人，双重处分12人，移送司法13人。实现有腐必反、有贪必肃，无禁区、全覆盖、零容忍。

惩治群众身边的腐败，为脱贫攻坚提供有力保障。多次召开扶贫领域监督执纪问责工作会议，坚持扶贫领域监督执纪工作重点部署、扶贫案件重点督办、扶贫检查亲自带队。盐湖区纪委监委成立了7个督察组，开展扶贫工作专项监督检查。

2017年共查处发生在群众身边不正之风和腐败问题案件120案，涉及扶贫领域违纪问题20案，给予党政纪处分20人（党纪处分17人，政务处分2人，双处1人；重处分3人；乡科级干部3人，一般工作人员11人；村干部6人）。同时，严格落实《乡镇纪委查办农村党员干部违纪案件暂行办法》《乡镇纪委查办案件程序规定》，不断提升乡镇纪委一线办案能力。乡镇纪委2017年共核结案件26案30人，立查案件12案20人，在查3案5人，给予党政纪处分16人，重处分4人。

聚焦全面从严治党，发挥政治巡察"显微镜"和"探照灯"作用。2017年组织开展3轮政治巡察，覆盖了22个乡镇和单位、12个行政村，实现了乡镇办巡察全覆盖目标。巡察共发现问题374个（其中移交区纪委问题线索58个，移交相关单位问题线索12个，移交被巡察单位整改问题304个），盐湖区纪委监委按照移交线索立查8案，给予党政纪处分13人（科级干部7人）。

加强信息资源共享互通，形成反腐败合力。反腐败协调小组各成员单位相互移送通报案件及线索112件（其中，法院移送通报线索数54件；检察院移送通报线索数10件；公安局移送通报线索数48件。盐湖区纪委监委向市纪委监委移送通报线索数42件，各县反腐败协调小组移送通报线索数1件）。

【严明换届纪律】 始终加强对选人用人情况的监督，贯彻区委关于做好村、社区"两委"干部推荐提名和选举工作的部署，成立了7个农村、社区"两委"换届纪律督查组和换届纪律抽查组，先后对35批1900名"两委"候选人的资格进行廉政审核，对全区各乡镇（街道）及辖区村、社区换届纪律进行了监督检查，对破坏换届选举的 4 起案件进行了严肃查处。

**【化解基层涉纪信访矛盾】** 成立纪委监委稳定风险源头化解专项工作组，实行"四定""五包"责任制，采取边化解边稳控的办法，完成了省里分两批交办的 18 件基层涉纪信访矛盾化解任务。

**【国家监察体制改革试点工作】** 监察体制改革是以习近平同志为核心的党中央做出的重大决策部署，是事关全局的重大政治改革。盐湖区监察体制改革试点工作开展以来，区纪委监委严格落实区委的部署安排，充分发挥领导小组办公室的组织、协调、服务作用，整合资源、盘活存量、优化配置、加快融合，推动监察体制改革工作有序开展。

在运城市转隶人员数量最多、压力极大的情况下，实现了改革平稳过渡、人员顺利转隶。对检察院涉改部门的机构、编制、职数等情况逐项核查，对所有涉改人员的"三龄两历一身份"进行了严格审查；在盐湖区委书记亲自带领下，多次与涉改人员集体座谈、一对一交谈，做好思想引导工作。

先后召开 8 次纪委常委会、9 次工作小组办公室会议，专题研究改革事宜，破解改革难题。落实省委"提不出问题不能算改革，解决不了问题也不能算改革"的要求，针对人员超编等问题提出了 7 类"问题清单"，严格落实省委、市委要求，结合盐湖区实际，逐步破解改革中存在的难题。3 月 21 日，盐湖区监察委员会正式挂牌成立，实现了监察体制改革良好开局。

实现人员、机构、职能和工作流程的深度融合，初步实现改革"1+1＞2"的效果。纪委监委合署办公，增强了工作合力，完善了内控机制。严格按照省市改革要求，优化机构设置，合理定岗定责，规范办案流程，实施集体决策，实现了人员配备融合到位、监督审查条块分开、工作流程规范有序、审查权力得到制约。实现纪委监委监督执纪问责和监督调查处置协调衔接。按照省纪委监委"4 个一"制度要求，规范线索处置、谈话函询、初步核实、立案审查、案件审理和内部监督管理等工作流程，推动纪委监委内部的执纪与执法各个环节有效协调、顺畅衔接。全线打通监察机关与司法执法机关的协调衔接。落实省政法委"1+4"10 项制度体系，明确了监委与司法机关配合衔接的具体事项、流程、责任和人员，确保监察与司法执法之间衔接有序、制衡有效，各项程序环节无"堵点"、无"盲区"。

转隶以来，党对反腐败斗争工作的集中统一领导进一步加强，区委先后批准立案审查 26 人次，对被上级纪委谈话函询的班子成员诫勉谈话 1 人次，对 2 名市管干部和 4 名区管干部进行了谈心谈话；盐湖区监察对象数量进一步扩大，总数达到 12482 人，与改革前相比增加 7390 人；纪委监委组织架构得到有效改善，工作力量明显增强，先后移送审查起诉职务犯罪案件 12 案 13 人，成功追逃 1 人。

盐湖区改革试点工作获得各级领导认可，顺利通过了山西省运城市纪委监委组织的三次评估，接待了来自新疆、河北、河南、陕西等 4 个省 8 个县市的同行考察。在《人民日报》专题采访座谈会上，王吉敏书记代表区委汇报介绍盐湖区经验。《人民日报》、人民网、中纪委网站、中国纪检监察杂志等多家媒体对盐湖区监察体制改革工作进行报道，为全国正在全面开展的监察体制改革提供了盐湖做法。

**【落实中央八项规定】** 成立了落实中央八项规

定精神和纠正"四风"专项督查领导小组，参与修订了盐湖区《进一步贯彻落实中央八项规定精神的实施办法》，不断加强对各级党组织制度执行情况的监督检查，对打折扣搞变通、执行不力的严肃查处和问责。同时，协调组织财政、审计、工商、国税、地税、交警等14个重点部门联动协作，及时发现报送违反四风线索，有效遏制"四风"现象死灰复燃。

抓住元旦、春节等重要时间节点，通过明察暗访、问责倒逼等方式，先后对250余家（次）机关单位、宾馆饭店、娱乐场所和100余辆（次）车辆进行排查和突击检查。按照扶贫督察分组安排，深入乡镇、社区一线进行"四风"问题督察整改，对群众反映强烈的典型案例，从严从快处理，释放越往后越严的强烈信号。

2017年共对156起一般干部、54起科级干部操办婚丧喜庆事宜进行备案审查，先后查处违规操办婚丧喜庆问题3案6人、违反"八项规定"案件11案22人（其中，给予党政纪处分14人，诫勉谈话1人，批评教育7人）。对3起违反"四风"和中央八项规定精神问题进行了通报。

【纪检监察干部队伍】 2017年，十九大胜利召开、纪委监委合署办公、派驻机构改革、全面从严治党深入推进，给纪检监察干部提出了更高的政治担当和履责能力要求。确立了"全员学习、全年学习"的理念，采取"集中培训、交流辅导、派出学习、专题研讨、以案代学"相结合的方式，不断强化纪检监察干部的政治素养和业务能力。2017年共组织、参加专题培训11批次，培训纪检监察干部200余人次。

严格落实中央、省、市制度建设要求，规范了线索处置、初步核实、立案审查、案件审理和请示报告等工作流程，制定了办案文书模板，健全完善了《纪律审查人员工作纪律》《谈话室管理规定》等规章制度。

组织盐湖区210余名纪检监察干部签订了《纪检监察干部廉政承诺书》，建立完善个人廉政档案，增强了盐湖区各级纪检监察干部落实"打铁必须自身硬""监督者更要接受监督"的自觉性和坚定性。以零容忍态度查处执纪人员违纪问题，先后对7名纪检监察干部违纪问题进行查处，其中记过1人，党内警告1人，党内严重警告5人。

派驻机构改革，是2017年纪检监察体制改革的又一项重要内容，在运城市推进工作会议召开之后，盐湖区委高度重视、精心组织，统筹谋划改革事宜。盐湖区纪委监委按照区委部署，严格执行，认真落实。扎实开展摸底调研工作，全面掌握涉改人员底数；全面开展"六查"活动，把好选人用人关口；广泛征求意见，做好思想引导工作；整合机构设置，实现派驻全覆盖。完成底数排查、意见征求、谈话动员等工作，出台了《关于加强区纪委监委派驻机构建设的意见》《关于全面落实区纪委监委向区一级党和国家机关派驻纪检监察机构的方案》，在盐湖区共设立10个综合派驻纪检监察组和3个单独派驻纪检监察组，实现对盐湖区直单位派驻的全覆盖。

# 民族宗教工作

【民族工作】 2017年盐湖区民宗局开辟多种宣传阵地，广泛深入宣传党和国家民族政策。在运城市清真寺、府西街社区等少数民族人员集中地段制作和悬挂民族政策宣传版面，利用版面、板报、专题讲座、微信等形式向穆斯林群众宣传党的民族政策和法律法规，组织盐湖区阳光少数民族群众服务管理站、盐湖区伊协、运城市清真寺负责人不定期学习党和国家大政方针和民族政策，指导盐湖区阳光少数民族群众服务管理站自办内部刊物《河东穆斯林通讯》，及时宣传国家新闻时事、反映工作动态、交流工作信息、宣传民族团结典型事迹。

开展民族宗教政策法规宣传月活动，印制和发放民族宗教政策法规宣传资料2000余份，《穆斯林生活常识》《民族宗教政策法规》等5000余本；开展少数民族聚居村、社区、少数民族代表人士的调查调研工作，做好少数民族基础数据的摸底报送工作，了解少数民族群众的生产生活需求；开展盐湖区民族领域社会治安风险大排查大整治工作，做好穆斯林一年一度的开斋节、古尔邦节、圣纪节等活动期间的食品、卫生、用电、消防等安全工作；积极化解矛盾纠纷，协调解决了博爱医院和王范村回民群众的医疗纠纷，解决了饭店污水排放对回民基地造成影响的事件、东郭穆斯林墓地拆迁纠纷、穆斯林夜市摊点与城管纠纷、穆斯林饭店停车纠纷；总结和推广陶村镇石碑庄民族聚居村、圣惠桥民族聚居社区、盐湖区阳光少数民族群众服务管理站民族团结进步创建典型工作经验，为全省民族团结进步创建现场会的召开做好充分准备。

【清真食品市场监管】 强化清真食品市场的监管力度，创新清真食品监管机制，重点做好穆斯林一年一度的开斋节、古尔邦节、圣纪节等重大节日期间的清真食品监管工作。给清真食品监管员重新核发清真食品监督证，认真做好清真食品经营户摸底工作；开展春节、开斋节等节日期间的清真食品安全检查；充分发挥清真食品监督员的作用，做好清真食品的日常监管工作；山西省民委、运城市民宗局领导多次对盐湖区清真食品市场给予检查指导，强力地推动清真食品市场日常监管工作。

【民族聚居村扶贫工作】 深入开展聚居村基本情况调研，熟悉和掌握少数民族群众生产生活中的热点难点问题，想方设法改善他们的生产生活环境；安排部署石碑庄少数民族聚居村2017年度的民族资金项目的申报工作和项目库建设工作；进一步完善2017年民族资金项目的有关资料，强化民族资金规范化使用。

【五城同创活动】 指导盐湖区阳光少数民族群众服务管理站向广大穆斯林群众和清真食品经营户发出参与"五城同创"活动倡议书，共印发和张贴倡议书300余份，为创建文明城市、争做文明市民奉献穆斯林的积极力量。

【城市少数民族工作】 加强盐湖区阳光少数民族服务管理站的规范化管理，积极做好城市民族工作。指导运城市阳光少数民族群众服务管理站召开了第二次全体会议，帮助服务管理站修改了工作报告，完善了工作机制，制定出台了《定期会议制度》《扶贫帮困制度》《突发事件应急处理制度》等10余项规章制度，规范了服务和管理，保障服务管理站的工作高效运转，推动了城市民族工作向纵深化、规范化发展。

【宗教工作】 全力推进宗教活动场所安全监管。做好宗教活动场所消防安全监督检查工作是民宗局的一项重要职责，盐湖区民宗局采取定期检查与不定期抽查、重要节点和敏感时间点重点督查的工作方法，防火期、防汛期和每季度不定期地对宗教活动场所进行安全检查。2017年盐湖区民宗局共组织安全检查15次，排查出安全隐患6处，2017年已经全部整改到位。

全面加强宗教团体组织建设。指导宗教团体做好换届选举工作，制定和完善各项规章制度。2017年盐湖区民宗局将盐湖区所有宗教活动场所的规章制度情况进行摸底，把各项规章制度制成版面上墙，并在实际活动中贯彻执行。盐湖区民宗局将重点指导帮助盐湖区基督教"三自"爱委会搞好换届选举工作。

依法依规对宗教活动场所进行规范化管理。组织各宗教团体负责人每月开展一次的政治学习，指导督促各宗教活动场所每月至少有一次宗教法规学习，加强宗教活动场所财务监管力度，指导宗教活动场所财务记账逐步向规范化转变。

全面加强矛盾隐患排查和纠纷调处，及时妥善化解矛盾纠纷，确保民族宗教领域安全稳定，为十九大的召开创造了安定和谐的政治环境。2017年盐湖区民宗局共排查调处民族宗教领域的矛盾纠纷24起，把矛盾纠纷基本消化在萌芽状态，未发生一起影响全区社会和谐稳定的事件。

【爱国主义教育系列活动】 2017年6月30日上午，盐湖区民宗局组织民族宗教界代表人士召开了庆祝香港回归20周年暨爱国主义教育活动座谈会。运城清真寺管委会、盐湖区伊斯兰教协会、盐湖区基督教"三自"爱委会、盐湖区天主教爱国会、盐湖区佛教协会的主要负责人及盐湖区民宗局工作人员参加会议。座谈会上，省人大代表、市人大常委、运城市清真寺管委会主任曹来成以及其他宗教团体主要负责人畅谈了香港回归祖国20年来的发展的历程，回忆了香港过去百年的沧桑历史，由此联想到民族团结的重要性和紧迫性。各宗教团体一定要坚持发扬爱国爱教、团结进步、服务社会的优良传统，带领少数民族群众和信教群众坚决拥护中国共产党的领导和社会主义制度，树立正确的国家观、民族观、宗教观。

11月8日上午，盐湖区民宗局组织民族宗教界代表人士10余人，赴牛庄红色教育基地开展爱国主义教育活动。民族宗教界代表人士在讲解员的引导下，先后参观了稷麓县民主政府旧址、牛庄惨案纪念馆、牛庄革命烈士纪念碑等。

【培训活动】 开展新修订的《宗教事务条例》培训活动。11月8日上午，盐湖区民宗局组织盐湖区佛教协会、区伊斯兰教协会、区基督教"三自"爱国会、天主教爱国会四大宗教团体主要负责人及民宗局机关全体工作人员共计16人，在盐湖区政府东楼二楼会议室举办了新修订的《宗教事务条例》培训会。

培训会上，副局长叶六五从新《中国共产党纪律处分条例》修订的背景情况、主要变动内容、贯彻实施三个方面，对新《中国共产党纪律处分条例》的必要性、重要性、基本原则、亮点、精神实质、构架及主要内容进行了解读。要求各宗教团体要学好用好新《中国共产党纪律处分条例》，积极稳妥地推进新《中国共产党纪律处分条例》的贯彻实施。各宗教团体负责人结合自身情况踊跃发言，交流了认识和体会，表达了盐湖区宗教界欢欣鼓舞、倍感振奋的心情和坚决拥护的鲜明态度。

【党风廉政建设】 盐湖区民宗局全体党员干部认真学习宣传贯彻落实中央"八项规定"精神和省、市、区有关会议精神，机关多次组织党员干部学习《中国共产党廉洁自律准则》《中国共产党党章》《中华人民共和国公务员法》等相关规定，扎实开展"两学一做"学习教育和"深化学习找差距、转变作风促发展"专题活动，制定落实全面从严治党责任方案，坚持把从严治党要求贯穿全局工作始终。对"三重一大"，严格依规办事，强化监管，把权力关进制度笼子。认真执行《关于新形势下党内政治生活的若干准则》《中国共产党党内监督条例》，持续推进党风廉政建设和反腐败斗争，严格落实八项规定。按照全面从严治党工作的要求，民宗局组织全体机关工作人员开展了提示谈话和提醒谈话，排查了各自工作中存在的廉洁风险点，通过组织观看警示教育片《人民的名义》等影片，提高机关全体党员干部的拒腐防变意识。观看结束后，大家分别写出了深刻的心得体会，分析工作中的缺点和不足，查找形成问题的思想根源，制定相应的整改措施，有效地改进了工作作风，提高了工作效率。2017年盐湖区民宗局干部职工中未发生一起违纪违法案件。

**【中心工作】** 全面落实从严治党工作。盐湖区民宗局领导班子对照《盐湖区落实全面从严治党责任实施细则》的要求，认真开展落实从严治党责任工作，认真履行全面从严治党主体责任，以上率下，带头执行党章党规党纪，加强和规范政治生活，深入推进党风廉政建设和反腐败斗争。推动落实中央八项规定和国务院"约法三章"常态化、长效化，坚决查处隐形变异"四风"问题。坚持厉行节约，严控"三公"经费支出，让权力在阳光下运行。搞好传达学习；落实责任，细化清单，制定规划；完善相关制度。

落实运城市委5·25会议精神、盐湖区委扩大会议精神和习总书记视察山西重要讲话精神及十九大报告精神。5月31日上午，盐湖区民宗局召开局领导班子会议，研究制定具体的工作措施。多次召开会议学习贯彻习总书记视察山西的重要讲话精神和十九大报告精神，并落实在具体工作中。民族工作以盐湖区阳光少数民族服务管理站为平台，进一步改善阳光少数民族服务管理站的硬件设施，完善少数民族服务体系，拓宽和完善阳光少数民族服务管理站的服务功能；宗教工作始终坚持全面贯彻党的宗教信仰自由政策，依法管理宗教事务，坚持独立、自主、自办原则，积极引导宗教与社会主义社会相适应；积极开展和谐寺观教堂创建工作，加强宗教活动场所安全隐患排查工作，确保盐湖区的宗教领域安全稳定。

**【阳光少数民族服务站】** 2017年盐湖区民宗局筹备山西省民族团结进步现场会。对运城市阳光少数民族服务站、圣惠桥社区、石碑庄少数民族聚居村三个民族团结进步创建活动示范点的宣传手册、版面、经验材料、PPT视频、展示材料、路线安排、现场策划等工作进行了周密的谋划和准备，为现场会的召开做好了充分准备，全力打造盐湖区少数民族服务管理站的品牌。

进一步改善阳光少数民族服务管理站的硬件设施，配齐为少数民族群众服务所必需的设备，完善阳光少数民族服务管理站工作体系，制定出台《定期会议制度》《宣传教育制度》《定期研究工作制度》《突发事件应急处理制度》等规章制度，用制度管人、管事、管权，逐步推进阳光少数民族服务管理站的服务管理工作走上民主化、制度化、法制化、规范化轨道。以阳光少数民族服务管理站为依托，进一步规范少数民族群众服务台账，详细登记外来少数民族流动人口的基本信息，了解他们的基本诉求和动态。拓宽和完善阳光少数民族服务管理站的服务功能，逐步实现"一站式"服务。重点做好就业指导、就业培训、子女入学、法律援助、健康就医指导、矛盾纠纷调解、相关信息提供等工作，引导少数民族群众依法依规开展宗教活动。

**【民族宗教界代表人士学习十九大精神】** 11月8日上午，在盐湖区政府东楼二楼会议室，民宗局组织民族宗教界代表人士召开专题会议，学习传达党的十九大精神。会议由张斐局长主持，副局长马红云从党的十九大的会议主题、"两个重大判断""一个重大思想""两个重要时期""两个阶段"及党的十九大报告中关于民族宗教方面的论述等方面做了辅导学习。民族宗教界代表人士积极踊跃发言，表示一定要将"双学一跟"活动开展好，利用各种形式，深入学习党的十九大精神，传达宣传好党的十九大精神。

**【信息工作】** 2017年盐湖区民宗局共向相关部门提供信息8条，为领导决策提供了可靠的信息资源。

## 人大常委会工作

**【从严治党】** 2017年盐湖区人大认真开展"两学一做"活动，学党章，学党内法规，学习近平总书记系列重要讲话精神。十九大召开以后，集中组织对十九大精神的学习，进一步坚定理想信念，增强"四个意识"，提高政治理论水平。2017年共组织集体理论学习30余次。

落实主体责任。2017年常委会党组召开管党治党专题会议8次，召开党员大会26次，支部会议12次，开展党小组会议19次，召开民主生活会2次，使管党治党工作常抓不懈，落细落实。

强化阵地建设。明确了"三基建设"28项具体任务并认真实施，促进了机关规范化建设，进一步增强党支部战斗力。

做好源头预防。认真落实"一岗双责"，狠抓巡视整改，严抓作风建设，进一步加强工作纪律，强化抓细抓常。

**【职责落实】** 认真做出重大事项决定。盐湖区人大十六届二次会上就盐湖区委"三个发展推进计划"做出了决定。在第七次常委会上，听取审议了盐湖区人民政府关于"三个发展推进计划"的实施方案，经过深化细化，在第九次常委会上审议通过了区人民政府关于"三个发展推进计划"实施方案修改情况的报告。

强化对"一府两院"监督。开展视察调研。就现代化农业发展、城乡环境卫生、新校建设、城中村改造、中心城区小街小巷改造等，听取有关职能部门汇报，实地察看工程建设；2017年开展了30余次调研视察活动。审议工作报告。先后听取并审议了盐湖区人民政府关于城乡环境集中整治、食品安全监管、区乡医疗一体化改革以及计划、财政、审计等情况报告；加强法律监督。

制定盐湖区人大常委会关于规范性文件备案办法和人大代表旁听区人民法院庭审活动暂行办法，听取和审议区人民法院关于民事审判工作开展情况的报告、区人民检察院关于司法体制改革工作情况的报告。2017年盐湖区人大共召开了8次常委会，听取了30余项工作报告，提出审议意见40余条。

严格干部任免。坚持党管干部和人大依法任免有机结合，依法选举产生盐湖区首届监察委主任，有力推进国家监察体制改革试点工作在盐湖区顺利进行。2017年内共任免干部20人。

【代表小组活动】 对标市人大制定出台的《关于加强和改进人大代表工作的若干规定》《关于规范代表小组活动的意见》，积极规范引导代表小组活动。推进代表述职工作，加强代表履职档案管理，激发代表履职热情。2017年盐湖区共有市级人大代表54名（含下派代表），区级人大代表226名，乡级人大代表714名，共划分了87个代表小组，其中市级活动小组3个，区级活动小组24个，乡镇级活动小组60个。2017年盐湖区代表共开展调研视察和为民服务400多次。

【城乡人大建设】 认真落实山西省推进县乡人大建设电视电话会议和省委书记、省人大常委会主任骆惠宁重要讲话精神，加强党对人大工作领导，推进人大组织建设和制度完善。进一步加强乡镇（街道）人大组织机构建设，给每个乡镇（街道）人大配备了一名专职工作人员。区人大法制委员会、财政经济两个专门委员会设立筹备工作正在进行。修订完善了《区人大规范性文件备案审查办法》，出台了《人大代表旁听区人民法院庭审活动暂行办法》。

## 共青团工作

【文明城市创建工作】 深入四季绿城社区、鸿晋社区开展"共驻共建，共享和谐"活动。组织团员青年开展"弘扬雷锋精神 共创文明城市""植树养绿护绿，扮靓美丽盐湖"等志愿服务活动。组织青少年参加"花之海·俏运城"活动，感受盐湖美景，见证盐湖发展，激发热爱家乡之情。

【精准扶贫】 对帮扶的雷家坡村8户19口贫困人口因地制宜实施扶智工程、职业教育培训、青春关爱等行动计划，帮助他们脱贫。在重要节日，送去米、面、油等慰问品。2017年年底完成两户脱贫任务。

【增强团组织凝聚力】 开展"纪念建团95周年暨五四运动98周年系列主题活动"，举办"撸起袖子加油干 幸福盐湖 盐湖来建"演讲比赛，大型入团仪式等，继承和弘扬"五四"光荣传统。制定《关于开展"青春学习十九大 不忘初心跟党走"学习教育的实施方案》，对全区200余名团干及少先队辅导员进行十九大及团务队务知识专题培训。推动团干部联系青年工作有序进行，共联系青年2000余人，上传活动20余次，精彩照片100余张。制定严格的入团标准，严格控制团青比例，2017年共发展新团员1347人，对新发展团员志愿书进行了编号管理。推荐优秀团员作党的发展对象，2017年推优入党20余人。大力推进两新团建，2017年新成立10余家非公团组织。

【少先队工作】 在全区各级少先队组织中开展了"红领巾心向党""喜迎十九大，盐湖对习爷爷说句话""红领巾相约中国梦——盐湖的红色报国梦""牢记历史 缅怀先烈"等主题教育实践活动，促进广大少年儿童学习宣传习总书记对少年儿童的希望和要求，自觉听党的话，跟党走。

【服务青年就业创业】 联系人社部门开展青年就业创业培训，累计培训青年200人次；与农商行联合畅通青年贷款渠道，累计发放创业小额贷款3000余万元，辐射带动300余人次就业；联合盐湖一职专举办电商精英培训班，培养优秀青年者创业者，促进和扩大城乡居民创业、就业和增收渠道，助力脱贫攻坚。

【服务青年婚恋交友】 连续举办六期"青春有约·单身邂逅"青年联谊活动，服务青年1100余人次，共有20对青年牵手成功。

【志愿服务活动】 2017年累计开展敬老爱老志愿服务活动50余次，服务老年人600余人次。并对志愿者进行登记，建立志愿者队伍管理机制。

【青少年思想引领工作】 2017年，已开展了十六期主题教育活动，受教育学生数达到1000余人次。定期邀请心理老师为学生开展心理健康教育讲座，建档立卡，长期跟踪、定期检测学生心理健康。

【重点青少年群体帮教】 与盐湖公安分局联合建立未成年人帮教站，2017年，已帮教4起16人的未成年人违法案例，力求实现这些重点青少年不良行为的转化、矫正。利用南城青少年社会事务示范服务站，组织青年志愿者和心理老师，对辖区内的重点青少年群体进行帮教。

【预防青少年违法犯罪法制宣传】 举办"预防青少年违法犯罪 促进青少年健康成长"展板巡展活动，共设计22块版面，在全区三十余所初高中进行巡展；编制《预防未成年人犯罪宣传手册》，共印发30000余册，确保中学人手一册，从源头预防青少年违法犯罪。开展法制宣传活动，在盐湖会堂前广场、御沁园社区发放宣传资料近万册，并开展法制讲座，增强青少年维权意识。

【廉政建设】 认真开展"两学一做"主题教育活动。强化科学理论武装，组织机关党员干部学习党规党章等知识。加强党员干部作风建设。组织机关党员干部到盐湖区党风廉政教育基地接受教育，到红色革命教育基地上王乡牛庄村，开展主题党日活动，接受红色革命教育。

# 妇联工作

【综合素质教育学习】 2017年盐湖区妇联加强思想引领。强化"四个全面""一带一路""两学一做""贯彻落实中央党的群团工作会议精神"等专题学习，在妇女干部群众中宣传贯彻习近平新时代中国特色社会主义思想，根据新要求谋划妇女工作，记笔记，写体会，下基层，让新思想新观念深入人心；同时落实妇联干部"每月一学习"制度，不断提升理论水平。

【知识普及】 做好"女性文化学堂"品牌推广与内容升级，不定期举办基层妇女干部能力提升培训班，开展家庭教育、健康知识等各类专题讲座12场，全面提升了妇女身心健康水平和知识层次。3月3日，盐湖区妇联依托盐湖区委"河东大讲堂"，举办了"女性文化学堂"三八专场，全区副科级以上女性领导干部和妇联系统妇女干部，共计300余人参加了讲座。

弘扬文明新风，组织巾帼志愿者开展"绿色环保宣传""广场咨询服务"等活动，巾帼志愿者走大街、进社区、进商店，解答疑难问题30多起，发放宣传资料2000余份，促进绿色生活理念，带动家庭深入推动节能减排。

【妇女就业发展】 搭建平台，拓宽妇女就业渠道。围绕大众创业、万众创新热潮，深化"双学双比"活动，组织优秀妇女骨干参加科学实用理论培训班，为推进妇女干部理论素质的创新、发展搭建了更好的平台；发挥妈咪乐家政服务有限公司作用，完善多媒体教学、餐饮操作间、护理实训间、育婴实训间等场地，进一步促进妇女家政服务技能培训规范化。举办月嫂、保姆、护工等培训班8期，共培训妇女400余人，实现就业125人，服务家庭170余户；与区人社局联合举办全区建档立卡农村贫困妇女免费职业培训。8月21日开班，培训时间35天（其中25天理论知识培训、10天实际操作培训），为贫困妇女提供了技术扶持。

【促进妇女巾帼建功】 促进妇女巾帼建功。认真落实妇女小额贷款资格审查。做好贷款对象的跟踪服务工作，共审查核实了4名创业妇女，以确保资金实实在在用到创业基地上；做好"巾帼文明岗"的规范管理，以品牌促服务，以服务创品牌，通过积极培育创建，全区共有各级"巾帼文明岗"81个，其中区级38个，市级25个，省级13个，全国级5个。

【孝顺媳妇评选活动】 盐湖区妇联连续七年在全区广泛开展了孝顺媳妇评选表彰活动，对盐湖区淳朴家风，良好民风起到了一定的示范带头作用。2017年6月，寻找最美家庭·孝顺媳妇评选活动经过近三个月的村评、乡评和两级公示，共评选上报参加区评的孝顺媳妇285人。而后组织德孝专家、人大代表、政协委员、道德模范、孝顺媳妇代表、老年协会成员等进行了活动初评和复评，评委们经过认真细致地看材料、反复斟酌对比、多方征求意见，评选出了2017年"十大""百佳"孝顺媳妇，并在盐湖政府网站、《今日盐湖》给予公示。奖励十大孝顺媳妇每人一辆电动车，奖励百佳孝顺媳妇每人一套床生用品，在全区城乡营造了讲德孝比孝心的良好风尚。

【家庭文明建设】 表彰了70户盐湖区"最美家庭"；以"树优良家风，创和谐家庭"为主题，号召全区广大妇女树立好家风好家训，弘扬中华传统美德，全区征集家规家训560条；5月27日，区纪委监委、区委宣传部、区妇联联合开展"扬德孝传忠义、倡树好家风、争当廉内助"主题实践活动。来自区直有关单位和各乡镇100余名正科级干部家属参加活动。

【维护妇儿合法权益】 推动依法维权。举办"三八"维权周活动，开展法律宣传咨询，发放《中华人民共和国妇女权益保障法》《中华人民共和国婚姻法》《中华人民共和国反家庭暴力法》等宣传资料及宣传品5200余份，深化普法宣传；接待妇女来信、来访、来电33件，畅通妇女利益诉求渠道，参与化解矛盾纠纷；综合社会资源，为妇女儿童提供心理咨询服务。

【关爱弱势群体】 2017年盐湖区妇联为13名妇女争取全国妇联贫困母亲"两癌"救助金每人1万元，设立盐湖区贫困妇女"两癌"信息库；组织区直单位女干部、职工在运城明济堂乳腺病医院进行了免费健康体检，共体检1120人；三八节期间，慰问了30余名老妇干、孝顺媳妇、贫困妇女，给她们送去了米、面、油等生活用品；组织"爱心帮困护春蕾"活动，为资助者和贫困学子之间架起一座桥梁，2017年收到社会各界的捐助款62300元，有261名贫困生得到帮助；联合区教育局组织了一系列丰富多彩、寓教于乐的文体活动，孩子们以朗诵、舞蹈、器乐演奏等各种形式欢庆"六一"。

【促进未成年人成长】 发挥青少年活动中心作用，利用节假日开展儿童职业体验、手工制作、海滩淘宝、玩具活动、多媒体等活动，丰富了儿童的业余生活，促进了儿童的全面发展；开展青少年安全、法制、文明礼仪、绿色环保等内容的宣传教育，促进未成年人健康成长，为青少年树立正确的人生观、价值观起到了很好地引导作用。

【加强妇联组织建设】 加强阵地建设。2017年盐湖区、乡（镇、街道）、村（社区）三级妇联改革任务全部完成。盐湖区妇联班子中有1名主席、2名副主席、6名兼职副主席，常委由原来7人增加为现在的13人，执委由原来的31人增加为现在的35人；各乡镇（街道）按照1∶4的比例进行，各村（社区）也按比例进行了兼职副主席的推荐选举工作，盐湖区22个乡（镇、街道），共选举产生22名专职主席、91名兼职副主席；全区314个行政村、88个社区，共选出主席367人，副主席553人，执委4058人。

【完善"妇女之家"建设】 以各级"妇女之家"为阵地，展开基层基础夯实工作。整合利用好实体阵地为中心，落实宣传、教育、培训、维权、健康服务、就业创业、组织活动等工作进入"妇女之家"，使妇女之家逐步走向标准化、成熟化。

【两学一做】 盐湖区妇联在党员干部中开展了"两学一做"活动。组织全体党员干部每周一上午集中学习，并认真做好学习笔记、心得体会；组织安排学习交流，将习近平系列重要讲话精神、《将改革进行到底》《习近平视察山西》等内容反复学习；组织党员干部参与"两学一做知识竞赛"；6月22日组织全体党员干部到上王乡牛庄村重温入党誓词，聆听革命历史，传承红色革命文化。一系列活动的开展，确保党组织和党员不断增强"四个意识"，确保党员做到"四个合格"，确保全面从严治党落实到基层。

## 信访工作

【从严治党】 2017年盐湖区信访局党支部坚持"三会一课"等规章制度，履行管党治党主体责任，每周二集体学习，学习《党章》《党规》，学习习近平总书记系列重要讲话精神，学习党的十九大精神，学习《信访条例》《依法逐级走访办法》等党建和业务知识，并组织考试，撰写学习体会等，努力提高全体机关干部的政治站位和业务能力；严格按照区委《落实全面从严治党责任实施细则（试行）》要求每一位干部履职尽责，及时开展提示、提醒谈话。

【接访活动】 2017年盐湖区委、区政府把领导接访、下访作为党员干部直接联系群众的一项重要制度，盐湖区四大班子领导每月至少1天，乡镇（街道）主干每周至少1天到区信访接待场所接待群众来访。2017年，区委书记接访日已接待来访群众18批58人次，批转来信33件，区长接待日接待来访群众14批49人次，批转来信26件。

盐湖区党政班子成员按各自工作分工，归口管理分管部门的信访稳定工作，盐湖区四大班子领导协调指导做好所包联的乡镇办的信访工作。盐湖区领导接访日累计接待183批516人次，化解了167起，化解率为91%；到其所包联的乡镇下访203人次。2017年，接访接待大厅共受理信访案件356起，不予受理65起。到期已办结291起，办结率100%。

【专项活动】 2017年盐湖区社会治理"大起底、大排查、大调解、大处置"专项活动是适应盐湖区经济发展新常态、社会治理新形势、人民群众新期待的一项重要举措。在四大活动中，信访局领导包联，以上率下、属地为主，部门负责的工作原则，按照加强组织领导，明确工作责任；2017年盐湖区共排查梳理出各类矛盾隐患751起，并且全部落实了"五包一"教育稳控责任表。

【重点信访问题源头化解专项整治】 重点信访问题源头化解专项整治工作是山省委、省政府部署的重要工作，盐湖区针对诉求集中的11类信访突出问题紧紧围绕一个目标就是紧盯重点领域、重点案件、重点人员，部分军队退役人员、城乡建设领域、劳动社保3个领域对政策落实、问题解决"回头看"，彻底解决后续问题；深入排查非法集资、"三农"问题、"民代幼"问题、自诉疫苗受害群体、失独家庭、国有企业农民合同工、去产能分流职工、电影放映员、农电工、税务助征员等方面稳定风险、突出问题和已形成的信访案件，交办属地，限期化解，做到问题解决、风险消除、人员稳定，确保不发生大量进京上访、不发生大规模群体性事件、不发生极端恶性事件。城乡建设领域共化解重点案件92件，涉军领域区政府拿出5000多万元落实了政策方面的合理诉求，人社领域对70多名人员的养老保险等社保方面诉求给予了合理解决。

【区直单位参与乡镇办信访维稳】 为做好信访维稳工作，为党的十九大的胜利召开营造良好环境，经盐湖区联席会议同意，制定了盐湖区直单位参与乡镇办信访维稳工作实施方案，要求各单位提高政治站位，把信访维稳工作当作当前最大的政治任务和头等大事抓紧抓实抓细，盐湖区直单位工作队在所参与乡镇包联领导统一领导下开展工作，工作队由一把手任队长，组成一支专门工作队伍深入乡镇开展工作，充实乡镇办重点稳控对象"五包一"责任要包到案，包到人，充分发挥自身单位部门优势，在人力财力上给予乡镇大力支持。严守工作纪律，坚持24小时值班制度，做好处置突发事件的各项应急准备工作。督察组对区直单位参与乡镇办信访维稳工作进行严格督查，督查情况要在盐湖区全区通报，促进了维稳工作的开展。盐湖区共组成了89个工作队，深入到22个乡镇办对633起案件落实了"六包一"教育稳控措施，形成了信访维稳工作的强大合力。

【制定应急预案】 为保证盐湖区在发生重大信访事件时能够及时、高效、有序地开展工作，提高信访工作的应急反应能力和处理突发事件的水平，妥善处理突出问题和群体性事件，制定了信访突发事件应急预案并成立了应急指挥部。为了确保"十九大"期间盐湖区进京"零非访"，从9月1日起盐湖区联席办启动了应急预案。根据应急工作方案，盐湖区委、区政府的稳定工作由区联席办、维稳办、盐湖区公安分局共同负责，处置工作应在区联席办具体指导下进行。盐湖区委办、政府办各配备一辆轿车，每辆车配备两名司机，盐湖区公安分局配备一辆依维柯，并安排两名司机和10名公安干警（要求佩戴执法记录仪）。通过应急预案的实施，共成功处置"涉军"集体访16起、空港开发区管理期间引发的上王村、冯家卓村、安邑东街、安邑南街等集体访12起，共拦截进京非访人员230人次。

【依法处置 非正常上访】 2017年盐湖区委、区政府采取有力措施改进信访接待工作，全力化解人民群众反映的一些热点、难点问题，同时严厉打击无理闹访行为。2017年盐湖区共发生到市集体访23批380余人次；进京非正常上访25批36人次，全部给予了训诫，并处以行政拘留，对进京非访比较典型的程富贵、卫金凤、黄当当3人分别实施了刑事拘留，已公开审批，分别判处了1年半至4年有期徒刑。通过依法严厉处置这些违法的非访人员，对上访人员形成有效的震慑，在社会上树立起"非正常上访不仅不利于问题的解决，而且还要受到法律追究"的正确导向。

【加强信访预案】 为确保党的十九大胜利召开，盐湖区上下牢固树立"发展是硬道理，稳定也是硬道理"的理念，坚持做到矛盾排查细致、稳控措施严密、责任落实到人，切实把"五包一"落到实处，加强信访信息报送，并且制定了预案快速接返，一旦发生进京上访，必须由乡镇办书记、区直单位一把手亲自带队，快速接回，不能以任何理由拖延时间，真正做到了"随有随接、随接随返、不滞留、不倒流"，尽最大力量确保了"四个坚决防止发生"。

【落实一岗双责】 信访局严格落实"一岗双责"，进一步强化问责追责机制，进一步明确底线红线。对排查不细致、责任不落实造成漏排漏管，引发不良后果的，严格倒查责任，严肃责任追究。对稳控不力引发赴京非访的要在年终考核中实行一票否决。对个别稳控责任人思想麻痹、玩忽职守造成漏管、脱管，给予调岗、处分，并在全区通报。2017年因信访问题受到追责的共9人，其中撤职2人，免职1人，党内严重警告4人，党内警告2人，对安邑街道实施了"一票否决"。

# 人民武装部

【政治学习】 2017盐湖区人武部党委中心组织理论学习，严肃党内组织生活，常态开展批评与自盐湖批评，坚持"四个意识"。深入开展两项主题教育活动。调整机关党支部、党小组组成，落实党日、党课等七项活动制度。组织机关官兵和基层武装部长开展"戴党徽、向党旗宣誓、重温入党誓词"活动，在机关设立"盐湖承诺盐湖兑现，你监督你评判"公示栏，广泛开展"争当优秀党员、争当岗位标兵、争当国动代表人"活动。

【抓战备训练 应急备战】 规范战备秩序。着眼国防动员，完成机关和基层防火、防震、防汛等七类信情引接，为部队遂行应急任务提供信息支撑，调整完善本级应急指挥机构和方案，加强值班人员和战备值班分队的教育管理，规范各级各类人员处置突发事件的工作流程，正规战备秩序，落实战备要求。

建强应急力量。依据市复退军人培训基地组建常态化民兵应急连，制定出台常态化民兵应急营建设规范，对市区两级4支应急力量进行科学调整；完成军分区赋予的物油分队试训任务。新组建了一支常态化民兵应急营，从建、管、训、用、保、考六个方面进行规范和统一。

【加强军事训练】 指导机关和非现役警卫力量深入开展练体能、强技能、增才能活动，其中有5名干部在军分区组织的年终军事考核中取得较好成绩；加强专武干部和民兵骨干的业务培训，全面提高军政素质；结合民兵整组，指导各乡镇专武部长抓好民兵分队训练，强化大家爱武、干武、精武的思想行动自觉。指导督导地方各级精心筹划、扎实推进"太行—2017"人防演练课题的推演和协同，各级的战备意识、实战意识、前指意识和协同配合意识得到进一步增强。

【专项整治】 坚持纠"四风"正作风，深化作风建设成果。着力抓好肃清郭徐流毒影响，坚持把思想清查整治作为重点突出出来，引导官兵从思想认识、作风纪律、工作标准、自律意识上认清意义、查纠不足、明确标准、纠偏正向。

抓好枪弹专项整治，把排查的重点放在近五

年转业的干部身上，采取上门走访、电话沟通等方式，传达各级指示要求、讲清利害关系，确保枪弹排查无死角盲区，所有排查对象都签订枪弹零持有责任书和承诺书。

抓好经费专项整治，坚持党委集体理财、经费开支请示报告和日清月结制度，严规矩、堵漏洞，确保经费流向合法合规、公开透明。抓好基层"微腐败"整治，认真组织官兵对照《官兵身边的"微腐败"和不正之风问题清单》进行反思，梳理出组训实训标准不严、演习演练质量不高等具体问题，通过举一反三自查整改，强化党性觉悟，改进工作作风，真正把正风肃纪的压力压势传导到末端，确保部队始终高度集中统一和安全稳定。

【优化党管武装环境】 认真落实双重领导、党委议军、现场办公、联合考评等制度，坚持把"国防篇""军事篇""武装篇"纳入区委党委中心组学习内容，定期学军议军，不断强化各级的责任担当；坚持经常向区委、政府汇报军事工作情况，经常宣传国防政策法规，经常邀请领导参与活动，经常参加地方工作，在落实制度中形成双向互动，进一步增强各级管武建武的政治意识、责任意识和作为意识。4月18日，运城市人大国防动员法调研组专程到武装部检查督导工作落实情况。

【深化国防教育】 在盐湖区委党校挂牌成立国防教育学院，把国防知识的学习考核纳入科级干部党校培训内容，2017年上半年，在三路里镇成立了"国防教育进机关"和"军事日"活动基地，并在"运城中学""西城初中""运城实验小学"挂牌成立国防教育示范学校；在区电视台、盐湖新闻上常态宣传武装工作动态，播放国防教育公益广告；经常性的邀请军队专家学者到政府机关、大中院校和企业集团作国防安全形势讲座；结合国家大型纪念活动时机，积极举办国防教育图片巡展、国防知识竞赛、国防主题演讲等活动；利用新兵入伍、新生入学等时机，举办大型集会，组织新兵宣誓和学生开训动员，扩大社会影响；开通国防教育微信公众号，常态化的开展国防教育。通过潜移默化和耳闻目染式教育，使国家安全观深扎民众心中，崇军尚武成为社会新风尚。人武部连续四年高质量完成年度征兵任务，做到零退兵、零违纪、零问责。

【服务驻地】 主动融入地方经济社会发展大局，靠作为、树地位、赢支持。在应急抢险上当好突击队，组织民兵先后完成封堵姚暹渠堤坝决口、扑灭解州镇山林大火等抢险救灾任务。8月7日，盐湖区南城办小北村南中条山北坡突发火灾后，人武部闻令而行，第一时间组织近百名民兵应急分队奔赴抢险第一线，顶酷暑战高温，配合协同其他抢险力量行动，通过连续26个小时的艰苦奋战，成功扑灭大火，官兵的能吃苦、能奉献、能战斗的顽强作风受到军地各级的高度赞誉。盐湖区委区政府送来锦旗，发来慰问信。

助推经济发展上当好战斗队，组织120多名官兵和20多台大型机械对运城市博物馆广场140余亩场地进行了整治，受到市委、市政府和军分区的高度表扬，树起了军事机关担当作为的良好形象。

扶贫帮困上当好生产队，累计投资13万元帮扶席张乡小胡村、三路里镇石沟南村，帮助村民种植经济作物，发展第三产业，改善村容村貌。

【维稳工作】 维护社会稳定上当好工作队，积极配合盐湖区政府做好部分军队退役人员源头化解专项工作，主动做好市区两级在人武部召开的军队退役人员源头化解座谈会各项保障工作，在机关成立了维护军人军属法律援助站，主动做好军人军属矛盾化解和维权救助，助力平安盐湖、和谐盐湖建设。

【地方关爱】 盐湖区委、区政府对武装工作高看厚爱，全力支持。专武干部使用全部采纳人武部党委意见，武装经费全部纳入财政预算并逐年增加，重大活动全部有地方主要领导参加，涉军案件全部妥善解决。2017年对5名年龄偏大、敬业精神弱化的专武部长进行了岗位调整。

【民兵基层建设】 制定出台了《基层武装工作网格化管理建设规范》，立起抓基层、促建设的纲，推动民兵基层建设良性发展，促进各项工作在基层无障碍落实。

【兵役工作站建设】 由各乡镇专武部长在所属村、社区建立了兵役工作站，确定站长人选，明确院校兵役工作站负责人，2017年，兵役工作站已覆盖到所有行政村、社区和大中专院校。理顺了领导关系，规范了工作职责，较好解决了以前领导责任不明晰、工作落实末端挂空挡的问题，实现了武装工作落实到基层横向到边、纵向到底。

【基层阵地规范化建设】 坚持每年为每个乡镇办单列1万元武装工作经费，用于基层营连部建设和保障工作任务完成。按照逐年建设、逐步完善的思路，稳步提高基层建设层次和水平。

【专武干部队伍建设】 加强专武干部思想教育，凡上级组织的理论学习和专题教育，专武干部一律参加，本部组织的大项军政活动，专武干部全部参加，通过军地双重教育，确保双重效果，进一步强化了专武干部的"四个意识"；坚持专武干部例会制，在安排任务、讲评工作同时，持续搞好业务帮带；严格专武干部年度目标责任考核，对年度重点工作量化分值、评分排队，对排名靠后者、工作不力的，约谈本人、约谈同级党委书记，督促整改；对屡教不改的调整岗位，对实绩突出的推荐提拔使用。盐湖区专武干部爱岗守位、尽责作为的事业心责任心得到进一步增强。

【夯实部队安全发展基础】 2017年军分区在武装部召开了责任管理现场观摩会，武装部的经验做法在军分区做了介绍。

注重氛围渲染。做到安全标语上墙，安全教育编册，安全版面摆院，安全提示进车，机关设立安全倒计时牌、办公桌摆放警示牌、个人发放提示牌，让想安全、讲安全、抓安全、保安全形成浓厚氛围、形成强大声势，成为官兵主要责任和主要任务，推动安全责任在潜移默化、耳闻目染中落地抓牢。

注重教育引导。坚持每周一机关大交班，集中组织安全教育，分析安全形势，制定整改措施，提出具体要求，做到既讲成绩，又讲不足，既点到具体事，又批到具体人，既讲为什么，又讲怎么办，通过经常性的教育，告诫大家哪些事能做，哪些事不能做，哪些事应该怎么做，引导大家时时处处把安全要求、安全纪律记在心里、印在脑子里，落实在行动上。

【人防技防互补】 在门房、办公楼门厅、值班室设立三道岗哨，安排非现役警卫人员轮流担任营区安全巡视员，年信息技术优势，着力提高技防的科技含量，在营区重点区域、重点部位、重点库室安装固定和灵动高清探头，在值班室和部长政委办公室安装监控器，通过探头站岗、鼠标巡逻，与人防形成力量互补、优势叠加。在营院门房安装远程射灯和高频警报，扎实做好夜间处置突发事件的各项准备，通过人防技防同向发力，构建起了一道多维立体、全领域全时空的营院安全防范网。

【注重抓纲举目】 紧紧抓住人是安全工作的最大变量的这一最本质、最核心的要素，通过人人尽好责、人人管好分内事，推动安全防范工作常态化落实。坚持制度管人，制定和落实请销假、值班值勤、营院巡查、车辆派遣动用、查铺查哨、文电阅办、手机上网等10多项制度，主官以身作则、机关督导落实、个人严格执行，按规行事，违规处理；坚持压责到位，以国防动员部安全工作检查考评细则为依据，结合单位实际、突出人、车、密、网等这些安全管理重点，细化安全责任，量化安全措施，定人定责，以责找人，对失责者追责问责。坚持严惩重罚，按照要求高于平时、纪律严于平时、处罚重于平时的原则，对不落实安全制度、违反安全纪律，顶风违纪的当事人，对玩忽职守、凡所属管理对象、分管工作出了问题的当事人，对有令不行、有禁不止、自盐湖要求不严的当事人，严肃惩处，着力推动安全要求落小、落细、落到实处。

## 消防工作

【加强执勤备战】 2017年公安消防大队除日常战备外，节假日要求大中队执勤备战人员全部在岗在位，各司其职，严阵以待；同时严格一日生活秩序，全面落实勤务交接班和车场日活动，确保人、车、器材装备时刻处于战备状态，确保部队高度稳定。9月至10月，大队全面开展党的十九大消防安全保卫工作，大中队官兵共实地调研重点单位256家，制作六熟悉卡256余个，制作重点单位灭火救援预案150余份，开展实战演练120余次。

【新建消防队站】 2017年，盐湖区公安消防大队在学苑北路新增消防站建设用地10亩，用于建设盐湖区特勤消防站。新建消防站主体和室内装修已经完工，正在完善水、电、气、网络等附属设施，家具家电已进入招投标程序，各项工作稳步推进，很快投入使用。

【专项整治和火灾隐患排查整治】 2017年召开了盐湖区消防安全工作部署会议，对盐湖区消防安全工作进行全面部署。会上，盐湖区公安分局与全区乡镇、街道办及各部门签署了《运城市盐湖区2017-2018年度消防安全工作责任书》。消防大队联合各部门在辖区深入开展人员密集场所、易燃易爆场所、城中村、九小场所、黑加油站点、高层建筑、文物古建筑、社会福利机构、卫生医疗机构等一系列消防安全整治行动。8月，大队全面推动开展全区电气火灾综合治理、高层建筑火灾防控工作，通过发动排查、发布通告、督促整改等各类方式消除火灾隐患。

【夏季消防检查工作】 2017年盐湖区政府制定印发了《运城市盐湖区2017年夏季消防检查方案》，22个乡镇、办及各行业主管部门按照区政府的统一部署，陆续制定实施方案，全面深入推进夏季消防检查工作。盐湖区各部门通力协作圆满完成夏季消防检查工作，全力确保了辖区火灾形势平稳。大队共检查社会单位774家，发现火灾隐患1238处，督促整改火灾隐患1198次，临时查封11家（次），责令三停12家（次），罚款250500元，拘留7人。

【重点节日和重大活动安保工作】 2017年公安消防大队相继开展春节、清明、五一、"一带一路"国际合作高峰论坛、高中考等各类节假日和重大活动安全保卫工作，完成各项安保任务。党的十九大消防安全保卫工作期间，大队全体监督执法干部连续一个半月没有休息，采取"5+2""白+黑"等超常规措施确保会议期间消防安全，九月、十月两个月的执法量是去年同期的两倍。2017年大队共检查社会单位2189家，发现火灾隐患2831处，督促整改火灾隐患2772处，临时查封30家（次），责令三停24家（次），罚款536000元，拘留16人。

【冬季春节火灾防控】 为全面做好盐湖区冬季春节火灾防控工作，盐湖区公安分局组织召开了盐湖区冬季春节火灾防控工作动员部署会。同时，盐湖区政府11月22日印发《运城市盐湖区2017年今冬明春火灾防控工作方案》，会议对盐湖区冬季春节火灾防控工作进行了全面部署。12月28日，盐湖区组织召开了今冬明春火灾防控工作推进会，对冬季春节工作进行再动员再部署，对冬季春节火灾防控工作进行了细化分解。

【营造全民防控火灾舆论氛围】 2017年盐湖区公安消防大队以消防宣传"八进"活动为平台，对各社会单位及学校、养老院、医院、幼儿园等场所各负责人、消防安全管理人、消防控制人员、重点岗位员工等进行消防安全教育培训；并组织消防志愿者宣传队深入车站、学校、在建工地、娱乐场所、家庭及社区、农村等宣讲消防安全知识；开展暑期消防宣传专项活动和消防安全进军训活动；节日期间，协调移动、联通、电信定期向群众发送"消防安全知识短信"。大队出资制作的消防宣传大使宣传牌和两个擎天柱广告牌亮相于辖区各大街公交站牌和十字路口，在盐湖区掀起了消防宣传高潮。

【消防培训】 2017年，大队共开展消防培训50次，培训人员700余人，开放消防站30余次，发放宣传材料5万多份，发送短信10万余条，受教育人群近15万余人（次）。

# 政法委工作

【社会治理"四大"活动】 2017年盐湖区政法委为有效防范化解安全风险隐患，维护社会治安稳定，按照盐湖区委的统一部署，并结合山西省运城市统一部署的安全稳定风险隐患大排查大整治活动、维护稳定"护城河行动"、十个专项治理行动等活动，政法委在盐湖区组织开展了社会治理"大起底、大排查、大调解、大处置"专项活动，坚持"141"工作法，进行8大资源整合，结合人民调解、行政调解、司法调解、社会调解等措施，采取律师参与的说服教育、"两代表一委员"评议会、区乡村三级议事例会、六方联席会议、"六包一"等方式，共排查化解了650余起矛盾和纠纷。对那些无理缠访、闹访、越级上访、赴京非访者，进行了依法打击和处置，盐湖区信访秩序和治安形势持续稳定好转。2017年全国"两会"和"一带一路"国际合作高峰论坛、十九大等重大活动期间，盐湖区实现了进京"零非访"目标。

【综治基层基础工作】 2017年盐湖区50余个行政执法单位紧扣法治建设工作要点，采取"谁执法、谁宣传、谁出资"的方式，利用墙头诗、漫画、标语、版面等形式定期在乡镇集市、街头巷尾，以及人员聚集的广场、车站开展法治大宣传，共发放宣传资料5万余份，制作版面500余块，印制条幅600余条，喷刷墙头诗7000余块，在全社会形成了办事依法、遇事找法、解决问题用法、化解矛盾靠法的良好氛围。

【"一村（社区）一警"工作】 2017年，在"一村一警"工作中，以公安、司法为主力，改变思想观念，变干警"坐诊把脉"为走向田间地头，变干警忙于处置为日常防范，采取"一村多警"或"多村一警"灵活多样的工作模式，积极与"两会一队"进行对接，完善配套机制，辅以科技手段考核，确保警力下沉，见警率、出警率明显提升，实现社会治安隐患在基层排除，矛盾纠纷在基层解决。

【综治中心规范化建设】 2017年，围绕区委、区政府制定的"全面落实三个推进计划"为工作重心，以推进乡域旅游为契机，以全区重点项目所在的镇村为试点，以镇村两级综治中心平台建设为抓手，整合综治、信访、公安、司法、法庭、矛盾调解、流动人口管理、治安巡逻等资源，健全机构、完善制度，落实运行工作机制，规范了区、乡、村三级综治中心建设。2017年盐湖区314个村、112个社区的"两会一队"已全面建成，共有民调人员1128人，治保会人员1465人，治安巡逻队人员2066人，共排查、化解各类矛盾纠纷隐患起，这些人员在基层一线发挥着社会治安预测预警预防的作用。

【社会治理法治化】 盐湖公安分局执法办案中心2017年正式投入使用，执法硬件建设和执法规范化建设再上一个新台阶，山西省执法规范化现场会12月在盐湖公安分局召开。12月，按照《干部选拔工作任用程序》，政法委协同区委组织部门对公安分局50余名的中层干部进行了选拔任用，提升了公安队伍的凝聚力和战斗力。

【司法体制改革】 在政法委的牵头组织下，法检两院各项重点改革任务已基本完成，进一步明确了入额法官、检察官的办案职责，完善了各项改革配套制度，切实解决审者不判、判者不审、层层审批、逐级把关的问题。支持配合监察体制改革工作，完成了检察院相关部门职能、机构、人员转隶工作，保障了政法机关与监委在查办职务犯罪案件中的有效衔接，也确保了自监察体制改革以来全省首例监察委留置案件（卫典臣受贿案）在盐湖区人民法院顺畅有序审理完毕。

【司法局法律援助工作】 在盐湖区22个乡镇办、314个行政村、112个社区实现了法律援助全覆盖。法律服务体系逐步完善，全区党政机关、企事业单位都已全部聘请了专职法律顾问。

【执法监督工作】 全力化解涉法涉诉信访案件。2017年共受理督办案件34起，其中法院17起，公安局15起，检察院2起。全部按照涉法涉诉信访事项导入机制分流到相关政法各部门引导上访群众依法办事、依法维权。

【严查违纪案件】 严厉查处政法干警违法违纪案件，净化执法司法环境。2017年共查处政法干警违法违纪案件6案6人。其中，科级干部2人，一般人员4人；党内警告3人，行政记过1人，撤职1人，诫勉谈话1人。

【落实国家司法救助制度】 保障社会公平正义。2017年已接到司法救助申请4案4人，申请救助资金4.59万元。目前正在办理救助手续。

【社会治理创新工作】 2017年按照中央提出的"社会治理的重心必须落到城乡社区"的工作要求，9月8日，运城市"深化网格管理，创新社会治理，推进平安建设"现场会在盐湖区召开。农村社区，在原有网格基础上，划分出了以居民小组为单位的格单元，以巷为单位的巷单元，形成了"由网格总长管理网格长、网格长管理巷长、巷长管理各住户"的新机制。城市社区，依托小区原有的大网格，划分出以片区为单位的中网格，以整栋楼为单位的小网格、以楼宇为单位的楼宇单元，形成了"由网格总长管理网格长、网格长管理楼长、楼长管理单元长、单元长管理住户"的新机制，实现了"区—乡镇（街道）—城乡社区—住户"四级联动网格精细化治理机制。通过划小单元，积极倡导社区居民"微自治"，引导鼓励群众自觉参与到社区治理工作中，激发了基层社会治理活力，疏通了社会治理"毛细血管"，激活了社会治理"末梢神经",确保了社区网格精细化治理机制健康运行,形成了人人参与、群防群治、多元共治、多方共赢的生动局面,真正实现了"小网格拉动大治理,小和谐促进大平安。"

## 法院工作

【审判工作】 盐湖区法院截至2017年11月10日,共受理各类案件16517件（其中 新收10776件、旧存5681件）,审、执结10865件,结案率65.7%,同比分别增长85.9%和133.9%。

刑事审判共受理各类刑事案件657件,审结529件,依法判处犯罪分子538人。审理"两抢一盗"案件189件,集资诈骗、非法传销案件96件。依法审理了运城市监察委员会成立后,移交起诉的山西省第一起职务犯罪案件。

民商事审判共受理各类案件9126件,审结6711件。民商事一审案件调解4612件,调解撤诉率达68%。

行政审判全年共受理各类行政案件385件,审结349件。审监庭全年审理发还、提起再审、国家赔偿案件86件,审结65件。

执行共受理各类案件6349件,执结3276件,执结标的4300万元。公开曝光"老赖"、失信被执行人236名,并进行"三高"限制。全年执结"涉民生"案件964件,执结标底1200万元。依法对132人采取司法强制措施,拘留162人,逮捕2人,异地执行157次,通过执行查控平台和金融系统,查询被执行人信息1.4万余条。

【司法为民】 对诉讼服务中心进行标准化改造,设立立案登记、查询咨询、文书送达、诉调对接等16个服务窗口。落实立案登记制改革。做到有案必立,有诉必理,当场立案率达到98.5%,从根本上解决立案难问题为4000多名诉讼当事人提供审判执行信息5000多条。

开展司法便民活动。开设"巡回法庭"8次,普法宣传活动11次,发放宣传资料2500多份,为2000多名群众提供咨询服务。邀请法律援助中心、人民调解员、行业调解员、公证机构进驻多元调解室,在运城市基层法院首家开展民商事案件繁简分流审判方式改革,全方位构建"大立案、大调解、大服务"的工作模式。通过诉调对接、使用简易程序审理民商事案件865件,节约了审判资源,缓解了"案多人少"的压力。

在区委组织的"大起底、大排查、大调解、大处置"活动中,组织干警深入农村、企业、社区开展走访调研,对涉诉涉法案件进行梳理归类,建立档案,集中清理,共排查出信访案件38件,化解26件。强化涉诉信访工作责任制,推进律师参与和代理涉诉信访案件,引导当事人回归法治轨道,依法理性维权。2017年办理来信来访、上级转办信访案件29件,接待来访群众700多人（次）。

【司法改革】 司法改革是2017年法院的一项中心工作。在实施过程中,落实改革政策,积极做好干警的思想政治工作,做到改革和审判工作"两不误,两促进"。根据改革要求和审判工作实际,组建了综合、刑事、民事一、二、行政、审监信访、立案速裁、执行八个审判团队,7名入额院领导担任团队长。司法改革新体制有力促进了审判工作,运行9个月来,办案指标连创新高。1至11月份,共审执结各类案件10855件,同比2376件增长了133.7%。中层干部结案

5214件，同比991件增长了324.3%。审判团队运行以来结案8856件，占总结案数的86.3%，员额法官结案6497件，占比89.4%。7名院领导与法官一样承担审判任务，共结案817件，人均116件，占员额法官结案数的12.7%。

【审判管理】 盐湖区法院在审判管理上，从完善改革分案、速裁调处、评查监督和考核机制，制定13项审判管理相关规定，强化环节监督，成立3个专业法官会议，明确团队长的监督职责。每星期对员额法官结案情况进行公示，每月进行审判运行态势分析，提前研判，提早预警。借助第三方资源，开展"两评查"活动，2017年共评查裁判文书5112份。6月5日，省高院院长邱水平来盐湖区法院视察调研，把法院审判管理概况为一元化领导，扁平化运行，精细化管理模式。6月29日在全省法院审判管理工作会议上，法院介绍了做法和经验。

【队伍建设】 深入开展学习习近平系列重要讲话、十九大会议精神、"两学一做"、从严治党和"把纪律挺在前面"作风整顿活动，结合作风建设，开展"十个查一查"，深入联系点调查研究，发放征求意见卡，谈心交心，提高广大干警遵守纪律的自觉性，牢固树立"四个意识"，凝聚团队精神，焕发忠诚履职，公正司法，廉洁司法的正能量。

采取外出学习、集中辅导、专题培训、课题研讨、案例分析等形式，努力营造良好的学习氛围。举办集中学习活动14次，购置各类学习辅导材料300余套2000多本，组织一线法官5批104人（次）先后到国家法官学院、省法官学院轮流培训学习、研讨交流。干警全年发表法律论文9篇，其中3篇被评为优秀论文。

【党风廉政建设】 法院党组履行担当两个"主体责任"，坚持开展廉政法规教育，设立"廉政警示教育室"，聘请纪委干部讲课，组织党员干部接受警示教育，对干警上下班、庭审作风等方面实施常态化监督管理。2017年开展庭审督查73次，纪律作风督查25余次，公开通报督查情况6次。

【荣誉】 2017年上半年结案数量在山西省基层法院排名第一，获省高院"刑事审判先进单位"、盐湖区"五一劳动奖状"、市中院"技能训练先进单位"等8项集体荣誉，21名干警分别受到上级党委和法院的表彰。

# 行政司法

【概述】 2017年盐湖区司法局深入学习贯彻党的十九大、市委四届四次全会和区委十三届五次会议精神，以打造人民满意的服务型司法行政机关为总目标，以公共法律服务体系建设为总抓手，以三基建设为主线，全面开启新时代盐湖司法行政工作新实践。

【党风建设】 司法行政工作发展重要保障是党的建设。2017年按照运城市委刘志宏书记"党的建设走在前"的要求，以三基建设为主线，深入推进党的政治、思想、组织、作风、纪律建设，建设高素质司法行政干部队伍。

认真学习宣传党的十九大精神。司法局召开学习贯彻党的十九大精神、市委四届四次全会和区委十三届五次会议精神，并组织专题研讨。局党组成员分成三组，以贯彻落实十九大精神，结合盐湖区实际，开展基层大调研活动。在12·4

国家宪法日，盐湖区举行形式多样的宣传十九大精神和宪法精神的活动。

严肃开展党内政治生活。盐湖区委批准成立司法局党组，由局长任党组书记。制定了党组学习计划，每月召开一次党组理论学习会。开展"三会一课"、主题党日等活动，党内政治生活有计划、有题目、有载体、有成效。扎实开展纪念建党96周年活动，开展"七一"主题党课和入党宣誓等主题活动，组织机关全体干部职工到红色革命基地上王乡牛庄参观学习。

严格落实党风廉政建设责任制。司法局建立健全党风廉政建设责任制，签订了党风廉政目标责任书。开展纪律作风专项检查，通过到基层明察暗访、电话回访、面对面回访当事人和社区矫正人员，严查违反"八项规定"和四风问题，严查"吃拿卡要"行为。严格执行党员干部提示、提醒谈话制度，2017年开展集中廉政谈话1次，提示谈话108人次，提醒谈话12人次。

【三基建设】 按照市、区三基建设工作的要求，司法局召开动员会，成立领导组，制定实施方案和任务分解图，先后印发各项制度并上墙。注重精准培训，建立健全理论学习、党性教育、业务能力、纪律作风等各项学习教育体系，为机关全体人员建立学习档案。为加强基层司法所力量，局党组领导带头，机关干部全部包联乡镇司法所，全面参与指导基层司法所工作，为2017年十九大召开提供了安保维稳保障。

【司法宣传】 司法局宣传报道工作积极有效，全方位向公众展示了盐湖区司法行政工作的新思想、新精神、新面貌。2017年司法局在区级媒体报道20条，市级媒体报道15条，省以上报刊发表文章、信息17篇（条），中央级媒体报道8条。开通《今日头条》"盐湖司法"号，并上传司法行政工作动态，累计阅读量5000余人次。

【普法整治学习】 2017年盐湖区司法局充分发挥法律宣传、法律服务、法律保障三大职能，在法治宣传、法律援助、法律服务、人民调解、社区矫正、安置帮教等工作中开拓创新。

不断创新普法形式和普法载体，开展"法律六进"活动，积极拍摄法治微电影，多渠道开辟法治宣传阵地，积极创建贴近实际、贴近基层、贴近群众的法治文化，形成全方位、立体化、多层次、宽领域的普法宣传格局。

深入开展普法依法治理工作。盐湖区成立了普法依法治理领导小组及办公室，建立健全各项制度。全面落实党政主要负责人履行法治建设第一责任人职责规定，12月6日，区政府李哲区长在临汾中院出庭应诉，成为运城市首例行政正职出庭应诉"民告官"案，是建设法治型政府、履行法治建设第一责任人的具体实践。

建立健全领导班子学法制度。盐湖区委、政府、人大、政协中心组都建立了学法制度，制定了年度学法计划，中心组全年开展法治讲座2次。盐湖区委印发了2017年目标责任考核办法，将领导班子和领导干部年度述法列入考核内容。为领导干部购买"七五"普法知识读本，开展领导干部任前法律知识考试和宪法宣誓。

【无纸化考试】 2017年盐湖区无纸化学法用法考试共106家单位，5000余人参加了无纸化学法用法考试，参考率93.5%，及格率93.03%，位列全市前列。

【推行法律顾问制度】 盐湖区党委系统13个部门、政府系统42个部门、22个乡镇（街道）

党委政府、教育局下属126个事业单位、卫计局下属7个事业单位、区属国有企业14家，都已全部聘用法律顾问，签订法律顾问协议。其中：公职律师3名，执业律师64名，法律服务工作者122名。

【法治宣传】 盐湖区司法局围绕区委区政府中心工作、重点项目建设、大型活动、重要节点日，组织全区44家司法执法单位，统一制作了136块法治宣传版面，在桃花节、梨花节、油菜花节、民法总则宣传日、3·15、4·15、12·4等重大节点日集中展示和宣传。为全区小学生编印了20000余本《青少年法治教育漫画手册》。在《今日盐湖》报纸上开设《法治盐湖在身边》专栏，刊登法治宣传典型案例26期。

积极拍摄法治微电影。成立盐湖区法治微电影微信工作群，确定联络员，积极协调督促各执法单位拍摄法治微电影。目前已在运城三台盐湖时间段《看法》栏目播放法治微电影18部，拍摄待播8部，正在制作4部。

"12·4"国家宪法日活动形式多样。盐湖区司法局在区委、区政府、市委、南风广场等主要公交车站安装宪法宣传灯箱广告；在盐湖区电信客户端发送法治宣传短信；在盐湖广电电视节目中滚动播放"12·4"法治宣传主题标语；在12·4当天，组织全区44家单位在盐湖会堂广场举办集中宣传活动；各乡镇办也相继开展了形式多样的12·4宪法日主题宣传活动。

【法律援助】 2017年盐湖局司法局深入落实市、区两级政府民生实事，建立健全法律援助组织体系，提升援助服务质量，做到能援尽援，实现法律援助全覆盖。

组织体系全覆盖落实到位。在全区314个村、88个社区、6所中小学建立408个法律援助联系点，配备法律援助联络员400余名；在全区22个乡镇办、14个行业设立36个法律援助工作站；在盐湖工业园区挂牌设立法律援助工作站。做到了联系点"四有"，工作站"六有"标准，实现法律援助组织体系全覆盖。开通两部法律援助热线电话（2061965，2122148）和法律援助微信公众平台，不断满足群众的咨询服务。

援助条例宣传到位。在盐湖区22个乡镇办召开法律援助培训会22次；在重要节点日开展法律援助知识宣传活动15次；在盐湖城、凤凰小区等社区开展法律援助进社区文艺宣传活动；在盐湖城、学苑社区、北城初中、实验小学、雷家坡、北任留村等设立宣传栏30余块；拍摄法律援助微电影1部；在国家级、省级、市级、区级各类媒体宣传报道50篇。

经费保障到位。盐湖区援助中心账户独立，经费由援助中心管理和使用。2017年除省级案补经费以外，盐湖区财政拨付援助经费25万元，司法局机关拨付援助经费12万元，足额保障援助案件的办理。

援助案件办理到位。2017年共受理各类援助案件556件，占盐湖区总人口68万的万分之8.2；累计受援总人数6320人（含咨询、代书、简单调解、受理案件数），占盐湖区总人口的万分之93；援助案件信息录入率达到100%；2017年开展援助案件质量行政评查2次。

队伍建设到位。坚持"每日一学、每周一讲"，学习内容包含各类法律知识、党章党规、习总书记系列讲话、十九大精神等，讲解的内容主要是援助案件实例培训讲解，不断提高工作人员的办案能力，加强法律援助队伍建设。

【法律服务体系】 盐湖区司法局充分发挥律师

和法律工作者服务经济建设的职能作用，深入开展法律顾问工作，为全区各级党委政府、机关、单位、企业提供法律服务，帮助解决经济发展中的难点、热点问题，防范和化解各类风险。

建立公共法律服务平台。司法局统筹整合公共法律服务资源，在法律援助中心便民服务大厅建立盐湖区公共法律服务中心，提供包括法律咨询、人民调解、法律援助、律师服务、公证管理、司法鉴定等一体化公共法律服务。在大厅设置了LED屏、律师服务台、建立健全各项制度和信息化工作方案，打造"一个大门进来，多个窗口服务，一揽子解决问题"的综合法律服务平台，努力为人民群众提供普惠性、公益性、可选择的公共法律服务。

开展公共法律服务大运城基层行活动。9月26日，运城市公共法律服务大运城基层行启动仪式暨盐临夏核心区公共法律服务大运城基层行盐湖专场展演活动，在运城市电视台演播大厅隆重举行，盐湖区公共法律服务体系建设正式启动。

大力开展一村（社区）一法律顾问工作。盐湖区司法局在盐湖区所有乡镇办和村（社区）设立一村（社区）一法律顾问，全区共配备法律顾问60余人，每年经费补贴约13万元，全部列入财政预算。2017年在各乡镇、村（社区）建立法律顾问微信群，让律师下沉到基层，使法律服务能真正下沉到社区（村），满足居民的实际需求。

【律师管理】 加强律所党的建设，盐湖区5个律师事务所56名注册执业律师，建立了2个党支部，共有中共党员6人。严格落实律师事务所管理办法，加强对律师的全方位考核，2017年研究律师工作3次，无律所违规执业行为，也没有对律师的投诉案件。全力配合监察体制改革，局班子2次召开会议研究监察体制试点工作，制定支持配合监委查办案件工作办法，组织律师参加培训7次。律所2017年办案总计1142余件，总收入580万元，案件数和总收入都较去年有所增长。

【司法鉴定管理】 开展规范化创建活动，鉴定中心各项要求达标，通过了省级规范化鉴定机构验收。参加了能力验证，并全部通过。参加省市区及行业协会组织的培训6次。开设鉴定中心专用电子邮箱，专人担任信息员，按时上报省市区各类信息、报表和材料，2017年报送鉴定信息4篇。省厅核定的司法鉴定项目全部开展，建立了投诉机制，2017年办理案件280件，收入43万元，2017年无投诉，无重大司法鉴定案件。

【人民调解职能】 2017年盐湖区司法局在盐湖区各乡镇办、村（居）委会建立人民调解委员会，行业性专业性调委会基本覆盖纠纷较多的行业，周晓霞、马健康、徐正平、何赵喜、王丽君等个人品牌调解室也参与到调处矛盾纠纷中，专职民调员进入法院民调人才库，逐步形成了人民调解与司法调解、行政调解衔接联动的"大调解"格局，充分发挥人民调解第一道防线作用。

建立健全人民调解队伍。司法局成立了盐湖区矛盾纠纷调解中心，建成乡镇人民调解委员会22个，村级人民调解委员会426个，行业性专业性调委会9个，个人品牌调解室5个，拥有专职人民调解员27人，村级人民调解员400余人。2017年申报省级规范化人民调解委员会2家。2017年盐湖区共调解案件1781件，其中行业性、专业性调委会调解540件，调解成功率达98.5%；发放专职人民调解员生活补贴31.7万元，案件补助15万元。

加大人民调解员培训宣传力度。2017年组织人民调解员培训2次，组织专职民调员培训4次，大大提高了民调员的业务能力。11月6日、11月20日，中央电视台12频道《小区大事》栏目相继播放了晓霞调解室拍摄的调解案例2部，近期盐湖局还将在盐湖广电拍摄播放微电影《盐湖的人民调解缘》。2017年在司法公众平台上报送民调案例20余件。

【创建示范化规范化司法所】 2017年盐湖区东城、北城、南城三个司法所通过省级示范化司法所初步验收，中城、西城、姚孟、上郭、王范、冯村六个司法所通过省级规范化司法所初步验收。利用广播电视、微信等各类媒体，发布司法所志愿者招募信息，通过严格审查，招募法所志愿者27人。

【基层法律服务者管理】 分别组织第四批实习人员26人及法律服务工作者35人，参加市局举办的业务知识培训；完成9个法律服务所和35名基层法律工作者的年检注册；为16名法律服务所实习人员办理执业登记；完成30余名基层法律工作者执业实习申请的初审，并颁发实习证。

【特殊人群管理】 2017年社区矫正工作紧紧围绕监督管理、教育矫正、适应性帮扶三大任务，落实各项工作措施，全面推动社区矫正和安置帮教工作上新水平。2017年在矫人数301人，管制5人，缓刑286人，假释1人，暂予监外执行9人，手机定位280人。无一脱管、漏管、虚管及重新犯罪现象发生。

社区矫正工作有序开展。盐湖区社区矫正中心2014年3月成立，现有工作人员4名，建设面积220平方米，设置九室一站一中心，具体包括：报到室、宣告室、训诫室、教育培训室、档案室、阅览室、心理矫治室、审检警务室、法律援助工作站、视频监控室、视频监控中心。2017年为进一步提高社区矫正工作的规范化水平，根据运城市政法委〔2017〕31号文件精神，落实公、检、法入驻工作人员4人（其中公安局2名、检察院1名、法院1名）。盐湖区成立了以区委常委、政法委书记孟满堂为组长的社区矫正工作领导小组，2017年召开两次现场协调会议（大渠司法所社区矫正人员樊军因漏罪被羁押，跨区域协调临猗县公安局、法院、检察院出具相关羁押证明材料。三路里司法所社区矫正人员李安成因死亡，协调公安局派出所出具死亡证明），两起案件均已协调落实。

【维稳专项活动】 为了确保国家重大节日期间，保证社区矫正人员安全维稳，2017年进行三次安全维稳专项活动（全运会、金砖会晤、十九大）。在安全维稳期间，省厅领导、区委书记王吉敏率领相关部门亲自到矫正中心督查指导。22个乡镇司法所所长向局里签订承诺书，各所矫正人员向司法所签订保证书，维稳专项活动中无一例脱管、漏管、虚管案件，确保社会安全稳定。

【提升社区矫正工作质量】 积极开展社区矫正教育矫治质量年活动，司法局组织两组熟悉矫正业务能手，深入辖区22个乡镇司法所开展案卷评查活动，针对存在的问题，下达书面整改意见，并于一月后，召集各所集中反馈存在问题的落实情况，保证案卷高质量、高标准。为准确掌握矫正人员的心理动态，局里统一对各所进行心理咨询培训，安排各所对所辖区内的矫正人员进行心理动态分析，对思想波动大的矫正人员进行重点心理辅导，并将总结的经验、好的做法收集整理，汇编了典型案例20篇上报市局。

【信息化建设】 根据《运城市司法局关于在全市统一运行社区矫正智能管理系统的通知》要求，司法局下属22个司法所对社区服刑人员信息已全部录入完毕。

配合组织部开展相关工作。积极配合盐湖区委组织部对全区人大代表、政协委员、工商联代表、村两委换届中涉及的人员进行资格审核，并出具书面答复。

【刑满释放人员管理】 刑满释放信息核查及必接必送落实制度情况。针对刑满释放人员信息情况，要求各所每周三汇报核查情况，2017年共计接收刑满释放127人，其中42人为重点帮教人员，严格按照要求落实必接必送制度，2017年全部完成对接，未有三无、三假人员。

【帮教基地建设】 盐湖区司法局同盐湖区人力资源和社会保障局共同考察设立了三个安置帮教基地，分别是：鑫丰冬枣园安置帮教基地、鑫工机车附件制造有限责任公司安置帮教基地、循环槐米安置帮教，基地工作机制健全，累计安置人员17人；盐湖区现有安置帮教志愿者300余人。针对生活困难的特殊人群给予慰问帮扶，激发其积极改造、回归社会。

## 交警管理工作

【十九大安保维稳】 2017年盐湖区交警大队在十九大安保维稳工作中，全体民警严格按照运城市局、分局的要求，细化工作措施，落实岗位责任。对辖区进行白天黑夜全时段，城内城外全空间管控。在城内，全力疏堵保畅，全体民警遵循"交通不缓解，坚决不下岗"的原则，白天，高峰期早上提前到7时，晚上延长至20时；高铁北站民警坚守到最后一班高铁到站。夜间，加强值班备勤，由摩巡中队和公路巡警中队不间断进行巡逻。在城外，加强路面防控，严把出城通道。投入10个中队150余名警力，在运城北、运城南、运城东三个高速口以及运永线、国道209线设置5个检查站，启动一级勤务加强模式，全天候24小时在岗在位，认真检查过往车辆，逐一核对人员信息，严厉查处交通违法，拦截重点稳控人员。

安保期间，共查处各类交通违法行为13000余起，其中酒后驾驶38起，无证驾驶287起，超速5720起，涉牌涉证1780起，其他违法行为6000余起，行政拘留119人。抓获外省逃犯3名；查获毒品4包、违禁品7包、管制刀具670余把；查扣柴油4吨；留置善心汇、E租宝等重点人员27人；成功拦截涉军等上访人员24人。

【业务培训】 认真开展"两学一做"，进行"维护核心见诸行动"主题教育，把民警教育融入日常工作。在春运、"迎接十九大全警保平安'1+8'专项行动"等重要节点，从队委成员到一般民警，逐级进行提示谈话，切实增强队伍的凝聚力和战斗力。开展"定岗、定员、定责"活动，进一步明确工作职责，强化责任担当，提升工作效率。加强督导检查。督查室民警坚持每天对各科室、中队工作情况进行监督检查，每周进行通报，严格民警工作、生活纪律。加强辅警队伍管理。按照《公安交通管理警务辅助人员管理规定》，逐步完善辅警的招录、培训、管理等相关制度，增强辅警队伍的凝聚力和战斗力。努力提高民警自身素质。2017年在事故、车管、秩序等领域开展业务培训6次，并组织全体辅警进行为期7天的全封闭培训，营造浓厚的学习氛围。2017年禹都中队民警陈宗甲通过了全国法律职业资格考试，提高了队伍综合素质。

【城市交通管理】 交警大队根据辖区具体路段的道路交通状况，通过实地调研，在建北桥增加灯控路口，调整学苑路与条山街丁字口的车辆通行时间、开通八〇路口南端的右转弯车道等方案缓解交通拥堵；在全大队开展"定岗、定员、定责"活动，要求城区各中队做到"高峰期全员上岗，平峰期见警见人"，提高路面见警率，实时发现、快速处置突发状况；逐步探索完善"小中队，大机动"的现代交通警务管理模式，由城区中队管片管段，维护日常交通秩序，如遇交通堵塞或者突发事件，充分发挥摩巡队灵活机动的优势，实施多点精准支援；完善交通设施。在盐湖区政府的支持下，在广场岗、华联岗等5个路口安装机非隔离设施700余米，在运城北站前路、河东东街安装中央护栏4000余米，切实改善了城区道路通行环境和通行秩序。

2017年共发生交通事故8808起，快处快赔中心处理3100起。一般交通事故54起，同比下降2%；事故造成40人死亡，同比下降13%；造成40人受伤，与去年持平；直接经济损失642161元，同比升上11%；生产经营性交通事故10起，同比下降28.5%。未发生较大以上道路交通事故。

【严厉打击交通违法行为】 2017年交警队以"1+8"专项行动为主线，开展了"城区道路和公路重点交通违法行为专项整治"、"三个不发生"创建活动、"交通安全大排查大整治"等专项行动。在城区道路，严查非机动车和行人闯红灯、逆行，机动车不礼让斑马线、实线变道加塞等严重交通违法行为；在公路，加大对"两客一危"等重点车辆的管控力度，严查"三超一疲劳"、大货车不靠右行驶等交通违法行为。2017年共查处各类交通违法行为23.2万余起，其中无证驾驶2612起，酒后驾驶149起，醉酒驾驶31起，涉牌涉证3598起。刑事拘留52人，行政拘留565人，抓获上网逃犯13人。

【交通安全宣传教育】 交警大队以"关爱生命、文明出行"为主题，深入推进"文明交通行动计划"活动，利用重大节日、专项整治行动、重特大交通事故预警作为宣传节点，充分依托新闻媒体、短信、微信、微博、农村大喇叭等宣传平台，以及"一直播"等新型传媒，全方位、多层次地开展交通安全宣传教育。2017年共出动宣传警力3300余人次，出动宣传车150余台次，开展大型宣传活动10次，讲授交通安全课200课时、散发宣传单10万余份、播放警示教育片200场次、张贴安全挂图1500套，发放交通安全宣传教育光盘800个、赠送交通安全书籍4万余本。发送手机提示短信6万余条，微信3872条，官方微博5562条。使全民交通安全意识不断提高。

【强化执法规范化建设】 执法规范化建设是提高公安机关维护社会和谐稳定能力和执法公信力的重要举措，交警大队坚持向制度要管理、向科技要规范。执法记录仪的全警装备（包括协警），记录从交通违法行为查处、告知、法律文书开具、执行等每个环节；对现有的两处执法办案场所进行改造升级，除简易程序以外的所有案件全部在执法场所办理，实现执法过程全程影像记录，督促民警公正、文明、规范执法。

开展执法活动自查自纠。大队法制部门对民警执法活动进行监督，执法过程网上监督审核。同时，大队成立执法质量考评领导组，对执法活动进行定期考评和不定期抽查，及时纠正案卷制作、法律文书填写不规范、不完善的行为。

【社会监督】 主动接受人大、政协以及社会各界的监督。主动接受盐湖区人民检察院，驻盐湖大队"侦查监督监察室"的监督，2017年共召开两次联席会议，通报监督检查情况，共同探讨解决执法过程中遇到的难点。向社会公布执法监督电话，畅通监督渠道，自觉接受群众监督，不断改进执法工作。2017年交警大队行政复议案件维持率和行政诉讼案件胜诉率均为100%。

【推进"三站三员"建设】 面对农村交通安全管理处于失控状态的严峻形势，交警大队在公安机关内部挖潜增效，警力下沉，在上郭、解州、陶村、工业园区设置四个交警中队；在国道209线、省道运稷线、运永线等主要路段设置交通安全检查站；在各乡镇设置"交通安全管理站"，在各村设置"交通安全劝导站"，在各联校设置"交通安全辅导站"，全力推进"三站三员"建设。"三站三员"覆盖率达到98%，同时在冯村、车盘两个派出所增加交管业务窗口，完善了乡村两级道路交通安全管理机构，延伸了交通安全管理触角，填补的农村地区交通管理空白。由公路交通安全检查站管点控线，交警中队、派出所管面，"三站三员"为补充的，点面结合的全覆盖交通安全管控网络已经基本形成。

【维护生态环境】 交警大队主要通过四方面措施开展工作：在入城各主要路口设置警示标志，严禁渣土车、工程车、冒黑烟车辆进入市区。并且在环境攻坚战行动中，安排民警在12个入城路口日夜坚守，禁止重污染车辆进入城区；

自2017年11月10日至2018年3月31日，按照车牌尾数在主城区采取限行措施（这是运城市建市以来最严厉的机动车限行措施。）

加强路面管控，及时制止在城区燃放烟花爆竹行为。

加强解州、上郭等建筑原料产地和城区施工工地周边道路管理，严厉打击超载、抛洒等违法行为。

2017年，共查扣冒黑烟车辆5346辆，渣土车97辆，工程运输车1300辆，农用运输车84辆，水泥罐车67辆，载运散煤车114辆，拼装拖拉机2辆，黄标车37辆，共计7047辆。查处违反限行规定车辆15000余起，淘汰黄标车2254辆。

# 农 业

## 农业生产

【粮食生产】 2017年认真落实国家农业支持保护补贴政策，全年共补贴3885万余元；深入田间地头开展各类农业技术指导，重点对4万余亩小麦进行了的病虫害统防统治工作，确保粮食生产安全。2017年粮食作物播种面积61万亩，总产量1.8亿千克。

【融合发展】 加快推进农村一二三产业融合发展。2017年确定了会荣工场、凯盛食用菌、阜民"中央厨房"和兴运龙火龙果示范园为盐湖区农村三产融合示范典型；相继呈报了由山西农佰晟农业开发有限公司申报的果品深加工及园区提升项目、以双季槐产业为主的"开展农业全产业链开发创新示范区"和国家农村产业融合发展示范园创建项目，目前待国家批复；争取到了2017年创建整体推进农村一二三融合发展（中央农业生产发展资金）项目资金400万元。

【扶持农业龙头企业】 对阜民公司进行了30万元的2016年贷款贴息资金扶持，同时争取了191万的2017年特色农产品支撑项目贷款贴息资金；为了进一步提高农业产业化经营水平，协助农佰晟、鑫中大生物科技等8家公司申报了市级龙头企业。截至2017年10月，盐湖区年销售收入500万以上的农产品加工企业销售收入达到14.51亿元，同比增长34.6%，完成2017年任务的83.21%。

【农民培训】 为建设现代农业提供人才支撑。2017年，加大了培育现代农业经营主体和服务主体的力度，投资164.4万元用于1227名职业农民培育工作。

【农业科技推广示范】 推进盐湖区特色农产品发展。2017年投资110万元对会荣合作社的富硒皇桃、茂端合作社的高效双季槐、天盛公司的温室大棚冬枣等6类特色农业产业进行推广示范。

【乡村建设】 2017年，农委重点建设生态休闲示范村、文化旅游示范村和休闲观光农业景点，持续改善盐湖区农村人居环境，全面推进美丽乡村建设。2017年"四大工程"共计完成投资1096.9万元。

持续改善盐湖区农村人居环境，打造美丽乡村。投资83万余元完成2016年省级美丽宜居示范村解州镇桃花洞村基础设施建设，投资100万元进行市级示范村席张乡王马新村基础设施建设，投资30余万元在龙居镇雷家坡村建设公共浴室；2017年省级示范村解州镇常平村计划投资155万元建设防洪排污渠、德孝文化长廊等工程，2017年市级示范村南城办义同村计划投资100余万元用于道路硬化、文化活动中心提档升级等工程。

大力发展休闲观光农业，对农业景点进行提档升级。申报了兴运龙火龙果基地为省级休闲农业与乡村旅游示范点；投资15万元对东郭艺莲园基地进行提档升级改造；申报了强辉农场、会荣庄园、艺莲园等为山西省休闲农业与乡村旅游星级示范企业。

【农资市场管理】 2017年农委加大了监管农资市场的管理力度，严厉打击坑农害农行为，处理案件31起，调解农民投诉37起。

强化培训，加强交流，提升农资从业人员合法经营的意识。农委先后对全区400余家的农资生产经营单位进行了专题培训。

扶优打假，净化市场，确保农产品质量安全。推进"三品一标"认证工作，完成无公害认证5.6万亩，9个产品；先后开展抽检4次，检查涉农企业、基地等67家，抽取样品205个，经检测，全部合格；加大农产品质量安全宣传，开展"放心农资下乡进村活动"，并在食品安全宣传周期间共发放科普宣传册3000余份，接受咨询50余人；投资300万完成农产品质量安全综合检验检测站建设。

协助区果业局申报酥梨出口基地认证。农委规范酥梨出口基地农资投入品的使用，在酥梨出口基地确定了30余家农资经营门店示范点，做好了创建盐湖区酥梨出口基地这一重要工作，得到了国家检验检疫总局的认可。

# 农业综合开发

【概况】 盐湖区现代农业示范区园区位于盐湖区北部，辖北相、泓芝驿、冯村、王上郭、三路里、上王7个乡镇，占地300平方千米。围绕"三纵三横"的道路框架进行布局，已形成"果、菜、畜、粮、食用菌"五大主导产业。2017年已入住13个农业产业龙头企业。主要经营以果蔬物流、种植业、养殖业、食用菌、休闲生态观光产业等为主。

按照"园区化发展、集群化招商"的发展理念，在现代农业建设过程中，紧紧围绕以"农民增收、农业增效"为目标，以市场需求为导向，以"土地规模化、组织企业化、技术现代化、经营市场化"为路径，以园区和龙头企业为带动主体，以农民专业合作社经济组织为依托，以项目发展为载体的总体思路，通过因地制宜，发挥优势，采取"一核、两带、三区"的战略布局，实施"园区引导、龙头带动、集群发展"的发展措施，运用"园区为主导、乡镇为主力、企业为主体"的工作思维，大力调整农业产业结构，全面提升农业生产效益，建成区域优势明显、产业特色突出、布局结构合理、资源配置科学、综合功能齐全的特色农业试验、引领、示范、展示区。

2017年园区内已入驻大型农业产业化龙头企业13个，所入驻企业计划总投资72.21亿元，已累计投资8.5亿元。2017年原计划投资2亿元，完成投资3000万元，企业年产值达2300万元，年利润达1370万元。农业示范园区管委会工作的着重在招商引资、搞好服务、安全生产环境整改、搞好信访这四个方面下功夫。

**【招商引资】** 2017年9月23日，北京展览会上签约了两个项目。盐湖区政府与美农控股（北京）公司签约了投资28亿元的黄河金三角果蔬物流港建设项目，建设国内一流的现代化、专业化农业产品国际贸易平台。山西凯盛生物医药科技有限公司与北京亦庄生物医药并购投资中心签约了年产2000吨盐酸氨基葡萄糖建设项目。

根据园区企业情况做了一个PPT宣传，全方位地展示了园区企业的优势与特点，提高了企业的知名度。

**【企业服务】** 与职能部门联系。加强组织协调，形成工作合力。切实做好上级与园区与企业各部门的协调配合，做好发展项目的报送，促进土地完善手续资料，减少企业有关审批程序等，积极促进园区与企业的建设和发展。

协调矛盾。山西仁核山谷农林开发有限公司，于2011年注册，由天津市龙头企业"津乐园饼业有限公司"控股。以核桃产业（种苗培育、种植、深加工）为主体的大型高科技农业示范企业。项目区5万亩核桃基地建设项目将在五年内（2013年6月至2018年7月）全部实施到位，完成项目总体规划，推动当地农业增效，带动当地农民致富，为运城市的经济建设和社会发展做出贡献。由于土地问题，该公司先暂停发展，为此园区为了使企业继续发展，管委会与三路里村、邵村这两个乡政府联系，争取做好他们的思想工作，解决好村民与仁和山谷公司签订的土地流转问题，使企业能够尽快经营并发展。

与乡镇联合。晋善晋美农产品批发市场是区政府2013年12月引进的一个现代农业重点项目，计划征地1000亩，分两期完成建设任务。一期工程占地500亩。这500亩地，分两次完成规划建设任务，第一次先完成300亩建设任务，第二次再完成200亩建设任务。按照这一规划建设思路，从2014年开始园区管委会先征农民300亩用地任务，截至2016年9月底期间，由于各种原因，已从农民手中征回来土地238亩，还差62亩。企业接到238亩土地后，进行了规划、建设。但在施工建设过程中，除了62亩土地没有征回外，还有100余座坟没有迁出、土地补偿款、地面附着物补偿和清表后推平等问题没解决，直接影响了企业的整体推进建设任务，农业示范园积极与乡政府联合解决晋善晋美征地遗留的问题，争取使企业尽快经营并发展。

**【企业安全生产和环境整改】** 安全生产和环境保护是企业经营管理的重要命题。企业认真贯彻落实国家安全生产法律法规和有关要求，以一级安全生产标准化复评为载体，广泛开展5S、6S管理活动，进一步巩固和加强了安全生产标准化创建成果；深入开展安全生产隐患排查治理活动，切实提高企业的本质安全性；加强职业健康防治工作，确保职工的身心健康；以班组安全建设为抓手，进一步提升企业安全管理能力；加强应急管理，做到超前预防；加强新、改、扩建项目的安全生产和职业卫生"三同时"管理；进一步加强厂区道路交通安全管理，严控事故总量，同时，企业应通过加强环境监督管理，进一步改善作业环境和区域环境质量，保持环境管理体系的正常运行，防止环境污染事故的发生，做好安全生产和环境保护的工作。

【信访工作】 2017年农业示范园区管委会积极采取多项有效措施，加大工作力度，本着"集中领导、统一指挥、分工负责、协调合作"的原则，确保辖区内和谐稳定、人民安居乐业。召开了有关会议，成立了信访维稳工作领导小组，对关于黄河金三角和仁和山谷的信访苗头和不稳定因素进行及时排查，积极与重点人联系，解决主要问题，耐心做好劝导工作，讲明政策规定，及时把矛盾化解在萌芽状态。

## 粮食生产

【政治学习】 2017年粮食局多次召开专题会议，认真学习党的十九大报告、十八届中央纪委工作报告、党章修正案及中央政治局10.27工作会议精神，真正使全员深刻认识学习宣传贯彻党的十九大精神的重大意义。

根据省、市、区决策部署，进一步推进"两学一做"学习教育常态化制度化、开展维护核心见诸行动主题教育活动。结合单位实际情况制定学习教育实施方案，采取周一、周五集中学习的办法，召集机关全体人员系统学习《中国共产党廉洁自律准则》、《中国共产党纪律处分条例》等党内法规，学习《习总书记的成长之路》和《习近平的七年知青岁月》。

【粮食收购】 2017年分别给11家有许可证企业下发文件，要求企业认真宣传、执行国家政策，对农民愿意交售且符合国家质量标准的小麦要坚持敞开收购，做到应收尽收，严禁拒收、限收和停收，严禁压级压价，克扣农民，严禁提级提价，扰乱市场秩序。同时根据实际情况增设粮食收购网点，公布举报电话接受群众监督，有效确保了粮食收购工作有序进行。

2017年盐湖区共收购粮食（小麦）34790吨，其中国有收购25790吨，收购均价1.24元/斤；非国有企业收购9000吨，收购均价1.21元/斤，二级小麦占比达75%以上。

【成品粮储备】 2017年完成了300万斤盐湖区区级应急成品粮的储备任务。为做好区级应急成品粮储备工作，粮食局多次开会讨论，研究制定了区级应急成品粮管理办法及各项管理制度，进一步完善轮换管理和库存监管机制，加强日常监督检查，保证其数量真实、质量良好、储存安全。对7家粮食企业区级应急成品粮的代储资格进行审核通过，并在12月份对各代储企业下拨了第一批代储轮换费用。

4月根据运城市粮局要求，组织相关科室对所有驻盐湖区的国有粮食企业春季安全储粮工作进行了检查，着重对库存粮食数量、质量、账实相符、储备安全、小麦轮换、政策性粮食补贴拨付情况进行了详细检查，对检查出的细节方面存在的问题要求其立即整改或限时整改，对在安全生产工作中出现失职渎职及违规违纪的相关人员从严查处。同时针对下属部分仓房存在渗漏、消防器材配备不到位等现象，积极向盐湖区政府申请维修资金30万元，对存在问题进行了整改。

【粮食市场监管】 2017年共开展粮食流通监督检查15次，其中联合执法检查2次、专项检查3次、一般检查10次，抽检粮油样品55份，粮油质量抽检合格率达98%，盐湖区市场粮油商品质量进一步提高。同时根据上级粮食部门要求，在严格审核的基础上，正着手为11家经营户办理粮食收购许可证换证工作。

加强质量管理，进一步完善军粮供应出入库

检验制度，实行专库保管，专人负责，建立质量档案，确保驻地部队吃上放心粮油；强化安全管理，增强安全意识，明确工作职责，确保了军供粮源稳定、供应及时；严格军供政策，坚持做到执行政策到位，热情服务，在辖区内积极认真开展"军民共建"活动。

【扶贫工作】 2017年粮食局扶贫工作采取综合扶贫措施、结对帮扶的办法，利用各种优势，扎实做好各项帮扶工作，帮助被帮扶的贫困户争取生活上、思想上脱贫。定点扶贫村东郭镇东郭村计划脱贫户数19户，共28人（低保、五保户均不在计划内），2017年已全部签字脱贫，并在村委会进行了公示。

【信访维稳工作】 由于受市场经济体制改革、历史遗留等问题影响，部分粮食企业改制不彻底，包袱沉重，致使企业经营困难，员工基本待遇得不到有效保障，上访事件比较突出。为做好信访稳定工作，粮食局领导干部热情接待来访群众，仔细听取其反映的问题，做好详细记录。对上访人员反映的问题和要求，耐心解答所提出的问题，区别不同情况，有针对性地做说服教育工作，疏导来访人员心态，切实做到把各类问题化解在基层，解决在萌芽状态，坚决遏制到市赴省进京集体上访和群体性事件的发生。十九大期间，粮食局未出现一起越级上访事件。

【培训工作】 2017年粮食局围绕粮食经济工作这个中心，深入学习宣传促进粮食流通和粮食经济发展的相关法律，积极开展《粮食流通管理条例》《中央储备粮食管理条例》《农产品质量安全法》等相关法律、法规的宣传教育。相继建立了公示制度、绩效考核制度、信访工作制度、律师工作制度等和禁止有令不行、禁止办事拖拉、禁止吃拿卡要、禁止态度刁蛮"四条禁令"等，同时聘用了山西方立律师事务所景运欣、吕军峰同志为粮食局下属几个企业的常务法律顾问，传授法律知识，传播法治精神。

【党风廉政建设】 全面落实区委《全面从严治党实施细则》和党风廉政建设责任制，切实抓好全面从严治党主体责任，不断加强党章、党规、党纪学习贯彻，牢铸政治纪律意识。参观区警示教育基地，开展党风廉政教育，以典型案例为反面教材，严明党的政治纪律和政治规矩，引导粮食系统全体人员牢记和遵守中央提出的"五个必须，五个决不允许"等要求，使机关党员干部心有所畏、言有所戒、行有所止。

【一抓双创促三基】 通过开展"五星"级党组织创建活动，组成了坚强有力的领导班子和本领过硬的骨干队伍，健全完善了各股室的制度建设，设立党员活动室。"一岗双责"落实到位，主体责任和监督责任更加明确。责任清单，问题清单切中要害，整改落实清单确保到位。定期召开全体党员大会，党内民主生活会，组织生活会，班子民主生活会，谈心谈话，民主评议党员，使党内政治生活更加健全，更加健康。不定期安排局班子成员及党校教授讲党课，积极组织全体党员分批次参加上级组织安排的各类培训教育活动，提高了党员的素质，增强了党员的党性修养。

【党风廉政建设】 把党风廉政建设作为硬措施、硬任务，始终放在心上，紧紧抓在手上，形成反腐倡廉的整体合力。严格奖惩和责任追究，把党风廉政建设作为促进行风建设的一项重要战略工作常抓不懈，建立预警机制和责任追究办法，特别是对通过群众打分、企业填问卷，存在突出问题和群众反映强烈的股室，采取坚决措施，深挖问题根源，限期改正。

# 畜牧

【生产综述】 2017年，盐湖区共存栏生猪89586头、家禽1336048羽、肉羊100822只、牛3366头。出栏生猪120941头、家禽2387499羽、肉羊65622只、肉牛2130头。肉、蛋、奶产量分别为12618.91吨、6573.1吨和3354.6吨。畜牧业产值达到7.92亿元，牧业收入5.14亿元，农民人均牧业纯收入达到1195元。

【重大动物疫病防控】 2017年猪口蹄疫免疫注射9.76万头，猪蓝耳病免疫9.76万头，猪瘟免疫9.76万头，亚洲Ⅰ型口蹄疫免疫9.06万头，高致病性禽流感应疫119.38万羽，实免119.38万羽，鸡新城疫免疫119.38万羽，免疫密度全部达到100%，有效的控制了恶性传染病在盐湖区的暴发和流行。

动物疫情测报站共监测畜禽血清2383份，其中鸡血清698份，猪血清672份，羊血清861份，牛血清152份，监测禽流感合格率100%，鸡新城疫合格率100%，H7N9监测全部为阴性。猪口蹄疫合格率84.2%，猪瘟合格率100%，猪蓝耳合格率92.8%，羊口蹄疫合格率99.6%，牛口蹄疫合格率95.8%，各种重大动物疫病均达到了省市合格要求。

【畜产品质量安全监管】 强化投入品市场监管。加强对辖区内饲料生产企业和生鲜乳生产收购站的日常监督检查。对盐湖区7个饲料生产企业进行年度备案。对7个饲料生产企业及5个规模养殖场（户）生产和使用的饲料分别进行了取样，对2个生鲜乳收购站及2辆运输车辆的生鲜乳进行了取样，送检样品全部化验合格。按照GSP和《兽药处方药和非处方药管理办法》要求，对盐湖区兽药经营企业的进出货台账、仓库、经营产品等进行监管检查，确保兽药经营可追溯。

加大养殖环节监管力度。围绕动物养殖这个薄弱环节，强化执法监管，严厉打击非法使用投入品，尤其是药品等危害畜产品质量安全的违法违规行为，促使养殖企业依法经营，确保畜产品质量安全。累计出动监管人员200余人次，填写监管记录500余份，与养殖场户签订承诺书1600余份。

开展产地检疫工作。严格落实检疫申报制度，强化规模养殖场产地检疫面，加强对盐湖区动物检疫申报点的管理，全面提升盐湖区的产地检疫率。

加强屠宰检疫监督工作。加强对官方兽医、品质检验人员的培训考核管理工作，实行屠宰企业监管包联，强化检疫申报、"瘦肉精"检测和动物静养等制度，开展畜禽私屠滥宰专项整治活动，规范肉品市场经营秩序。出场肉品检疫合格率、病害动物无害化处理率均达到100%。

【严格畜牧兽医综合执法】 逐步完善畜产品质量安全监管及畜牧综合执法工作机制。完成执法证件审核换证和人员信息注册工作；印发了年度畜产品质量安全监管工作方案、工作计划、权责清单、以及《"双随机"监管实施方案》和危险化学品安全综合治理方案等；层层签订目标责任书和承诺书；组织参加山西省农资打假宣传、科技下乡等活动,发放宣传资料5000余份;开展"动物诊疗专项整治行动"。共出动执法人员500余人次,检查饲料兽药生产经营企业、动物诊疗机构、规模养殖场146个次,市场巡查130余次。受理举报无证生产兽药案件2起,移交空港工商局1起。

【畜产品投入品抽样监测】 2017年盐湖区畜牧局对盐湖区7个兽药生产企业抽取1批,兽药经营企业抽取3批、使用环节抽取3批。饲料质量安全监测抽样抽查2次,22批次,生鲜乳企业抽查2次,6批,畜产品质量安全例行监测抽检26个,其中猪肉2批、鸡肉4批、牛羊肉2批、猪尿12批、牛羊尿6批。全部检测合格。

【畜禽养殖场粪污处理】 畜牧局推进规模养殖场粪污处理设施建设工作,采取"以点带面,示范推广"的模式,选取条件较好的规模养殖场开展试点。2017年已建成粪污处理设施的养殖场分别是运城市鼎鑫养殖有限公司、运城市涑北养殖有限公司、运城市盐湖区广宇家禽饲养专业合作社、运城市康诺牧业有限公司和泓芝驿增奎养殖场。

【畜牧业安全生产运行】 2017年畜牧局成立安全生产活动领导小组,对工作职责进行了明确分工,改良站牵头此项工作,协调中心制定《2017年盐湖区畜牧兽医发展中心安全生产大检查方案》。畜牧局系统上下形成横向到边、纵向到底、责任到人、不留死角的安全生产工作机制。各相关科室从畜产品安全、交通安全、消防安全等六个方面认真开展安全自查活动,积极补措施、堵漏洞,将事故隐患解决在萌芽状态,及时消除不安全因素,有效保障了安全生产,2017年没有发生一起安全生产事故。

【大事记】 5月,盐湖区畜牧局组织有关人员积极参与山西省畜牧兽医局举办的"盐湖的畜牧情"征文大赛,3名同志分别获得了一、二、三等奖。

盐湖区委举办的庆"七一"表彰中,畜牧局党总支被评为"五星级党总支";2名党员分别获得"优秀共产党员"和"优秀党务工作者"表彰;动物卫生监督所党支部获得"优秀党支部"光荣称号。

10月11日-13日,在平遥举办的山西省动物卫生监督技术大比武中,盐湖区畜牧局两名同志分别获得个人二等奖和团体三等奖的优异成绩。

# 国土资源管理

【三基建设】 2017年国土资源局盐湖分局经盐湖区委批准成立局党组,分设四个党支部管理机关的68名党员,先以支部为单元,细化量化每名党员的工作职责和岗位职责清单,再以科室为单元,细化量化每名工作人员的岗位职责清单,形成了"党建分支部、业务分科室"的组织体系,使党建对基层工作实施覆盖。

练就过硬本领,提升三基效能。开展"党员讲党课、全员学业务"活动,各支部每周五组织集中学习、党组班子成员每月上党课、中层正职轮流讲业务,形成以讲促学、以学促干的良好氛围,使全体工作人员政治理论水平和业务素质全面提升。加强机关职能建设,实行大所制改革,配备相应执法管理设备,保障工作经费,执法手段不断创新,破解问题能力不断提升。

【划定永久基本农田范围】 按照国土资源部、农业部《关于切实做好永久基本农田划定工作的通知》精神，围绕盐湖区的耕地保有量63.91万亩和基本农田保有量43.86万亩的任务目标，完成43.86万亩的永久基本农田划定任务。对涉及的14个乡镇155个行政村，完成"四图、四表"和数据库建设，设立保护标志牌171个，与乡镇、村层层签订《年度耕地保护目标责任书》，压实保护责任，确保耕地面积不减少、用途不改变、质量有提高，并通过省市验收。

【做好农村土地整治工作】 为确保盐湖区耕地面积不减少，建设用地有保障，国土局结合盐湖缺乏后备资源的实际，探索出台《关于鼓励社会资金参与实施土地复垦开发项目的暂行办法》，破解占补指标不足的难题，缓解用地压力。2017年已完成的2个项目正在验收，还有4个项目正在审批，全部完成后将造地300余亩，为盐湖区增加周转指标。

【年度城镇地籍调查和变更工作】 结合2016年土地变更数据调查，盐湖区城镇总面积达到8405.47公顷①，其中商服用地652.65公顷，工矿仓储用地1699.75公顷，住宅用地2682.30公顷，公共管理与公共服务用地1381.57公顷，特殊用地55.56公顷，交通运输用地1428.16公顷，水域及水利设施用地83.83公顷，其他用地421.65公顷。变更调查828个图斑，面积5826.3亩，经核查2017年全区新增建设用地1890亩，耕地减少1558亩。

【强化法治国土】 严厉打击涉土涉矿违法行为。有力推进国土资源违法行为"早发现、早制止、早处置"的三早机制的落实，严肃查处个类违法违规用地和涉矿行为。2017年共立案查处138宗，下达处罚决定110份，收缴罚款490.107万元。移交涉嫌犯罪案件9宗，移送纪检监察部门15宗，申请法院强制执行106宗，依法拆除违法占地4宗，拆除建筑面积15439.1平方米。

为保障盐湖发展需求，编制完成《盐湖区土地利用总体规划（2006—2020年）调整方案》，新增规划指标1.84万亩，其中六大园区1.4233万亩，省市重点项目0.4167万亩，满足了盐湖"十三五"期间的发展需求。

保障建设用地需求，认真做好土地报批工作。2017年已完成上报两个批次和一个单独选址项目用地，其中两个批次955亩，蒙华铁路单独选址项目1410亩。2017年共报批建设用地2365亩。

持续推进挂牌出让，进一步增强供地能力。依据国土资源部第39号令《招标拍卖挂牌出让国有建设用地使用权规定》，2017年供应国有土地8宗，面积1115亩，收缴土地价款9419.6万元，创造利税600余万元；收缴矿产资源补偿费9万元。正在组织挂牌供地3宗，面积215亩，挂牌成交后可收缴土地价款1.2亿元。

规范土地登记和抵押登记工作，为企业融资保驾护航。面对经济下行压力不断加大，对于各重点项目普遍短缺资金的困扰，国土局创新工作模式，实行动态管理，最大限度为企业提供服务。办理不动产初始登记102宗，办理国有建设用地使用权抵押登记22宗，登记抵押金额3.42亿元。

---

① 注：1公顷=10000平方米

【强化服务群众】 建立多渠道的征地补偿安置机制，完善征地风险评估制度，加大补偿安置工作力度，对盐湖段蒙西铁路和南同蒲电气化改造两个项目的地上附着物及青苗进行补偿。切实维护农户切身利益，公开、公平、公正地服务民众，确保失地农民生活水平不降低，长远生活有保障。

【地质灾害防治】 国土资源局盐湖分局对盐湖区的地质灾害隐患点逐一进行排查，制定《盐湖区2017年度地质灾害防治预案》，修订《运城市盐湖区突发性地质灾害应急预案》，与涉及的9乡28村签订《地质灾害防治责任书》，构建各片区地质灾害防治和应急防治体系。积极开展席张乡、陶村镇地质灾害搬迁工作，30户已竣工，其中24户已搬入新居，15户正在施工建设，2017年底前全部主体完工。东郭镇上月沟泥石流治理项目，10月份已经市国土局初验工作，正在按照专家反馈进行整改，年度前报省国土厅验收。

【信访工作】 严格贯彻"首问负责制"，做到来访有记录，来信有答复，处理有反馈，对来访人员"不打官腔，不绕弯子，不踢皮球"。2017年共接待群众来访30余人次，受理信访案件14件，基本上都得到了妥善处理。"运城市盐湖区城乡建设领域稳定风险源头化解"专项行动中，国土资源局盐湖分局督导的土地征收类和土地资源管理类信访案件28件，3件已进入司法程序，25件全部化解息诉，并通过了省督导组的验收。

【农村集体建设用地和宅基地使用权确权登记发证】 国土资源局盐湖分局经过两年的努力，完成91.71平方千米13.3955万宗的地籍调查工作，形成调查档案120081宗，建成盐湖区农村集体建设用地和宅基地使用权数据库，并通过省市局联合验收。

【精准扶贫】 根据区委精准扶贫工作部署，国土局68名党员、积极分子深入冯村乡七个村，因户施策，精准帮扶，2017年已有6村9户24人申报脱贫，已如期脱贫。

【执纪问责】 坚持把纪律和规矩挺在前面，以习近平新时代特色社会主义思想和党的十九大精神为指引，按照落实全面从严治党责任的工作要求，梳理风险防控清单，制定防控措施，筑牢反腐败的堤坝。严格执行中央"八项规定"精神，坚持不懈纠正四风。

围绕中心工作，结合岗位抓监督。对单位"三重一大"决策、"三公"经费使用、考勤、中心工作完成等情况进行监督。依照层层负责的"一岗双责"工作制度，对敷衍推诿不负责任的，进行提示提醒谈话，直至责任追究，督促工作落实。

严肃查办违纪案件。对中心工作、重点工程项目等提前介入、全程跟踪、严格监督，坚持零容忍。对监督发现有玩忽职守、吃拿卡要、索贿受贿、贪污腐败等问题一经查实，严格进行追责，涉嫌犯罪的移交司法机关。通过执纪问责手段，营造风清气正的政治生态。

# 果 业

【技术培训】 2017年以来，果业中心特邀省果树研究所、山西农大、市果业发展中心等专家教授，举办300余人参加大型培训5大场；组织乡村两级举办果园管理技术培训30余场次，并畅通果农热线服务电话2278280，及时解决果农生产中的疑难问题。对酥梨、红香酥梨、苹果主要推广土壤改良、间伐改形、控水控产、适时采摘四大关键技术来促进品质提升；对新建果园主要通过引进新品种和宽行栽植（便于机械化生产）为后续发展打好基础；对近几年发展较快的桃园，主要通过优化品种来提高效益；对葡萄、冬枣这种对雨水敏感的果品主要通过设施栽培来规避自然灾害。

【病虫害无害化防治】 2017年3月底4月初，与中国农科院蜜蜂研究所合作，在泓芝驿镇孙余村、龙居镇王南村推广蜜蜂授粉3000亩；5月底，在泓芝驿镇推广赤眼蜂防治梨小食心虫200亩；在龙居、泓芝驿镇推广迷向丝防治梨小食心虫3000亩，通过新技术示范推广，使梨农对生物防治和蜜蜂授粉的效果有了更深刻的认识，为水果品质提升打好基础。

【推进果园机械化】 2017年3月3日在龙居、8月4日在上王召开2次"果园机械现场展示展销暨果业提质增效培训会"，现场展示、演示了园艺类、植保类、防冻器、开沟机、粉碎机、割草机和打药机等各类果园机械，在果农中引起了很大反响，通过果园机械化有力地助推了果业现代化。

【新品种引进】 2017年3月8日，从省农科院调回玉露香接穗3万条，用于高接改优。3月23日，技术骨干在上王乡垣峪村举办玉露香嫁接技术培训会，并作现场示范。2017年在上王、泓芝驿、北相、龙居等地发展玉露香3000亩。在金井、泓芝驿发展早酥红1000亩，其中早酥红因色彩艳丽美观，在重阳大庙会、第二届果交会上受到客商和游人的极大好评。

【示范园区建设】 按照"政府组织、政策引导、科技支撑、农户实施"的思路，2017年重点建设了三个标准化示范园：在孙余村建设100亩酥梨标准化示范园、在王南村建设100亩红香酥梨标准化示范园、在王范乡建设200亩设施葡萄示范园。通过蜜蜂授粉示范、放置迷向丝、释放赤眼蜂、推行果园机械化，推广四大关键技术、批量增施有机肥等综合管理措施，示范园区亩效益8000—15000元，辐射带动周边果农提高管理水平。

【营销宣传】 2017年1月，盐湖酥梨获批使用"生态原产地保护产品"标志；3至5月，积极参加第二届"花之海·俏运城"美丽乡村游的梨花节、桃花节、玫瑰花节活动；5月13至14日，果业中心组织5家合作社参加了霍尔果斯水果推介会；6月5日，《经济半小时》专题播出《运城梨的重生》，对盐湖酥梨的基本情况、发展历史、品质提升进行了全方位、多角度的宣传报道；9月12至14日，在现代农业示范园区火龙果基地接待了"特色农业看运城"采风行的全国40余家主流网络媒体；9月15日，全区8万亩酥梨生产基地被认定为国家级出口食品农产品质量安全示范区。

【果品和果库安全生产】 加大宣传力度，通过食品安全周、科技宣传周等平台，引导果农在生产中减少化学农药使用，化学防治时选择低毒、低残留的无公害植物源、矿物源以及生物农药，确保果品质量安全。把果库安全作为常态化工作，联合区安监、质检等相关部门对全区果库进行定期、不定期的检查，对老果库进行检查督促，提档升级；对新果库健全准入制度；对下发整改通知的果库持续关注，督促整改。

# 林　业

【概述】　2017年，盐湖区林业局根据区政府工作报告提出的年度造林绿化目标任务，按照"主动谋事、务实干事、真诚共事、勇于成事"的工作要求，全面实施三个推进计划，以打造"五型政府"为指引，着力构建绿化新格局。2017年全区共栽植大小苗木219.7万株，运城市盐湖区两级规划的各项造林绿化工程已基本完成。

【造林绿化工程】　2017年盐湖区林业局用一个多月的时间，共计栽植各类苗木147万株，投资6370万元。完成了运城南绕城高速公路两侧绿化工程，皂荚创新科技示范园栽植工程，常平高速口绿化造型工程，关公南广场景观造型绿化工程。通过虞坂古盐道旅游公路绿化工程的建设，采取社会出资以苗圃形式在政府提供的合作地块打造林带，在保证整体林带景观效果的前提下，用隔一间一的方式进行苗木分红，积极探索生态造林创新机制，吸收社会资本，采取PPP模式和林业分红等方式，投入林业建设，减轻财政负担，达到了良好的效果。

在三路里村、墩张村栽植双季槐2000亩，石碑庄建设100亩日光温室冬枣示范园，四十里岗建设200亩甜柿高接改优示范区。将双季槐、皂荚产品深加工列入产业发展规划，盐湖区林业局与中国网库集团签署了中国双季槐产业电子商务基地项目合作协议，借助中国网库的平台，提高双季槐产品的销量。盐湖区山西康提潞槐米开发有限公司历时三年创新研制出槐米香茶的配方和生产制备工艺，并获得国家知识产权局"发明专利审查合格证书"，在山西省属首家。帮助绿源春公司与北京绿伞化学股份有限公司签订了协议，双方达成天然皂液合作意向。

【强化林木管护】　通过开展城乡环境集中整治攻坚行动，改善了城乡人居环境，盐湖区580余千米的绿色通道林带整治取得了阶段性进展，为推进城乡生态一体化奠定了坚实基础。主要突出以下几点：林木管护认真贯彻落实"谁地谁管"的属地管理政策；健全管护长效机制，组建护林专业队，完善护林制度；对现有树木和新栽树木实施精细管护；进一步健全完善了林木管护验收考核机制，严格按考核结果兑付管护补助资金。进一步探索政府购买服务模式，招引专业管护队伍，建立长效机制。

# 农　机

【农机购置补贴政策】　为了落实好2017年的农机购置补贴新政策，根据山西省运城市关于做好2017年农机购置补贴工作的通知精神，农机局调整了农机补贴领导小组，和财政局联合印发了《关于做好盐湖区2017年农机购置补贴工作的通知》，2017年的新政策传递工作，采取四项措施：借助新闻媒体广泛宣传新办法；利用乡村公开栏公示补贴程序；组织工作人员进村入户讲政策；热线电话给力补贴政策咨询。2017年共使用农机补贴资金321.5万元，补贴各类机具1385台件，收益农户1266户。

【农田农机化作业】　为抓好2017年的春季农业

生产，农机局集技术培训、安全监管、机具检修于"三位一体"，全力推进农机春耕春播。加强组织领导，周密安排部署；加强政策引导，落实机具；加强技术指导，搞好后勤服务。

在三夏工作中，大力培育和扶持农机专业合作社、农机服务组织、农机大户积极参加农机跨区作业，组织合作社推行订单作业、承包服务、一条龙保姆式服务，全区夏收工作成立了一个指挥中心、四个技术服务队，达到了四个统一。

【农机安全监管】　2017年农机局认真开展有关农机法律法规和农机安全生产的宣传，坚持"安全第一，预防为主，综合治理"的方针，认真落实农机安全生产的各项责任，结合农时季节及"安全生产月"，积极开展农机安全专项整治、农机安全生产"打非治违"和变型拖拉机整治专项行动，强化内部管理，积极开展优质服务，深入开展农机安全生产专项整治"平安农机"创建活动，取得了较好的成绩。2017年盐湖区没有发生一起农机安全事故，确保农机安全生产。抓农机打假，维护消费者权益。

【宣传农机消费者合法权益】　为了切实维护广大农机消费者的合法权益，3月15日，农机局深入到农机销售企业，通过发放资料、现场咨询、版面展示等形式向广大群众宣传农机产品质量和消费维权知识、相关法律法规，现场向群众发放了《当代农机》《农机科技推广》《农机质量投诉监督管理办法》等资料。当天现场共计发放宣传资料800余份，回答农民提问40余条，对提高广大农民群众的农机质量维权意识起到了良好的宣传促进作用。

【农机新技术新机具推广】　根据盐湖区现代农业的发展要求，农机局在加大农机新技术新机具的推广普及力度方面主要做了三方面工作。大力推广现代物理农业新技术新装备在设施农业领域的应用；做好双季槐的深加工的装备引进的试验示范工作；推广普及无人机植保飞防作业在盐湖区农业生产中的应用。2017年，盐湖区境内作业量达到5.73万亩。

【农民培育项目】　2017年，上级农机部门下达盐湖区的农农机深松整地项目100万元，新型职业农民培育项目10万元，这两个项目根据山西省、运城市、盐湖区的安排，严格按照要求，强化领导，突出重点，正在按项目实施方案要求和项目建设目标任务组织实施。

# 水利

【概述】　2017年盐湖区水务局共争取水利资金6446万元，新增和改善农田灌溉面积6.7万亩，整治河道28.06千米，解决4635人的饮水安全问题，完成灌溉面积70万亩，征收水资源费580万元，完成年水产品产量650吨，总产值1650万元。

【河长制工作】　盐湖区列入区级河长制管理的主要河湖共5个，即4河1湖，构成全区实施河长制工作的河湖管理体系，分别是涑水河、姚暹渠、青龙河、五龙峪和鸭子池。根据盐湖区委、区政府6月23日正式印发《运城市盐湖区全面推行河长制工作实施方案》，主要做了5个方面工作。

通过建立区、乡、村三级河长制体系，成立盐湖区"河长制"办公室，实现了河长制全覆盖，为有效推进河长制工作提供了坚实的组织保证；确定区乡两级河湖名录，明确河流长度、水面面积、河湖长姓名和联系方式，通过新闻媒体，对区乡两级河（湖）长名单进行公示公开，做到目标明确、职责到人。

建立健全工作制度，积极研究建立河长会议制度等六项制度，要求全区22个乡（镇、办）结合实际出台乡级制度；编制"一河一策""一河一档"，2017年已形成初稿。

广泛宣传，通过《盐湖新闻》、"盐湖政务公众号"、《今日盐湖》、"盐湖河长制微信公众号"等媒介及时给予了广泛宣传，设立了区、乡两级河长制公示牌17块，广泛接受群众监督。同时，积极整改中央环保督察反馈问题，采取加大城市黑臭水体治理、开展涉水环境综合整治，严格地下水管理保护和水岸线管控等措施，推进河长制工作全面有序开展。

【北赵引黄二期末级渠系配套工程】 盐湖区北赵引黄二期末级渠系配套工程是省市重点水利建设项目，同时也是盐湖区2017年十大重要民生项目之一。工程总投资5462.57万元，涉及上郭、上王、三路里三个乡镇14个行政村。主要建设内容为：铺设PVC管道386千米，配套控制阀井461座，泄水阀井487座，排气阀井37座，减压阀井6座，联合阀井88座，镇墩1305座，给水栓消力池5238座，预制砼套管49处，过路顶管3处，压力池4座。

工程实施后，可新增和改善灌溉面积6.7万亩。以引黄水作为灌溉水源，有效改善项目区灌溉条件，增强土壤保肥性，达到增产丰收的目的。

此项目于2017年10月26日召开了动员会，预计12月底前完成主体工程建设任务。2017年，前期各项准备工作已全部完成，施工单位已进驻工地，工程建设全面启动。

【水库移民工程】 2017年共争取移民项目资金863万元，共19个工程，主要涉及冯村、王范、陶村等5个乡镇16个行政村，2017年已完成3处，分别是冯村文化活动中心、郭西庄村日间照料中心和姚张村舞台建设工程。其余16处工程已全面启动，快速推进，其中，移民增收项目2处，分别为机井更新配套和管道灌溉工程；美丽家园建设项目14处，分别为道路硬化、道路排水和文化活动中心建设。

【农村饮水安全】 2017年农村饮水安全工程涉及上王乡上王村和席张乡柴家窑村，总投资50万元，主要工程建设内容：新建300立方米蓄水池1座，更新水源井1眼，铺设管道1.05千米。项目于2017年11月开始实施，计划于年前完成工程建设任务。实施后，可解决4635人的饮水安全问题，提高东底集中供水工程受益村3万余人的供水保证率。

【水土保持】 2017年初，水务局抓住黄金时间节点，迅速展开盐湖区2014至2016三年的农业综合开发水土保持工程苗木补栽，共补栽水保林苗木3300株，补栽梨树、杏树、山楂等经济林苗木2.2万余株。同时，投资7万元对杨家门骨干、邵村中型两座淤地坝进行了维修养护，主要对坝体冲坑、陷穴及裂缝进行土方加固处理，动用土方量997平方米，硬化坝顶破损道路202.5平方米，有效解决了坝体遇雨水冲刷问题等问题。

【节约用水】 2017年共完成节水灌溉工程两

处，分别是陶村镇石碑庄鑫丰农场和王范乡姚张庄村明豪冬枣滴灌工程，总投资63万元，主要工程建设内容为：安装首部枢纽（过滤器和施肥罐）3套，铺设管道27.6千米，滴灌带128.5千米。目前，项目已完工，并通过了验收，共新增滴灌面积900亩，有效提高了项目区水利用率，达到了节约用水的目的。

积极开展宣传，提高节水意识。通过"3·22世界水日"，"3·22—3·28中国水周"采取多种开展宣传活动。2017年共发放节水宣传手册8000本，制作安装宣传版面10块，在青少年节水教育基地对全区300余名中小学生进行节水教育宣传，在盐湖区营造了节约和保护水资源的浓厚氛围。

【水资源管理】 严格机井审批，抓好取水许可。始终按照"合理更新、严格控制"原则，严把建设项目水资源论证审查、取水许可审批"关口"，对不符合产业政策、高污染、高耗水的项目绝不予以审批，2017年共审批更新机井30余眼，同时，严格控制用水总量，压采地下水360万方，将全区取用水总量控制在许可范围以内。

明确目标责任，强化足额征收。为确保取用水计量设施的正常运行，通过取用水计量设施建设、加强管理和维护工作，建立完善计量与收费分离监督、水资源费台账日常管理制度等措施，加强依法按量计征，2017年，已征收水资源费580万元；

加强水政执法，维护水事秩序。2017年处理违法取用水及凿井案件18起，其中2起立案，16起现场填埋办理。2017年，全区共有地热井56眼，46眼已启动司法程序，在人民群众心中形成节约保护水资源意识。

抓好"三条红线"，实行最严格水资源制度。通过建立取用水总量控制指标体系，严格计划用水和定额用水管理，会同环保部门加强入河排污口管理等措施，推进最严格水资源管理工作开展。

【河道管理】 姚暹渠维修养护及日常管理工作累计投入资金25万余元，维修养护堤防长度21.86千米。主要内容是对姚暹渠渠堤抢险通道进行整修、动物獾洞、陷穴开挖回填、阻水垃圾和生活垃圾清除。2017年共完成整修抢险通12.89千米，渠堤内边坡整修6.02千米，处理动物洞穴2处，开挖、回填土方1114.5立方米，部分渠堤填筑土方50立方米；清理建筑及生活垃圾40立方米，设立警示牌14块，喷涂警示碑13块，喷涂警示桩500余块。同时每月对姚暹渠堤防抢险通道及内边坡进行化学药物除草，以确保河道行洪畅通。还完成涑水河冯村至泓芝驿段的维修养护、环境整治和青龙河清淤清障工作，共投入资金19万余元，确保了河道畅通无阻，行洪安全。2017年共查处河道违法案件4处，违法占用河堤违章房屋1处，河道内违法堆积木料1处，违法设立电线杆侵占河堤2起。

【防汛工作】 针对2017年汛期复杂多变异常气候现象和防汛工作面临的严峻形势，水务局制定了2017年防汛工作要点，组织召开了盐湖区2017年防汛抗旱工作会议，盐湖区政府主要领导与各乡镇签署了防汛责任目标书。

明确了各乡（镇、办）、村级防指及防指各成员单位防汛工作职责和任务，要求自5月26日至9月30日执行24小时领导带班值班制度，主动掌握雨情、灾情信息，第一时间做好上传下达和预警工作。严格落实行政首长负责制为核心的各项防汛安全责任制。

汛前修编完善了盐湖区防汛抗旱应急预案1份、乡级防汛预案22份、村级预案279份；山洪地质灾害县级预案1份，乡、村级预案107份，防汛工程预案19份。

汛前按照规定做好了物资储备工作，主要有编织袋4万条、铅丝2吨、木材100方、铁锹300把、帐篷6顶、潜污泵8台、发电机2台、铲车2辆、钩机2辆、应急照明工具300件、雨具等，全区22个乡（镇、办）都按照要求储备了一定数量的防汛物料。

盐湖区共成立了8支160人的巡查队伍，在汛期对盐湖区范围内姚暹渠、涑水河、12座水库、44条边山峪口、34座淤地坝，进行24小时不间断巡查。同时，大力开展群测群防，在全区22个乡镇办279个村成立了279支群众抢险队伍，共5580人。

共组织涉及防汛责任人、乡村两级监测预警人员、危险区群众等开展岗位和防汛知识培训3场500余人次。7月8日，对盐湖区238名防汛抗旱责任人进行了集中专项培训，组织乡村两级开展防汛演练15次，不断提高群众防范意识和避险意识。

【抗旱工作】 2017年入夏盐湖区再次遭受旱灾，从6月上旬至7月下旬全区无有效降水，降水量仅有51.2毫米，同比去年减少了74.3毫米，伏旱较重。旱情发生后，水务局立即启动抗旱应急预案，多措并举全力抗旱，共开动机井3200余眼，夏浇累计灌溉面积33.044万亩，其中水井灌溉15.365万亩，引黄灌溉13.369万亩，小型水利工程0.31万亩，喷、滴灌4万亩。2017来共更新维护各类供水设备30余次，开展供水抢修48处，检修管道9800米，改线200多米，检修阀井25处，在南山绿化引水工作中，积极配合相关单位，共完成水井接口15处，安装引水管道3646米，各类管件300余件。

【安全生产】 2017年，水务局认真按照盐湖区政府关于安全生产工作安排部署，抓好会议和文件精神的贯彻执行，结合工作实际，制定并出台了《盐湖区水务局2017年度安全生产工作计划》《盐湖区水务局2017年安全生产大检查实施方案》《盐湖区水务局2017年安全生产活动月实施方案》等9项实施方案。签订安全生产目标责任书；进一步完善制度，堵塞安全漏洞；坚持预防为主，加强水库、河道和边山峪口的日常巡逻，及时解决发现的隐患和问题；对源水、出厂水、管网水进行常规指标自检，强化源头治理；广泛宣传，普及安全知识，积极开展安全生产活动月活动。

2017年共开展安全生产大检查2次、"反三违专项行动1次"，"知责履责、失职追责"专项活动1次，危险化学品安全综合治理1次，电气火灾综合治理1次，各项行动的开展，营造了良好的安全生产秩序。

【地热井管理】 针对地热井管理问题，水务局对运城市区范围内的所有地热井进行了全面摸底调查，并确定共有地热井数量56眼，目前正在按照相关规定，启动法律程序，要求其办理取水许可手续。

【环境整治】 2017年水务局重点对涑水河、姚暹渠、青龙河、五龙峪、中小型水库等河库周边环境进行了整治，通过前期全面摸底调查，从3月份开始，共出动挖机、铲车、运输车等各种机械200余台次、组织周边村民1000余人次，共清理杂草、堆石、渣土等垃圾2500余立方米，打捞安邑水面漂浮物500余方，制作80余块警示牌，喷涂500余警示桩。通过多种措施，切实解决了垃圾围河问题，有效改善了河道和水库库区周边环境。

**【精准扶贫】** 2017年水务局对上郭乡6个村利用技术、项目、政策和物质帮助等措施进行扶贫。重点对盐湖区贫困村山门村的贫困户现状进行了全面摸底，全村共有80余户，176人，9名党员，大多数村民长期在外务工，村内留守多属老弱病残。抽调了3名有责任心、能吃苦，敢担当的干部长期驻村开展工作。

与3户贫困户进行医疗"双签约"活动，由上郭乡卫生所提供每年2次的医疗救助；配合区扶贫办和区林业局完成山门村中润垣槐米种植合作社文冠果产业项目验收，改善产业结构；在重阳节前为全体村民免费体检，并向25名老人送去节日祝福和棉被；做好脱贫工作的数据统计汇总和报送工作。

## 引 黄

**【孙坞北扩北相段工程】** 孙坞北扩工程设计灌溉面积3万余亩，设计流量0.86立方米每秒，渠道总长度9.06千米，灌溉范围涉及盐湖区北相镇和鸿芝驿镇，工程包括提水泵站、输水管道及配套建筑物，总投资1205万元。2017年北相段1.03千米输水管道已完工，这标志着孙坞北扩二期工程全面完工，可以投入使用。

**【峨嵋分干二期上郭段管道铺设工程】** 峨嵋分干二期工程项目包括提水泵站、输水管道及配套建筑物，总投资2270万元。此项工程的建成可改善冯村乡、上郭乡、三路里镇三个乡镇3万亩农田的灌溉问题，使沿线群众受益。2016年提水泵站和配套建筑物已完工，2017年重点工程是完成上郭段3千米管道铺设工程，总投资1030万元，已顺利完工，具备通水条件。

**【引水灌溉】** 2017年年初上水前，该局开展了以"全覆盖、零容忍、重实效"为主题的安全上水专项整治活动。对渠道进行了除杂草、除杂物和清淤工作，对泵站的线路机电进行了大检修工作，针对年初旱情较为严重的情况，积极发动群众、多方协调水源、早开机、早上水，圆满完成了抗旱保丰收任务。至2017年11月底已完成引黄上水1250余万方、浇地19万亩次，圆满完成年初制定的目标任务。

**【供水】** 做好北城水库的供水任务。全年为北城水库补水500余万方。

## 蔬菜生产

**【蔬菜生产建设】** 2017年初对盐湖区蔬菜产业发展情况进行大调研，掌握了各乡镇蔬菜生产最新动态，探索出发展新模式。

聘请国内知名专家及本土专家，形成线上线下技术指导服务。2017年举行大型培训会2次，小型培训、巡回讲座20余次，深入田间地头的培训80余次，线上解决菜农提问300余次，真正做到线上线下技术服务全覆盖。

蔬菜中心出台了无公害认证补贴方案，6月进行了无公害蔬菜产品认证知识培训，加快盐湖区无公害蔬菜产品认证进程。

配合农业产业布局调整，为打造涑水河沿线万亩果蔬休闲观光农业带提供技术支持。推广"日晒高温覆膜法"防治韭蛆新技术，促进盐湖区韭菜产业品质的提升。9月2日，在王范乡刘村庄承办运城市"日晒高温覆膜法"防治韭蛆新技术示范会；引进蔬菜新品种，推广植物补光灯、臭氧发生器、电控电场防病、自动放风等新技术，为打造涑水河沿线万亩果蔬休闲观光农业带提供技术支持。

加快农业提质增效，为王范乡200亩甜瓜示范园建设做好技术指导。6月份与国家西甜瓜产业技术体系渭南综合试验站对接，中心组织技术人员和盐湖区西甜瓜种植户优秀代表共计三十余人，赴陕西省渭南市参加2017年西甜瓜新品种渭南品鉴暨产业发展提升会议，引进了新品种、新技术，为王范甜瓜示范园提供可靠的技术支持。

【蔬菜市场管理】 按照"五城同创"要求，规范市场管理。规范市场经营秩序，严禁场内乱设摊点，保持道路通畅，建立环境卫生长效机制；对市场下水管道进行升级改造，解决了市场雨季积水问题。

完善各项规章制度，开展食品、消防安全大检查。对所有经营户的卫生条件、商品存放、电路设施、恒温库等隐患进行彻底整改；利用安全生产宣传月活动，进行安全知识宣传和消防安全培训，提升商户的安全意识，提高突发事件应急处理能力。

完善市场安全监控体系。全面完成蔬菜、粮油、果品交易区商户的证照审验办理工作，要求商户建立购销台账，加强蔬菜产品检测，实行市场准入和产地追溯制度，确保商户合法经营。

增加市场收入，加快偿还债务。经过市场管委会进行分析研判并与各商户沟通，5月16日启动收取交易费，运行以来每天收入约万元，预计全年增加500万元，上缴税费100万元左右，同时加快偿还债务速度。

依法解决蔬菜批发市场产权之争。理清思路，摸清底数，运用司法手段，组织相关人员，核实市场债权债务，明确市场产权归属，同时为蔬菜批发市场下一步改制做好准备。

【机关建设】 努力强化机关干部职工业务知识学习。组织学习习近平总书记系列重要讲话精神及十九大精神，强化中心全体干部职工的思想素质和业务能力，推进机关各项工作扎实开展。

强化机关支部建设，充分发挥基层党组织的战斗堡垒作用。对党费缴纳情况进行检查，扎实开展党内组织生活，落实中心"三会一课"制度，建立经常性的提醒和批评制度，推动党内政治生活规范化、制度化、常态化。扎实推进王范乡精准扶贫工作，要真情帮扶，帮出实效。

注重实效，认真履行党风廉政建设责任制。蔬菜发展中心按照《条例准则》，制定实施方案，开展专项检查，落实党风廉政建设目标责任制，深入推进反腐倡廉工作。

完善机关制度建设。将学习市委常委会议精神与"两学一做"学习教育常态化制度化和开展维护核心见诸行动主题教育紧密结合起来，完善机关各项制度，实现机关作风建设制度化、常态化。

# 工 业

## 商 务

**【2017年各项指标完成情况】** 社会消费品零售总额：全年完成245亿元，增速7%，完成目标任务。

外贸出口额：全年完成24258万元，完成目标任务。

万元GDP综合能耗：全年下降3.9%。完成目标任务。规模企业现价工业总产值：全年完成84.3亿元，同比增长13.1%。

规模企业工业增加值增速：全年实现工业增加值11.6亿元，增速为6.6%，完成目标任务。

工业新兴产业投资占比：全年占比增长15.6%，完成目标任务。

**【帮助企业排忧解难】** 面对2017年严峻的经济形势和低迷的市场态势，为了使盐湖区工业企业尽快走出困境，实现转型跨越，盐湖区经信局坚持问题导向，帮助企业排忧解难。通过落实"13710限时办结制"、建立入企服务台账、落实"三个清单"，保证了企业存在的问题件件有回应、件件能落实。8月1日，盐湖区服务企业营商平台在市区晋陕豫金融中心启动。通过这个平台，盐湖区18个相关职能部门对企业的审批审核、申办、受理诉求等的流程实行科学重组和深度整合，最大限度压缩办理时间，为招商企业提供高效便捷的政务服务。根据"运城市工业龙腾虎跃转型发展计划"及市经信委的安排部署，结合盐湖区工业发展实际，制定了《运城市盐湖区实体经济发展推进计划实施方案》《运城市盐湖区工业经济专项行动实施方案》《运城市盐湖区工业"512"发展计划》等三个重点支持实体经济发展的重要文件，以聚焦工业优势龙头骨干企业，加大帮扶支持和培育力度，建立完善服务企业长效机制，努力实现盐湖工业转型跨越发展为总目标。根据实施方案的要求都配套成立了推进领导小组及办公室，并下发了《关于认真做好<盐湖区贯彻落实'运城市工业企业龙腾虎跃转型发展计划'的实施方案>实施工作的通知》，建立包联责任部门联席会议制度，协调解决企业发展中遇到的实际问题。通过坚持问题导向，为企业排忧解难，盐湖区经信局准确把握了解企业的运行动态及发展规划，制定出本部门具体推进方案或实施办法；各推进单位制定出所包联企业的培育工作推进计划，明确具体措施及时间表。收集企业的意见和建议，发现和解决工业经济运行中的主要问题，保障企业正常的生产经营秩序，确保盐湖区规模工业稳定健康发展。通过努力，部分问题得到了圆满解决，如国土部门对奇星农药、同杰化学制剂、飞宇建材等在政策范围内土地手续还不完备的企业加紧办理，已将相关手续上报省国土厅等待批复；针对博鸣木业和运城制版反映的交通隐患问题，根据道路情况，盐湖区经信局分别采取了设置减速带爆闪灯和固定测速设备的方式，为企业排除隐患；针对企业反映用电负担重的问题，区经信局通过摸底调研，对符合政策的企业申报了直供电交易申请，共有南风化工、龙飞有色、石药银湖、威顿水泥四家企业申报成功，预计可节约生产用电成本600万元。

**【助推企业升级改造】** 先后组织企业赴德国法兰克福秋季消费品展暨礼品展览展示活动，赴太原参加了运城市与驻并金融机构负责人恳谈会，通过走出去与当地政府、企业找到双方利益的契合点，打造合作的闪光点。9月23日，盐湖区经信局组织20家重点工业企业参加在北京海淀区举行的盐湖区2017招商引智恳谈会，对盐湖新型工业产品进行展示，加强了与京津地区龙头企业的项目对接进程。通过牵线搭桥，山西凯盛生物科技有限公司与北京亦庄生物医药并购投资中心签订投资3亿元的年产2000吨盐酸氨基葡萄糖建设项目。12月11日，盐湖区经信局又组织部门重点企业赴上海参加盐湖区2017招商引智（上海）恳谈会，对盐湖高新技术产业开发区及重点工业项目进行了宣传推介。进一步加大政府引导力度，发挥人才对科技创新的引领作用，用好盐湖智库中的优秀人才，联络各行业领军人物、高端科研院所的院士专家，加大与大专院校、科研院所进行多种形式的深度合作，带动全区创新技术提升。2017年，通过努力山西寰烁科技吴建平院士专家工作站和山西寰烁教育赵沁平院士专家工作站正式成立，成为运城市信息技术领域的第一批院士专家工作站，对推进全市高新技术产业发展、助力实体经济转型具有重大而深远的意义。盐湖区经信局积极引导企业将品牌建设作为提升产品竞争力、提高和扩大市场份额，增加企业利润的重点工作来抓，2017年有寰烁科技、奇星农药、宝路加3家企业申报了市级企业技术中心并获得批准。

**【实现企业智能升级】** 信息化与工业化的融合，以及随之而来的智能化是工业发展的必然趋势。为了使盐湖区工业企业实现管理理念和生产技术的升级换代，盐湖区经信局积极开展两化融合工作。2017年，盐湖区经信局开展了企业两化融合评估诊断和对标引导工作，通过企业在线填报评估表格，详细了解盐湖区企业信息化推进情况；盐湖区经信局先后举办百家企业进课堂，组织企业参加第五届电子信息博览会、召开信息化推进工作座谈会等机会，通过参观学习，使盐湖区企业提升了对"中国制造2025"认识，提高了企业对研发、生产、管理、服务智能化水平投入的积极性。区经信局结合企业信息化发展程度，通过认真梳理，推荐了寰烁电子、国强高科等企业申报山西省大数据及信息化发展专项资金，共申请信息化专项资金120万元。

**【企业减负】** 在落实省政府减负政策，切实减轻企业负担工作方面，盐湖区经信局积极履行减轻企业负担联席会议办公室的职责，通过干部入企宣传、向企业发放张贴宣传牌、发送电子邮件和召开联席会议安排部署等形式，广泛深入地向全社会、企业、职能部门进行政策宣传，为盐湖区加快落实减负工作营造了良好氛围。同时，及时协调各职能部门重点对省政府督查中没有落实或落实还不到位措施的整改情况进行了摸底调查。经过对反馈情况的梳理，盐湖区涉及降低税负、减免收费、降低企业人工成本、降低企业用能成本、其他降成本减负担政策措施都按照文件得以执行。

【节能减排】 2017年5月，盐湖区经信局积极配合省、市节能执法队多次对盐湖区水泥行业的综合能耗情况进行全面监察，保证符合能耗、电耗标准。6月，开展以"节能有盐湖，绿色共享"为主题的节能宣传周活动，积极组织企业单位参加市节能领导组开展的拍摄节能主体微电影和节能主体书画展活动。根据统一部署，盐湖区经信局组织局班子成员分成6组参与到区政府"三合一"环境整治攻坚行动中，对盐湖区21家黑砖窑实施关停，并达到"两断三清"标准。为提高传统产业发展水平，盐湖区经信局积极推动企业进行技术改造，促使企业采用高新技术提升传统产业，推动信息技术与传统制造业跨界融合，全面提高产品质量，降低生产成本，增强企业竞争力，推动传统产业向高端高质高效方向发展。盐湖区经信局积极组织符合条件的企业申报省技改资金，共有五家企业通过评审，并已落实石药银湖475万元、博鸣木业261万元、寰烁科技85万元、天海泵业85万元、国强科技35万元，合计941万元，有力地支持了企业发展壮大。

【规范市场秩序】 开展单用途商业预付卡专项整治活动。多次对单用途商业预付卡发行企业进行监督管理工作，坚决查处消费欺诈等各类违规行为。积极开展"双打"工作。指定专人对盐湖区各职能部门的"两法"衔接信息平台建设进行督促，实现了"双打"信息资源共享。整顿规范市场经济秩序，优化经济发展环境。继续抓好重点区域、重点市场、重点商品、重点时期等商贸服务业市场整治工作，确保与人民生活息息相关的商品和服务消费安全可靠。

【盘活市场资源】 积极向省商务厅申报晋善晋美、运城西部物流港等六大工程项目，争取进入国家建设项目库，获得政策支持。积极为运城制版、博鸣等企业申报进出口扶持资金和外经贸发展专项资金共计400余万元，有效地解决了企业资金短缺问题。继续培育和扩大消费热点，引导个性化、差异化、时尚化、品牌化消费；积极开展"名品进名店""品牌产品下乡"等活动。5月，组织20余家企业以"推动供给侧结构性改革、增强品质供给、释放消费需求"为主题开展2017年"全国消费促进月"活动，活动期间共开展各类促销行动26次，促进销售3320万元。9月，组织开展"诚信兴商宣传月""信用消费进万家"主题日活动，活动期间共组织城市广场、街头等宣传行动12次，参与群众5200余人，微信转发2568次，制作、张贴诚信宣传画7万余张，制作版面47块，信用消费9610笔，合计950万元。加快推进东星向上广场、正达广场、华曦超市等重点商贸项目建设。在农产品流通市场重点支持晋善晋美农产品批发市场项目，该项目占地1000余亩、总建筑面积81万平方米、总投资15亿元，2017年，占地500亩的一期工程已投资1.1亿元。

【农村商品配送信息化建设】 为完善适合盐湖

农村消费特点的家电流通和服务网络体系，进一步提高连锁经营覆盖率和农村商品统一配送率，推动统一结算系统等硬件升级，推动农家店、农村商品配送中心信息化建设，提高农家店行政村覆盖率。认真指导农产品生产者、加工企业和大中型连锁超市开展"农超对接"，促进农产品双向流通，提高农民收入，增强农消费能力，带动农民消费。发展农村电子商务。按照2017年区政府重点工作安排，盐湖乐村淘计划覆盖整个盐湖区所有乡镇，并开发城市市场，扩大体验店数量到300家。实现5个乡镇102个村的物流配送，2017年实现盐湖区范围内全覆盖，实现24小时全天候送货上门，让村民可以享受到足不出户网购的便捷服务。截至2017年11月，共开发村级体验店247家，覆盖了盐湖区247个行政村，实现线上销售39.5余万元；已实现解州、龙居、冯村等六个乡镇的物流配送，让村民享受到足不出户网购的便捷服务。

【成品油管理】 根据《2017年京津冀晋蒙打击假劣车用燃油专项行动方案》的工作目标、工作重点、任务分工，协调督查商务、环保、质检、工商、税务等部门按照各自任务分工开展盐湖区打击假劣车用燃油专项行动。结合盐湖区集中解决环境问题攻坚行动，对盐湖区范围内54家营业加油站总共进行了40余次检查，对54家加油站进行了双层罐改造和油气回收工作的检查，确保盐湖区打赢环保整治攻坚战，全面改善和提升环境质量，使盐湖区开展打击假劣车用燃油专项行动取得成效。

# 招商引资

【任务指标完成情况】 2017年1—10月份，盐湖区招商引资签约项目20个（上报市招商部门），投资总额186.9亿元，完成市上下达全年120亿元任务的155.75%；到位资金38.71亿元，完成市上下达全年任务34亿元的113.85%；项目履约率为95%；2017年签约项目已开工16个，开工率达到80%。同时，招商引资项目库建设工作已基本完成。

【专题招商推介活动】 2017年，先后组织了多场招商推介暨重点项目签约活动。5月7日，舜帝德孝文化关公忠义文化活动启动仪式上，集中签约了10大项目；9月23日至24日，在北京市海淀区举办的山西·运城·盐湖2017招商引智恳谈会上，集中签约了6个项目；10月28日，第八届德孝文化节闭幕期间，举行了运城市盐湖区"三大发展计划"重点项目签约，共签约项目8个。

【外出考察项目】 2017年以来，区委、区政府主要领导和分管领导亲自带队，分赴北京、上海、浙江、湖南、广东等地考察项目20余次，全区11支招商小分队外出37次，考察企业46家，签订框架协议12个。

【邀请外来企业考察】 先后邀请42批150余名外地客商和企业人员来盐湖区对接考察，通过对盐湖区城市发展、产业布局、交通网络、人文资源等情况的了解，增强了各企业投资盐湖的信心和决心。

【参加各种招商引资活动】 2017年以来，按照上级要求，积极参加了山西省与天津市项目签约活动、北京晋商晋才回乡创业启动大会、2017安徽合肥"中博会""渝洽会""香港运城文化旅游暨招商引资推介会"、浙江省中小企业开展中国企业好项目走进运城对接活动、深圳高交会等各种招商引资活动，全面推介盐湖，积极寻找商机，对接洽谈项目。

**【优化营商环境】** 针对《运城市盐湖区2017年开展优化营商环境专项行动工作方案》中"8+1"行动方案中的"加快招商引资项目落地"，出台方案，制定办法，对重点项目建立领导分包责任制，形成"一个项目、一位领导、一套班子、一个方案、一抓到底"的推进机制，主要负责人亲自挂帅，协调解决项目推进中的困难和问题，力促在谈项目早签约、签约项目早落地、在建项目早达产。2017年3月下旬和8月上旬，先后两次举行重点项目集中开工仪式，有13个项目集中开工，开工项目总投资额达到88.7亿元。为使袁家村·运城印象项目顺利推进，多次召开相关会议，协调解决工程进展中用水、用电、土地等问题。对中国网库双季槐基地项目营业执照办理、临时办公场所确定、人员招聘信息发布等事宜，会同相关部门上心上手，帮助企业尽快走入正轨、产生效益。

## 城镇集体工业

**【政治学习】** 2017年在城镇集体工业联合社机关形成"学习教育""主题教育"和十九大精神学习的浓厚氛围，坚持用习近平新时代中国特色社会主义思想武装头脑，坚持把学习贯彻习近平新时代中国特色社会主义思想放在首位，确保做到机关人员学习全员覆盖，提高党员干部的整体素质，树立四种意识，坚定四个自信，做到政治信仰不变、政治立场不移、政治方向不偏，始终守住自己的政治生命线，紧密结合联社工作实际，认真贯彻山西省委、运城市委、盐湖区委的部署要求，深入企业、深入职工家庭，切实解决好联社系统存在的突出问题。

**【保持联社局面稳定】** 针对二轻系统改革遗留积淀下来的矛盾问题，城镇集体工业联合社领导定期召开职工代表座谈会，了解企业职工的动态，与职工代表一起研究制定解决的办法。2017年化解和解决了大量存在于基层的矛盾隐患，稳定了二轻系统职工情绪，2017年全年无一例越级上访和集体上访事件发生。

**【关爱困难职工】** 做好联社下属企业社保工作，用好政策，切实解决联社系统职工社保问题；做好特困职工的慰问和救助工作，为职工做实事，办实事；跟踪落实企业退休职工和下岗职工办理劳保和医疗保险事宜，力争使联社系统职工的劳保和医保达到全覆盖；确保机关现有人员的最低生活保障和劳保医保的缴纳。

**【敬法奉法依法办事】** 针对二轻企业改制以后遗留下的很多弹性问题，联社聘请了常年法律顾问，为机关工作人员普及法律知识，领导干部带头学习和掌握宪法、法律和法规的规定，不断增强法律意识，提高法律素养，为解决二轻系统遗留问题树立责任观念，树立有权必有责，用权受监督，违法受追究，侵权须赔偿的责任理念。

**【务实工作踏实服务】** 二轻系统在改革初期，对职工参保宣传的力度不够，企业职工对社保的认识不到位，参保意识不强，致使相当一部分职工在企业改制过程没有参加养老保险的缴纳。针对这一情况，联社争取盐湖区政府和人社局的支持和帮助，使二轻系统职工参保覆盖率达到总人数的98%。

【信访工作】 2017年对一些常年上访户和习惯性的上访户，联社工作人员主动找他们聊天谈心，逢年过节总要在紧张的经费中挤出一些资金，慰问和安抚他们的情绪。联社根据不同的人，不同的性格，采取不同的疏导办法，因人制宜，因地制宜，保障了二轻系统的大局稳定。

# 中小企业局

【经济指标】 2017年盐湖区中小企业个数4842个，从业人员达102662人，完成营业收入1915064万元，比2016年同期增长8.13%；实现利润170505万元，比2016年同期增长7.64%；上缴国家税金138233万元，比2016年同期增长8.74%，其中：工业总产值完成1380870万元，比2016年同期增长8.99%；工业营业收入完成1188853万元，比2016年同期增长8.09%。预计到12月底，完成营业收入2094160万元，比2016年同期增长8.95%；实现利润189005万元，比2016年同期增长7.28%；上缴国家税金155245万元，比2016年同期增长8.59%；其中，工业总产值完成1492960万元，比2016年同期增长9.11%；工业营业收入1284271万元，比2016年同期增长8.95%，各项经济指标稳中有增。

【中小微企业培育】 2017年，共孵化各类小微企业345户；共完成入库小升规企业5家，分别是山西同天翔有色金属有限公司、山西同杰化学试剂有限公司、山西鑫中大生物科技有限公司、山西富一方肥业有限公司、运城市解义水泵制造有限公司。培育"专精特新"企业2家，分别是山西凯盛肥业有限公司、山西格瑞特建筑科技股份有限公司，培育并认定2户省级中小企业技术中心，分别是山西黄河新型化工有限公司技术中心和山西宏安翔科技股份有限公司技术中心。

【创业基地建设】 星河创业基地被认定为国家级"双创"基地（全省共2家），盐湖区中小企业创业基地在继星河创业基地之后，第2家被认定为省级中小企业创业基地，2017年区级重点培育的创业基地有：理想启智创业孵化基地、山西大正集团创业基地、运城创业创新基地、运城清尚文化创意孵化基地、华曦广场创业基地。其中：山西大正集团创业基地和理想启智创业孵化基地被认定为市级"双创"基地，这些基地将引领和带动全区中小微企业创业创新发展。

【破解融资】 搭建"银企保"对接平台，向金融机构推荐"三好"企业，组织企业参加市、区举办的对接会，提高对接合作实效。通过对政信担保公司、鑫沣担保公司、中银鼎立担保业务补助，申请国家风险补偿金和营业税减免等支持方式，支持担保公司持续扩大对中小企业的担保业务。积极组织相关企业参加省中小企业规范改制专项培训辅导，并建立了规范改制培育目标企业库，重点培育天海泵业、博鸣木业、凯盛肥业三家企业改制，帮助企业上市挂牌，通过资本市场直接融资。

【公共服务平台】 加快区级中小企业服务平台建设，重点从融资担保、法律服务、财税代理、管理咨询、人才培训等方面入手，加快推进服务体系建设。2017年已经吸纳社会服务机构13个，搭建盐湖区中小企业服务平台，并成立相应的机构，建立较为完善的管理办法，落实各级政府优惠政策，积极向上级政府反映中小企业发展的诉求，为争取省级中小企业服务平台打好基础。

【落实各级优惠政策】 2017年盐湖区中小企业局落实担保公司补贴资金460万元，"小升规"奖励资金80万元，品牌建设资金40万元，银行补贴资金139万元，融资创新资金544万元，新三板挂牌奖励资金50万元，中小企业创业基地奖补资金190万元，技术中心奖补资金60万元，"专精特新"企业50万元，"三个一"培训费用12万元，共计1625万元。认定小微企业38户，享受国家环保检测费排污费减免、政府采购、安置大学生补助等，安置巨龙风机、北辰涂料两个企业负责人赴清华大学培训，举办2期中高层管理人员培训班，培训人数达200人，评定高中初级职称160余人。

【五小企业发展】 认真贯彻市、区转型发展大会精神，落实"五小企业"创新创业计划，通过召开会议、搭建平台、建设基地、推介宣传、优化环境、督促考核等措施，支持"五小企业"发展，扩大"五小企业"产品影响。中小区业局成立了推进领导组，分为宣传、信息组，统计、台账组、考核督察组。

【机关建设 中心工作】 机关建设，重点强化全体党员干部坚定理想信念，强化理论武器。认真学习十九大精神，以党建为主线，开展"两学一做"教育常态化、制度化活动，牢固树立"四个意识"，强化从严治党的各项工作和主体责任，落实好廉洁自律的各项规定。中心工作，开展"入企服务"和扶贫解困工作，努力按照要求完成各项任务，认真落实人大代表建议和政协提案的答复；积极参与城市环境治理等方面的工作。

# 供销

【概述】 2017年，供销社把讲纪律、遵规矩、守底线、做表率贯穿整个工作始终，全力推进黄河世纪广场项目、专业合作社、基层供销社建设，确保各项工作全面健康稳步发展。1—12月全系统商品销售1.99亿元，比去年同期1.92亿元，同比增长3.8%；利润完成489万元，比去年同期456万元，同比增长7.2%。

【黄河世纪广场项目】 黄河世纪广场项目从2014年开始建设，共投资4.5亿元，建成12.6万平方米的城市综合体。2017年元月开发商的商场已开始试营业，供销社自持商业面积（黄河新世界百货）2.45万平方米通过公开招标，由山西旺龙鑫公司承租运营，招商300余家，2017年4月28日正式开业。5.1全面正式开业。商场运营后，供销社协商解决好开发商与承租方的用电、供暖、停车等问题。

【综改工作】 按照综改任务要求，成立盐湖区供销社综改领导组。在泓芝驿村民尝试推进土地托管，拟进行制度创新，统一培训、统一购买农资、统一病虫害防治、统一销售等服务。提升惠农服务中心1个，服务辐射土地面积19万亩，服务1400余户农民，农资销售1600吨，为农民提供信息咨询、测土配方施肥等生产管理服务，发放宣传资料等。在运城农展会上，通过发放宣传页、讲解等方式向老百姓提供服务。提升惠农服务站2个，服务面积5万亩，完成农资销售1500吨，在上郭、泓芝驿提升惠农服务站2个，上郭惠农服务站投资7.5万元，营业面积80㎡，服务土地2万亩面积，服务农户76户；泓芝驿服务站投资11万元，营业面积180㎡，服务土地面积3万亩，服务农户85户。改造提升薛侠庄稼医院，场所面积300㎡，服务农户480户。北相基层社的老油厂在基层社不投入一分钱，通过"土地入股、招商引资、租赁经营"的模式开发，升级改造后门面房共计48间，并投入运营。年收入由原来的3万元增长到9万元。王范综合服务社通过租赁经营的模式，商品品类达2000余种，解决最后"一千米"问题。

**【做大做强龙头企业】** 实行"一切事情为结果"负责的工作机制。在服务上：以"盐湖能为顾客做什么"为培训主题，提高员工整体素质；在管理上：实行轮岗制，便于发现管理漏洞的同时，又能发现新的人才，培养出全方位的复合型人才，实现企业的良性循环；在活动宣传上：坚持"有节过节，无节造节"及"月月"有主题，"周周"有活动，"天天"有奖惩；在诚信经营上：尊重契约精神，优化服务质量，用心做好细节服务，用真心实意打动运营商、供货商，共同面对市场挑战；在营销方式上：通过微信平台，重点地段、重要节点广告投放，关注潜在客户群体等方式进行营销，推出了企业内购活动、一口价活动。在创新经营模式上：通过微信平台、线上买卖、线下送货上门，争取市场份额，提高销售业绩。

**【专业合作社】** 上王金香源香菇专业合作社按照"公司+专业合作社+农户+基地"的经营模式，实行统一种苗供应、统一物资采购、统一技术指导、统一回收加工、统一包装销售的管理模式。该社现有松散基地200亩，标准化生产加工基地200亩，温室大棚70多座，入社社员最高达到520户。

解州"昌圣祥"专业合作社先后投资320万元，新建1800平方米的综合性现代化车间，全方位对商品进行无菌加工包装。本着"诚信、合作、共赢"的经营理念，坚持"种植—深加工—销售"为一体的经营模式，带动周边农户种植小麦、玉米、花生、芝麻、绿豆等小杂粮1800余亩。在全国设有专卖店36家，年盈利200余万元。积极参加省社开展的鲜活农产品"走出山西 网上行"促销活动。

**【两学一做】** 召开动员会；制定实施方案，成立领导组；开展学习习近平系列讲话精神、省、市区党代会讲话精神讨论会；召开不忘初心，继续前进主题党日会；制定"两学一做"学习教育流程。各企业负责人把讲纪律、遵规矩、守底线、做表率贯穿整个工作始终，在招商引资上讲诚信，守底线，明规矩；以提质增效为目标，监管好社有资产；做好财务工作，严谨财务流程，针对工作中存在的问题，整改到位，落实到位。

**【从严治党】** 认真学习《中国共产党廉洁自律准则》《中国共产党纪律处分条例》认真落实"两个责任"。实行"一岗双责"，按照"明责、履责、督责、问责"四个环节开展全面从严治党工作，强化全系统"一把手"的示范带头作用，主动把自己摆进去，以身作则，严于律己，切实抓好党风廉政建设；强化纪检组长督促检查，防患于未然；认真整治大操大办婚丧喜庆事宜，实行责任倒查，发现一起，查处一起；盯住重点岗位、关键环节、资金使用等易发生收送礼金、红包行为的风险岗位，有针对性地开展监督检查工作；严肃财经纪律；组织40余名主要领导干部到廉政警示教育基地接受学习教育。

【安全稳定工作】 2017年初供销社同各企业签订安全稳定目标责任书。全年安全无事故；做好两险缴纳工作；全系统职工每人每月平均增加工资不低于300元。

# 住建 环保

## 住房保障和城乡建设

【干部作风建设】 按照创建"五型"政府机关要求,首先狠抓思想政治理论和各项专业知识学习。推动"两学一做"学习教育常态化制度化、维护核心见诸行动专题活动深入开展,在机关大力开展"三比三提升"特色活动,不断提高干部职工的综合素质。坚持每周二、五集中学习时间不动摇,组织全体党员干部采取个人自学、集中培训、专题辅导、集体研讨等形式深入学习党的十八届四中、五中、六中全会,学习习总书记系列讲话精神、省十一次党代会、市区"三会"精神,尤其是学习贯彻党十九大精神及习总书记重要讲话。同时深入学习新修订的《中国共产党章程》《中国共产党党员保障条例》《中国共产党廉洁自律准则》《中国共产党纪律处分条例》《中国共产党问责条例》《关于新形势下党内政治生活的若干准则》《中国共产党党内监督条例》等,把思想和行动统一到党中央、省委、市委的决策部署上来,进一步明确目标、坚定信心、凝聚共识、形成合力、汇聚促进发展的正能量,推进盐湖区城乡建设事业及城镇重点建设项目顺利进行。通过系统学习中央、省、市、区相关会议和文件精神,全面开展从严治党工作,严格执行中央八项规定和省、市、区委相关规定要求,做到了党风廉政工作和业务工作同时安排部署,同时监督考核。定期组织干部职工到区党风廉政警示教育基地和红色革命教育基地接受教育,制订完善了约束干部行为的纪律监督、财务监督、考核等各项规章制度,使干部职工在工作创新、思想建设、作风转变等方面都有了很大的提升。

【城中村(棚户区)改造工作】 住房保障和城市建设管理局始终把服务大运城建设,服务民生建设放在更加突出的位置,全力推动原王庄、岳坛村城中村改造,尽快打通城市断头路。原王庄建设用地面积约1200亩,现状各类房屋建筑总量约80万平方米,住户2300余户,人口约4900人。岳坛村建设用地面积约920亩,现状各类房屋建筑总量约35万平方米,住户830余户,人口约2650人。2017年,原王庄、岳坛两个城中村改造项目已被省住建厅确认列为国家棚改计划。经区委、区政府研究，决定先行实施运岳坛村、原王庄村棚户区改造一期项目，原王庄城中村改造项目一期征收范围：南至机场大道，北至永乐街，东西为中银大道中线300米宽范围内。岳坛城中村改造项目一期征收范围：南至华源街，北至岳北街，东至人民路中线东100米，西至朝元路。范围包括岳坛村390亩，原王庄村495亩，共885亩。涉及范围区域内的房屋及附属物统一进行拆迁补偿，拆迁1037户，人口约4100人，总投资16.3亿元，资金构成包括政府或政府相关部门筹集项目资本金，资金不足部分向银行申请贷款。

在前期规划设计，入户调查，确定承接主体、征收主体、实施主体，落实融资，制定征收补偿方案并充分征求意见，进行了社会稳定风险评估，发布了房屋征收决定公告和房屋征收评估信息。岳坛村城中村改造已完成220户的征补协议签订，拆迁工作已于12月8日陆续开展。为保证城中村改造顺利实施，盐湖区在财政资金有限的情况下，拿出了3个亿作为预备金，加上统贷资金13个亿，共计16亿元作为城改专项资金，为此项工作的稳步推进提供了可靠保障。

【改善中心城区小街小巷面貌】 中心城区小街小巷改造是市委、市政府2017年确定的十大民生工程之一，也是盐湖区十大重点项目之一，改造内容主要包括道路平整、路灯照明、视频监控三项工程。

中心城区5个办事处68个社区，共有小街小巷1598条，总长约252.6千米，面积约156.6万平方米。2017年住建局组织相关单位对人员密集、破损严重、基础设施不完善、群众反映比较集中的556条巷道进行了调查摸底，并确定分两年完成改造，项目预计总投资约2.5亿元，2017年投资大约5000万元，完成182条巷道改造。其中，未硬化的巷道132条（东城23条、南城27条、西城19条、北城53条、中城10条），总长度约16.5千米，占地面积约8.8万平方米；破损严重的巷道50条（东城9条、南城5条、西城6条、北城14条、中城16条），总长度约17.8千米，占地面积约13.6万平方米。无路灯的巷道175条。无排水管网的巷道63条。2017年的小街小巷改造工程建设工期为两个月，9月下旬，182条小街小巷改造工程全面开工。截至11月底，174条巷道已完工，剩余8条巷道，5条在建，3条因土地权属问题，正在于居民积极协商中。在改造过程中，住建局紧紧抓住项目建设的关键环节，严把质量关，明确时间节点，倒排工期，挂图作战，确保年底完成2017年小街小巷改造任务。

【村镇建设工作】 农村危房改造2017年，上级下达给盐湖区农村危房改造任务为97户，其中4类重点对象户66户，一般贫困户31户。通过各级各部门的共同努力，2017年的危改任务已圆满完成，并已组织相关部门进行了验收，危改补助资金将按验收情况进行统一发放。在危房改造过程中，针对4类重点对象危房改造难点问题，盐湖区又专门召开危房改造专题会，按上级规定，结合实际，确定了分类补助标准：兜底解决的分散供养特困人员户每户补助2万元，建档立卡户、低保户、贫困残疾人家庭等3类重点对象每户补助1.8万元。按照上级文件要求，结合本地实际，区危改领导组召开专题会议对危改户建筑面积做出了合理调整。克服种种困难，督促乡镇积极推进，狠抓落实，真正把此项惠民工作实事办实、好事办好。

【农村气化】 2017年农村气化任务数为6

个村。至2017年11月底，已完成北相镇西古村、陶村镇五曹村、大渠办程家庄、冯村乡中阳村、东阳村等5个村的汽化工作，并已投入使用。陶村镇苦池村，因为环保督查等因素，造成工程进度滞后，虽基本完工，但尚未投入使用。

【特色小镇培育】 培育和建设解州镇特色小城镇，至2017年11月底，关帝庙南广场建设已完工，北门滩河堤加固已基本完工。

【传统村落、绿色村庄申报】 已定席张乡柴家窑村、上王乡牛庄村为盐湖区2017年传统村落，相关资料已上报市局；绿色村庄已确定解州镇、龙居镇、陶村镇、席张乡、金井乡、王范乡、冯村乡等7个乡镇38个村庄，相关资料已上报市局。

【城乡规划建设】 规划编制 关公文化产业园控制性详细规划编制工作顺利推进。委托曾编制过解州镇总体规划的武汉华中科技大学城市规划研究院承担。本次规划范围为100平方千米（常平高速出入口至席张与永济接壤处），核心区域范围38平方千米（常平高速出入口至解州西元村西，包括地形测量）。在对解州镇及周边地区进行了现场踏勘调研、电子地形测量工作及充分征求各方意见基础上，完成了解州镇高速出入口节点方案的设计和关公文化产业园控规的初步方案。做好"一镇十村"规划编制，加快小城镇和美丽乡村建设。2017年9月份，联系了多家全国知名规划编制单位，经过筛选邀请了北京山合水易规划设计院有限公司、中经汇成（北京）城乡规划设计研究院、北京创行合一规划设计研究院三家经验丰富的编制单位前来实地进行了考察，现各设计院正在出台初步方案。把北相镇作为盐湖区的首选试点镇，把牛庄、郭店等十个美丽乡村作为特色典范村进行打造。

规划建设管理 严格按照市、区分级管理意见精神，不断加强规划建设审批管理力度，规范网上行政审批流程，简化办事程序，2017年对盐湖区残疾人联合、运城德加环保治理有限公司、运城市恒顺通投资控股有限公司、金井乡西曲樊小学、王范乡下马小学、金井乡初级中学等20多个建设项目办理了规划建设审批手续。尤其在市区五所学校、晋南物流园、晋善晋美等重点工程项目的选址、规划、施工等一系列开工建设手续上开辟绿色通道。对包联的"三个一百"各乡镇天然气工程（国新能源）和静脉科技循环经济产业园重点招商引资项目，积极对接，加强沟通协调，促进项目早日落地、建设、运营。对为全区经济做出突出贡献的企业如石药银湖、解州龙飞等帮其解决发展过程中遇到的瓶颈问题，探讨有效破解之策，助推企业更好更快发展。

加强招投标管理从源头上把好企业准入关，确保招投标工作的公开、公平、公正。同时，着力解决重事前审批、轻事后监管的问题。对盐湖区圣惠小学、规划十四小、中心城区小街小巷改造、盐湖区规划九小建设等12项目进行了招投标监督，中标价合计21035.67万元，招标规模：房屋建筑面积约66476.11平方米；道路总长24.7千米，面积12.36万平方米，工程招标率、报建率达100%。

【工程质量、安全监督管理】 严格落实安全生产责任，成立了盐湖区住建局安全生产领导组，健全了安全生产责任体系，明确了各相关股室的安全生产责任，结合安全生产专项整治、春季复工安全检查、"安全生产月"等一系列活动，由分管副职牵头,以建工、安全、质监、执法队为主体,对辖区在建工程进行了多次排查,下发整改通知单19份,收到反馈单19份,办理安全监督手续9项,召开各级安全生产会议8次,安全教育培训2次,累计培训人数200余人次。根据盐湖区政府安排,住建局在广泛开展安全生产宣传的同时,深入开展了"安全生产大排查、大整治专项行动",对辖区在建项目的模板支撑、深基坑、土方开挖、施工用电等重点分部分项工程进行了专项检查。有效查处了违规违章行为,把安全隐患消除在萌芽状态,上半年盐湖区建筑安全生产零事故。房屋建筑安全隐患排查率、整改率、监控率均达100%。制定下发了《运城市盐湖区住房保障和城乡建设管理局地震应急预案》《盐湖区住房保障和城乡建设管理局关于开展"两会"期间和春季复工建筑施工安全生产大检查的通知》《盐湖区住房保障和城乡建设管理局关于在全区建设领域立即开展安全生产大排查大整治专项行动的通知》《盐湖区住房保障和城乡建设管理关于强化秋冬季扬尘治理的通知》等一系列指导性文件,进一步完善了建设工程安全备案及起重机械安全备案制度,确保了辖区所有在建工程的顺利进行。

【建筑节能监管】 从源头开始,将建筑节能设计备案管理作为节能监管的入口。工程报建前,未取得建筑节能设计认定书和未作图审备案的建设项目,不予办理项目的报建手续,不得进入工程招标程序;未按规定对项目进行节能注册的,不得颁发施工许可证。加强日常监督检查,并强化对节能专项验收程序的监督,要求验收不走过场,各责任主体相关负责人员到场。

2017年建筑节能备案注册情况,对席张乡初级中学学生宿舍楼、运城市公安盐湖分局警察训练基地、运城职业学院影像实训楼等9项项目工程进行了节能注册,均达到65%节能设计要求,备案率达100%;执行绿色建筑标准的有席张乡初级中学教师宿舍楼、运城市公安盐湖分局警察训练基地、西曲樊小学附属幼儿园等5项;新建建筑中可再生能源有席张乡初级中学学生宿舍楼、三路里学校学生宿舍楼等4项;建筑节能专项验收,对盐湖区公安分局警察训练基地办公室及宿舍进行了节能专项验收。

【"环保综治"和"城乡环境集中整治"】 为切实改善全区环境质量,进一步解决盐湖区建筑扬尘及垃圾环境污染问题,住建局在制定方案和措施的基础上,3月初开始,对全区16家在建工程进行了"扬尘治理"专项整治检查,对照《盐湖区建筑工地扬尘治理专项行动实施方案》,对达不到围挡、苫盖、冲洗、硬化、喷淋、密闭运输"六个百分之百"方面要求的14家在建项目下达了专项整治停工通知书,对2家下达了整改通知书,尤其对区环保领导组督查发现晋善晋美工地还存在少量渣土未覆盖的问题,举一反三,加大排查力度,积极探索覆盖加种草绿化双控防尘新举措,使全区在建工地环境得到了明显改善,初步建立了扬尘治理长效机制。

持续推进环境集中整治攻坚行动,加大治违拆违力度,全面实施城乡环卫一体化工程,有效改善城乡人居环境。截至2017年11月底,共张贴《运城市盐湖区人民政府关于拆除违法建筑的通告》500余份,指导乡镇办拆除违章建筑932处,面积约2.2万平方米;拆除残垣断壁、废弃建筑3720处,面积约1.1万平方米;整治乱搭乱建2937处,面积约2.4万平方米;指导乡镇办墙面粉刷美化2759处,面积61.7783万平方米;指导乡镇办统一、规范门头牌匾18344平方米。尤其在秋冬季大气污染攻坚行动中，住建局对工业园、文化产业园建工程进行拉网式排查，经查，发现7家企业还存在不同程度的施工问题，立即对这7家企业下达停工通知，同时对以上企业的属地管理部门进行了协查告知。同时和环卫处制定渣土治理、小区垃圾清运、乡村容貌和环境卫生管理试行办法，完善长效机制，确保整治成效。

【城乡建设领域信访工作】 在2017年盐湖区城乡建设领域稳定风险源头化解专项行动（45个案件）、房地产领域专项治理（3个案件）、盐湖区城乡建设领域信访问题大整治（16个案件）工作中，及时成立领导组，制定方案，针对每个案件的不同情况，因案制宜，区别对待，分类处理，创造性地提出相应的化解解决办法。同时，认真研判分析，逐案建立台账，层层压实责任，积极化解落实，所有案件均按时间节点和标准要求全部化解到位，促进盐湖区城乡建设事业稳定发展。

【依法行政】 按照建设"法治机关"要求，加强学习，提高认识。组织干部、职工认真开展普法教育活动，通过"七五"普法在线学习，提高住建局干部、职工对依法治国理念的认识，增强做好具体工作的自觉性；建立了执法人员资格认证制度。行政执法人员取得执法资格证与持证上岗率、建设执法使用《山西省住房和城乡建设行政执法文书格式》率达100%；牢固树立服务大局的理念，加强服务工作。积极深入盐湖区建设领域的主战场，宣传建设方面的法律、法规，不断满足社会需求，为全区的经济发展提供了良好服务；完善法律顾问制度。住建局2017年5月26日与山西韶风律师事务所签订法律顾问合同，积极推进住建局法制建设规范化。

【精神文明和党风廉政建设】 住建局党组始终把精神文明建设作为机关建设的头等大事来抓，不断加强领导，强化措施，使精神文明建设组织有力，目标明确，机关干部职工思想政治素质和业务素质明显提高，全心全意为人民服务的宗旨观念和公仆意识增强。单位人员积极参加了盐湖区庆"五一"文体活动，其中拔河比赛获得团体一等奖，篮球比赛获得团体二等奖，象棋获得个人二等奖。同时组织干部职工对机关大院五大绿化板块近千平方米进行清理、修剪、维护，开展了盐湖区最美家庭评选、德政之星评选和德孝文化进机关活动，成立志愿者服务队，服务"五城同创"工作，全面开展党员进社区活动，组织党员干部开展"送温暖、献爱心"及向烈士陵园捐款，共计12000余元。在城乡环卫一体化工作中，保洁人员的招聘工作优先对计划生育政策调整前的独生子女家庭和农村计划生育双女家庭给予考虑照顾。从而保证了精神文明建设制度化、常态化。按从严治党实施细则的要求，住建局制定了从严治党实施方案，成立领导组，制定了落实全面从严治党主体责任清单，班子成员及股室负责人列明清单，进行公示，严格按住建局制定的从严治党2017年工作规划开展各项工作，召开党风廉政建设和反腐败工作会议，部署全年党风廉政建设和反腐败工作，制定党风廉政廉政建设责任分解意见，与科室签订目标责任书，与业务工作同安排、同部署、同检查、同考核。并组织机关全体干部职工参观学习盐湖区廉政警示教育基地，并开展区住建局"廉政警示教育"主题党日活动及区住建局"两学一做"学习教育常态化制度化、维护核心见诸行动集中学习专题讨论会。制定完善相关制度，采取有效措施，对机关的纪律作风进行了专项整顿，使机关的作风建设有了明显改善。

# 建设投资

【"盛世陶苑"小区建设】 2017年着重抓了四个方面：完成了小区后期工程建设。至11月底，25、26、27号小高层电梯楼的内外装修和楼前硬化工程即将结束；对安置房欠款进行了清收，截至11月底，原75个欠款户，66个交足了房款，回收房款1100余万元；

及时启动了面向社会销售工作。从2月开始，先后多次和运城市第一医院、永济董村农场联系，商讨组织职工实施团购住房事宜；6月，结合落实区委、区政府推进园区发展工作会议精神，主动和"盐湖工业园区"进行了有效对接。运城市第一医院决定先在小区购买高层电梯楼两栋192套住宅，协议已经拟定；董村农场计划组织部分领导和职工代表到小区调研；围绕尾房面向社会销售做了7个方面的配套工作。对小区建设成本进行了全面审计；将小区名字"陶上新村"正名为"盛世陶苑"；制作了宣传册、版面和公众微信；积极办理小区建设和销售的相关手续（文件），完成了出具规划条件的工作，市规划局向土地局出具了规划条件报告。对小区存在的一些建设质量问题进行了整改；为小区安装了健身器材；向高铁有关部门提交了建立高铁道路隔声屏障的申请报告。

盛世陶苑安置小区工作，在公司全体员工的努力下，居住条件进一步完善，销售环境进一步优化，2017年以来，通过尾房销售和催缴房屋认筹欠款共回收资金1500余万元；三栋12个单元的高层电梯楼已基本竣工，相关手续文件正在积极办理过程中。

【"运城黄河金三角铁路物流中心"项目落地建设】 运城黄河金三角铁路物流中心是国家物流业发展中长期规划的重点项目，是省委、省政府实现山西振兴崛起的重点项目；为促进项目及早落户建设，2017年2月17日，在李哲区长的带领下，赴榆次晋中中鼎物流园项目区进行了观摩及实地考察。为加快推进物流中心项建设，根据市政府与太原铁路局签订的战略合作协议，该公司和市城投公司就项目的前期征地、拆迁、地面附着物赔偿及土地指标款等出资的费用初步达成合作协议，即建投公司出资比例为8%，市城投公司出资比例为2%。运城黄河金三角铁路物流中心，选址车盘乡十里铺、规划用地2600亩。3月21日市政府隆重的举行了开工奠基仪式。5月底该公司即通过城西机电化工产业集聚区管委会为该项目拨付了首批土地征地补偿款款800万元，促进了这一重大项目的落地建设。目前土地流转已基本到位。

【原王庄、岳坛城中村改造项目】 2017年4月21日全区城中村改造动员会后，建投公司开展了筹资工作，积极与农发行、省城投公司、区住建局进行对接。深入细致地做了四方面工作：督促配合省、市农发行负责人对两个城中村进行了尽职调研；积极承办并向有关部门提交了融资贷款的前期文件及手续；参与了政府购买服务协议、三方合作协议、项目委托投资协议、项目监管协议的签订。2017年7月中旬贷款13亿元授信，根据有关协议，盐湖区要给项目配套资本金3.2亿元。至2017年11月，已向该项目拨付配套资本金1亿元；3.9亿元贷款，共计4.9亿元城中村改造资金拨付到了该公司在农发行开设的资金专户上。姚孟、岳坛村的城改指挥部已成立，确权、评估、评审、赔偿、拆迁工作正在有序开展。

【账款清理工作】 建投公司自2005年成立以来，应收账款累计达67821080元。为减少公司损失，规避财务风险，2017年以来，积极组织人员，对这些投资借款的成因和项目现状进行了详细甄别分析，多次与有关单位沟通联系，研究和制定解决办法。原则上对能够清收的坚决清收，一时不能清收的，按有关财务制度处理。截至2017年年底：对冯村卫生院业务房改造的3万元借款和晋尚汇城的入股资金1000万元已全部收回；银龙公司同意将520万元债务转为股权，已呈报区政府待批；华美礼仪学校447万元借款因不能认真履行还款义务，已向法院提起诉讼；奇石水泥公司300万元借款，经起诉判决后已进入执行阶段；其他应收账款正在清算清收过程中。

【积极筹资还贷】 为及时偿还国开行贷款，避免形成违约，影响下一步融资，建投公司严格按照国开行有关约定和通知要求，采取预先测算、及时通知用款单位，早研究、早准备、临时拆借等，想方设法，筹措资金，按时完成了10宗还本付息款项；截至2017年10月底，合计还国开行贷款本金6165万元；还国开行贷款利息688.925306万元。

【扩大融资渠道】 在国家紧缩财经政策，经济形势严峻的情况下，为了用好用足金融财政政策，积极拓宽融资渠道，建投公司认真组织学习了金融财政相关政策和规定，研究了财政部相关文件。建投公司充分发挥在财政部、银监局、中国人民银行备案的政府融资主渠道作用，在区委、区政府的关怀和支持下，2017年，同19家银行、金融机构进行了接触，进行了一系列合作洽谈，为以后的发展合作做好了基础。

【党风廉政建设】 按照区委《盐湖区落实全面从严治党责任实施细则》和区财政局《关于全面落实从严治党责任的工作规划》，认真组织开展了反腐倡廉教育活动；认真落实了党风廉政建设责任制，全体成员履行"一岗双责"，实行党风廉政建设责任追究制。通过学习教育，公司全体党员干部都能够严格执行党风廉政建设的有关规定，全体职工都能够向优秀共产党员看齐，严格执行盐湖区党风廉政建设的要求和各项规定。

# 公房管理

【全面落实从严治党】 2017年以来，按照区委的安排部署，区公房中心在全体机关干部职工中开展了全面落实从严治党责任工作。认真学习传达，积极营造氛围。在会上，班子成员轮流传达，讲对《实施细则》的理解，谈学《实施细则》的内容落到实处。据初步统计，该中心累计召开专题会议和全体人员会议5次，开展专题学习讨论5次，撰写学习笔记、心得体会3篇，举办笔记本展评2次，检查履职记录本2次。2017年庆"七一"表彰大会上，区公房中心党支部被区委表彰为先进党支部，杨连智同志被区直工委评为先进党务工作者；详细制定清单，认真分解落实。在制定清单之前，共召开班子成员会议3次，全体人员会议2次进行了讨论和意见征求。党组和班子成员制定清单53条，征求意见40条。其中，党组班子清单22条，党组书记清单11条，班子成员清单20条；认真规范党内政治生活，严格标准过好党内政治生活。首先是认真落实好"三会一课"和民主评议党员活动，先后组织支部党员大会3次，支委会3次，班子成员讲党5次。通过认真落实"三会一课"，广大党员工作的热情和积极性得到充分调动，争做"四事"干部的氛围越来越浓；坚持运用四种形态，从严要求行为规范。提示谈话，提醒谈话、诫勉谈话是"谈话"的几种方式，并且一层比一层深刻，要求一层比一层严格。《细则》实施以来，先后开展集中廉政谈话3次，提示谈话53人次，提醒谈话2人次、其中副科以上干部13人次，一般党员干部4人次；通报批评4人次，责令检查5人次；严格规范权力，制约履职行为。列出本单位权力清单共53项。累计排查出廉政风险点51个，"关键少数"领导岗位5个，重要岗位7个，重要环节7个；涉及副科级以上领导干部5个，股级以上干部13人。

【直管公房的摸底建档】 长期以来，直管公房由于历史及客观原因，出现许多变化。针对这些情况，公房中心重点抓了以下几项工作：对现存直管公房底子进行彻底澄清；进行地籍测量，明确直管公房的四址和四邻签字；摸清直管公房的现状；排查直管公房的安全隐患。

【公产房改造工作】 在改造工作中严格按照既定的改造程序，分阶段制定、实施工作目标，并定期进行检查验收，对工作中出现的问题及时研究解决。结合食品公司棚户区改造工作，积极争取把院背后巷5号院公产房改造纳入2017年的改造范围。前期准备工作正在进行中。

【房屋租金收取】 要求房管员进一步了解房屋、住户的一手资料，按照自己的管辖片区进行管理，严格按照租金标准进行收租，保障国有资产不流失。

【直管公房安全度汛】 加强领导，成立汛期安全工作领导小组，落实汛期安全工作机制；制定2017年直管公房防汛工作预案，认真落实检查责任制，坚决杜绝漏查、误查现象；做好汛期值班安排；建立台账，对排查出来的安全隐患和重要部位，建立安全隐患整改台账。

【解决历史遗留问题】 坚持相关政策，严肃、认真、负责地解决群众提出的历史遗留问题。重点是做好对王淑敏、王甘生兄弟、郭玉贤等信访案件的解释说明及稳控工作。对马有泽的信访件进行了网上答复。

【搞好环境卫生第三方评价】 城市环境卫生工作的质量，直接关系到市民的生活幸福指数，区委、区政府对此项工作高度关注。根据区政府李哲区长的安排，区公房管理中心承担了对运城市龙澄环保科技有限公司的第三方评价工作。在评价工作中，主要采取实地调查、查阅资料、问卷调查、明察暗访、开座谈会等方式，对龙澄公司和启迪桑德公司的内部管理、清扫清运、社会满意度等方面进行了客观公正的第三方评价。根据评价结果，按百分制计算，运城龙澄环保科技有限公司在此次第三方评价中得分为87.13分。启迪桑德公司在此次第三方评价中的得分为85.49分。对龙澄公司和启迪桑德公司进行第三方评价，对盐湖区的环境卫生工作起到了有效的推动作用。

# 环境保护

**【"铁腕治污"专项行动】** 专项行动开展以来，共印发张贴《关于开展"铁腕治污行动"的公告》2000余张；排查问题198个。其中，排查违法企业15家；饮用水源保护区问题1家，（安邑水库饮用水源调节库，存在问题100米范围内建有一家饭店），并登记造册进行处罚、整改；排查面源扬尘问题85处，涉及盐湖区监管职权的31处，已进行整改并实施苫盖或采取降尘措施；排查土小企业70家和淘汰落后产能砖厂25家，全部实施取缔和关停；环境信访受理2起，全部结案。

**【及时应对重污染天气】** 2016年12月16日至2017年1月3日，盐湖分局先后启动重污染天气一级（红色）预警2次，二级橙色预警1次。尤其在重污染天气一级（红色）预警应急响应期间，对全区所有排污单位加强环境监管工业企业全面落实停产、限产，对城区内实施机动车单双号限行临时交通管制；对所有施工工地土方作业及拆迁工地全部停工，做到5个100%；各乡镇办加大巡查力度，杜绝露天焚烧等大气污染行为发生；环卫处每天对3个监测点周边的扬尘道路加大洒水频次。各相关部门进一步加强重点领域大气污染整治工作，保持对环境违法"零容忍"的高压态势，形成全民参与大气污染防治的良好社会氛围。

**【大力开展环境整治】** 区委、区政府成立了环境保护工作领导小组（环委会），明确了各级党委、政府及43个职能部门环保工作职责，把环境保护工作拔高到一个前所未有的高度，使各单位、各部门都高度关注、高度参与、高度负责，努力化解盐湖区的生态环境问题，确保全区没有出现重大和群众反映强烈的环境问题。区委、区政府一把手亲自领办、亲自落实9件重点环保工程和突出环境问题；成员单位和相关部门按照职能职责，分解任务、明确标准、规定时限，做到环境突出问题和环保民生工程件件落实到人，事事有人督办。3月初，盐湖区全面开展为期两个月的生态环境突出问题排查整治活动，排查出的197个生态环境突出问题全部得到了整治。各单位各部门呈现出拧成狠抓生态文明建设"一股绳"、下好落实环保责任"一盘棋"的良好局面。充分发挥督导督办和约谈机制作用，认真对各单位、各企业开展督政、督企，下达督导通知76份，督办通知32份。通过环保督导制度，确保了环保整治的督查考核到位、责任追究到位、执法监管到位、媒体监督到位。2017年4月28日至5月28日，中央第二环保督察组转办盐湖区案件总数37件，对12起案件实施处罚，罚款50万元，问责37人（其中警告1人；诫勉3人；通报2人，约谈31人）；结案上报37件，结案率100%。

**【集中解决环境突出问题】** 为全力打好秋冬季大气污染防治攻坚战，盐湖区转变工作思路，创新工作方法，把环境保护工作由一名区政府领导分管主抓，变为政府班子齐上阵，倾全区之力集中攻坚，通过梳理问题、建立台账、挂账销号、全部清零，集中力量打突出环境问题的歼灭战。自2017年10月18日至10月28日集中解决环境问题攻坚阶段，盐湖区共出动六个整治攻坚组140余人，出动人次900余次，排查辖区22个乡镇办，排查企业499家，发现各类环境问题118个，完成整改88个，监督整改30个，有效完成了攻坚阶段环境突出问题解决的任务，为下一步全面完成秋冬季大气污染防治夯实了坚实基础。

【全面取缔"散乱污"企业】 对上半年已经取缔关停的113家"散乱污"企业加强监管，防止死灰复燃，对新排查出的111家"散乱污"企业，按照"两断三清"的标准全部取缔到位。

【大力整治散煤污染】 96个重点村（社区）20425户煤改气、煤改电工作，已完成18300户的改造工作，完成进度78%；在高污染燃料禁燃区内严禁运输、囤积、销售、使用散煤和烟煤制品，实现散煤归零，75家"散乱污"煤炭销售点，已经取缔46家。

【淘汰城区燃煤锅炉】 中心城区内7家10台20吨以下锅炉使用单位已经拆除4家（6台），其余2家（3台）已改造未生物质锅炉、1家（1台）拟更换天然气锅炉。

【严管工业企业无组织排放】 9家重点排污单位安装了大气污染源自动监控设施，实时监控污染物排放情况；涉及挥发性有机物的26家企业，已完成治理25家，通过监管确保挥发性有机物治理设施稳定运行，1家正在施工中，完成率96%。

【狠抓面源污染防控】 对空气质量监测点实行区政府领导包点，北城、大渠、东城、南城，安邑等五个办事处实行网格化监管；"三烧"污染源由各乡镇办强化巡查，逐级落实责任；环卫部门加大城区道路清扫力度，增加扫水频次；公安部门加大渣土车、黄标车查处力度，有效控制扬尘和为期污染，对烟花爆竹实施禁放，在中心城区实施机动车辆限行。城区6个扬尘污染治理整治工程项目已经全部落实了整改措施。

【严格执行工业企业错峰生产】 根据实施方案的要求，列出22家重污染天气应急限产、限排企业名单，全部要求实行"一厂一案"，所有采石场、石灰矿、石材加工厂、其他建材、铸造等企业通过轮流停产实现减排，水泥、铸造、钢铁等行业全面实施错峰生产。

经过强力整治和有效举措的落实，与2016年同期相比，中心城区空气质量SO2浓度从52微克/立方米下降到22微克/立方米，下降幅度57.7%，PM2.5浓度从63微克/立方米下降到49微克/立方米，下降幅度22.2%，城区空气质量得到显著改善。

【"督政""督企"责任到人】 省委省政府第四环保督察组入驻运城市，交办盐湖区案件共十四批次33件（含重复、内容不符合计40件）。其中，电话举报31件，信件2件。截至2017年11月7日，已结案上报二十批次57件。已移交区纪委对8名相关责任人进行了问责，其中约谈5人，诫勉谈话1人，警告2人，切实传导了环保工作压力，强化了环保监管履责，督促了各项任务有效落实。

# 交通 电力

## 交通运输

【机构设置】 盐湖区交通运输局机关内设三股两室,分别为道路股、政工股、生产股、办公室及监察室。下设交通战备办、运管所、综合执法大队、征费站、筑路公司、五洲实业总公司、第二公共汽车公司、特运公司、三运公司等四个企业。

【加强学习 提高素质】 扎实抓好"推进'两学一做'学习教育常态化制度化开展维护核心见诸行动主题教育",认真开展学习宣传贯彻十九大会议精神,把党的十九大精神和各级决策部署贯彻落实到盐湖区交通工作的各个方面,为盐湖区交通事业又好又快地发展提供坚实的保证。

【编制农村公路建设规划】 结合盐湖区实际,2017年交通运输局委托山西省交通科学研究院编制《盐湖区农村公路路网规划(2016—2030)》《盐湖区"四好农村路"建设专项规划》。其中《盐湖区"四好农村路"建设专项规划》已编制完成,并经盐湖区政府同意,由运城市交通运输局评审,上报山西省交通运输厅备案。

【完成农村公路普查】 2017年盐湖区交通运输局对盐湖区所有县、乡、村公路及其道路上的桥涵、安全标志等附属设施进行了认真细致地采集录入,完成农村公路普查工作,进一步掌握全区农村公路现状,为"四好农村路"建设提供基础数据支撑。

【旅游公路改造工程】 运三高速连接线至虞坂古盐道旅游公路改造工程。工程全长9千米,投资约2797万元,2017年10月通车使用。

【运风高速连接线改造工程】 运风高速连接线的改造对实现运城市城西片区的跨越发展和推进运城市的城市化建设具有重要意义。道路改造工程东起圣惠路与工农街交汇处(k0+000处),西至运风高速连接线k2+600处,全长2600米,道路红线宽50米(绿线宽64米),沥青混凝土路面,工程内容包括:道路、交通及附属设施、综合管廊、排水、照明、绿化等。此项目横断面方案采用四块板，双向6车道，其中：机动车道24米；中央分隔带8米；两侧侧分带宽4米；两侧非机动车道宽7米；两侧人行道宽7米，项目估算总投资4.19亿元。2017年已完成前期土地、规划、能评、立项批复和勘察、设计及预算编制、施工监理招投标。

【安全生命防护工程】 2017年共投资约32万元，完成墩曹线1.3千米安装波形护栏、警示标志等。

【农村公路养护】 完善路标志标线。2017年投资约70万元，完善标志标线工程共201.1千米，其中：水解线22千米，泓临线15千米，郭北线18千米，上东线16千米，三大线20千米，王东线15千米，墩曹线26千米，运文线5千米，双季槐路6千米，桃花洞至张良8.1千米，以及龙居镇、冯村乡、王范乡、陶村镇等乡村道路50千米。

农村道路硬化。投资约10万元完成席张路口至医院道路硬化工程160米。

挖坑补槽。投资约40万元对上东线、泓临线、郭北线、三南线、水解线、三大线等部分路段进行了挖坑补槽5000平方米。

水毁抢修。投资约20万元对郭中线和三光线道路水毁进行了抢修。

【村通工作】 继续巩固"村通"工作成果。积极收集信息，向经营户和农民朋友了解"村通"工作的困难和问题，及时调整线路，保障农民朋友出行方便，做到了盐湖区所有行政村的通车率达100%，自然村通车率达99.7%。2017年无新增通客车建制村，中心汽车站已全面实现互联网售票，更大程度上方便了客户。

【客运管理】 客运高峰期畅通有序。春运、"五一""十一"等客运高峰期，提前调查，预测客流，调整运力，制定包车、加班车的工作预案，对应急保障车辆提前做好车况检测。在保障干线、城乡客运的同时，认真做好农村地区客运工作，保障广大群众出行方便。通过站内严管、站外稽查的方式，对所有车辆进行全面细致的检查，确保旅客走得了、走得好、走得安全、走得满意。

加强对客运停车场和客运企业的监管力度。与客运企业、客运停车场、经营户层层签订安全责任书和安全承诺书。强制进行安全排查和综合性能检测，确保车辆技术性能良好。对禹都、一运停车场加大监管力度，实行驻站监管，全面落实《汽车客运站安全生产规范》和"三不进站""六不出站"等要求。日常工作中，严查"三品"，严查超员，谁检查、谁签字、谁负责，车辆进出站有登记，保障站场乘车安全。全年共计查处违章车辆56辆，对违章车辆的司乘人员进行了批评教育和法规学习，对违章情节严重的车辆处以罚款。

【提升服务水平】 交通运输局在工作中，本着"以人为本"的宗旨，秉承"管理就是服务"的理念，坚持把"服务"贯穿到各项工作中，努力提高行政执法能力，提升公共服务水平，树立良好的执法形象。为了方便人民群众，在办公楼前、业务大厅、执法大厅等场所公示了执法依据、工作流程、办结时限等内容，使经营户一目了然。所有业务实行一次性告知制度，一条龙办理服务。日常工作中，坚持"沉下去、走进去"的工作作风，服务广大道路运输经营业户。无论是治超还是安全监管，工作人员经常深入企业，帮助完善各种制度，现场指导工作，解答疑难问题。无论农村客运还是物流服务，工作人员经常深入调研，及时调整线路，了解群众需求，培育农村物流市场。无论维修还是货运管理，工作人员经常上门服务，开展业务培训，组织行业交流，提升业务水平。业务大厅是单位的窗口，坚持依法办理、热情服务的原则，认真受理经营户的申请，高效办理业务。2017年共办理新增普货运输车辆11845辆，审验车辆24527辆。

【货运管理】 强化普货企业管理。2017年盐湖区交通运输局严格执行《道路运输车辆技术管理规定》，要求企业积极落实车辆技术管理主体责任，根据各自车辆实际情况制定维护制度和计划，严格车辆技术档案管理，要求一车一档内容翔实，并鼓励有条件的企业实行电子档案。督促企业对从业驾驶人员针对恶劣天气、雨雪冰冻、自然灾害、突发事件等情况开展安全培训和演练，并取得初步成效。

【开展车辆年审和技术等级评定】 根据《中华人民共和国道路运输条例》《道路运输企业质量信誉考核办法（试行）》和运城市处文件要求，对盐湖区126家普货运输企业2016年度经营情况进行了质量信誉考核，共评出AAA企业9家，AA企业62家，A企业49家，不合格企业23家，考核工作已完成，考核结果已在外网予以公示。

【强危货企业监管】 针对企业违法挂靠、外包情况，交通运输局根据运城市道路运输管理处（运城运管货号〔2017〕6号）文件精神，印发《全市道路危险货物运输专项整治行动实施方案》分发到各个危货企业，要求各企业严格按照安全教育培训计划，每季度进行一次培训，每年组织一次演练，并督促运营商对企业动态监控人员进行培训并考试，合格后方可上岗，并依据相关规章制度对企业动态监控进行检查。

【规范物流服务业】 对辖区64家货运配载服务业户和43家货运信息服务部进行了备案。规范业户的管理制度，对公司的搬运装卸、货运代理、货物配载和信息服务等业务进行日常监管，规范经营行为。在安全生产大检查中，对物流站场、租赁公司的规章制度的落实、安全隐患排查、从业人员的管理等方面认真检查，确保市场安全。同时，积极转变工作职能，热情为业户服务。先后受理货运纠纷7起，均圆满解决，得到经营户的高度赞誉。

【维修市场管理】 做好日常安全监管。盐湖区交通运输局不定期进入企业巡查，督促维修企业落实安全生产等各项管理制度，发现问题及时解决，防患于未然；要求企业每月进行一次隐患排查，并上报运管所备案；制定统一的教程，对从业人员进行安全生产知识培训并考试。通过这些措施，使安全生产管理工作落到实处，保障了盐湖区维修市场健康有序发展。

【年度质量信誉考核】 4—6月份，对盐湖区84家一、二类机动车维修企业、164家三类机动车维修企业进行了2016年度质量信誉考核，通过对企业从业人员素质、安全生产管理、维修质量、服务质量、遵章守纪、环境保护、管理等七个方面的工作进行考核，所有企业均通过考核。

【驾校培训管理】 开展质量信誉评定考核。3月份，按照《山西省机动车驾驶员培训机构质量信誉考核管理办法》的有关规定，遵循"公开、

"公平、公正和便民"的原则，围绕资格条件、经营管理、培训质量、诚信服务等方面对全区10所驾校的质量信誉进行量化考核。本次考核共评出AA级驾校2家，A级驾校8家，有效地促进盐湖区各驾校依法诚信经营和提高教学质量。

解决学员投诉。2017年共受理"12328"交通运输服务监督电话和市电视台"监督热线"信息咨询类15件，均已进行详细解答；驾校学员投诉案件3起，全部得到妥善解决。

创新驾校服务模式。引导驾培行业适应市场形势变化，推行了"计时培训计时收费、先培训后付费"服务模式以及节假日、周末培训、一对一培训等高品质、高附加值的多样性、个性化服务，更好地满足了广大学员的需求，收到较好效果。

加强安全监管。及时传达落实上级有关安全管理文件精神，各驾校根据各项文件、会议要求，不定期修订各项安全管理制度，层层签订安全目标责任书，落实安全主体责任。2017年全年检查发现隐患6起，责令立即整改4起，限期整改2起，各驾校均按要求进行了整改，并验收合格。

【源头治超】 强化目标责任管理。签订承诺保证书，细化目标任务，责任到人。2017年年初在层层签订《目标责任书》《承诺保证书》的基础上，新增了运输企业《"无双超"承诺书》和货运驾驶员《治超承诺保证书》，货运源头企业增加了《货运源头企业停复产报备承诺书》，进行入户逐家签订，统一装订建档。通过落实开展承诺保证活动，进一步明确了企业监管责任人，并将源头监管工作落到实处。

交叉检查。5月17日，永济治超检查组一行四人对盐湖区源头治超履职情况及企业治超义务落实情况进行了全面细致的检查。检查组抽取了10家公示源头企业及沿途2家停产企业进行了检查。通过检查，进一步规范了盐湖区源头治超基础工作，而且对今后源头治超工作起到有力的推动作用，同时进一步提升了企业治超履职意识。

路源并举。盐湖区交通运输局结合盐湖区委区政府环境整治行动组，在盐湖区治超办的正确指导下，严密摸排辖区非法货运装载源头和污染源，及时抄告属地乡镇办，依法查处取缔，共取缔10余家非法砂石料场。通过采取布控源头、稽查路面、宣传引导、协调督导、一超四罚等措施，与各乡镇办、各成员单位通力协作，共同把好"货源头、车源头、人源头"三个关口，不断巩固和扩大治超成果，治超工作取得了明显效果，获得了社会各界的广泛赞誉。

【抄报抄告职责】 2017年共办理处罚案件3起，罚款37500元；抄告综合执法大队案件8起，抄告运输企业违法超限案件202份，涉及98家运输企业，280辆违法超限车辆；停业整顿运输企业3家，吊销2辆一年内累计超过三辆次的货运车辆；异地抄告案件反馈65起；抄报政府案件30起；移送案件6起；撰写工作汇报15份；治超简报11期。

【交通综合执法】 加大执法检查力度。2017年初制定了《关于认真做好2017年春运工作的实施方案》《关于在全区范围内开关于打击"黑车"非法营运活动月工作实施方案》等方案，共出动执法人员640人/次、执法车辆160辆/次。执法检查中发现：未采取必要措施防止货物脱落、扬撒13起，处罚22000元；使用未年审或年审不合格车辆从事道路运输1起，处罚3000

元；未取得从业资格证或与所驾车型不符5起，处罚5500元；不按规定维护、检测运输车辆3起，处罚3000元；未取得经营许可1起，处罚3000元；擅自暂停、终止班线运输1起，处罚1000元；在未核定的教学场地或利用非教练车从事经营活动15起，处罚16000元。

【加强路政巡查】 重点加强对乱堆乱放、占道经营、打场晒粮；乱开、乱挖、乱接现象；建筑控制盐湖区内乱搭乱建；路面损毁情况；县乡公路警示标志及非公路标志的管理等方面的路政巡查。巡查中对当事人现场进行劝导、讲解，当事人清理30处，处罚超限案件21起，行政处罚13800元，收缴道路赔补偿费10770元，确保了过往车辆的通行能力和人民群众的生命财产安全。

【开展"黑车"专项整治行动】 通过在客、货场站、旅客集散地悬挂横幅，向客货运司乘人员、经营者、旅客散发传单宣传开展专项行动的整治重点及意义，促使道路运输经营户懂法、并自觉守法经营，使广大人民群众了解乘坐"黑车"的危险性，主动配合、支持专项整治行动，自觉抵制、拒绝乘坐"黑车"。在整治行动中，共出动执法人员390人次，车辆70辆次，未发现违法违规车辆。

【规范汽车租赁市场经营秩序】 打击非法从事汽车租赁经营行为，维护合法经营者正当权益，促进汽车租赁市场健康有序发展，对辖区内从事汽车租赁的经营业户进行登记21家，手续齐全9家，对发现未经许可擅自从事汽车租赁经营等各类违法违规行为为督促申请办理汽车租赁业行政许可9家，下达整改书4家。

【加强机动车驾驶培训行业监管】 在驾培市场专项整治中，查处在未核定的教学场地或利用非教练车从事经营活动10起，取缔6家非法报名点，规范经营行为和教学秩序，保护学员合法权益，改进和提升机动车驾驶培训服务水平。

【道路工程建设领域安全生产】 加强道路隐患整治。加大辖区内县、乡道路安全检查力度，对易发生事故的弯道、坡道和临水路段加强巡查，发现问题及时处理。在"元旦""春节""两会""清明""五一""端午"以及安全生产大检查期间，对辖区内的县乡道路600余千米、8座主要桥梁进行了15批次安全隐患排查，确保道路交通安全顺畅。根据当前形势及天候的不同时期都能及时给各乡镇办下达通知要求，切实做好道路安全工作，加强道路安全隐患排查和治理。

【提高道路应急处置】 针对天气不良情况，完善了道路应急保障预案和措施，备足了抢险救灾机械，组建了各类应急抢险队伍，做好恶劣天气危险路段应急抢险工作。在冯村、王范、龙居等路段上下坡处储存了防滑沙80方、工业盐5吨，保证了道路的安全畅通。4月底后，盐湖区进入雨水季节，加强了道路排查力度，特别是北山和南山易遭受水毁的路段，完善了防汛抗旱应急预案，补充了抢险救灾人员队伍以及救灾物资，并结合实际情况进行了道路应急抢险演练，提高道路抢险应急处置能力。

【消除道路安全隐患】 交通运输局配合环保检查，整治了垃圾等影响道路安全隐患30余处，改善和整治路域环境，排除了道路安全隐患；投资70余万元完善标志标线工程约201.1千米；投资约40万元对上东线、泓临线、郭北线、三南线、水解线、三大线等部分路段进行了挖坑补槽5000平方米；投资约20万元对郭中线和三路里道路水毁进行了抢修，对部分县道路段的安全设施进行了的检查，对部分道路安全标识牌和道路养护责任牌进行了修复整治，完善了安全警示标志。

【安全生命防护工程】 投资约28万元完成2017年安全生命防护工程，主要是墩曹线1.3千米，安装波形护栏、警示标志等。

【工程安全建设】 每个项目工程从一开始，就严格要求办理质量监督申请和施工许可手续，完善专项施工方案和应急预案。对实施的工程项目特别是运三高速连接线－虞坂古盐道旅游公路改造工程进行了多次的安全检查，严格坚持安全生产制度，狠抓施工安全，严防安全事故发生。并组织专业技术人员加强对重点路段、重点区域和薄弱环节的施工安全巡查，及时查处违章，消除隐患。

【道路运输安全生产】 狠抓运输行业安全监管。在道路旅客运输、货物运输、机动车维修、机动车驾驶员培训和站（场）经营上加大管理力度，努力推进盐湖区交通运输事业的发展。盐湖区共有客运企业8家（车辆535辆18115座），普通货物运输企业120家（车辆21000辆），危货运输企业12家（车辆647辆），驾培企业10家（车辆630辆），维修企业252家（一类16家、二类72家、三类164家）。要求每月对盐湖区道路客货运企业、维修企业、驾校、物流服务业及相关经营业户进行一次认真细致的安全排查，通过认真细致的日常巡查，工作人员能够及时发现隐患，现场督导，及时整改，把安全隐患消灭在萌芽状态。

【危货专项整治行动】 根据上级文件要求，认真组织开展了盐湖区道路危险货物运输专项整治行动和危险货物道路运输安全三年综合治理专项整治行动，督促企业积极主动，完成整治任务，达到目标要求。进一步促进企业加强管理，真正实现道路危险货物运输企业公司化经营，规范化管理。落实好企业安全主体责任，保障道路危险货物运输安全，有效遏制重特大安全事故发生，确保人民生命财产安全。

【道路客运和危货运输企业及车辆挂牌工作】 根据盐湖区安委办和运城市局有关文件要求，盐湖区交通运输局率先在道路客运、危货运输企业及车辆和汽车客运站实现挂牌安全监管"两个全覆盖"。盐湖区客运、危货和客运站共20家企业已全部挂牌完毕。普货企业挂牌120家，维修企业挂牌88家，驾校挂牌10家。同时，车辆挂牌工作也全部完成，具体情况如下：班线客运车辆挂牌442辆，旅游客运车辆挂牌93辆，危货运输车辆挂牌647辆。

【打击非法营运】 打击非法营运。为切实做好道路运政执法工作，盐湖区交通运输局执法人员不分周六日，不分时间段，集中力量对确定对象和重点区域开展专项整治。执法队员通过调整执法值勤制度确保各个重要时段都有执法人员上路执法，并主动联合公安交警执法，提高执法效率，专项行动小组严厉打击各种非法载客经营行为；严格查处客运班车不按批准的客运站点停靠及不进站经营的行为；切实整治旅游包车经营行为；严厉打击无从业资格证驾驶员驾驶营运车辆以及机动车乱停乱放行为。

【应急管理】 加强应急工作建设。2017年初，修改完善了突发事件应急预案，完善应急救援体系。为确保工作落到实处，严格落实应急工作各项规章制度，安排部署应急值班人员，要求坚持24小时值班值守，保持通信畅通，及时上传下达各种应急信息，确保应急队伍在第一时间能拉得出、打得赢。为锻炼和提高所属各企事业单位的应急救援能力，交通运输局统一部署开展安全生产应急救援演练活动。组织开展公路水毁、山体滑坡交通中断应急抢险演练。运管所组织12家危货运输企业进行了危险品货物运输车辆突发交通事故车辆着火和油罐车燃油泄漏应急救援模拟演练。中心汽车站组织在发生地震、火灾等自然灾害来临时的消防模拟演练和旅客紧急疏散模拟演练。7家客运和1家客运站场企业为强化车辆安全运营，保障乘客生命财产安全，针对客运车辆发生火情等突发事件，组织自救、互救、应急逃生模拟演练，以锻炼和提高企业员工的安全防范意识。通过模拟演练，各参演单位组织周密、指挥得当、配合默契，使演练达到预期效果，从而为安全生产工作奠定了坚实的基础。特别是在防汛抗旱工作期间，严格按照区政府要求，做到早动员、早部署、早准备。局属各单位均成立应急救援组织机构，组建抢险队伍，储备抢险物资，为防汛抗旱工作提供了坚实的保障。

【安全培训】 为进一步把安全生产工作落到实处，按照年初制定的安全培训计划，加大对交通运输局属单位及监管企业单位负责人、分管安全生产负责人的培训力度。结合年度各阶段安全生产工作特点，对企业安全负责人和安全员进行四期培训考核（第一期89人，第二期27人，第三期55人，第四期138人，共考核合格309人）。管理人员上岗证件进行核查，对无证和证件到期的人员一律不准上岗。8月，组织交通系统监管企业负责人、安全管理人员共100余人参加由盐湖区交通运输局里组织的"一法一条例"安全生产培训并进行了考核，合格率达到百分之百。通过教育培训，进一步提高了全系统安全生产工作人员的业务素质和安全意识，为安全生产提供了可靠保障，夯实了安全工作的基础。

【党风廉政建设】 抓好十九大精神学习贯彻。利用一个月的时间集中组织对十九大精神进行学习，盐湖区交通运输局班子成员带头对十九大进行授课辅导，局机关各科室负责人结合自己学习情况逐一上台进行理论辅导，编印了五期《简报》。

成立了主题教育领导组，结合实际制定了实施方案，5月15日局党组专门召开主题教育部署会，对主题教育进行安排部署。5月23日结合主题党日活动，组织全体党员就维护核心的重大意义逐一进行讨论发言。在主题教育中通过开展记笔记、讲党课、看电影、听讲座、写心得、答试卷等活动形式，扎实推进。

集中利用两天时间，邀请专家教授，开展"学习贯彻十九大精神暨'四好农村路'业务知识培训"。结合新形势下交通运输工作特点，抓培训、增素质、促合力，培养造就一支品德好、作风硬、能力强、业务精、善创新、会干事的高素质交通运输干部队伍，全面提升交通运输业务水平和职业素质。

结合"两学一做"主题教育专门邀请运城市委传统文化讲师补昕龙以"弘扬德孝文化、践行核心价值观"为主题进行了专题讲座，并编印《中国文化知识100题》。

【班子建设】 2017年分别制定下发了《落实

全面从严治党的工作方案》《2017年党建工作要点》《"三重一大"集体决策实施细则》《2017年党风廉政建设和反腐败工作重点任务分解》等文件，并层层签订了《党风廉政建设责任书》，对交通运输局领导班子成员及局属单位、股室在党风廉政建设和反腐倡廉工作中承担的任务和责任分工加以明确。通过落实党建工作责任制，用制度管人，按制度办事，进一步加强了领导班子自身建设，提升领导班子的凝聚力和战斗力。

【队伍建设】 在各支部工作中，严格按照"坚持标准、保证质量、改善结构、慎重发展"的方针，严格履行入党手续。按照《中国共产党发展党员细则》要求，进一步把好党员"入口"关，从源头上保证党员队伍质量。2017年共完成党员转正2人，吸纳入党积极分子1名，均按照程序规范开展。严格执行党员组织关系接转制度，全年共转接组织关系6人，调入调出党员接转手续齐全完备。

【组织建设】 严格按照公推直选程序，按时组织完成局党总支和各支部换届选举。坚持"三会一课"制度，制定《"三会一课"制度实施方案》《党员学习计划》《领导干部个人年度自学计划》等。按期开好民主生活会，党支部半年召开一次支部生活会。

在盐湖区直工委组织的"万众一心、建设盐湖"机关干部职工拔河比赛中获二等奖；机关干部职工篮球、乒乓球、羽毛球、象棋比赛中获篮球赛二等奖。积极参加"盐湖知党、盐湖爱党、盐湖奉献"为主题的党建知识竞赛活动。

结合区委宣传部开展的"传家训、立家规、扬家风"活动，组织机关全体人员以书写一封温馨家书的形式说家事，话家风，写家书，促和谐。

【廉政交通】 2017年共监督工程招投标3次，工程验收5次，确保各项工程廉洁、规范、高效推进。全年共有婚嫁事宜5次，丧事2次，均做到事前严格申报、事中现场监督。严格公车节假日封存制度，2017年无违规使用公车。

坚持以"转变作风、优化环境"为目标，全面加强党员干部的作风建设，努力营造风清气正的交通运输环境。大力倡导为民、务实、清廉的作风，规范窗口建设，公布权力清单和责任清单，切实维护好、实现好广大人民群众的利益，着力解决"社会关注、百姓关心、群众期盼"的热点、难点问题，真正为老百姓排忧解难。

【扶贫工作】 全面落实"六个精准""五个一批""一户一策一干部"等打好脱贫攻坚战的要求，建立"两包三到"精准帮扶联动机制。深入金井乡西王村6户结对帮扶贫困户中开展走访慰问，为每户贫困户送去两百多元的米、面、油等日常生活用品，鼓励贫困户树立自强自立的观念，积极转变"等、靠、要"的思想，激发贫困户的脱贫信心，积极帮助他们早日走上致富路。为贫困户上缴了每月48元的大病补充保险，帮助西王村李广义申请危房改造补助1.4万元，帮助大学生孤儿高明瑶申请补助3000元。

【服务群众】 根据盐湖区直工委安排，结合"五城同创"活动，积极组织全体在职党员集体到北城办事处运拖社区报到，积极参与社区党组织安排的各项服务活动，主动为群众办好事做实事解难事，增进了在职党员同社区居民的联系，为"和谐社区"建设做出了积极贡献。在城乡环境集中整治活动中，共安排400余人次，分别帮助姚孟曲渠村片区和华源豪庭片区进行环境集中整治，帮助东城办银海社区和东关社会进行散煤集中治理。

# 电 力

【经营指标完成情况】 盐湖区供电公司至2017年10月累计完成7.56亿千瓦时，同比增长9196.36万千瓦时，按自然进度比计划8.3亿千瓦时增加6403.07万千瓦时。完成售电均价559.34元/千千瓦时，累计完成528.08元/千千瓦时，比年计划530.4元/千千瓦时减少2.32元/千千瓦时，电费回收率100%。

【重点工作开展情况】 全程跟踪"一对一"服务，用电受理业务全面提速。2017年，供电公司出台精简业扩手续、提高办电效率等系列措施，快速解决企业和居民用电实际问题，着力营造良好的用电环境。

在高压业扩方面推行客户经理"全程式"服务，主动上门为客户进行现场勘查、确定电源点及供电方式，全过程负责协调直至工程送电。重要紧急项目，协助客户按照投产预期倒排施工进度，停电审批实行"临时停电审批"绿色通道、工程"预约验收"，力促重点项目早开工、早投产、早用电，确保投产项目尽快转化为电量增量。

为确保流程提速供电公司全面落实"一证受理"和"一次性告知"，避免客户多次往返。针对小微客户，实时跟进客户办理业务流程和服务跟踪环节，精简手续提高办事效率。对市、区重点项目客户，侧重客户经理服务机制，由客户经理全程服务、全程管控，定期开展电话、短信回访，实现提前送电，促进项目早落地、早用电。2017年供电公司新装低压居民（商业）用户1700户，新增容量11031.5千伏安，新装大工业用户36户，新增容量77410千伏安，平均业扩报装时常缩短45%，工业电量累计增幅11.7%。

【全力提升供电质量】 盐湖区供电公司结合盐湖区社会经济发展和市政建设布局，重点对盐湖区工业园、产业园、运城市经济开发区以及姚孟、安邑、解州等区域电网进行系统规划，主动适应盐湖经济发展形势，进一步提高供电水平。2017年完成电网建设资7306万元，开工建设110千伏王桐输变电工程，解决北相工业园，文化产业园的用电问题，对35千伏上郭变电站进行增容改造，解决上郭、顺郭、三路里用电紧张问题。投资1399万元对11条10千伏线路进行改造；投资3709万元对6个中心村、3个贫困村以及17个低压村进行农网升级改造。

【惠民工程】 全面推进机井通电工程。"机井通电"工程，是党和政府进行精准扶贫工程之一，是运城公司贯彻"十三五"新一轮农网改造升级工程的重点任务，是一项关系农民切身利益的国泰民生的好项目，也是服务地区产业升级、造福地方百姓的民心工程、德政工程，为确保"机井通电"工程的顺利实施，供电公司将"机井通电"工作列入年度重点工作和经理办公会议专项督办工作，成立了以经理为组长、分管领导为副组长、有关部门负责人为成员的"机井通电"工程领导组，按照"单项项目经理负责制"的要求，将工程计划管理、建设管理、安全管理、质量管理、进度管理等责任分解到人，建成职责明确、分工细致、协调有力、动作高效的组织保障体系。

盐湖区农业排灌属农户自行投资电力设施，设备简陋陈旧，安全隐患大，供电质量差，严重影响了农户的农业生产及农业排灌。2017年9月底，总计投资1.52亿元，对盐湖区1293台农灌变台和配电设施进行全面改造，彻底改变农灌电气质量差，安全隐患多，电力损耗大，管理费用高等问题。

【基层服务】 供电公司下辖13个供电所，担负着13.45万户城市部分郊区和乡镇的工农业生产及居民的供电任务。2017年，公司将打造优质基层服务平台为重点，不断提升基层窗口服务质量。

建成具备了多功能产品展示、开放式业务受理、24小时自助缴费、电能替代产品体验等功能，全面打造出"一证受理、一次告知、首问负责、限时办结"的体验式营业大厅。建成电动汽车充换电站和分布式光伏发电系统，并安装电动汽车和电动摩托车充电桩，为客户推广新能源汽车政策，让客户了解充电方式，感受便捷快速的充电服务。

对院落进行硬化、绿化、美化，打造良好公司形象。建立了"1+N"网格台区经理管理模式，充分运用移动终端、"外勤助手"以及"互联网+配电运检"平台，科学化配置备品备件，就近调度值班抢修人员，供电所的综合柜员和台区经理协调配合，协同运作，实现了"首问负责制"和"首到责任制"。2017年，低压故障报修率同比下降96%；平均故障处理时长由1小时缩短至25分钟；台区合格率、回访客户满意度均达到100%。

【保电活动】 2017年盐湖区重大活动比较多，供电公司保障了活动期间的电力。完成十九大保电任务；完成春节、元宵、国庆、中秋会保电任务；完成高中考保电任务；完成运城市第二届"花之海·俏运城"美丽乡村游、山西运城第28届关公文化旅游节及第二届关公国际旅游、舜帝德孝文化节以及盐湖区各项重要会议及活动现场保供电任务共计80余件次。共出动应急发电车90台次，保电工作用车150台次，保电人员800余人次，做到了"零闪动、零差错"，保电成功率100%。

【党建精神文明建设】 按照"一岗双责"，落实"两个责任"。"两学一做"学习教育。严格落实"八项规定"深入践行"三严三实"，持之以恒纠正"四风"。不断加强企业文化和精神文明建设，组织开展元宵、三八、五一职工主题文体活动和志愿服务活动，进一步丰富员工业余生活。深入贯彻落实区委、区政府精准扶贫工作部署，全力做好精准扶贫工作。领导带队分组前往冯村乡8个村调研走访，摸排贫困户基本信息，充分发挥公司自身优势，制定脱贫措施，帮助解决脱贫进程中的实际困难。

# 财税 金融

## 政府财政

【财政收入情况】 2017年1—10月,盐湖区本级一般公共预算收入完成73439万元,为年度预算81757万元的89.83%,超收5308万元,同比增长5.33%。其中:国税部门完成19355万元,为年度预算22500万元的86.02%,超收605万元,同比增长40.18%;地税部门完成39272万元,为年度预算39200万元的100.18%,超收6605万元,同比下降2.38%;财政部门完成14812万元,为年度预算20057万元的73.85%,短收1902万元,同比下降5.57%。

根据市委"两个保持"的要求,结合经济形势和增减因素,至2017年底,财政部门全年一般公共预算收入预计完成84925万元。

【支出完成情况】 2017年1—10月份,盐湖区本级一般公共预算支出累计执行210451万元,为年度预算调整数233918万元的89.97%,超支15519万元。

【财政收入稳步增长】 2017年以来,面对盐湖区经济爬坡过坎、收支矛盾加大的严峻形势。财政部门紧盯目标任务,积极主动协调两税部门,坚持"一财两税"联席会议制度,定期召开税情分析座谈会,强化重点税源、重点行业和重点企业的监控和预测,精准掌握收入动态,分解收入任务,明确工作职责,采取有效措施,及时解决税收征管中存在的困难和问题,确保应收尽收。在非税收入方面,继续在"管、缴、催"三个方面做文章,确保非税收入及时入库。1—10月份,两税收入共完成58627万元,占全年一般公共预算收入的71.71%,同比增长8.5%;非税收入共完成14812万元,同比减收874万元,占全年一般公共预算收入的18.12%。财政收入结构进一步优化。

【优先保障民生支出】 1—10月,盐湖区公共预算中用于保障和改善民生方面的支出达到183230万元,占到总支出的84.59%,为建设"学有所教、劳有所得、病有所医、老有所养、住有所居"幸福盐湖提供了坚强保障。

【三农支出和"精准扶贫"】 2017年,农林水支出29200万元。其中，安排扶贫资金462万元，连同2016年未安排的全部拨付主管部门，大力推动精准扶贫、精准脱贫。为促进农村产业发展，多渠道增加农民收入安排资金1300余万元支持现代农业园区、畜牧养殖业标准化建设和设施蔬菜基地建设；安排资金4444.8万元用于2017年农业支持保护补贴；安排资金1326余万元实施土地治理和产业化经营项目；安排资金870余万元用于推进市区主干道和乡村道路绿化；安排资金230余万元，由农委、农机局对640余名农村农业科技带头人、农机专业户100余人次进行劳动力技能培训；对2017年煤炭补贴及时进行了拨付；积极推动村级公益事业建设一事一议财政奖补工作、美丽乡村建设工作、扶持村集体经济发展试点工作、乡村清洁工作等，其中，下拨一事一议奖补资金1820万元，关公忠义文化传承转化示范区美丽乡村连片建设经省市层层选拔获准立项后，为盐湖区争取省级奖补资金1000万元。

【"学有所教"】 2017年，教育事业支出42221万元。安排5310.2万元用于全区城乡义务教育阶段学生学杂费及办公经费；安排资助家庭经济困难义务教育阶段学生经费263.75万元；安排资金985万元，对42所农村中小学幼儿园进行改造，改善了办学条件；安排资助学前教育家庭经济困难幼儿资助资金243.8万元，安排公办普通高中公用经费255.8万元，资助普通高中助学金314.6万元；全年共下达职业教育免学费资金2167.7万元；支持重点职业学校建设实训基地95万元，安排资金205.4万元用于帮扶贫困生和奖励优秀学生2054人，推进职业教育改革和发展。

【"病有所医"】 2017年，基本公共卫生服务资金投入16510万元。安排资金3418万用于使盐湖区人均公共卫生标准提高到50元；安排资金3719万元用于盐湖区城乡居民基本医保财政补助，安排资金234万元用于农村妇女"两癌"检查、艾滋病、地方病防治、慢性病防治等重大公共卫生支出；安排专项资金100万元，支持公立医院建设。

【"老有所养"】 2017年，为7857名企业退休及遗属人员发放养老金22603万元（其中区级配套208万元）；为城乡72532名60周岁以上人员发放养老金6456万元；安排资金600万元，用于给农村70岁以上老人发放生活补贴；安排资金316万元用于158个农村老年日间照料中心运行补助。

【"劳有所得"】 2017年，安排资金2900万元用于补发财政供养人员2016年取暖费提标和2017年提标；安排资金800万元用于机关事业单位退休人员养老金提标；安排资金512万元用于补发2015年警衔津贴提标；安排资金565万元用于提高机关事业单位工作人员福利费标准，安排资金1144万元用于补发退役士兵一次性经济补助，安排资金991万元用于补发城镇士兵待安置期间生活费。

【"困有所帮"】 2017年，拨付再就业资金1284万元，帮助全区750名就业困难人员实现再就业，培训人员1616人；拨付城乡低保资金1336万元，惠及1213户2091名城市困难居民和2408户4934名农村贫困人口；安排资金404万元用于城乡医疗救助，安排资金117万元用于优抚对象医疗，安排资金98.92万元用于高龄老人及农村特困老人补助，把党和政府的关爱落到实处。

【"住有所居"】 2017年，下达安居工程专项资金6209.23万元，全部用于盐湖区棚户区改造项目；落实财政配套干部职工住房公积金4407.75万元，为促进城镇住房建设，改善城镇职工居住条件提供了保障。安排农村危房改造资金158万元，安排90万元用于农村厕所改造。安排资金910万元用于城乡环境集中整治，提升了百姓居住品质。

【"三基建设"】 2017年，安排资金8223万元用于保障"三基建设"。其中，村级运转经费补助资金3140万元，乡镇运转经费补助资金1822万元，社区事务补助资金983万元，新增乡镇工作补贴506万元，扶持村级集体经济发展补助资金410万元，乡镇干部周转房资金280万元，乡镇"五小"建设经费330万元，农村离任两委主干生活补贴资金92万元。

【预算绩效改革】 严格以《预算法》为依据，根据部门综合预算和"零基预算"要求，按照"两上两下"的程序编制2017年部门预算，确保预算公开公平公正；建立财政结余结转资金定期清理制度机制，将结余资金和连续两年未用完的结转资金收回财政统筹使用，共清理盘活财政存量资金2600万元；全面构建"全过程预算绩效管理"体系框架，将2017年区级部门预算资金中152个预算项目共计2.66亿元财政资金以及2017年财政专项资金中221个项目共计4.7845亿元财政资金全部纳入绩效管理的范围，通过预算绩效管理程序核减区级预算项目29个，共计3789万元，在全市率先实现财政项目支出绩效管理全覆盖。

【国库集中支付制度改革】 自2017年8月1日在全区区直预算单位范围内启动财政授权支付方式。加快支付进度，提高支付效率，完善和优化区级财政国库集中支付方式；实行预算单位用款计划网上申请，厘清了预算单位与支付中心在国库集中支付管理系统中的权责关系；新增国库集中支付软件电子对账功能，9月份起正式开始与预算单位电子化对账，提高了工作效率定。

【采购管理和投资评审】 进一步完善和规范采购项目申报审批及采购程序，强化政府采购监管力度，确保政府采购项目评审科学规范、公平、公正。2017年1——10月份，全区公开招标方式42个项目，预算金额5070万元（不含备案工程56781万元），中标金额4766万元。非公开招标方式91个，预算金额1693万元，（不含备案工程15452万元），中标金额1497万元，共节约资金500万元；评审中心全年共评审项目77个，同比增长35.08%；审核资金550771051.82元，审定资金434190932.61元，审减资金83742332.75元，审减率为15.20%。有效提高了政府资金使用效益。

【国有资产和会计行业管理】 完成2016年度对盐湖区独立核算的212户行政事业单位的国有资产清查。出台《运城市盐湖区行政单位资产配置管理暂行办法》，审批配置资产价值1094万元；对41个行政事业单位的资产清查结果进行了审核批复，完成全区493户事业单位的221辆公务用车调查。做好了全区会计从业人员继续教育培训、换发新版代理记账许可证书培训和农村会计人员的业务培训。

**【做大做强恒舜通公司】** 整合资源，搭建政府平台架构。通过资产划拨、注入资金，支持新成立水务投资有限公司、教育投资有限公司和旅游投资有限公司，使运城恒舜通投资有限公司旗下子公司由4家增加到7家，并顺利变更为"运城恒舜通投资控股集团有限公司"，注册资本由1亿元增长为1.91亿元，总资产达36.43亿元，完善了法人治理结构，推进了企业化运作进程，壮大了盐湖区发展后力。

**【重大项目发展】** 多渠道筹措资金，投入1亿元项目资本金，获得农发行3.92亿元贷款，争取到中央棚户区改造项目专项补助资金3165.8万元，支持城中村改造；争取债券49800万元，支持盐湖区重点项目建设。其中，安排资金12300万元用于盐湖生态保护开发，安排资金9000万元用于城区小街小巷改造，安排资金1000万元用于医疗改革，安排资金850万元用于乡镇卫生院改造，安排资金4800万元用于职教中心建设，安排资金3500万元用于建设大数据管理中心大楼，安排资金3000万元用于关帝庙周边片区拆迁补偿，安排资金3000万元用于运风高速西口改造，加快了盐湖区重大项目建设步伐。

**【"三个推进计划"】** 成立赛伯乐舜通、大舜兴农两只基金，撬动社会资本2.7亿元，用于支持盐湖区文旅、医药、城镇化、大数据产业发展；加大PPP①推广应用，有3个项目录入财政部PPP综合信息管理平台项目库；出台《运城市盐湖区拨改投专项资金管理暂行办法》，通过股权投资方式实施拨款改投资，引导高新技术产业、战略性新兴产业、文化旅游产业、现代农业和现代服务业发展，提高企业自主创新能力，促进企业科技创新、产业转型升级。

**【制度建设】** 严格执行《盐湖区财政局内控制度》，对业务股室开展全面风险评价，全年共评价股室17个，排查风险岗位54个，风险点62项，制定防控措施56条。把局原11个账户合并为6个账户，对合并前11个账户进行规范整改，有效防范和化解内部风险。严控"三公"经费管理，2017年"三公"经费预算1247万元，比2016年预算1820万元下降573万元，截至10月底，盐湖区"三公"经费支出922万元，其中因公出国（境）费11万元，公务用车购置及运行维护费730万元，公务接待费181万元，较去年同期大幅减少；做好会计监督检查工作，检查违规金额167.5万元，均督促责任单位进行了整改；开展扶贫领域资金检查，指导相关单位建立《扶贫项目、资金监督台账》《扶贫领域整改台账》并及时监督检查，堵塞了资金管理、使用和监督上的漏洞，确保扶贫资金运行安全。

**【"三基建设"】** 成立领导小组，出台《实施方案》，明确原则、任务和主要措施；建立"三基建设"联席会制度，定期核对各项投入资金需求和实际拨付情况，保障全区"三基建设"资金及时到位；优化党组织机构设置，健全党组织工作机制，实现全局上下党的领导全面覆盖，党总支、党支部、党小组、工会、妇委会、共青团齐抓共管，形成党建带工作促发展；围绕提高行政效能、严格内部管理和加强财政监督，精心梳理岗位职责、工作流程和法律法规，建立了涵盖人、财、物、事的规章制度，股室职能划分合理、配置科学、人岗相符；加大人才培养投入力

---

① 注：PPP，政府和社会资本合作模式。

度，实施干部培训工程，不断提高业务能力与服务水平。

## 国家税务

【组织收入】 2017年，运城市局下达盐湖区国税局的税收计划为167500万元，其中地方级收入59500万元，盐湖区政府下达给国税局的区县级收入计划是22500万元。截至10月底，国税局累计组织税收收入149733万元，占2017年税收计划的89.39%，略超平均进度。其中：地方级收入55248万元，占年度计划的92.85%；区县级收入19337万元，占年度计划的85.94%。

分税种完成情况，三大税种同比均增，增值税和所得税增幅明显。增值税累计完成92561万元，同比增收25876万元，增幅38.80%；企业所得税累计完成22420万元，同比增收6091万元，增幅37.30%；消费税累计完成34752万元，同比增收1923万元，增幅5.86%。原因2016年5月营改增后，国税局管理户大幅增加，增值税增长；原直属分局的管户去年2月份迁移到国税局，造成2017年一季度所得税增幅明显。

分行业完成情况，国税局税源的主要行业累计入库143783万元，占当期税收收入的96.02%。其中饮料制品、化工、供电业、电信业和医药制造等5个行业同比减少，其余行业同比都有所增加。

【国地税联合办税】 自2015年地税人员进驻国税大厅后，至2017年共在国税办税大厅设置了4个地税窗口：其中盐湖地税3个，工业园地税1个，初步实现了"进一家门，办两家税"，实行一人一机一窗口。目前主要开展业务有联合设立税务登记、变更、注销，联合开展税法宣传、"银税互动"、信用评价、发票代开，及按照统一行政处罚标准处罚、委托地税征收不动产营改增税款等。由于人员、柜台设置，上级层面与实际方面的种种原因还需与地税部门进一步沟通国税局还未派人进驻地税大厅。

3月国税局牵头召开了国地税联席会议，双方对现有的登记信息进行了互相传递，进一步促进基础征管工作，堵塞管理漏洞。联合开展了2016年度纳税信用评价工作，采集信息19694户，8685户纳入信用管理，3598户参与评价。其中：A级纳税人201户，B级纳税人2812户，C级纳税人319户，D级纳税人257户。1—6月地税代征增值税803万元，在国税窗口附征税款464万元。

【自助办税厅建设】 为缓解办税大厅的工作压力，给纳税者提供更加方便快捷的纳税环境，2017年4月20日，国税局成立了自助办税厅建设工作领导小组，在纳税服务科设立自助服务厅建设工作办公室。按照统一规划、因地制宜、便捷高效、厉行节约的工作原则，制订实施方案。对工作分工进行了细化、工作任务进行了量化、工作时限进行了规划、工作目标进行了提档，做到领导、干部、责任、措施"四落实"，目标、任务、时限、要求"四明确"，形成齐抓共管的工作合力。

10月16日国税局自助办税厅建成，自助办税大厅总面积365平方米，其中划分24小时自助办税区180平方米。设置导税服务台，配备2台内网电脑和打印机，14台外网电脑，自助终端设备20台，其中：4台申报、认证、发票验旧终端，4台普通发票代开终端，4台专用发票代开终端，2台普通发票自助申领终端，2台专用发票自助申领终端，2台金税盘自助发行终端，1台实名认证自助终端，1台个体定额发票发售终端，所有自助终端设备在自助区和24小时区平均放置。安排8名导税人员在自助区辅导纳税人使用，撤销人工窗口3个。

试运行10天时间，自助发售发票2058笔，占比72.82%；自助代开专用发票1026笔，占比88.60%；自助代开普通发票512笔，占比35.19%。进一步优化了办税环境，纳税人即来即办，大大降低了纳税人的时间成本，提高了办税效率；延伸了办税服务厅的窗口功能，打破了办税服务的时间局限，有效弥补了办税窗口8小时以外及节假日的服务盲点，为纳税人提供了更多的便利，让纳税人享受到了"全天候、全功能、一站式、高效率"的自助办税服务，实现了征纳双方共赢。

【风险防控应对】 2017年盐湖区国税局接收上级推送的风险任务20批次累计374户次，其中提示提醒类12批次351户次，纳税评估类8批次23户次；自主发起风险应对任务2批次22户，入库税款912.4万元。

【管户清查】 2017年盐湖区国税局下发《盐湖区国家税务局关于在全区范围内开展管户清查的实施方案》，在全区范围内开展清理漏管户专项行动。成立管户清查领导组，对清查区域和管户进行划分，对省局下发的工商登记国税仍未登记的本次清查户明细以及省局下发的地税登记国税仍未登记的本次清查户明细，分配至各基础税源管理单位，各税源单位组织人力对本辖区开展拉网式清查，建立清查台账，及时对漏管户补录登记信息，进一步澄清管户底数，夯实管户基础，加强税源管理，减少税收流失，维护税法尊严和税收秩序。2017年国税局共清理漏征漏管户800余户。

【从严治党】 根据盐湖区委、区政府和上级部门的工作要求，成立了盐湖区国税局落实全面从严治党责任工作领导小组，由临时党委书记担任组长，各位副局长和纪检组长为副组长，各单位负责人为成员。并制订印发了《中共运城市盐湖区国家税务局委员会落实全面从严治党责任实施方案》班子成员分批参加了全省国税系统市县局党组成员暨党务干部党建工作培训班。认真组织学习党的十九大报告，人人手写心得体会。与运城市国税局机关一支部开展了基层党建共建活动，围绕市局党组提出的"3345"工作思路，在全局范围内开展了"工作做得怎么样、工作纪律怎么样、廉洁自律怎么样、团结同志怎么样、对此盐湖该如何办"四个怎么样大讨论活动，大家结合自己的实际工作和思想动态，认真分析揭摆了各自存在的问题，并提出了整改方向和整改措施。

【精准扶贫】 2017年盐湖区国税局帮扶工作队每月都要去定点帮扶对象—解州镇的史家坟、五龙峪、斜沟南、墩台岭村去走访慰问，了解他们的生产生活，帮助解决实际困难。党员干部在对接社区—云湖社区登记建档，制订了"党员进社区活动方案"，积极参与社区活动，端午节走进养老院、孤寡老人家，给老人带去营养品和生活用品，陪老人过节。

【各项活动】 2017年3月31日参加了盐湖区直工委"万众一心、建设盐湖"拔河比赛，4月17日参加了区直机关的"庆五一"篮球、羽毛球、乒乓球、象棋比赛，10月27日—10月29

日参加了全市国税系统首届篮球赛。7月3日召开了庆祝建党96周年暨"七一"表彰大会,对5名优秀共产党员、1名优秀党务工作者、1个先进基层党组织予以了表彰。

# 地方税务

【地税任务】 2017年盐湖区政府安排地税税收县级任务20000万元。截至到10月30日,累计完成40923万元。其中省市县完成28938万元,占任务数33500万元的86.38%,超进度1021万元;市县级累计完成26482万元,占任务数31300万元的84.61%,超进度398万元;县级累计完成17709万元,占任务数20000万元的88.55%,超进度1042万元。

从分税种情况看,个人所得税完成15535万元,企业所得税完成3944万元,城市维护建设税完成5907万元,房产税完成2311万元,城镇土地使用税完成853万元,营业税完成355万元,土地增值税完成158万元,车船税完成9951万元,印花税完成1473万元。其中个人所得税较去年同期增长了3349万元,增幅较大;企业所得税、车船税增幅在1000万元以上;土地使用税较去年减少将近1000万元,主要原因是盐湖区土地使用税调额及南风公司减少约470万元引起的。

2017年11—12月完成7405万元,预计全年累计可完成48328万元。其中:中央级约13500万元,省级以下约34500万元,市县级31500万元(市级10000万元,县级21500万元)。预计2018年累计可完成税收46000万元,其中:中央级13000万元,省级以下33000万元,市县级31000万元(市级10000万元,县级21000万元)。

【主要工作】 贯彻落实市委常委(扩大)会议。5月25日运城市委常委(扩大)会议和5月28日盐湖区传达贯彻落实市委常委扩大会议干部大会之后,立即组织全体人员传达了会议精神,并结合实际制定了多项措施深入贯彻落实。

加强"两集中、两到位"工作落实。地税局便于此项工作的组织协调、信息反馈和跟踪问效,成立了税务行政审批工作领导小组,所有的审批服务事项都按照《全国税务机关纳税服务规范》规定的办理时限和流程办理,即办事项由办税服务厅即时办结,非即办事项均按照流程,由区局集中审批办公室审批后办结,在办理过程中发现有风险的交由税源管理部门进行实地核查。

进一步加强保密工作。4月,认真组织学习《保密法实施办法》和上级有关保密工作的会议精神、规定制度,通过学习,增强了全体机关干部的保密观念。

加强国地税联合办税管理机制,促进两部门联合办税的规范性、协调性和长效性。2017年国地税两家共同开展了7项工作。

认真落实小微企业税收优惠政策。针对应享受而未享受小微企业所得税优惠存在的问题进行深入分析,再次进行回头看,制定整改措施。2017年共有509户企业享受小微企业所得税优惠149.25万元。

宣传辅导,做好业务指导。近年税收政策出台频繁的情况下,盐湖区地税局不断强化业务学习,提高自身素质,加强对各基层税务所的业务指导和对纳税人的政策宣传。

立足民生,倾情精准扶贫。按照文明委的总体部署,深入实施文明乡风行动。盐湖区地税局多次组织召开专题会议研究部署,先后制发了多个文件，建立了驻村工作制度，全局干部职工与建档立卡贫困户结亲结对，每个贫困户都有1名帮扶责任人。

## 农行运城盐湖支行

【概况】 2017年，农行运城盐湖支行在运城市分行党委正确领导下，认真贯彻总行"六维方略"和省行"五字方针"工作精神，坚持"以党建带工建团建、以企业文化促业务发展"的总体思路，打造"幸福盐湖、和谐盐湖、魅力盐湖、健康盐湖"建设一流商业银行为目标，通过以党建带队伍、以文化促和谐、以机制增活力、以活动助营销，全面启动经营管理的核心动力，促进员工士气、网点活力厚积薄发，八个网点呈现出八马齐奔争上游的良性竞争局面；在全行员工的努力拼搏中，农行2017年获全国"2012－2017年度企业文化建设优秀单位""运城市文明单位""2017年'春天行动'网点标准化建设奖第一名"等。

【各项存款再创新高】 2017年农行各项存款余额达31亿元，较年初净增3亿元，各项存款日均余额33亿元，较年初净增7亿元。其中：个人储蓄存款时点余额22亿元，较年初净增1亿元；储蓄存款日均余额22亿元，较年初净增2亿元；对公存款时点余额9亿元，较年初净增2亿元。对公存款日均余额11亿元，较年初净增5亿元，2017年存款四项核心指标均超额完成任务。

【个贷业务迅猛发展】 2017年农行个贷余额3.69亿元，比2016年多增1.03亿元。其中个人住房贷款394笔，累放13202余万元，保捷贷192笔，累放1196.5万元，累放及净增额度均排名全市第一。

【零售业务及公司类业务全面发展】 2017年农行黄金销售5290克，白银销售5390克，基金销售3730万元，代理保险销售1940万元，其中农银人寿销售1678万元，开立国内保函11笔，合计320万，个人大额存单销售11000万元，新签约私人银行客户4户。

2017年农行实现总收入6194万元，实现拨备前利润2392万元，拨备后利润2356万元，完成2017年计划113.49%，实现所得税后利润1762万元。

【党建工作】 盐湖支行11月召开集中学习十九大报告专题会议和党委中心组（扩大）学习会议，会议传达了运城分行学习宣传贯彻党的十九大精神动员会精神，认真学习了习总书记十九大报告，同时对市分行党委书记、行长段少华在专题学习辅导报告会上的讲话精神进行透彻领悟，并在全行开展营造学习宣传贯彻党的十九大精神的浓厚氛围。

为深入推进"两学一做"学习教育开展，盐湖支行党委根据上级行关于开展"两学一做"学习教育的要求，在年初研究制定了《盐湖支行"两学一做"学习教育方案》《盐湖支行"两学一做"学习教育工作任务月度工作计划》，要求全行党员按照工作计划严格执行。7月14日，支行召开党委中心组学习会议，会上，学习了《关于推进"两学一做"学习教育常态化制度化的意见》，并对贯彻学习内容提出具体要求。同时为提高党员学习热情，盐湖支行6月、7月分别举办了全行党员"两学一做"笔记展评，通过展评评优，有效促进了党员干部的学习热情。

组织开展"中共中国农业银行山西省分行党校赴盐湖支行主题党日活动"，培训会由省分行党校常务副校长王维忠向支行全体党员传达了省分行党委书记禹修德同志2017年的六次讲话精神，详细解读了五字方针：稳、调、精、严、进。农银大学山西分校孙桂琴老师，围绕着全面从严治党、学习《中国共产党廉洁自律准则》和《中国共产党纪律处分条例》等方面为全体党员讲授了一堂党课。盐湖支行全体党员面对党旗，庄严宣誓，重温了入党誓词。本次活动被农银大学山西分校校务信息第九期刊登推广。

农行还参加了运城市分行组织的"七一·榜样的力量"朗诵比赛，使广大党员进一步坚定了理想信念，提高了党性觉悟和服务意识。农行党员干部在支行每周二和周五例会，还认真观看党建纪录片《不忘初心、砥砺前行》和《将改革进行到底》。

【制度与激励双核驱动】 2017年初，农行在运城市分行召开"春天行动"启动会，盐湖支行研究学习省、市分行相关会议精神，讨论制定《盐湖支行2017年"春天行动"综合考评办法》和《盐湖支行2017年"春天行动"奖惩办法》，并召开盐湖支行"春天行动"启动会。在2017年的"春天行动"中，农行在辖内各网点定期发布春天行动快讯，要求网点按照营销业绩、数据统计、综合积分等进行分配，每半月评选一次网点服务明星和营销明星，按句公布张贴网点营销业绩龙虎榜等措施。

2017年，农行进一步加强劳动纪律的管理，在全行范围内实行签到签退制度，支行行长、分管行长亲自督导检查，不定期对员工进行查岗，对迟到早退、无故脱岗、无故缺勤等现象，坚决按照考勤管理办法进行通报和罚款等处罚。在此基础上，农行结合标准文明服务提升工作，对机关和网点各个岗位进行梳理，严格要求员工履行岗位职责，强化全行的履职能力。

【打造一支富有战斗力的团队】 为了加强基层网点团队建设，提高综合管理水平，强化风险防控能力，农行创新网点管理模式，成立网点管理团队，经过一年多的实践，各营业网点管理团队建设更加成熟，团队成员之间岗位职责更加明确，各网点在开展一系列综合营销活动和文化活动。2017年，支行营业部管理团队，坚持创新思路和优质服务，通过全力做好客户维护工作，保证了黄金客户"中心医院"和农行关系的进一步巩固；解北分理处管理团队通力配合，以用心服务，完成银保"飓风行动"网点任务目标，是运城市农行第一家完成任务的基层网点。桥北分理处团队发挥党员带头作用，积极打造支部党建示范学习基地，极大提升了员工的学习服务热情，提升了客户对网点服务的新体验。

为全力备战2018年"春天行动"，农行聘请业内资深讲师，南京启道咨询管理有限公司副总裁、启道大学校长戴增阳进行6天的"教练式领导力提升"和"网点开门红营销技巧提升"专项培训，农行部门经理、网点主任、客户经理、大堂经理、运营主管及柜员共计115人参加了此次培训。此次培训围绕管理者技能的提升、优秀管理者的语言沟通技巧、激发员工潜能、网点经营管理、部门联动及客户交叉营销、能力持续提升等模块进行。通过培训，提升了支行中层管理干部的管理意识和领导能力，使农行员工对银行业的现状及岗位职责有了更加充分的认知，加深网点负责人、大堂经理的厅堂管理和主动营销意识，并使客户经理进一步提升了管理和维护客户的技能。

2017年，农行紧紧围绕核心指标和重点业务，通过标准化管理提升网点竞争力，八个网点集体发力，全行标准化管理取得显著成效。

在全行营业机构全面推进网点标准化转型。盐湖支行在成功打造桥北分理处和钟楼分理处两个样板标准网点后，在市分行统一安排下，逐步推广支行其余网点的标准化管理转型工作。并召开专题座谈会相互交流，通过组织各网点参观学习，经验共享等多种形式，在辖内八个网点全面推进标准化管理。

以精准营销竞赛不断巩固和提升网点标准化管理水平。盐湖支行钟楼分理处的作品在总行第52期"两微一拓一赛精准营销"活动中获得周冠军，这是自"两微一拓一赛"精准销售PK赛活动开展一年以来，山西农行的作品首次获得全国冠军。2017年，盐湖支行作品已经有四个网点累计六次进入全国前三名：钟楼分理处荣获第16期季军，第52期冠军；解北分理处荣获第42期、第50期季军；支行营业部荣获第35期季军；解州分理处荣获第41期季军。盐湖支行获奖次数在山西农行系统位居第一。

活动推动，全面扩大营销效果。为弘扬中华优秀传统文化，营造节日文化氛围。2月3日（正月初四）至11日（正月十五），盐湖支行携手运城市楹联协会开展"迎新春、对春联"单联求偶有奖活动，为广大客户送去不一样的新春体验。8月16日，盐湖支行在金鑫大酒店举办"鑫秋送爽 福满河东"贵宾客户答谢会，紧接着各网点开展了全行营销竞赛。

【文化及业务活动】 2017年，农行开展了一系列企业文化活动。走进运城市中心医院开展"迎新春、送春联"活动。1月19日，盐湖支行携手运城市楹联协会，走进运城市中心医院开展"迎新春、送春联"活动，运城市中心医院为"三级甲等医院"，被列为全国500家大型医院之一。盐湖支行以实施"银医和谐发展"为出发点，对中心医院开展了一系列创新服务，通过交叉销售渗透、文化交流对接、驻点服务等措施，建立了与中心医院合作机制。

开展"激情仲夏 金融校园行"和"金融知识进万家"活动。为帮助在校学生树立正确的金融消费观念，提升学生防范金融风险的意识和能力。5月12日，盐湖支行营业部走进运城师范学院，开展"金融知识进校园，谨防诈骗有诀窍"为主题的教育宣传活动，为400多名师生代表带来金融知识专题培训。9月7日，盐湖支行开展了"金融知识进万家"活动，走进山西省运城市财经学院，进一步推动金融消费者教育和金融知识的普及工作，对师生们进行金融知识专题培训。

开展"改善睡眠、减压增效、幸福人生"主题健康

沙龙活动。盐湖支行在2017年"三八"妇女节，开展了"改善睡眠、减压增效、幸福人生"主题健康沙龙活动。

参加运城市"花之海·俏运城"首届徒步健身大会。4月15日，盐湖支行组队参加了禹都公园举行的运城市2017年"花之海·俏运城"首届徒步健身大会。

召开2017年"五·一"劳动先锋表彰大会。4月28日，盐湖支行召开了2017年"五一"劳动先锋表彰大会，对一年来全行上下涌现出来的爱岗敬业、业绩突出的劳动先锋进行表彰。

组队参加运城市2017年太极拳比赛并获团体一等奖。5月13日至14日，由运城市体育局、运城市太极拳协会举办的"'大运杯'2017年运

城市太极拳比赛暨'盐湖要上全运'太极拳分会场比赛"在市体育馆隆重举行，来自运城市49支队伍近700名运动员参加此次盛会。盐湖支行文体协会太极拳队派出12名队员参加此次比赛，并荣获集体项目团体一等奖，个人比赛项目1个一等奖，6个二等奖，2个三等奖。

参加信用记录关爱日专题宣传活动。为积极推动全社会征信知识的普及和全民信用意识的提高。6月14日，盐湖支行在运城市分行的统一安排下，根据运城市人民银行的相关要求，在南风广场参加了由运城市人民银行举办的2017年信用记录关爱日宣传活动。通过宣传，提升了公众的征信意识，使公众认识到什么是征信，什么是个人信用报告，如何维护信用权益、珍爱信用记录等知识。

参加运城市金融系统"迎七一"主题演讲大赛并荣获一等奖。6月27日，由运城市金融办举办的运城市金融系统"撸起袖子加油干，共筑运城发展梦"主题演讲比赛在运城市电视台举行，来自市金融办、银行、保险、证券等行业的12名选手挺进决赛，农行盐湖支行选手柳沛获大赛一等奖。

开展"助力高考"爱心公益活动。6月7日至8日，农行开展"助力高考"志愿服务工作，在运城市河东一中考场设置了服务站，搭建遮阳棚，为考生及家长提供备考文具、防暑用品、饮料和纸巾等贴心的物品，并摆放座椅，安排爱心接送车队，在服务的同时，支行员工还向考生家长发放《青年团刊》，普及人民币防伪、反假币技巧等金融知识和农行理财知识。

【积极营销对公大客户资金】 2017年盐湖支行继续加大营销和服务对公客户。根据市分行安排，农行成立专项营销团队，一举营销运城市"城乡居民医疗保险基金财政专户"，拓宽了存款来源，在2017年城乡医疗财政存款账户为农行日均存款贡献超过4亿元。

【强化合规建设 推进"三线一网格"工作】
2017年，农行按照上级行关于"合规网点"建设的工作要求，根据省、市分行的文件精神，坚持合规文化建设和业务经营发展并重的思路，采取了一系列以"软实力"推动"硬发展"的科学发展措施：在全行深植合规文化，传导合规理念，形成了集中学习、支行机关例会学习、营业网点晨夕会学习的三级学习制度，并召开两个办法的集中学习教育、"声誉风险防控学习会议"；培育员工成长土壤，整章建制，加强合规队伍建设。农行注重核心岗位的选人用人操作流程，严格落实岗位职责，对员工行为分不同时点进行排查，整肃了劳动纪律，坚决铲除"以习惯代替制度、以人情代替纪律、以信任代替管理"的执行理念，并在网点推行《合规积分管理办法》，设立积分考核专项基金，将网点所有日常行为都纳入积分管理；合规家园共同建设，人文关怀温暖员工。农行坚持职工切身利益无小事，做好做实"五小"建设，倾听员工心声。

为推动农行"三线一网格"管理模式的推广，构建"横向到边 纵向到底"的风险防范长效机制，盐湖支行全力推进"三线一网格"管理模式。按照上级行要求，盐湖支行成立"三线一网格"管理模式推广工作领导小组。行长任组长，其他班子成员为副组长，党建条线、纪检条线、运营条线等部门负责人为成员的领导小组，具体明确了各成员的工作职责；为保证"三线一网格"推广工作任务的顺利实施，盐湖支行召开了全行中层干部动员大会，对"三线一网格"管理模式推广工作情况进行安排部署，进一步健全基层党组织、压实"两个责任"、提升"双基"管理水平。

为加强基层营业机构党建工作，推进基层党组织建设，经盐湖支行党委会研究决定，支行对各党支部进行重新改组，将党支部机构设立到基层营业网点，8个营业网点分别设立8个单独支部，各党支部机构的推进设立，确保党内监督、群众监督和组织制约到位。为进一步加强基层网点团队建设，明确运营主管工作职责，促进运营主管责权利匹配，提升运营主管履职质量和水平。盐湖支行成立网点管理团队，明确运营主管网点"二把手"角色；并先后召开"三线一网格"运营条线会、"三线一网格"管理模式推广会和2017年运营管理工作会，要求以运营主管职责再定位为重点，强化运营线，加强"双基"管理，在原有职责基础上，增加纪检监察工作职责，明确工作细则，明晰了运营主管在运营管理、纪检监察、员工网格化管理方面的角色定位和工作内容，促进运营主管责权利匹配，提升运营主管履职质量和水平。

# 国贷

【党建管理】 全面贯彻落实从严治党责任实施细则，认真履行党建主体责任，年初制定党建工作计划，每季度召开一次推进会。推进"两学一做"学习教育常态化、制度化，开展维护核心、见诸行动主题教育，抓问题改，进行个人自评、党员互评和支部点评，统一思想，形成共识，积极开展党建活动：组织机关全体人员全程观看十九大开幕及闭幕电视视频，学习习近平总书记重要讲话精神，习近平总书记重要讲话精神集中体现了党的创新理论最新成果，包含着丰富深刻的内涵，要求机关全体同志认真学习习总书记提出的新思想新观点新要求；多次参加区直工委组织的"党员进社区"活动，组织机关同志细心细致的清除幸福庄街道的小广告，制作便民广告张贴栏和广告标语共10块，变堵为疏，为整顿市容市貌贡献力量；2017年机关组织开展"一人一书"活动，每人阅读一本书，并给大家讲述所读书籍的内容，提高机关人员分析总结的能力，增强大家的认同感，获得了更多知识和正能量；积极组织机关全体党员干部参与全省"两学一做"知识竞赛，以赛促学、以学促用，在盐湖局形成了自觉学党章党规、学系列讲话的浓厚氛围，提高党员群众知识爱党的热情。

【亚行贷款回收】 国贷资金的目的是帮助农民致富，但又要保证资金能够安全回收。亚行贷款共涉及13个乡镇，根据亚行放贷规定的不同年限，计算还款本金和利息，针对已到期的项目贷款，强化催收力度，无论本息，应收尽收，截至2017年10月底，共收本金453万元，利息67万元。

【日光温室冬枣管理】 日光温室冬枣是盐湖区一大亮点，主要涉及11个乡镇，大棚500多个，每棚收益4万元以上，为盐湖区农民增收1500余万元。截至2017年10月底，已经组织冬枣技术培训10余次，培训人员500余人，培训内容涉及月子肥、秋施基肥、采后管理、拉枝剪枝等内容。举办盐湖区第二届寻找"最美冬枣园"评比活动，最终评选出12家最美冬枣园。与中农乐联手推广"千乡万村"App，让广大枣农足不出户就能查看枣树的种植技术，在线请教专家，在线交流种植信息，随时发布果品销售采购信息等。提供农户技术交流平台，带动农户种植积极性，使得冬枣产业向前再迈出一步。

**【双季槐产业发展】** 双季槐由于经济效益、环保效益和社会效益都非常显著，该局大力支持其发展，各地发展的速度非常快。三路里镇已发展3万余亩，盐湖区6万余亩，年产值1.5亿，已经形成一个大产业。槐米的标准化生产、无公害生产，极大地提高了槐农经营管理水平，保证了今后米槐健康发展。2017年已经在三路里建设多个槐米烘烤炉，减少损失，增加槐农收入，使更多的干旱山区农民脱贫致富。

**【玫瑰产业发展】** 席张、车盘、东郭、上郭四个玫瑰基地共一千亩。2017年继续大搞深加工开发，玫瑰茶，玫瑰露，玫瑰精油，玫瑰酱，玫瑰饼等系列产品要再上一个新台阶。2017年5月，席张玫瑰节为期半个月，这次玫瑰节的主题是"发展芳香旅游，提高生活质量，走进芳香生活，提高生活质量"，用酵素浇灌的玫瑰，现做的玫瑰饼，玫瑰精油和玫瑰露以及成片生长正旺的薰衣草吸引着游人的眼球，玫瑰产业深加工在这里得到印证。游人参观、采摘、摄影、发展观光农业，采摘带动玫瑰销售。

**【新项目建设】** 做好清洁能源的申报、管理工作。做好包容性发展的申报工作，支持发展清洁能源项目，减少碳排放，促进产业结构升级，为盐湖区招商引资以及经济发展做出贡献。大力发展环保酵素，做好环保酵素在亚行项目区的实验，给果业界做好示范，带个好头。以各种水果皮和蔬菜为主，在黄河金三角果蔬市场做酵素，争取使盐湖区成为生态农场的典范。

# 经济管理

## 计划管理

【经济运行分析】 在全面总结回顾全年经济社会发展情况的基础上，经过认真调研论证，编制《关于运城市盐湖区2016年国民经济和社会发展计划执行情况与2017年国民经济和社会发展计划草案的报告》，并在区人大第十六届人民代表大会第二次会议审议通过。2017年上半年，根据经济运行监测预测和分析，区人大常委会审议通过了《2017年上半年国民经济和社会发展计划执行情况汇报》，并对审议意见进行了办理。

【项目建设】 按照省、市精神，结合盐湖区实际，高起点谋划，高标准选项，确定了全年的三级项目。2017年，盐湖区列入省、市、区三级重点项目共28个（其中：省级2个、市级15个、区级11个）。项目总投资200亿元，年度计划投资40亿元。

积极谋划建立本级政府PPP项目储备库，至2017年11月底，入库项目有19个，项目总投资184.2548亿元。入国家重大建设项目库项目6个，总投资7亿元；编制三年滚动计划项目42个，总投资100.5亿元。

【重点项目建设】 对重点项目按照要求倒排工期，压实任务，解决和处理好一切阻挠施工的问题，为重点项目创造良好的建设环境，确保投产项目按时达效。在建项目抓投产，2017年计划投产的重点项目分别是石药银湖舒血宁注射剂高新技术、北部高新区集中供热、LNG液化调峰及三所学校等项目，这些项目目前大部分都已投产，正在试运营。新开工项目抓建设，主要对运风高速连接线、黄河金三角铁路物流园和小街小巷改造等项目加快建设，争取完成年初目标计划。前期项目抓开工，主要对圣象景区二期、城中村改造和环境监测中心前期项目加快手续的办理，争取在年内开工。经过认真筹备，完成了盐湖区二批重点项目集中开工仪式。

【固定资产】 2017年固定资产投资预计完成90亿元。截至2017年10月底，已完成78.9亿元，同比增速-1.78%，排名全市第6。

【并联审批工作】 盐湖区已经基本完成在线审

批监管平台建设，实现与上级审批监管平台纵向联通，并通过与"13710"并行联网建设，实现与区直相关部门及乡镇办横向联通。截至2017年10月底，通过平台共审批项目118个，项目总投资72.86亿元。

【转型综改】 编制完成盐湖区十三五转型综改专项规划；编制完成盐湖区转型综改2017年行动计划；编制完成运城市盐湖区进一步深化改革加快资源型经济转型发展行动方案；编制完成盐湖区企业投资项目试行承诺制实行无审批管理试点工作方案。

【社会信用体系建设】 根据国家、省、市联席小组会议精神，成立了盐湖区社会信用体系建设联席会议制度，印发了《运城市盐湖区加快社会信用体系建设工作方案》和《关于报送行政许可和行政处罚等信用信息工作指导方案》。已完成全区"双公示"目录的制定工作，盐湖区30家具有行政许可、行政处罚"双公示"单位，确定了30个联络员，负责本单位信用信息目录和信用信息的整理、汇总和报送工作。截至2017年10月，已向信用山西网发送信息2500余份。

【物价管理工作】 2017年1—10月上报各种监测报表160份，监测、采集数据品种达2700余种（次）；提供城市居民食品价格监测品种、市场动态分析28期。认真做好小麦、玉米等主要粮食和尿素、磷肥、二铵等化肥品种以及生猪价格、存栏等月度调查，完成生猪存售栏月报和主要农产品和农资价格调查7个品种6份调查报表；完成节日期间价格巡查检查工作和涉企收费专项检查工作；春节期间投放财政补贴159.49万元，进行物价平抑工作，确保春节期间主要副食品市场价格基本稳定；共完成涉案价格认定129件，其中：刑事案件128件，涉及纪检监察案件1件。认定价格2563200元；编制完成《价格认证人员工作手册》；配合法制宣传，完成法制宣传微电影《价格认定的使命》编剧和拍摄工作。

【收费管理】 根据上级文件，对收费取消项目和收费新标准及时向有关单位下发通知文件进行规范；完成盐湖区社会力量办学的8家培训机构和32家幼儿园收费备案；完成盐湖区道路客运价格及收费情况进行调研，并上报市发改委；完成收费统计报表上报；完成舜帝陵景区停车场、晋欧小学、向阳学校、北部高新区集中供热等价格项目报批与审核工作；编制完成盐湖区行政事业性、涉企行政事业、考试考务费、免征小微企业行政事业性收费目录清单，并在盐湖区政府网站公示。

【举报案件查处】 截至10月份共受理举报案件28件，解答群众电话咨询60余次。做到件件有着落，事事有回音。

【铁路工作】 盐湖区在建的铁路项目主要是蒙华铁路。工程自2015年5月份开工，先后有中铁隧道局、中建十二标二、三工区和中铁四局铺架项目部进场作业，工程预计2020完工。金井—解州段由中建集团承建，2017年底计划完成4.87亿元，线路初具规模；中条山隧道工程由中铁隧道局承建，已完成投资3.7亿。中条山隧道进口开挖支护7460米，拱墙衬砌6840米；中条山1号斜井已经贯通；制梁和铺架基地建设由中铁四局完成，已完成投资0.56亿元，铺架制梁项目部已建成，施工正常进行。

【脱贫攻坚工作】 按照区扶贫办要求，该局成立脱贫攻坚工作帮扶指导小组，落实了"一把手"帮扶制度，明确分管负责人和联络员，建档立卡，结对帮扶上王乡垣峪、上王、子谏3个村贫困户。并根据区委统一安排，成立驻村扶贫工作队，抽调责任心强、能力强的3名党员干部驻村工作。机关在单位经费紧张的情况下，为村里拨付3万元扶助资金，为扶贫户购买化肥等生产资料。

# 审计管理

【概述】 2017年以来，审计局认真贯彻全区经济工作会议精神，坚持"依法审计、服务大局、围绕中心、突出重点"的工作方针，进一步强化审计监督职能，全年共审计59个单位，查出违规金额125410万元，损失浪费金额60万元，审计决定处罚8万元。政府投资审计核减416万元，审计提出建议75条，提交审计报告59篇，撰写审计信息59篇，向相关部门移送案件1起，有效发挥了审计免疫系统功能，维护了财政经济秩序，提高了财政资金使用效益，为保障全区国民经济和社会健康发展发挥了积极作用。

【公共财政收支预算审计】 完成2016年区公共财政收支预算执行情况审计。2017年3月18日至5月25日，对盐湖区2016年度本级预算执行及其财政收支情况进行了审计，并对区地税局、区公安分局、区环保局、区卫计局等4个部门的预算执行情况进行了审计。

【大额资产购置、"三公经费"审计】 完成了对4个单位2015至2016年度财务收支情况审计。审计中重点关注大额资产购置、"三公经费"等重点资金管理使用情况，揭露和查处被审计单位的违法、违纪、违规问题。

【任期经济责任审计】 完成了对35名领导干部（32个项目）任期经济责任审计。审计中着重检查重大经济活动的效果、重大投资项目的效益、贯彻执行国家经济政策情况及财务收支活动情况，把债务管理、民生改善、环境治理、生态效益、节能减排、廉政建设等作为审计的重要内容和评价的重要方面，切实推动追责问责。

【政府投资项目审计】 圆满完成政府投资项目审计。全年完成政府投资建设项目审计16个，核减投资额416万元。

【新型农村合作医疗机构审计】 完成了盐湖区新型农村合作医疗机构整体移交审计及运城农商银行2015至2016年资产负债损益审计。

【案件查办】 协助相关部门做好案件查办和审计工作。先后抽调17人的审计组，在全省组织的经济运行情况交叉审计中完成了对霍州市的审计调查；抽调4人，协助区委巡察办，完成了对上郭、王范、北城、北相等18个乡镇及所属37个村的政治巡察，向有关部门移送违反财经纪律的问题线索120多个，边巡边改问题线索40多个；抽调4人，配合市审计局完成住房公积金审计；抽调5人，参加了市纪委组织的对绛县、平陆县、永济市的视察巡视工作及盐湖区专项资金使用情况的专项调查；10次抽调人员协助区纪委进行财务检查工作。

【各项中心工作】 认真完成区委、区政府安排的各项中心工作。组织机关全体人员到南山开展义务植树活动，积极案件查办参与美丽盐湖建设；按照区委加强"三基建设"的工作要求，细化任务，抓好落实，取得了初步成效；做好精准扶贫，先后帮助帮扶对象陶村镇4个村和姚孟办岳坛村56户贫困户制定脱贫措施，跟踪帮扶落实，支持帮扶资金，2017年已经有17户贫困户脱贫。

【队伍建设】 加强队伍建设，提升人员素质。大力推进"两学一做"学习教育常态化制度化，进一步提升审计人员的政治素质；组织机关全体人员到运城烈士陵园进行扫墓；组织机关全体党员干部到上王乡牛庄村接受红色革命教育；组织审计人员集中收看《永远在路上》《打铁还得自身硬》等纪录片，强化审计人员的廉洁意识；组织广大党员干部认真学习党的十九大精神，进一步统一思想，提升素质，把十九大精神贯彻落实到实际工作中；认真落实《盐湖区全面从严治党责任实施细则》的要求，努力打造忠诚、干净、担当的审计队伍。

2017年6月，该局被区直工委评为"五星级党组织"；11月，顺利通过市文明办的文明单位验收。

【审计管理】 为了更好地服务全区经济社会发展大局，扎实有效落实审计发展方略，将"工匠精神"注入审计工作，把提高审计质量、打造精品项目作为工作的重中之重，对审计工作进行精细化、科学化管理。审计立项"科学化"。向机关、企业、社会群众、被审计单位等征求审计立项的意见，确保审计立项既紧扣中心，又接地气；组织方式"创新化"。树立大格局思维，有机整合审计力量，逐步推行购买社会服务、送达审计等方式，整合审计机关内部力量，充分发挥社会中介机构的审计力量，积极联合纪委、组织部等部门力量，形成监督合力。审计程序"精细化"。以精心制订实施方案、精细调查研究、精准审理复核、精深讨论研究、精准提炼结论的要求，特别是审计中大数据技术与应用，实现审计过程数字化，推动实现审计全程精细化管理。

# 技术监督

【特种设备安全监管】 2017年1月和3月质量技术监督以盐湖区政府的名义召开了盐湖区特种设备安全监察两个制度部署会议和特种设备安全监管工作推进会。下发《2017年盐湖区特种设备安全监管工作任务书》。

2017年共开展了气体充装单位、电梯、压力容器、锅炉等专项治理活动，共出动执法人员1560人次，检查企业312家，检查气瓶32087个，取缔2014年以来新增10吨以下燃烧锅炉21台，建城区锅炉1台，查处两家非法充装石油液化气"黑窝点"两个，共没收50千克气瓶38只，15千克气瓶51只，电子秤5台，充装设备6套。在天逸公园开展了应急救援演练，全面排查各类隐患82起，消除67起，正在整改15起。

全面加强对取得工业产品许可证、3C强制认证、食品包材等方面进行严格的监督管理。2017年共开展了农资、建材、水泵、机动车检测机构、食品相关产品等专项检查，对71家施证产品企业进行了年度审查，在解州镇打掉了一家生产不合格农药的"黑窝点"，共没收违法生产的农药200余箱。开展民生计量专项执法检查，查处违法行为11起，没收不合格计量器具

7台，2017年共办理群众投诉举报案件21起，已全部结案。

【企业名牌培育】 2017年质量技术监督局组织辖盐湖区内的天海泵业、凯盛肥业、渝煤科等企业申报山西省名牌产品评定工作。标准化工作方面，根据《运城市标准化体系建设发展实施意见》的要求，2017年，盐湖区共有27家企业36个标准在国家标准委公共网上进行了自盐湖声明和公开，接受监督。为推动标准化工作的开展，出台了《盐湖区贯彻＜关于培育和发展团体标准化指导意见＞的通知》《盐湖区标准化项目资金管理办法》《盐湖区标准化示范区管理办法》三个文件。盐湖区王范乡刘庄村韭菜基地申请获得了市级农业标准化示范区称号，市政府奖励标准化项目资金十五万元分三年补助到位。认证监管方面，组织开展机动车检验机构专项整顿，着力规范检测行为，组织辖区内的机动车检测机构进行互相观摩学习和机动车检测数据比对活动，有效地规范了机动车检测机构的检验行为。

【党建工作】 2017年开展了"学习教育和主题教育"和"全面落实从严治党活动"，制定了学习计划，开展了班子成员上党课、参观警示基地，观看红色影片等一系列活动，完善和修订了43条规章制度，制定从严治党制度体系，其中班子清单5条，党组书记11条，班子成员清单51条，并制成版面，悬挂于单位显著位置。在春节、端午、国庆节等时间节点，开展公车使用、婚丧嫁娶、公务接待等专项检查，全年共开展检查15次，对违纪人员进行了提醒谈话。

# 工商行政管理

【商事制度改革】 2017年盐湖区工商局按照省委省政府打造审批最少、流程最优、体制最顺、机制最活、效率最高、服务最好的"六最"营商环境的要求，以打造便利高效的市场准入环境为目标，进一步提升登记速度，促进各类市场主体快速发展，为盐湖区"大众创业、万众创新"提供新引擎。

在巩固"五证合一"的基础上，探索实施"多证合一"改革；继续通过向经营者当场告知、签订承诺书和利用告知平台向相关部门推送登记信息的方式，履行"双告知一承诺"，深化"先照后证"改革；持续推进个体工商户"两证整合"改革；3月1日起，按照工商总局安排，顺利实施了未开业企业、无债权债务企业简易注销登记改革，大幅简化了市场主体注销程序，破解创业者"退出难"问题；9月1日起，按照《山西省市场主体住所（登记场所）登记管理办法》（晋政发〔2017〕42号）规定，实行了市场主体住所（登记场所）申报承诺制，在办理登记手续时，不再要求经营者提交房产证、土地证、房屋租赁合同等场地证明材料，并允许"一照多址"，对无须前置审批的市场主体（个体工商户除外），住所和经营场所在同一（市区）区域范围内，允许其在营业执照上加载经营场所地址，免于办理分支机构登记；10月底，顺利启动了盐湖区"企业登记全程电子化"改革工作，并发出了首张电子营业执照。

2017年1月1日至11月20日，共新设企业3132户、个体工商户5370户。2017年，盐湖区共有企业13264户、个体工商户37773户。与2016年同期相比，企业、个体工商户分别增长了22.2%、17.9%，增长势头持续强劲。

【帮扶重点企业及项目】 建立干部入企常态化帮扶机制，由工商局班子成员带队定期上门为天海泵业、寰烁科技、龙飞有色金属等区重点企业，及时解决企业在登记注册、打假维权等遇到的23个问题；建立重点项目跟踪责任机制，对重点项目的落地、投产确定责任人全程陪办，并挂牌公示、明确进度、限时办结。

帮扶星河、文化产业园两大创业孵化基地和小微企业，上门为经营者提供办理证照、开展年报、动产抵押等精准职能服务；积极开展"个体转企升级"活动，鼓励、支持经营势头强劲且经营规范的5户个体户转型升级为企业，促进盐湖区"企个比"更加合理。充分利用股权出质、动产抵押、商标权出质、信用贷款、小额贷款"五个平台"，办理动产抵押登记21件，为企业融资3.43亿元，为民营企业拓宽融资渠道，推动企业脱困转型。

【商标战略】 围绕文化旅游品牌，围绕休闲观光农业及农耕文化、乡土体验等新业态，围绕特色旅游农产品、围绕制作、民俗等特色旅游商品，开展了文化旅游品牌创建、"一村一品一标"活动。

围绕区重点企业和商标梯队优秀企业，开展"一企一标"活动、争创驰著名商标活动。深入72家企业发放商标及品牌创建宣传材料，向经营者宣传商标对提高企业经济效益、促进运城经济发展的重要作用；积极响应政府号召，引导山西浩腾科技有限公司、山西飞宇建材有限公司申报山西省著名商标，帮助博鸣木业申报国家驰名商标。

2017年，共引导注册商标406件；推荐著名商标7件，重新认定著名商标7件；处理商标侵权投诉5起，查处商标侵权案件2起，罚款4500元。2017年盐湖区共有注册商标2612件，其中：山西省著名商标33件，中国驰名商标3件，农民专业合作社商标77件，农副产品商标305件。

# 农村经济管理

【出台管理办法】 区政府办印发了《运城市盐湖区农民专业合作社区级示范社认定及管理办法（试行）》（运盐政办发〔2017〕7号），要求21个乡镇办按照通知要求结合本乡镇的实际情况申报区级示范合作社。全区发展合作社1180家，2017年新发展71家，超额完成137%；全区发展家庭农场100家，2017年新发展11家，超额完成10%。

【综合检查评比】 农村经济管理中心联合区林业、果业、畜牧、农机等单位对全区150家发展好的新型农业经营主体发展情况进行检查验收，通过看现场、听汇报、查资料等多种方式，评选出一批具有典型示范作用的新型农业经营主体。

【开展规范管理】 2017年规范合作社50家、家庭农场10家任务已经顺利完成。培育省级示范社8家、市级示范社7家、区级示范社22家。

【鼓励引导联合】 由区政协委员郭勇革联合20家合作社成立运城市幸福盐湖农业开发联合社，合作社自己组织起来，抱团走市场，形成了新的合作社发展趋势。全区逐渐形成了会荣农庄、桃园山庄、田馨玫瑰、莲藕种植等观光、旅游、景观及科普教育于一体的新的农业发展趋势，形成农业集约化规模化经营，带动农业增效、农民增收的良好局面。

【土地确权工作】 盐湖区农村土地承包经营权确权登记颁证工作，始终按照省、市确权办的要求，坚持时间服从质量、进度服从效果的原则，细化措施、强化责任，通过加强领导、强化培训、督导检查、检查验收等措施稳步推进。全区共314个行政村，有54个村不确权（其中6个村整村退耕还林，按政策不进行确权；48个村土地被征占也不进行确权，主要是空港、禹都开发区移交过来的村和城区办事处所辖的村），剩余260个村可以确权，已有213个行政村已完成数据汇交工作，并且已经通过市级检查，准备向省和农业部上交。还有47个村因历史遗留问题、未执行二轮承包政策、农户换地频繁、二轮承包原始资料丢失、村民因意见不一致形不成统一的确权方案等原因未入数据库，按省上要求，这47个村的数据，在2018年6月底完成汇交，上交农业部。

【纠纷仲裁】 2017年受理车盘办事处十里铺村、东郭镇蚩尤村、东郭镇东郭村3起承包纠纷案件，都已结案。

【信访案件】 按照《运城市农村土地承包经营问题稳定风险源头化解专项行动实施方案》的要求，下发了《运城市盐湖区农村土地承包经营问题稳定风险源头化解专项行动实施方案》，并按照要求化解农村土地承包信访案，6件信访案已全部化解结案。

【交易服务体系】 在健全区乡两级交易服务体系的基础上，2017年又实行了服务工作再下沉，在全区314个行政村建立农村产权交易服务网点，并配备兼职服务人员。目前除空港和禹都两个开发区刚划回的35个村正在建立网点外，其余的279个村服务网点已全部建立并开始运营。

【交易服务机制】 在总结以往经验的基础上，2017年进一步完善了农村工程招投标管理办法，并以监管委员会的名义印发全区。同时，建立了农村集体工程建设项目招投标评审专家库，并对54名入库专家进行了集中培训。另外还组织编写了《农村产权交易实用手册》并发至基层，进一步规范和提升了交易管理服务水平。

【交易服务宣传】 将农村产权交易政策、交易好处、服务项目和服务流程等知识，组织编制成广大干部群众喜闻乐见的宣传资料和微型电视剧《久违的甘霖》，利用农村集市庙会、新闻媒体和举办培训班等形式广泛宣传，同时还建立了公众微信平台，及时发布交易信息和回复公众咨询业务。截至2017年11月底，共发放宣传单两万余份，媒体报道三次，培训人员200人次，发布信息100多条，较好地普及了交易相关知识，使更多的农民群众了解产权交易平台作用，自觉进场办理产权交易。共完成产权交易项目347个（其中农户承包土地经营权流转344个，集体"四荒"地使用权发包3个），农村集体建设工程招投标项目30个，共涉及交易金额3000多万元，全区累计土地流转面积21.21万亩。

【搭建服务平台】 依托农村产权交易平台搭建起抵押贷款服务平台，并将农村承包经营权抵押贷款的土地流转鉴证、价值评估、抵押登记和风险处置等内容纳入平台服务范畴。

【建立配套制度】 结合试点要求和实际工作情况，先后出台了《运城市开展农村承包土地经营权抵押贷款试点工作实施办法（试行）》《运城市盐湖区农村承包土地的经营权抵押贷款试点工作抵押物登记管理办法（试行）》《运城市盐湖区农村承包土地的经营权抵押贷款试点工作抵押物处置办法（试点）》和《运城市盐湖区农村承包土地的经营权抵押贷款风险补偿基金管理办法（试行）》等文件，并且与财政、银行等相关部门实现了精准对接。

【宣传引导】 召开专题培训会两次，印发宣传资料一万余份。以农村承包土地经营权抵押贷款为题材的微电影已制作完毕，已在盐湖三台播放。已通过摸底筛选了有贷款意向的新型农业经营主体12个，并推荐给银行融资机构。

【培训学习】 组织中心财务站人员及各乡镇办农经中心主任到永济市虞乡镇，专门学习了该镇农村集体"三资"管理的典型经验和先进做法。

【健全"三资"台账】 印发了《关于对全区农村集体"三资"进行清产核资及建立农村集体"三资"台账的通知》，完成了全区各村资产、资源清查工作，已完成了105个村的"三资"台账建设工作。

【农村经济审计】 协助区纪委监委对东郭镇磨河村、王范乡下马村和席张乡南贾村等村的财务收支情况进行了重点审计，有力地促进了农村基层党风廉政建设，维护了农村经济健康发展。全面完成了盐湖区第十届村干部任期和离任经济责任审计工作。在各乡镇办所辖村全面审计的基础上，由区纪委牵头，区农经中心成立了5个村干部离任审计小组对全区60个行政村进行了抽查审计，同时联合区委巡查办成立了农村专项巡查工作组对城郊村、城中村和重点项目实施村进行了重点审计。通过审计，共查出违反财务制度村88个，涉及金额302.06万元，已退赔55.1万元；查出违纪违法线索12个，涉及金额56.2万元，已退赔12.1万元，移送纪委监委19名违纪违法党员干部。

【新型农村集体经济发展模式】 在盐湖区新型农村集体经济发展工作中主要开展了以下工作。制定了《运城市盐湖区发展壮大村级集体经济实施方案》。明确了发展目标：力争2017年实现无集体经济收入村全部"破零"；到2018年，村集体经济年收益5万元的村达到50%以上；到2020年，20%的村集体经济收入达20万元以上，10%的村集体经济收入达50万元以上。确定发展模式：主要有产业带动型、筑巢引凤型、资源开发型、资产盘活型、股份经营型、服务创收型、民俗旅游型、联合发展型。落实扶持资金。每年按照上年财政总收入0.1%的比例预算专项资金，采取以奖代补、贷款贴息、启动扶持等办法，扶持试点村、重点村和难点村。2017年市、区两级的410万元扶持资金，将在年底前发放到位。

【一事一议"筹资筹劳"审核】 对申报的2017年一事一议"筹资筹劳"项目进行审核，审核项目36个，筹资筹劳3.4万人，筹资筹劳金额19.2万元，涉及项目资金1172万元。对申报的2016年一事一议"筹资筹劳"项目申请奖补资金进行复审，审核项目85个，筹资筹劳7.4万人，筹资筹劳金额53.45万元，涉及项目资金2022.82万元，财政奖补资金1544.76万元。经复审的一事一议项目未超村级公益事业范围，向农民收取的筹资筹劳款未超限额、超标准。通过复审工作，进一步落实好减负政策，有效防范农民负担反弹。

【农民负担专项检查】 按照市减负办安排，组织开展了2017年农民负担专项检查工作。对惠农资金25项，抽查8个乡镇，38个村，每村抽查10户进行调查；对涉农资金86项，以相关单位项目资金下拨的银行对账单和项目资金下拨的文件为准，重点检查项目资金是否及时足额拨付到位，有无截留、挪用和抵扣现象。通过检查，摸清盐湖区减负惠农政策落实过程中存在的问题和不足，促进减负惠农政策的有效落实，维护好广大农民群众的合法权益和农村社会的和谐稳定。

【农民负担专项治理督导】 自2017年9月7日至10月10日，历时一个月时间，主要对农村义务教育、农民建房、农民用水用电、计划生育、农机服务等方面收费问题，村级组织负担问题，已经取消的涉农收费项目、行政审批、资格准入等落实情况等进行专项检查。通过检查看出：盐湖区农民直接负担较轻，涉农收费相对稳定，农民负担专项治理成效明显。

【农村经济收益分配统计】 按时按质完成市农经中心和中心领导安排的2017年农村经营管理情况半年报表、预报表、全年报表、农业生产性服务业关键指标统计表。

# 安全生产管理

【党建工作】 2017年初盐湖区安监局制定了党建工作计划，建立和落实机关党建工作责任制，每季度召开一次党建工作推进会，采取听报告、查资料等形式，对党建工作落实完成情况进行自查，对工作不到位的地方限期改进。党组书记切实履行"第一责任人"的职责，把"全面从严治党"贯穿到党员教育、管理、监督始终，认真贯彻党要管党、从严治党方针，确保全面从严治党工作有方案、有落实措施。始终加强对党员的学习和培训，坚持每周的学习雷打不动，十九大会议召开后，安监局党办坚持组织全体干部职工每天下午学习会议精神、文件精神、人民日报社论等学习。有效地提高了党员干部的政治素质和业务水平，还通过"维护核心、见诸行动"专题讨论、收看专题教育片、党课学习等方式，进一步坚定党员干部的理想信念，提高党员干部的思想认识。

【强化党员管理】 安监局按照党章党规和上级党组织的要求，严格规范管理党员干部队伍，按时足额交纳党费，严格党员档案管理和组织关系结转工作程序；组织党员佩戴"共产党员"徽标上岗。严格执行《中国共产党发展党员工作细则》，在盐湖区直工委的支持下，发展新党员，组织和支持参加区委、区直工委对入党积极分子、发展对象、新党员的分类培训活动。支部履行党员日常监督管理责任，每年评议党员2次，对入党积极分子、发展对象和新党员，做到定期培训教育。由党办牵头，为全体党员建立党员管理系统，建立党员微信群，把安监局全体党员都纳入管理范围，经常开展宣传教育，传递信息，更新内容。

每月召开一次全体党员大会，组织党员进行学习，开展十九大精神系列学习12次，十九大学习笔记展评1次。同时每季度由支部书记总结工作，征求党员意见，讨论重大问题的决策。每月召开一次支部委员会，提前学习，提前讨论。二是每半年召开一次民主生活会和组织生活会。上半年安监局召开了全面从严治党专题民主生活会。会上每名党员干部依次开展个人剖析，并开展深刻的批评与自盐湖批评，对群众意见和上级点明的问题逐一检查并做出实事求是的回应，提出了改进的具体措施。

认真组织开展每月一次的党课。2017年共讲党课13次，其中党组书记4次，党组成员讲党课7次。每月的11号确定为"主题党日"活动日。2017年共开展了12次主题党日活动，主要以牛庄红色革命根据地参观、党员颂党章、重温入党誓词、心得体会展评、笔记本展评、知识测试、组织集中学习等形式组织党员开展活动。

【党建活动】 2017年参与区直工委联合组织的拔河比赛、乒乓球比赛、篮球比赛等一系列庆"五一"、庆"七一"系列活动外，还结合安监局工作实际，组织党员干部开展了"从严治党"主题演讲比赛、"不忘初心，牢记使命"主题演讲比赛，党的知识竞赛活动、维护核心见诸行动专题讨论会、观看《将改革进行到底》《总书记在山西》纪录片、党员干部心得体会展评活动、党员干部入户慰问贫困户活动、党员进社区活动、党员志愿者服务活动等活动，特别安全生产月活动、党员志愿者进社区帮扶活动，宣传安全生产知识，给老百姓送去的安全知识手册、居民安全手册、和带有安全生产标示的生活用品。

【基层建设】 安监局严格"三基建设"，梳理单位职能，以三定方案为基础，制定出安监局的《管理手册》《应知应会手册》《盐湖区安全生产监督管理局基础工作目录》。

【精准扶贫 服务人民群众】 成立精准扶贫领导组，按要求完成脱贫。安监局共帮扶东郭镇的上月村、下月村、蚩尤村、白庄村、解州镇的白家庄等村。2017年下乡帮扶50多次，多次入户了解贫困户基本信息，填写《贫困户信息登记表》，与包村干部、村委主干协商，确定帮扶对策，为贫困户送技术、送物资、送资金、送温暖，做到了真帮、实帮、精帮。在"五城同创"工作中，安监局严格按照盐湖区委区政府安排部署成立了志愿服务队，充分发挥志愿者服务队作用，为社区开展了安全生产知识和居民安全生产知识讲座，现场发放了安全知识手册、居民安全手册、和带有安全生产标示的生活用品。

【雾霾治理】 2017年雾霾治理中，作为散煤市场整治的牵头单位，在散煤市场整治中，安监局党组书记邓永红、党组成员带队前往一线，党员干部发挥模范带头作用，全体干部职工全员出击，连续24小时无间隙全天巡查排查，为保卫盐湖蓝天做出了安监贡献。

【从严治党和党风廉政建设】 2017年安监定期不定期召开专题会议，研究安监局党风廉政建设和反腐工作，研究制定了《2017年区安监局党风廉政建设和反腐败实施方案》《2017年区安监局党风廉政建设责任制任务分解意见》，明确了任务内容和具体要求，确定了责任领导、责任部门、具体责任人；同时，与各班子成员签订《党风廉政建设目标责任书》，与各股（队、站）负责人搞好谈心谈话，要求各负责人把党建和业务工作相结合，层层分解，责任到人，落实到岗，确保各项工作有序顺利开展下去。

按照《盐湖区落实从严治党责任实施细则（试行）》规定，组织安监局领导干部广泛开展了谈心谈话活动，对每个班子成员和主要股（队、站）负责人进行了谈心谈话，进一步压实了主体责任。节假日和重大假日前各个分管领导对分管的股室人员进行逐一谈话，确保把各项规定落到实处。

**【基层安监培训宣传】** 安监局对各乡镇办和区直有关单位主要负责人、分管安全副职118人，开展了安全管理知识集中培训活动，成立"一法一条例"宣讲队，深入各乡镇办开展了11次宣讲活动，建立"盐湖安监"微信公众号宣传阵地，广泛传播安全生产理念知识，累计阅读量超过12万次，扎实开展"安全生产月"活动和安全生产宣传教育"七进"工作（进企业、进校园、进机关、进社区、进农村、进家庭、进公共场所），盐湖区上下进一步牢固树立"发展决不能以牺牲安全为代价"红线意识。

**【安全生产大检查】** 2017年6月，在盐湖区范围内组织开展安全生产大排查大整治专项行动，共出动142个检查组、执法人员3052人次，检查企业1608家，排查隐患868处，整改868处，限期整改企业133家，责令停产停业整顿企业4家，行政处罚7.2万元。

7月20日，国务院安委会和省市政府分别安排部署了第二轮安全生产大检查活动，安监局贯彻落实国务院和省市政府的安排部署，加强组织领导，盐湖区政府成立安全生产大检查领导组，由李哲区长任组长，安监局局长任常务副组长，其他副区长和区政府办公室主任任副组长，安委会成员单位的主要负责人为成员的领导组。各乡镇办、区直有关单位也相应成立安全生产大检查组织领导。各单位主要负责人亲自安排部署，亲临一线检查，确保安全生产大检查活动落到实处。

全面排查隐患，对盐湖区所有生产经营单位和行业领域进行全面排查，不留盲区，不留死角。采取重复查，反复查，重点针对事故易发多发、监管薄弱的领域环节，重点排查治理。坚决整改隐患，对所有排查、抽查、督查等各类检查中发现的问题和隐患，立即进行整改，彻底治理到位。对不能立即整改的，安委会都要采取挂牌督办方式，跟踪督促整改落实到位。对正在整改过程中的隐患，直接监管部门都要采取严密的监控措施，严防隐患酿成事故。对不能确保安全生产的重大隐患，都要责成企业加强监控，依法停产停业整改，尽快消除隐患，，共取缔各类不符合安全生产条件的企业或非法企业5家。

强化督促检查，各乡镇办、区直各单位、安委办都采取"四不两直"、明察暗访、突击检查等方式开展督查检查，确保查到实情、见到实效。盐湖区安委办还成立督查组对各单位大检查开展情况进行全面督查，凡发现大检查工作不认真、不严格、搞形式、走过场的，都要及时通报全区，并严肃问责相关领导和责任人。采取集中攻坚行动，为真正把安全生产工作落到实处，确保十九大期间的安全稳定，从10月19日开始，盐湖区政府成立六个攻坚小组，分别由各副区长带队，对盐湖区22个乡镇办，开展环保、安全、环境整治"三合一"集中攻坚行动，重点打击辖区内无证无照、不具备安全生产条件、生产工艺落后等非法违法企业，同时，李哲区长带队对安全生产工作进行专题调研，并要求各执法部门，按照省政府安委会第四次（扩大）会议要求，对非法违法企业采取停产、关闭、取缔、上限处罚、依法追究刑事责任等手段，依法依规严肃惩处，并坚决采取断电断水和清除原料、清除产品清除设备等措施，防止死灰复燃，彻底取缔。此轮大检查共成立各类督查检查组152个，出动检查人员9268人（次），抽调专家144人（次），检查企业4216家（次），排查一般隐患1618条，已整改1618条，立案查处13家生产经营单位，实施行政处罚罚款339500元。

【行业专项整治】 安监局坚持以问题为导向，以遏制较大以上安全生产事故为重点，在危险化学品、非煤矿山、烟花爆竹、冶金工贸等重点行业深入开展专项整治。危险化学品行业，以危险化学品生产、储存企业为重点，共检查各类危险化学品企业33家，下达执法文书19份，发现隐患54条，都全部整改到位。烟花爆竹行业，共出动432人次，对盐湖区75家批发零售企业进行排查检查，发现隐患32条，立即整改19条，限期整改13条，下达执法文书15份，坚决杜绝假冒伪劣和"三无"产品销售。冶金工贸行业，重点针对粉尘防爆、涉氨制冷、有限空间作业进行专项整治，邀请专家进行了会诊，共检查企业35家，下达执法文书26份，发现隐患36条，已全部整改完毕。成品油方面，针对盐湖区存在非法加油车辆和非法加油站点的问题，安监局继续安排部署打击非法违法经营成品油行为的专项行动，对全区范围内存在的非法经营加油站、加油点、流动加油车辆及各类非法经营成品油行为进行重点打击。截至12月底，先后取缔黑加油站130余家，刑事拘留7人，上网追逃4人，治安拘留64人，查扣成品汽油140.89吨，柴油239.5吨，甲醇19.65吨，加油机61台，油罐车53台，现场捣毁油罐73个，有效遏制了黑加油站点的猖獗势头。建筑工地方面，针对今年上半年建筑施工领域事故多发的情况，安监局共出动122人次，对盐湖区城区范围内建筑工地进行全面排查检查，发现隐患44处，现场整改14处，限期整改30处，下达执法文书42份。旅游景点特别是涉水游乐项目方面，九龙山5.20事故发生后，盐湖区政府及时组织文物旅游、质监、体育、安监等部门，对全区旅游景点、涉水游乐项目进行全面排查，责令停业整改13家。"反三违"方面，集中在非煤矿山、危化、交通、民爆、建筑、冶金等高危行业开展"反对违章指挥、违章作业和违反劳动纪律"专项行动，推动企业层层开展培训教育，深入查找纠正"三违"现象，专项行动共帮助38家企业建立起356项规章制度，纠正、查处和教育各类"三违"现象和行为126起。通过对重点行业的专项整治，企业的安全生产主体责任进一步强化，安全管理能力进一步提升，全区2017年未发生一起较大以上事故。

## 食品药品监督管理

【食药安全法治宣传】 2017年，盐湖区食品药品局（简称区食品药品局）开展多种形式进行食品安全法制宣传教育。投资20余万元在运城高铁站内外、市区主要街道通过LED显示屏、灯箱广告等进行宣传；向群众发放食药宣传手提袋、围裙、宣传手册、漫画等5万余份，在公共场所张贴公告、告知书1000余张；通过"食品安全进社区志愿者服务活动""食品安全宣传周""抵制食品保健食品欺诈和虚假宣传"等宣传活动，发放资料1万余份；开设食品安全巡回学堂，对食堂的从业人员进行现场培训，受训人员达200余人；对执法人员和基层协管员信息员开展集中培训教育。策划拍摄法治微电影《"食"关重大》进行普法教育。

【日常监管】 2017年扎实开展隐患排查工作，对辖区9697家从业户进行了隐患排查，共出动执法车辆2540次、执法人员10450人次。下达监督文书10718份，其中责令整改2115户，停业整顿178户，规范1717户，发放息公示栏1485家。

顺利完成全年抽验任务。其中，食用农产品900批次，合格885批次，不合格15批次；食品1063批次，合格775批次，不合格16批次。

严格规范食品快检工作。在食品生产经营单位建成快检室18个，共检测12845批次，不合格6批次。

保障重大活动的食品安全。区食品药品监督管理局采取事前监督检查，事中驻点巡查等方式，确保了大型活动食品安全。

加强药械监管工作力度。完成辖区58家药店的GSP认证跟踪检查工作。对42家涉药机构进行飞检，收回7家零售药店和撤销1家批发企业的GSP证书，取缔1家义齿生产企业。

【规范食品药品市场】 2017年，通过开展各类专项整治活动共立案49起，其中食品类26起，药品类19起，医疗器械2起，保健食品1起，化妆品1起，罚款33万余元。

【创建食品安全示范城市】 压实责任构建三级网格。将辖区划分为10个大网格，367个小网格，层层落实责任；示范引领提升行业水平。实行连锁经营门店达150余家；推行设置"政府放心餐"经营点120余个；积极引导推行亮化工程。40余家食品生产企业实施"车间亮化"；300余家超市门店安装视频监控；200多家学校食堂"明厨亮灶"全覆盖。

【食药安全学习】 2017年初按党建工作计划和学习计划，做到党员干部必须参加市局组织食药大讲堂，每名党员干部都有学习笔记，学党章、学系列讲话，做好笔记并写心得体会。认真执行"三会一课"制度，按照《党章》规定，党支部设置、人员配备齐备，按时进行培训，党员的教育管理及入党积极分子工作常抓不懈，为食药安全工作的顺利开展起到了积极的推动作用。

# 产业园区

## 工业园区

【各项目标任务完成情况】 2017年完成地区生产总值44.14亿元，其中工业增加值37.62亿元；完成工业总产值160.08亿元；固定资产投资11.03亿元；进出口总额0.92亿元；税收收入5.81亿元。开发区入区企业数达到146个，完成年度总任务135个的108.1%；经营收入完成108.35亿元，完成年度总任务105亿元的103.2%；投资强度为210万元/亩，完成年度总任务200万元/亩的105%；研究与实验发展经费完成5.42亿元，完成年度总任务4.9亿元的110.6%；实际利用省外直接投资完成10.35亿元。

【招商引资】 招商引资是开发区经济工作的主题。2017年，工业园管委会不断完善招商引资入园标准、项目办理流程和全员服务项目责任制等，不断优化招商环境。招商"小分队"多次到北京、南京、上海、浙江、广东等地，对接洽谈生物医药、新材料、新能源和高端装备制造业项目，有力地促进了招商引资工作的进展。2017年，招商引资签约项目9项，签约投资额51.5亿元，到位资金完成12.92亿元，均超额完成年度目标任务。

【项目建设】 2017年，按照签约项目抓开工、开工项目抓投产、投产项目抓增效的要求，开发区狠抓重点项目建设。2017年，重点建设项目5项，总投资14.69亿元，计划完成4.72亿元，截至2017年底，已完成5.69亿元，完成年度任务的120.6%。

【科技创新】 培育了鑫中大生物科技、瑞芝生物科技、黄河新型化工及铁力建材四家高新技术企业，高新技术企业已达15家；顺利通过了省级科技企业孵化器认定评审；近两年以来，已经指导宏安翔科技与国强高科公司在新三板挂牌上市，2017年继续邀请市金融办及山西证券等主办券商指导帮助格瑞特建筑公司完善新三板挂牌的相关资料及手续，至年底格瑞特建筑科技公司已具备上市条件。

【优化环境】 通过企业筹资的方式，斥资47万余元完成了9站18座公交车站点的建设，极大地缓解了企业职工出行难的问题；对流动摊点进行了规范管理，开发区城乡接合部环境"脏、乱、差"的状况大大改观；以"亮化、净化、绿化"为突破口，提升了文洲路、开元路、涑水路、卫兵路、蓝马路等的绿化布局，改造了主要路段临街楼宇亮化形象，对道路卫生死角、小广告、建筑垃圾及绿带内杂草杂物进行地毯式清理，拉高了开发区的整体"颜值"。普及宣传安全生产知识，在15家企业进行安全防范演练，开展了两轮安全生产大检查，共检查139家企业，发现安全隐患270项，已整改259项，整改率达95.6%。

【增强"四个意识"】 坚持把思想政治建设摆在班子建设的首位，通过中心组集体学习、个人自学、专题辅导、学习交流等方式，深入学习了党的十九大精神和习近平新时代中国特色社会主义思想，学习了习近平总书记系列重要讲话精神和视察山西重要讲话精神以及省委书记骆惠宁在运城调研重要讲话精神，学习了市委四届三次全会和四次全会精神，通过深入学习和领会，进一步增强了政治意识、大局意识、核心意识、看齐意识，坚定了政治立场和政治担当。同时，坚持学以致用，始终把学习中央、省、市决策精神与推动开发区发展的各项工作紧密结合，与全省开发区改革创新发展工作全面结合，有效地提高了班子驾驭经济社会发展稳定大局的能力。

【夯实基层基础】 制定了《盐湖工业园区党工委加强"三基建设"实施方案》，确定了66项重点任务，明确责任主体；推进五好支部建设，完善了3个支部的组织机构，建立了21个党支部活动室，整顿了1个软弱涣散的企业支部；开展戴党徽、亮身份活动，让党员身份亮出来、责任担起来、形象树起来，增强党员党性意识；严格落实"三会一课"制度，统一实行制度上墙；按照"联合支部主覆盖、相邻支部兼覆盖、党建指导员打前站"的思路，扎实推进党组织和党的工作"两个覆盖"，覆盖了开发区正常运营的82家企业，覆盖率达95%以上。

【丰富党员活动】 搭建党员活动平台，增设"朗读室""党员教育室""书画室"等功能室，丰富了活动形式和载体；举办"维核心·颂党恩"迎"七一"文艺演出、"四大讲四增强"活动，增强了党员维护核心的思想自觉、政治自觉和行动自觉；组织到上王乡牛庄村、龙居镇西张耿村开展"红船精神"等红色教育活动，在重温历史中坚定使命担当；开展了"盐湖为企业添光彩"活动，挖掘培养了一批党员先进典型，提升了企业党员的素质和能力，切实发挥了党员的先锋模范作用。

【从严管党治党】 邀请专家开展党规党纪专题讲座，组织开展党规党纪知识竞赛，赴市廉政教育基地开展廉政警示教育，强化了党员干部知规守纪、拒腐防变意识；认真开展巡视整改自行"回头看"整改工作，加强了纪律作风整顿，建立健全了"三重一大"决策机制、党费收缴管理机制等常态化机制；开展讲规矩守纪律从严治党组织生活会，班子成员以普通党员身份参加会议，对照讲政治、遵规矩、守纪律及从严治党方面，认真查摆问题，深挖思想根源，面对问题勇于揭短亮丑，敢于动真碰硬，达到了"红红脸、出出汗、加加油、鼓鼓劲"的目的；践行"四种形态"，常打"预防针"，敢用"杀手锏"，让红脸出汗、咬耳扯袖成为常态，提示提醒谈话13人次，给予党纪政纪处分4人；在企业开展了读书活动、演讲比赛、德孝大讲堂等廉政文化教育活动，使廉政文化融入企业文化，形成了浓厚的廉政氛围。

【整合扩区】 按照省、市关于开发区改革创新"整合、改制、扩区、调规"和《运城市开发区改革创新发展实施方案》的要求，以盐湖工业园区为主，整合盐湖区文化产业园，对两个园区实行统一领导、统一政策、统一规划、统一管理。编制完成了《盐湖工业园区扩区可行性研究报告》和《申报设立省级高新技术产业开发区的可行性研究报告》。组织国内知名团队专家，对园区整合后的发展定位、主导产业布局进行会商研讨。通过公开招标，优中选优，确定重庆规划设计院承担开发区的总体规划方案及产业等5个专题研究方案的编制工作。2017年9月13日，省政府批复同意运城盐湖工业园区扩区，扩区后规划面积扩为30平方千米，四至范围明确核定。

【实施"三制"改革】 制定了《盐湖高新技术产业开发区（筹）改革创新实施方案》，完善了机构设置及人员定岗方案、绩效考核方案、全员竞聘实施方案和冗余人员精简消化政策和方案等，搭建起了开发区改革创新的四梁八柱。全面实行大部门制，设立了党政办公室、科技创新部、经济发展部、招商部、规划建设部和政务服务中心等6个部门。采取"老人老办法，新人新办法"，原有的5名中层干部通过考核聘任，缺员的13名中层干部面向社会在全省范围内公开招聘，在编的25名一般工作人员采取考评的办法竞聘岗位，完成了中层管理人员考聘、一般人员竞聘以及冗余人员分流等工作，"三制"改革全面完成。

【推进"三化"改革】 通过邀请专家学者开展讲座、组织外出考察学习等方式开展了一系列专业化培训，着力打造"尖兵部队"。成立"盐湖智库"，设立了2个院士工作站，为开发区的发展提供了高端专业的智力支持。加强市场化运营，先后参加了"西洽会""中博会"等大型招商引资推介会，在北京、上海举办的盐湖2017招商引智恳谈会上进行了开发区的专题推介，园区成立了投资建设有限公司，委托专业公司承担绿化管护、路灯管理、环境卫生等，与北京中关村信息谷以打包的方式初步达成了资源对接、创新发展规划和产业落地三大项15个小项的合作意向。立足科技创新的优势和潜力，瞄准国家级高新技术产业开发区的目标，积极与科技部进行对接，邀请长城企业战略研究所就开发区发展高新产业、打造产业科技新城进行高端谋划，明晰了开发区的发展方向和产业布局。

## 城西机电化工产业集聚区

【招商引资】 2017年，城西机电园区按照区委区政府的发展定位，始终坚持"园区化发展，集群化招商"工作导向，大抓狠抓招商引资工作。按照任务目标，围绕两大主导产业，成立了两个招商小分队，每个小分队主攻一个产业；实施产业链招商。结合园区机电化工和家居产业，招商小分队适时走出去，开展招商活动。利用全国各地的商洽会、产业承接转移会、项目中介会等，走出去，宣传城西，广泛招引客商。会同企业一起奔赴外地考察、商洽项目。2017年招商小分队前往天津实地考察了天津博创化工，前往山东考察了恒慧凯化工，前往北京考察了北京汉德天启科技有限公司等。先后为园区招引回项目12个，全部落地，开工建设。截至2017年底，仍有4个项目正在洽谈落实中，即：黄河金三角铁路物流园，占地2500亩，总投资8亿元；山西红卫液压设备有限公司，总投资0.9亿元，占地50亩，新建煤矿机械设备单体液压支柱10万支生产线项目；天津博创化工有限公司，总投资30亿元，占地1000亩，年产30万吨聚氯乙烯和年产30万吨烧碱项目；山西博成化工有限公司，总投资2亿元，占地80亩，新建年产20万吨硝酸盐项目。

【项目建设】 2017年园区共有在建项目14个，其中新开工12个。正晋饲料、红旗印刷玻璃深加工等三个项目已经完成了工程建设，实现了当年建设、当年投产、当年达效。具体14个在建项目是：山西芮迪建筑工程有限公司，总投资400万元，新建年产30万平方米钢化玻璃、15万平方米中空玻璃、5万平方米夹胶玻璃项目运城市嘉乐肥业有限公司，总投资1000万元，新建年产1000吨水溶肥项目；运城市天鼎装饰工程有限公司，总投资3000万元，年产20万平方米门窗项目；山西新高泽保温材料有限公司，总投资2.4亿，年产10万吨岩棉保温材料项目；山西凯森科技有限公司，总投资7000万，新建年产10万吨聚羧酸高性能减水剂建材生产线项目；山西德道方略金属材料有限公司，总投资8000万元，新建年处理2.9万吨工业固废综合利用项目；运城麒源化工有限公司，总投资1.3亿元，迁建溴素项目及新建溴靛蓝、融雪剂、叶酸、对甲砜甲醛项目；山西鑫喆耐火保温材料有限公司，总投资5300万元，年产5万吨岩棉生产项目；山西顺德通机动车检测有限公司，总投资1.5亿元，新建汽车检测线项目；山西昊怡消防工程有限公司，总投资2500万元年产50万具消防灭火桶生产线项目；山西解义泵厂，总投资8500万元，建设矿用泵及高效节能电机生产项目；盐湖区红旗广告有限公司，总投资1800万元，新建UV标牌及发光字生产线项目；运城市盐湖区正晋饲料厂，总投资4500万元，新建年产42万吨饲料生产线项目；山西省恒慧凯化工有限公司，总投资1亿元，年产6万吨醇醚燃料项目。

【基础建设】 为改善园区的基础设施条件，2017年城西机电化工产业集聚区狠抓园区道路工程和水电的配套工程。具体做了五件事：协同车盘办征用项目用地2700余亩，并对征地农民进行土地补偿和补助；道路工程的完善配套。对去年新修的四条机电园道路进行了全面的审计和竣工验收。同时，2017年又新修了机电园园区支线道路工程。该工程总长280米，总投资50万元；为化工园架设了4千米长的辅电线路，该工程今年年初开工，8月份已经完成；为化工园铺设了3千米长的地下供水管道，该工程投资30万元，10月份已完工；积极开展编制机电园区的总体规划，产业发展规划和规划环评，此项工作正在进行中。

## 高铁商务区

【招商引资】 利用地理优势，扩大宣传影响，加快招商步伐。多次派出小分队与北京、上海、西安等地的多家投资方进行洽谈，努力引进建设项目，先后有多批次外地客商到园区考察论证，签订合作意向。2017年成功引进运城市中医院建设项目。为了使其能够在园区内尽快投入建设，区政府何伟副区长多次组织姚孟办，吕儒村，区卫计局，高铁商务区等单位联席会议，研究征地，拆迁补偿等具体事项。至10月份该项目的征地拆迁任务已全面完成。在此基础上，为了更好地吸引客商来运投资建设，建立与客商之间的长效沟通渠道，积极为客商提供新的园区优惠政策和招商服务项目，更好地培养现有客商来运投资热情，吸引潜在客商来运投资建设。

【人民北路延长线建设工程】 为更好地促进发展，聚集人脉效应，积极协助解决人民北路延长线建设工程，在区政府、区财政局的大力支持下，已于9月底完成了该路段的建设任务，确保人民北路与园区的互联互通。随着运城第一医院的开业运营，必将为园区下一步的发展带来积极的促进作用。在工程建设过程中，园区派出专人，24小时紧盯工程建设质量，倒排工期，为圆满完成工程建设任务提供了可靠保障。

【管理服务】 对迎宾路中段600余米绿化带进行了更新改造，铺设了草坪，栽植了白皮松和冬青球；在广场南侧设置了"运城欢迎您和关公故里，幸福盐湖"13个彩虹大字；在学苑路和迎宾路中段及广场周围设置安装了凤凰灯，串灯，及树木彩灯等照明美化设施。为迎接党的十九大胜利召开，欢度国庆节，盐湖们在广场中央摆放了"喜迎十九大，建设大运城"巨型花坛。

【环保整治】 为迎接全国和山西省环保整治大检查工作，对辖区建筑垃圾进行了填埋覆盖，对裸露地面进行了绿网苫盖，对辖区花草树木及绿化带进行了高标准的修剪。

【公益宣传】 分别在党的十九大胜利召开之际，山西省国际果品博览会和文明城市创建等重大活动举行之时多次展示紧跟时代脉搏的公益广告1000余块。2017年7月在市旅游局的倡导下，经过各方的共同努力，高铁广场中央安放了雄壮威武的13米高关公铜像。为了明年春季盐湖区，"花之海·俏运城"全域旅游项目活动开展，适时种植了油菜花种子，为明年的油菜花基地打下基础。

【安全防范】 为了加强辖区安全防范和公共安全意识，加强了平时的安全监督，检查和协调督办工作。纠正了一些容易出现问题的安全隐患点，提高了物业管理人员的安全防范意识。

【规范化管理】 为了打造干净卫生整洁的园区，加大了对管理人员的监管力度，通过记分奖评，奖勤罚懒，定点交接班等管理措施。进一步将工作做到规范化，细致化。进一步落实了平时勤检查，问题及时改，美化有标准，亮化有考核，绿化有要求等工作机制。

# 教育 科技

## 教育工作

【梦想课程开设】 2017年，盐湖区教科局开展全国跨区域游学交流活动，来自江西等地的梦想团队与盐湖区沙龙团队成功进行了互访。聘请专家开展了思维导图课程培训，思维导图已成为盐湖区梦想课程一张精美名片。成功举办了"运城市县域整体提升办学水平"盐湖区现场会，承办了全国第十二期梦想视野·局长工作坊交流会议，展示了盐湖区梦想课程开设取得的成果和办学特色。目前，盐湖区梦想课程开设和梦想沙龙教研已成为上海真爱梦想公益基金会向全国推广的成功模式。

【新样态学校建设】 2017年，盐湖区被中央教科院基础教育研究所确认为全国新样态学校首批试验区，8所学校成为首批试验校。实验校开展了课题实践活动，北街小学副校长张晓辉编著的《王维·诗中画》作为全国主题探究课程百本教材之首现已面向全国发行。盐湖区成功举办了中国新样态学校联盟建设阶段性成果展示交流活动。在青岛、乌鲁木齐、西昌全国新样态学校研讨会上，盐湖区教师代表做了专题讲座和交流发言。

【农村"小而美"学校联盟改革】 2017年，在三个中心校7所学校开展联盟试点工作，探索创新盐湖区农村学校办学模式。在上郭小学召开了全区深化农村办学体制改革推进现场会，推广展示了"小而美"联盟发展成果。出台了《关于深化全区农村学校办学体制改革的意见》，积极将联盟校经验成果推广到全区其农村学校，全力推进全区城乡义务教育一体化改革。

【城区教育集团】 结合城区新建5所学校实际，将涑水联合学校和北城初中集团校组建成立涑水联合集团学校；将后稷小学归属魏风教育集团，传承后稷文化，培养后稷少年。全国红军小学工程建设理事会为"山西运城盐湖红军小学"授旗授牌，传承红色基因，弘扬红军精神。圣惠小学以"面向未来，崇尚科技"为特色，打造特色学校。

【技创新指标任务】 2017年，盐湖区发明专利申请量达68件，完成数占全市33%，在绝对数量和完成占比上居全市第一。有效发明专利拥有量达167件，高新技术企业数达21个，完成全年任务。积极搭建科技成果转移转化平台，举办了4期"盐湖·走在创新路上"系列专题讲座，培训人员800余人次，整理印刷书稿2400册。雷茂端发明的双季槐与系列米槐良种获得全国脱贫攻坚奖"创新奖"，赵树海申请的发明专利"植物葆青装置"获得第二十四届中国杨凌农高会最高奖项"后稷特别奖"。

【校车服务】 成立了盐湖区校车安全管理领导组，下设线路勘察组、学生统计组、运营公司筹建组三个推进组，确定了成员单位主要职责，拟按照"政府主导、专车专营、家长合理负担、财政适当补贴、各部门共同参与监管"的模式，为农村4000名学生提供校车服务。2017年，校车服务已全面实施。

【安保配备】 制定了盐湖区中小学幼儿园安保人员配备管理实施方案初稿，拟按照因地制宜、城乡分类、保安与门卫相结合的办法，分两批为39所城镇中小学幼儿园配备安保人员149人，切实提升中小学幼儿园安全防范水平。

【幼儿园建设】 投资40万元的北街小学幼儿园已完工投入使用；投资140万元的下马小学幼儿园、投资70万元的西曲樊小学幼儿园已基本完工，明年可按期投入使用。

【教育资源利用】 根据学校布局和城市建设相协调、教育资源利用最大化、方便群众的原则，整合了侣儒小学、南村小学、姚孟初中，将西城初中与红旗西路小学整合成城西示范学校，优质教育资源得到了最大限度发挥。

【职业成人教育】 加强实训基地建设，各校投资3000余万元新建了50个实训基地，满足了实训教学需求。加大校企融合，与146家相关企业建立了校企合作关系。完成农村实用技术培训31530人次，开展劳动技能培训达2.26万人次。

【民办教育】 集中学习新修订的《民办教育促进法》，广泛宣传民办教育方针政策；开展民办教育机构分类登记工作，召开座谈会征集意见和建议；民办非学历教育机构规范整顿工作已逐步展开。

【教师队伍建设】 完成了94名中小学幼儿教师的招聘任务，为新建校公开选拔了9名校级领导、遴选了119名教师，完成了124名教师、19名校长的轮岗交流任务，选派了11名城区学校教师到农村进行支教，全区教师健康体检工作开始实施，参加各种培训的教师人数达4900余人次。

【教育质量】 开展社会主义核心价值观教育，舜帝复旦示范小学荣获全国文明校园荣誉称号，北城初中被评为全国未成年人思想道德建设先进集体、山西省优秀传统文化传承校，盐湖区未成年人思想道德建设工作得到山西省测评组的高度肯定。扎实开展艺体教育，中小学生艺术素养和身体素质不断提高。盐湖区获全市首届中小学生诗词大赛高中组一等奖、初中组和小学组二等奖、集体优秀组织奖。盐湖区高考两大类达线人数2342人。

【惠民实事】 高中标准化建设全面铺开。投资

2000余万元，为盐湖区五所公办高中配置了多媒体130余套、专任教师笔记本电脑700余台、实验室设备及仪器8套、校园局域网5套，基本实现全区公办普通高中办学条件标准化，为满足高考招生制度改革的新要求做好了准备。

新校建设工程完成预期任务。2017年，圣惠小学等4所新建校项目主体工程除十四小报告厅和涑水联合学校报告厅外全部封顶，室内外装饰装修工程已接近尾声，室外附属工程正在有序推进。涑水联合学校小学楼已投入使用，四所新建校于9月15日已全部开班上课。

直饮水进校园工程稳步推进。组织人员多方调研，征求意见，拟定了实施方案，可为城区4万余名学生提供直饮水，为农村1万余名学生提供桶装水。2017年工程已进入采购阶段。

# 气象工作

【业务服务】 2017年盐湖区气象局业务工作，基本业务中各种数据的传输率、可用率和及时率均比2016年有所提高。在气象服务工作中，遇有灾害性天气来临时，能及时听从政府安排，来到第一线，准确及时为地方政府进行服务。

【帮扶工作】 多次深入帮扶户家中了解情况，针对不同的帮扶户制定不同的帮扶措施。在春节期间，组织干部职工慰问各自的帮扶户，并送去慰问金和慰问品；给重点帮扶户送去带羔母羊，帮助他们尽快脱贫致富；通过多方联系，帮助贫困户销售自产米醋和鸡蛋，给他们创造一定的经济效益。

【乡镇气象服务站】 积极推进乡镇综合气象服务站建设，不断完善农村为农服务和防灾减灾两个体系建设。加强乡镇气象信息员队伍建设，2017年有针对性地对他们进行了三次培训。为他们免费进行培训钉钉软件的安装，遇有灾情，及时反馈。2017年底已经进行安装211人，近七成的村庄已经安装完成。

【汛期工作】 每个节日都保证有领导带班，观测员守班，遇有灾害性天气，能及时向区委、区政府汇报，采取有效措施，使人民生命财产损失降到最低。

【科普基地】 对小学生加强科普宣传，在校园气象站所在学校中，每半个月深入学校一次，每次运用不同的课件，对学生进行讲解，满足了孩子们对气象知识的好奇心。

【十九大学习】 深入贯彻学习十九大精神。在十九大召开之前，及时利用单位大喇叭这一平台，每天下午4时在天气预报结束后，开播学习习近平系列重要讲话精神。在十九大召开之际，利用帮扶活动，总结十九大报告，发放到贫困户手中，让他们及时学习十九大的相关精神。

# 防震工作

【概况】 盐湖区地震局办公地址在市府街30号，全额事业编制11个，实有人数11人。编制结构为：行政管理人员4名，局长1名，副局长2名，纪检组长1名；正科非在职人员1名；专业技术人员5名；后勤工作人员1名。设3个内设股室，办公室、业务室、监察室。

盐湖区地震监测站办公地址在圣惠北路地震

局地震监测站，全额事业编制10个，实有人数9人。编制结构为：专业技术人员2名；后勤工作人员7名。

**【地震监测工作】** 2017年，盐湖区地震局不断提升地震监测、震情跟踪和预报工作水平，筹建凤凰谷景区的"一县一台"监测站，实地察看了拟选台站地形地貌，通过多眼钻探勘察，根据测量断层氢气的摩尔浓度，精准确定台站地址，2017年初选场址已经确定。

盐湖区地震局在微观观测的基础上，大力提升宏观观测人员素质，充分发挥宏观观测在地震监测中的重要作用。在王范乡、东郭镇、龙居镇等各村开展防震减灾知识暨"三网一员"培训活动。

**【防震减灾宣传教育】** 盐湖区地震局围绕第九个"防灾减灾日"的主题"减轻社区灾害风险，提升基层减灾能力"，通过多种途径和手段，培养广大公众的防震减灾法律意识，提高全民抗震避险能力。5月12日，联合运城市地震局，通过组织开展晚会的形式，在现场发放宣传资料，讲解防震减灾知识。

利用"盐湖地震"微信公众号平台，开展两次网络答题知识竞赛。分别是5月10日至5月15日及7月24日至7月28日，共有2000余人参加，300余人获得奖品，其中一等奖20名，二等奖30名，三等奖100名，参与奖200名，有效扩大了宣传的效果。

创新宣传形式。到西翟底、余林村以及学院社区、南街德新小区，开展防震减灾科普知识宣传走基层活动，组织放映队播放了《唐山大地震》《母亲》《回家》等电影，通过广大民众喜闻乐见的方式，使群众在观看电影的同时，学习防震减灾科普知识，掌握应急避震和自救互救的技能。

**【地震应急工作】** 2017年，盐湖区地震局不断开展应急疏散演练，组织指导各学校、社区、人员密集场所进行地震应急演练，在海仓学校、禹都花园小区卡蒙加幼儿园、祥和社区小维尼幼儿园、黄河世纪广场分别组织了一分钟应急疏散演练。

2017年，参加省、市组织的三次演练。分别是模拟5月12日山西省夏县发生5.7级地震以及7月11日平陆4.5级地震和平遥6.8级地震，不断丰富应急经验，提升地震工作队伍的应急能力和水平。

2017年，盐湖区地震局加强应急队伍建设，共建立三支应急救援队伍。分别是志愿者队伍-蓝天救援队；依托武装、消防的专业救援队；群众组成的群众自救互救队。

**【大事记】** 2017年2月9日凌晨00：26分在盐湖区王范乡发生3.3级地震，震中位于下马村，震源深度18千米。此次发震断裂为运城盆地北侧的峨眉台地南缘断裂。地震发生后，盐湖区地震局应急人员立即到岗，启动四级响应。盐湖区政府主要领导、应急办、地震局等相关部门负责人立即赶赴王范、公村、霍赵、郑村几个村进行排查，重点对低保户、五保户、危房户、精准扶贫户住房进行了逐户排查，未收到人员伤亡、房屋受损等情况报告。同时安排好值班人员，加强值守，做好应急准备，严密监测震情，及时上报。全区各乡村生产生活平稳正常。

8月8日21时19分，四川阿坝州九寨沟县发生7.0级地震，盐湖区高层建筑住户有明显震感。盐湖区地震局接到报告后，应急小组立即组织人员查询各乡镇情况，通过收集盐湖区各小区高层居民震后情况及乡村损失，最后确定盐湖区无人员财产损失报告，秩序正常。通过和市地震局专家进行会商，此次四川地震为远距离地震，因盐湖区黄土层覆盖较厚，所以仅使高层居民有明显震感，估计烈度仅达四度左右，不会造成人员和财产损失。

8月24日，盐湖区霍赵村以南地里发现较长塌陷裂缝。村民怀疑为地震前兆，给第一时间打了电话，在当地造成了一定影响。盐湖区地震局协同专家通过两次实地勘查，发现该塌陷裂缝为东北、西南走向，贯穿桃树地、苹果地与韭菜地，明显裂缝长达300多米，缝宽至2米不等，有的开裂缝隙深达3—4米。经过询问当地村民，并结合此处地质构造、背景，与专家会商后确定此塌陷裂缝不是地震断裂带引起的。由于此处属低洼地，黄土属湿陷型，长期下雨，积水多便会产生下陷裂缝。再加上最近的几次大雨，村里大量排水流入此地，致使原来的裂缝被冲刷加大加深。事后，当地政府已告知村民此塌陷裂缝形成的原因，及时消除了群众的恐慌心理。

# 文化 文物 旅游

## 文 化

【作风建设】 2017年,盐湖区文化局开展学习宣传贯彻党的十九大精神活动,开展领导干部对口宣讲、党的十九大理论专题讲座、主题党日等系列学习活动。

开展"学党章党规、学系列讲话,做合格党员"学习教育,成立领导小组,制定实施方案和学习计划,对学习、讨论主题做出具体安排,结合"两提一创"大讨论活动,狠抓意识形态、文明创建和队伍建设三个重点,确保"两学一做"学习教育扎实深入、取得实效。在全系统有效开展自查自纠和对下属单位督查检查,履行制度建设责任,加强局各项规章制度落实情况的督查,重点对请销假制度的落实做好跟踪检查,落实"三重一大"事项的汇报制度。

【文化服务】 2017年,盐湖区文化局在提高公共文化服务能力和水平方面,积极创新工作机制,拓展服务区域,增强服务能力,综合实施公共文化服务供给"提质工程",高起点实施公共文化基础设施建设"提标工程";高标准推进公共文化服务组织支撑"提升工程";搭建区、乡镇(街道)、专业团体、业余群众组织、文化馆、文化站多层次、多门类、全方位的互动交流平台,努力形成'资源共享、优势互补、区域联动、服务基层'的长效运行机制,打通文化服务群众"最后一千米",让文化成果真正惠及于民、公共文化服务体系更贴近人心、更便利于民。

【戏剧惠民工程】 "戏曲惠民 欢乐百姓"送戏下乡工作是山西省运城市盐湖区三级重点文化惠民工程,为切实做好这项工作盐湖区文化局制定了科学详细的工作方案,根据盐湖区2017年的送戏下乡任务,全力争取区级财政资金144万元,以政府购买公共服务的方式为百姓"埋单",保障剧团演出费用;提前发布送戏下乡演出剧目菜单,实现"菜单式""订单式"便民服务,变"送戏到村口"为"送戏到炕头";统筹兼顾,做到"四个优先""两个结合"。"四个优先"即:在场次安排上优先安排有传统节日演戏习惯的村子,优先安排未享受过惠民演出的村子,优先安排偏远村子,优先安排上年度被评为

"幸福村庄"的村子;"两个结合"即:在剧目安排上,建立送戏下乡演出剧目资源库,采取群众点戏、本戏和折子戏相结合,传统剧目和现代剧目相结合。最大限度地方便和满足群众需求。2017年,文化惠民工程已先后送戏下乡134场次,真正让老百姓享受到高质量的戏剧文化大餐。

【公益电影放映】 农村公益电影放映工作是盐湖区列入2017年度政府工作报告10件惠民实事之一,是服务"三农"、建设社会主义新农村、推进公共文化服务均等化的重要举措。为保障公益电影放映工作的有序开展,让广大农民群众看到看好电影,文化局以群众满意为出发点和落脚点,制定了详细的实施方案和月度放映推进计划,在巩固上年度农村电影放映成果基础上,深入推进农村电影放映提质增效工程,合理安排放映场次任务,不断加强农村电影放映队伍和基础设施建设,加强日常督查,建立健全考核机制。6月,组织召开农村电影放映工作座谈会,发放农村电影放映工作征求意见调查表110份,征集反馈意见及建议38条,为解决群众反映科教影片少、节目过于陈旧等问题,电影公司深入农村基层做电影市场调研3次,及时选准选好影片,推出"电影有约"。2017年,农村电影放映故事片3348场次,农村科教(技)影片1542场次,2017年完成放映任务,为构建和完善全区农村公共服务体系做出新的贡献。

【公共文化阵地】 2017年,文化馆(站)、图书馆等公共文化服务阵地,坚持面向基层,服务群众,打造品牌的工作理念,不断强化开放服务功能,夯实公共文化阵地基础,不断丰富公共文化服务供给,引进、举办更多高品质的主流文化活动,满足人民群众多层次、多样性的文化需求,切实保障人民群众的基本文化权益,群众幸福指数不断攀升;紧紧围绕"文化强区"建设目标,不断完善文化公共服务体系,着力构建综合文化服务网络,通过大力实施两大类十个板块文化项目,(两大类即主要公共文化服务项目和群众性文化活动;十个板块即群众文化活动的十种形式)让百姓享受更多文化惠民成果。

2017年,盐湖区"两馆一站"免费开放工作有序推进,扎实有效。呈现出三个方面的特点。盐湖区图书馆、文化馆充分发挥了带头示范作用。图书馆充分利用地域、资源优势,坚持全年365天免费开放,实现全开架自主借阅服务,免费向读者提供图书借阅、报刊阅览、资料查询、业务咨询等服务,并通过微信方式发放问卷调查表,征求意见,不断改进服务,大家牺牲与家人团聚的节日,保证了春节、元宵节、公休日期间及日常性工作的正常开展,丰富了人民群众的文化生活,让读者在读书中享受快乐。2017年共接待各类读者2万余人次,图书、期刊流通量达2.5万余册次,读者咨询800余人次,得到了读者的一致点赞;盐湖区文化馆在办好"群星讲堂"公益培训班基础上,开办了书法、舞蹈、民乐、河东说唱道情、美术、葫芦丝、二胡、古筝、合唱、芭蕾舞等10类培训班,每星期培训200余人次,2017年,受益人数达9000余名。文化馆还利用虎牙平台对"群星讲堂"声乐公益培训课进行了网上直播;基层文化阵地的硬件设施得到极大的改善。乡镇综合文化站和村级农家书屋(社区图书室)、文化活动室开展基层综合性文化服务中心"两转四查三提升"专项行动,全部实现了硬件设施、活动时间、管理制度和管理人员"四落实"。及时对农家书屋图书进行补充更新,为盐湖区279个行政村补充了

22320册图书，价值25万元。乡镇文化站和村级文化活动室、农家书屋实现"硬件达标、设备齐全、人员到位、制度健全、活动经常、反响良好"的新标准，为基层群众广泛参与文化活动提供硬件保障；免费开放亮点凸显。文化馆举办高质量讲座，先后请专家和文化名人给大家讲课，举办文艺骨干培训班，为农村培养一大批有组织能力和专业技能的文化人才；乡镇、村文化站（室）的主阵地作用得到充分发挥，更接地气，乡村群众文化活动丰富多彩，受众面广。余林、西翟底、王范、西元、原王庄、雷家坡等7个农家书屋在全市农家书屋书香之村评选中，获得"全市书香之村"荣誉称号。

【九大板块活动】 围绕盐湖区委、区政府中心工作，组织开展群众文化活动。配合全域旅游工作，在运城市第二届"花之海·俏运城"美丽乡村游活动期间，组织了三路里油菜花节、陶村桃花节、泓芝驿梨花节三场巡演，观众达到10000余人，收到了良好的社会效果。

举办"盐湖有拿手戏"群众文艺大展演品牌文化活动。在各乡镇筛选了268个优秀节目，逐乡镇进行巡回演演出。选拔了106个精品节目参加区级巡演，累计受惠群众达十余万人次。

开展春节文化下乡活动。2017年春节前，会同宣传、教科、卫生、法制等部门在北相镇和解州镇开展"文化科技卫生法律四下乡"并进行了慰问演出。

举办了"品书香、赏年俗——2017年图书馆年俗文化展"。2月份，分别在盐湖区委、区政府及盐湖广场进行了展出，参观群众5000余人。

开展以"悦读，在路上"为主题的世界读书日，送书进校园活动。在第22届世界读书日来临之际，为上王乡上王村小学送去有关科普、童话、名著等200余册课外，受到老师和学生的热烈欢迎，把"悦读，在路上"落到了实处。

举办德孝文化节戏剧"盐湖们的节日"戏剧周演出活动。

组织区文化辅导员为金井乡书协会员、复旦小学的老师、政协机关干部开展书法讲座，进行了8次书法培训，参加人数近320人。

组织"欢乐度两节、喜迎十九大"优秀群众文化节目到海天花苑、香榭丽舍等社区进行巡演演出。

举办环卫工人节戏剧专场演出。积极倡导全社会爱护公共卫生环境、尊重环卫工人。

【盐湖会堂】 盐湖会堂作为市、区两级大型会议、文化、政治活动中心，2017年共接待"河东大讲堂""党员培训会"等二十一场大型活动，是历年来频次最多的一年。盐湖会堂坚持把提升整体服务质量放在首位，注重细节管理，更换了新的会场座椅套，对舞台部分吊杆进行了改造，并更换了调音台、功放台、话筒、会场灯光设备等。积极做好会场安全消防工作，确保各项会议的安全成功举办。

【非遗保护】 2017年，文化局遵循"保护为主，抢救第一，合理利用，传承发展"非遗保护工作十六字方针，狠抓非遗项目传承与保护工作。

做好重点项目的调研和推荐申报工作。4月份，对文化馆关公锣鼓项目和侯丰种植合作社侯村花船项目进行细致调研，推荐这两个项目参加市级传习所的申报。

6月份的"文化和自然遗产日"，精选228幅优秀剪纸作品，在市群众艺术馆群美厅举办

"剪纸名家李建肖剪纸精选作品展",让群众近距离欣赏到这一指尖上的非遗艺术,参观群众达到1000人以上,今日盐湖、黄河晨报和网络等多家媒体进行报道,收到良好的宣传效果。

配合运城市、盐湖区大型活动组织专项展示。在运城市第二届"花之海·俏运城"美丽乡村游活动期间,举办錾福堂手工錾花工艺、李建肖剪纸、盐湖草布印花技艺、王珍珠剪纸、关公故里拨花技艺等优秀非遗项目展示,精湛的技艺深受外地游客的青睐和好评。

2017年,文化局申请20万专项资金,为精品项目"关公锣鼓"队伍配齐服装、锣、鼓、钹等演出设备,并聘请专家对表演曲目在鼓点、画面、编排、表演形式上进行"精雕细刻",把该项目精心打造成为盐湖区一张响亮的文化名片。

设立了河东说唱道情传习所、李建肖剪纸传习所和关圣绒绣保护示范基地、泓芝驿糖豆角保护示范基地等非遗传承机构,为优秀非遗项目的传承和发展奠定坚实的基础。截至2017年非遗保护中心共挖掘收集非遗保护项目33项,其中申报通过省级的13项、市级11项、区级9项。

【文化市场管理】 2017年,文化市场管理以深化扫黄打非、净化社会文化环境为重点,坚持"一手抓繁荣,一手抓管理",在行政审批窗口积极推行"六制""五不"制度,开展便民利民措施和廉洁勤政服务,推进窗口工作人员形成良好的行为规范。2017年,完成年检换证的经营单位324家,审核批准新申请经营户21家,项目进驻中心受理率、按期办结率、办件准确率、服务对象满意率均达100%。

扎实做好文化市场日常监管,精心组织集中行动,全面提升文化综合执法效能,有效整顿和规范文化市场经济秩序。突出特殊时期安全生产监管,增加巡查检查频次。在元旦、春节、两会、国庆中秋两节、喜迎十九大等重要节点,围绕市场安全工作重点,开展"日常检查、专项行动、联合整治"行动,切实加大精细监管力度,确保盐湖区文化市场安全、稳定、有序、健康。开展"人员密集场所隐患排查"。

对7家无消防前置手续、未经批准擅自营业的KTV全部下达责令停业通知书,并抄报盐湖区消防大队,对9家存在安全隐患的KTV、13家存在安全隐患的网吧责成专人盯守,督促整改到位;开展净化舆论环境专项整治工作,进一步强化动态监管和舆情监控。

通过"扫黄打非"护苗、清源、秋风、净网行动,开展春季中小学教辅材料专项治理,有效查堵各类有害出版物,严厉打击新闻敲诈、假新闻、假媒体、假记者,净化网络文化环境,规范新闻出版市场秩序。

彻底清理兜售、游摊、地摊小贩违法违规图书销售,有效扼制网吧、KTV、音像制品店违法违规行为,使盐湖区校园及周边环境明显净化。据不完全统计,2017年共出动执法人员2320人次,检查文化经营场所5640家次,取缔无证经营单位6家,行政处罚立案调查44起,停业整顿6家次,收缴非法、盗版出版物2000余册(本),盗版音像光碟300余盘,切实保障文化市场在繁荣中净化,在净化中繁荣。

【精品战略】 文艺精品创作是促进文化事业繁荣发展的重要组成部分,是地域文化发展水平的重要标志。2017年,文化局坚持以人民为中心的创作导向,坚持为人民服务、为社会主义服务的文艺创作方针,积极组织广大文艺工作者,着力打造具有"黄土气息、盐湖特色、百姓味道"

的特色文化精品。创作和编排了一批如舞蹈《当你老了》、道情表演唱《借古颂今话清廉》、群口干板腔《从严治党干部作风大改变》、大型诗朗诵《党要管党，党旗飘扬》等集思想性、艺术性、观赏性为一体的群文优秀节目，代表市区参加省市级艺术节文化活动或赛事，并为盐湖区争得荣誉。舞蹈《当你老了》荣获第十八届"群星奖"山西选拔赛优秀创作作品奖；河东道情《借亲妈》参加了省文博会展演；舞蹈《盐湖们的城里老师》参加首届山西省艺术节历届"群星奖"获奖作品展演；《西部情歌》（董晓波演唱）参加了首届山西艺术节"唱响山西"农民工歌手展演。在运城市"盐湖有拿手戏"群众文艺大展演决赛中，道情表演唱《借古颂今话清廉》、舞蹈《当你老了》、干板腔《从严治党干部作风大改变》、舞蹈《那一刻》分别获得一、二三等奖和优秀奖。

2017年，文化局为蒲剧古装传奇大戏《风雨鹳雀楼》申报并争取到国家艺术基金资助项目。盐湖区蒲剧团聘请国家级团队对这部反映河东厚道文化的大剧，进行全方位指导，使之成为年度蒲剧精品。该剧2017年8月应邀参加首届山西艺术节展演活动。

【扶贫工作】 2017年，文化系统共有6个村的精准扶贫任务。年初对所有驻村干部进行培训，使大家提高认识，统一思想，充分认识脱贫攻坚工作的重要性、紧迫性。组织帮扶人员深入所包联的村庄，逐户走访，调研座谈，摸清各贫困户的身体情况、经济现状、收入渠道、资源优势和发展潜力等，建立贫困户帮扶工作台账，全面掌握贫困户信息，详细制定脱贫措施。

2017年，对6个村的48家特困户分别不同情况予以健康扶贫"双签约""访贫问寒送温暖献爱心"发放慰问物品、组织目标脱贫户子女参加就业技术培训等形式的帮扶，切实改善贫困户生产生活条件。

# 有线广播电视

【概况】 2017年，盐湖区有线广播电视站共播发新闻3000余条，各类专题节目240余期，中央台、省台、市台发稿430余条，居个县市台榜首。《盐湖新闻》在运城市台月评打分中，有8个月稳居第一。在山西省荣获多个专业奖项，其中《景海鹏三次飞天 解中母校一片欢腾》分别获得"山西广播电视奖"和"山西新闻奖"电视短消息一等奖；《盐湖区"输血"又"造血"以特色产业开发精准扶贫》《鑫中大：萃取植物"黄金"实现产值十亿》获得电视长消息二等奖；《王马村：走出大山天地宽》获得电视专题一等奖。

【十九大学习】 按照中央、省、市、区的相关要求，盐湖区有线广播电视站党支部组织全站党员干部学习贯彻习近平总书记系列重要讲话精神。在学原文、学报告、学解读文章的基础上，利用"三会一课"、微信群等形式多样的方式，组织大家谈认识、谈措施、谈打算，做到有重点、有笔记、有记录，学用结合，学以致用。

【两学一做 党风廉政】 开展了"两学一做"笔记展览、知识竞赛、主题演讲等各种活动，将"两学一做"学习教育课堂搬到了上王乡牛庄村红色革命教育基地，接受红色革命教育，进一步坚定党员干部的理想信念，强化"四个意识"，增强干事创业的劲头，促进"两学一做"学习教育常态化、制度化。落实落细"两个责任"，种好党建"责任田",推进从严治党向纵深发展。

2017年初,召开了站党风廉政建设工作专题会议,明确了党风廉政建设和反腐纠风工作的工作思路和目标任务;认真贯彻落实《盐湖区全面从严治党实施细则》,出台了《民主生活会制度》《职工请销假管理办法》《三重一大集体决策制度》《谈心谈话制度》等单位管理办法。

【精神文明建设】 2017年,盐湖区有线广播电视站开展"创先争优"活动,大力加强思想政治教育。活动中,结合"学习型"党组织建设活动,整体推进思想建设、作风建设和组织建设。开展创建活动,加强支部建设,努力把党支部建设成为领导班子好、党员队伍好、工作机制好、工作业绩好、群众反映好,具有较强的凝聚力、战斗力的党支部。

【党建活动】 进一步推行和完善"德孝储值卡"。"德(政)孝(行)储值卡",党员干部一人一卡,个人填写,亲属、相关人员及组织证明。开展"盐湖的一份家书"书写活动。以书写一封温馨家书的形式说家事,话家风,写家书,促和谐。盐湖区直机关党员干部职工共书写家书共4000多份。

【舆论导向】 2017年,盐湖区广播电视站坚持全媒联动、全力聚焦、多角度宣传的工作原则。抓住发展重点、改革痛点,群众关注的热点,既有新闻主题报道,又有专题节目深入跟进,同时,积极策划制作公益宣传片并将重大题材推送到中央台、省台、市台等上级媒体,通过多部门的联动、全方位覆盖,进一步强化舆论引导力,为盐湖区各项重点工作推进营造更加浓厚的舆论氛围。

【主题报道】 2017年,盐湖区广播电视站在《盐湖新闻》开设专栏,对重点工作进行连续、集中报道。通过小片头、挂角字幕、小专栏、系列报道等形式,紧密配合中心工作。有《全面从严治党,盐湖新实践》《"两学一做"在盐湖》《喜迎十九大,创造新业绩》《河东儿女学'习语'、看齐紧跟见行动》《美丽乡村》《大众创业》《龙头企业》《亮点农业》《城乡环境集中整治》《城中村改造》等专栏。围绕三个推进计划,推出了《撸起袖子加油干》《弘扬愚公精神建设幸福盐湖》等专栏,展示出盐湖区各行各业投身建设幸福盐湖的火热景象;围绕中央及省市区的重大精神,开设了《河东儿女学"习语"看齐紧跟见行动》《落实国发42号文件 践行市委三句话要求》《城乡环境整治创一流》等专栏。

【十九大专题栏目】 围绕学习贯彻十九大精神,盐湖区广播电视站在会前策划了《河东儿女学"习语"、看齐紧跟见行动》《喜迎十九大 创造新业绩》,展示盐湖区经济社会发展的成果;在会中推出了《十九大时光》,在干部群众中引发热议;会后及时开设《深入学习贯彻十九大精神》专栏,并邀请盐湖区委党校讲师录制《读懂十九大 走进新时代》《读懂十九大 肩负新使命》《读懂十九大 践行新思想》《读懂十九大 开启新征程》系列访谈节目;制作学习贯彻十九大精神的小片头、挂角字幕、宣传标语和宣传片,穿插在节目各时段反复播出。

【专题片】 2017年,盐湖区广播电视站开设了《幸福盐湖新实践》系列访谈专题,逐个对盐湖区各乡镇、街道办和各职能部门,进项了专访。在《特别关注》中，对盐湖区党风廉政、实体经济、全域旅游、医疗改革、教育提升、环境治理等，进行了深度报道。其中有盐湖区的乡村旅游、医疗改革、农产品网络销售、龙头企业、环卫整治、教育、双季槐、寰烁科技、小广播和口袋书等。

【公益宣传】 2017年，盐湖区广播电视站拍摄、制作、播发了12期《花开盐湖》系列宣传片、2期盐湖时政宣传片、1期盐湖区旅游形象宣传片和1期廉政建设宣传片，展示了盐湖美景的同时，也展现了盐湖的发展成果。2017年共制作宣传贯彻十九大精神的宣传标语和各类宣传片20余条，穿插在节目各时段反复播出。

1月3日，关帝圣像照明工程正式启动。制作了公益宣传片《夜读关公》。完成区委宣传部安排的《"七进"凝聚共识，"三化"助力发展——习近平总书记系列重要讲话"七进"活动纪实》和盐湖区委组织部安排的《力量，在党旗下凝聚——盐湖区推进学习教育和主题教育强化"三基"建设纪实》两个专题片制作任务；配合盐湖区纪委完成《全面从严治党》专题片的资料留存拍摄任务，完成了盐湖区"两会"和德孝文化节现场等重大活动直播、录播任务；完成了"讲盐湖故事 做盐湖好人"先进模范颁奖典礼晚会的背景视频制作任务。

【对外宣传】 2017年，盐湖区广播电视站加大对外宣传工作力度，努力发掘盐湖区经济社会发展中的亮点和典型，加强与国家、省、市级媒体联系和沟通，围绕"讲好盐湖故事，传播盐湖声音，塑造幸福盐湖品牌"的目标，组织外宣上稿，抓好广播电视新闻宣传报道工作。在中央电视台播发新闻44次，其中有4条上了《新闻联播》，2次大型景观直播；山西电视台播发新闻43次，其中《山西新闻联播》播出40条；运城电视台播发新闻350余条，在运城市各县市区综合排名第一。配合中央电视台大型纪录片《记住乡愁》新媒体中心走进关帝庙，围绕"探访解州古镇，感受参天大义"主题，在中央电视台客户端、央视网、今日头条和微博CCTV4官方账号等多个平台同步直播，点击率超过了2000万。

【转变作风，深化"走转改"】 2017年初，盐湖区广播电视站策划了"新春走基层"大型主题采访活动，下田间、进社区、走企业，记录下基层群众的故事；对第二届"花之海·俏运城"美丽乡村游活动进行全方位、多角度、深层次的报道。

【创新节目形式，配合主题报道】 2017年，盐湖区广播电视站第一时间拍摄制作宣传片，制作播出了《落实市委精神 体现盐湖担当》《落实全会精神 再鼓盐湖干劲》《落实区委十三届五次全会精神》等公益宣传片。围绕区委、区政府的中心工作和重点工作，策划、制作和播出了《春节特别节目》6期，《特别关注》50期，《身边故事》48期，《健康360》50期。

【队伍建设】 盐湖区广播电视站结合山西省宣传系统"两提一创"大讨论活动在电视站开展了一个月的业务学习，每天早上用一小时时间，观看中央和其省市区电视台节目，学经验找差距。邀请上级媒体业务主干和专家老师进行专题讲座。运城市电视台高级编辑周凌、高级编辑张红艳、《第一时间》责编乔云康、制作主管李刚、《运城新闻》资深记者郑佳、运城电视台原新闻中心主任冯明清等，先后从节目制作、会议新闻拍摄、新闻采编、专题片策划和人物报道等方面进行了专题辅导。

开展"文明单位"创建活动,增强集体凝聚力。开展德孝文化实践活动,倡导全站工作人员学习德孝文化,践行德孝文化,在2017年盐湖区组织的德政之星评选活动中,电视站丁丽芳、原蕊霞入选德政之星;组织参与各类文化活动。通过组织干部职工参加市电视台举办的广场舞大赛,参加盐湖区人社局举办的"让读书成为一种生活习惯"系列活动和开展"爱心送考"活动、爱诺学校送温暖活动、社区志愿服务活动,电视站获市级"文明单位"的称号。

【安全播出】 2017年1月1日,盐湖区广播电视站对《盐湖新闻》《盐湖周刊》栏目制作了全新包装,新闻栏目以16:9的格式制作和播出,有效解决了宽频电视看电视节目变形的问题。

为保证十九大召开期间的安全播出,7月,广播电视站建设了网络防火墙及上网管理系统,为党的十九大胜利召开做好了信息网络安全保障,完善了广播电视站的网络安全建设,保护了网络安全;规范了三级审片等制度、增加了门禁、消防等设施,多举措保障播出安全。

【传统媒体创新】 面对新媒体时代的新形势、新变化和新要求,为了让用户可以随时随地,通过手机观看广播电视站制作的电视节目,破解群众看电视难和电视用户不断流失的双重问题,5月对《盐湖时间》进行了一个多月的微信直播测试,在直播测试中,每天的节目浏览量平均在5000余次,直播画面清晰流畅。随后,通过公开招标,在11月1日正式开通《盐湖时间》微信直播服务平台。

# 文联工作

【党风廉政建设】 2017年,盐湖文联围绕党的十八大、十八届四中、五中、六中全会精神和习近平总书记系列重要讲话精神为指导,组织学习,做好笔记,撰写心得,参加应知应会知识能力测试。

严格按照中央"八项规定"的要求,制定从严治党实施方案和总体规划,成立党风廉政建设责任制领导机构,制订并坚决落实党风廉政建设"主体责任",制定并落实"两个责任"责任清单、问题清单、整改清单,积极参加廉政警示教育和牛庄红色文化教育。积极开展廉政文化创建活动、创作廉政文化公益广告等。

【服务中心工作,搞好氛围营造】 2017年,德孝文化实践活动中,为传承好家训、树立好家规、培育好家风,在水墨河东美术馆举办了盐湖区"家风家训"书法剪纸展览。有400余幅以优秀家训、家规、家风为题材的作品入展。并在德孝公园神道上打造了德孝楹联文化长廊和德孝故事文化长廊。

围绕贯彻党的十九大精神,盐湖区文联承办了"幸福盐湖"书画摄影展。展览共分"幸福盐湖"摄影展、关公艺术专题展和"河东风情"书画展三个版块。

【打造红色革命文化基地】 2017年5月下旬到7月初,盐湖区文联根据区委组织部和宣传部的整体安排,经过大量的调研走访,搜集挖掘大量史实资料,用雕塑、壁画、造型、异形版面等艺术形式,再现牛庄中国人民抗日战争年代不畏艰险、英勇杀敌的英雄事迹，极大充实和丰富了红色文化教育基地的内涵和意义，将上王乡牛庄村打造成了红色革命文化基地。

【美丽乡村游活动】 2017年，举办了花海盐湖农民摄影展；以梨文化为主体，打造王过村两条主街道，建立泓芝驿镇王过村的德孝文化苑。

3月份，为配合"花之海·俏运城"美丽乡村游活动，进一步宣传推介河东文化旅游，盐湖区文联组织《盐湖文学》《盐湖在河之东》网刊联袂推出"花之海·俏运城"主题征文活动。本次活动共征集到作品200余件，经过初选有16篇作品入围，经评委最终评选，评出了11篇获奖作品，其中二等奖2名，三等奖3名，优秀奖6名。

【文艺创建】 2017年1月配合创建办，完成《五城同创·共筑文明》文艺晚会的策划导演工作；同月盐湖区文联与夏县文联，在夏县魏夫人书画文化苑，联合举办了"郑耀文迎春中国画展"。

5月，盐湖区文联组织盐湖区作家、民间文艺家并邀请市上有关艺术家前往牛庄，对红色文化进行采风挖掘素材。6月，组织摄影家、书画家对盐湖区重点工程、美丽乡村、观光农业、名胜景点等进行采风。同月盐湖文联组织承办了"展示新成就？喜迎十九大"书画摄影展。本次展览6月27—30日在盐湖广场展出，7月1日—31日在牛庄红色文化教育基地展出。

7月21日，在水墨河东艺术展馆与新绛文联联合举办了喜迎十九大系列文化展。

11月1日盐湖区文联在北京通州隆重举行了中国皸首书画艺术研究院健康美术馆揭牌仪式。

邀请国家、省、市书画名家，为盐湖区书协、美协会员们免费进行累计共培训20余天书画艺术培训。

【惠民实事】 2017年1月13日，盐湖区文联组织书法家，冒着严寒，分赴帮扶村龙居镇小曲村，为老百姓共义务写送春联300余幅；配合"文化四下乡"活动，1月19日到北相镇，1月20日到解州镇，共义务写送春联800余幅。

2017年，为国家创作了"图说盐湖们的价值观"剪纸公益广告作品203幅，内容包含《好媳妇》《好婆婆》《好少年》《二十四节气》《习总书记系列重要讲话》。文化节期间，为启动仪式创作德孝楹联68幅，88幅书法作品。

6月份为法律援助中心创作相关主题诗词10首、书法作品25幅。

组织艺术家用书法、剪纸、绘画、壁画等艺术形式，对北相镇北任留村、泓芝驿镇北店村、冯村乡郭店村的"知青之家"、姚孟办皮革城社区、北城办御沁园社区、中城办西花园社区和渠北巷社区等进行了艺术装潢，丰富了新农村建设的文化内涵。

2017年，连续出版了4期《盐湖文学》和1期《盐湖诗联》。

## 文物旅游

【提高业务素质】 2017年，文物旅游局每周五组织局所有成员学习政治理论知识和业务知识，先后领学、精读运城市委四届三中全会、区委十三届四次会议精神、习近平视察山西讲话精神和十九大会议精神，组织畅谈学习《善待你所在的单位》《习近平的七年知青岁月》《习近平总书记的成长之路》等体会感受，切实提高全局人员的政治理论水平。

组织全局人员前往牛庄红色革命教育基地、廉政教育基地学习，通过重温历史教育干部成员要珍惜生活，埋头苦干。

不定期对机关各股室、局属各单位落实全面从严治党情况进行监督检查，对存在问题的单位要求其认真整改，对拒不整改的单位进行问责，确保从严治党工作落实落细。

【推进旅游产业转型发展】 文物旅游局根据盐湖区委、区政府年初经济工作会议上提出的把"全域旅游"作为三大推进计划之一，先后与多家旅游策划公司进行对接、洽谈，牵头组织起草、编制了《盐湖区全域旅游推进计划实施方案》，2017年底《实施方案》已经通过政府常务会、区人大、政协审议。文物旅游局也将《实施方案》发放至各区直单位、乡镇办，协同盐湖各行各业、各个阶层共同促进全域旅游的发展。

3月，舜帝陵景区解除了与山西华宇阳光文化发展有限公司所签订的托管协议。5月，成立了盐湖区文化旅游投资建设有限公司，对舜帝公园运营进行全面负责，理顺了体制，化解了矛盾，破解了难题。6月基本完成了舜帝公园的体制机制改革工作。与此同时，文物旅游局还按照A级景区标准，对舜帝公园景区的环境卫生、旅游厕所、旅游标识进行全面整改，提升了景区的形象和吸引力。9、10月，在舜帝公园举办了中国面食文化节、旅游商品展、舜帝祭祀、重阳大庙会和惠民戏曲演出等活动，吸引游客突破50万人，综合收入突破一千万元，舜帝公园的游客量也迎来了近几年的小高峰。

民俗休闲度假游方面，文物旅游局春节前后在上郭苏村搞了一个民俗年活动，形式新颖吸引很多外地游客，其中仅上海就来了十个家庭共28人参加活动，感觉非常满意；

农业生态观光游方面，成功举办"花之海·俏运城"美丽乡村游系列活动。陶村、三路里、泓芝驿镇三个会场共接待游客19万人次，餐饮总收入达31万元；

文化遗产研学游方面，以关公文化、德孝文化、盐文化、农耕文化为符号，推出满足不同人群需求的旅游线路和项目，先后接待了以"古中国文化"为主题的人大校友团、以"健康养生"为目的的阳煤集团文化研学团、"以体验农耕·放松悠闲"为主题的农大校友团。

3月19日，袁家村·运城印象项目在盐湖区东郭镇动土开工。截至2017年底预计项目的小吃街、作坊街、十三县农副产品街已基本成型，酒吧街、文化街、民俗园、游乐园正在建设中，预计2018年初对外营业。

【保护和继承好文物资源】 完成国保单位郭村泰山庙围墙抢险加固维修、省保单位三路里三官庙戏台的维修保养、盐湖区区保单位解州祖师庙的迁移保护工程以及区保单位李冰家庙部分建筑的维修工程。区级文物保护单位西爻石拱桥修缮工程正在施工。积极配合市区重大项目建设，做好盐池禁墙、东郭墓地、虞坂古盐道项目前期的调查勘探、跟踪服务工作，保障涉文物保护建设的项目顺利进行。对112处区级文物保护单位设立标志牌，对第三次全国不可移动文物普查的110处文物古建筑悬挂登记牌。

对盐湖区博物馆德孝文化展馆进行提升改造，目前已成为全区干部宣传教育的基地之一。举行邵仲节美术作品捐赠暨"邵仲节绘画艺术馆"开馆仪式，提升区博物馆档次，丰富公众文化生活。举办了"又听晨钟暮鼓，再塑城市精神"活动启动仪式,恢复了关王庙的"晨钟暮鼓"金玉之声,既弘扬关公精神,唤醒群众的文化记忆,又更好地发挥古文物的时代价值,真正让文旅融合,让文物活起来。

【全面推介文物旅游资源】 2017上半年,文物旅游局制作了盐湖旅游纸质宣传册、宣传折页、关公四好碑等文创产品,并与传媒公司合作,拍摄了春、夏、秋等盐湖四季宣传片;先后参加了太原文博会、天津旅博会和区委、区政府在京举办的招商引智恳谈会,通过发放宣传册、展出文创产品、制作邀请函等形式,推介盐湖文物旅游资源。对盐湖旅游微信平台进行改版和升级,并组建宣传小组,及时对盐湖旅游的发展情况进行有效的宣传。利用旅游宣传日、世界文化遗产日,通过在博物馆、南风广场、盐湖会堂等地发放知识手册和宣传资料,向公众普及文物知识,宣传文明旅游,进一步号召全体社会成员参与旅游建设,共同保护文物。

【加强执法管好文物旅游安全工作】 完善制度,明确安全责任。完善《文物消防安全领导机构》《文物安全巡查制度》《文物修缮工程流程图》《消防安全应急预案》等制度措施,确保文物旅游各项工作的开展有法可依、有据可循;

与文保单位、A级景区、星级酒店、旅行社签订《安全目标责任书》,层层落实个人责任,并对全区141处保护单位配备了1-3名文物保护员,壮大了保护员队伍建设。

邀请文物旅游专家,对全区160余名文保员和200名从旅人员开展安全知识培训,目的是进一步提高文保员和从旅人员的业务素质、责任意识、担当意识。

按照《旅游法》《旅行社条例》《文物保护法》规定,每月定期派人深入文保单位、景区、旅行社和酒店进行安全制度检查和电气火灾隐患排查,并将排查情况登记在案,一旦发现问题要求其立即整改,并在全区开展文物旅游行业大排查大整治专项行动;

开展旅行社经营者座谈会,了解旅游市场的现状,加强旅游市场秩序管理。同时推行旅行社商事制度改革,确保旅行社经营证件齐全,流程规范,真正做到"管得住、管得全、管得好"。

定期联合工商局、食药局、安监局等其他部门,共同联合执法,确保景区、旅行社、古玩流通市场的安全形势稳定。

# 档案工作

【政治学习】 2017年,档案局认真开展全面从严治党活动和"两学一做"学习教育常态化制度化、开展维护核心见诸行动主题教育活动,加强政治理论学习,同时结合"五城同创"、在职党员进社区等活动,要求全体人员认真学习、做好笔记、深刻领会,进一步提高干部职工的思想政治素质。

【普及档案知识】 2017年初,档案局结合工作实际,制定出"七五"法治宣传教育规划、2017年法治宣传年度计划,并与盐湖区司法局共同制作了3块档案法治宣传版面。以"档案－盐湖们共同的记忆"为主题,从6月9日开始,启动为期一周的"国际档案日"系列宣传活动。在盐湖区政府门口发放宣传资料3000余份,接待群众500余人。借助精准扶贫工作,组织全体人员到泓芝驿乡镇向群众发放农户档案手册1000余份,并接收群众咨询200余人次。9月4

日，全体人员到盐湖会堂向群众发放档案知识手册2000余份，并接受群众咨询300余人。

【精准扶贫】 2017年，档案局全体人员多次深入泓芝驿镇乔阳村、寨头村、东庄村共32户村民进行走访，详细了解他们在农业生产、畜禽养殖以及孩子教育等方面存在的具体困难，分析致贫原因，制定帮扶措施，落实帮扶责任。帮扶工作收到了良好的效果。2017年共有6户，19人，人均收入超过3200元，实现脱贫。

【业务培训】 档案局积极派出业务指导人员分别到区经贸局、组织部、经研中心、政府办机要室、区委办、开发办、公安局、教育局、文化产业园和解州乡镇等进行档案立卷归档业务指导工作，共整理1800余卷。

11月13日，档案局对盐湖区直各单位档案管理人员100余人进行业务知识培训。通过培训学习，提高盐湖区档案员的档案管理水平。

【档案管理】 2017年，档案馆共接收西王村志6册，商业系统改制34卷，开发局122卷，整理工团档案5473卷。接待社会各界档案利用者1513人次，查阅档案1381卷，复制具有法律凭证1902页。

档案局积极争取资金完成了2017年度的档案数字化编辑录入任务，共录入政府机要室（全宗84）1978—2012年2350卷；区委机要室（全宗130）1958—1988年1349卷；共计378652页，完成年底规定的目标。

# 卫 生

## 卫生工作

【医疗机构一体化】 组建医疗集团，实现统一管理。成立了一体化改革领导组、医疗集团筹备组和管委会，各职能部门在落实医疗集团法人治理结构、人事薪酬制度改革、医保总额预付和医疗价格调整等方面，做了一些研究，拿出了一些初步方案；医疗集团建立了管理机构和业务机构，成立了5个分院、12个管理中心、9个业务中心和2个委员会，并建立和完善了相应的管理制度和业务规程，对所属医疗机构实现了行政、人员、资金、业务、绩效、药械统一管理。

【改善基层就医环境】 区人社局就医保总额预付进行了认真测算，拿出了初步方案并报市人社局审批；区财政局积极筹措1000万债券资金用作医改专项资金，同时，为改善乡镇卫生院财务状况，足额下拨部分乡镇卫生院基建配套资金780万元；区编办按照改革方案要求，在政策允许范围内，医疗集团内部人员调整，除保留原有身份外，只需在编制部门备案，充分保证了医疗集团用人自主权。同时，将村卫生室纳入医疗集团管理体系，把提升村医的医疗服务能力作为切入点。实行村医聘任制，对村医进行规范化的集中培训，统一考试、考核，对合格村医实行聘任制管理。已对5个乡镇的94名村医进行聘任，落实村医薪酬待遇。参考现行事业单位编制人员待遇规定，新招聘的村医全部按员级（十三级）待遇落实薪酬工资，同时给其办理职工养老保险。真正把群众认可的"红医"用起来。

【家庭医生签约服务】 在全区组织589名医护服务人员，组建了350个家庭医生签约服务团队，进社区、到农村，深入居民家庭，截至2017年9月，家庭签约服务人数24.52余万人，签约率达到32%，重点人群签约服务人数9.8余万人，签约率达到62%，残疾人签约服务人数3813人，建档立卡贫困签约人数6218人，计划生育特殊家庭签约服务人数72人，全面完成了国家要求的目标任务。

【推进分级诊疗制度建设】 盐湖区分级诊疗工作坚持以病人利益为导向，综合运用医疗、医保、价格等手段，形成有效的医疗分流机制，逐步建立完善的基层首诊、双向转诊、分级诊疗的就医制度；构建长期稳定的区级公立医院与基层医疗卫生机构分工协作机制。及时制定区乡医联体工作方案，区人民医院13名主治医师、中医院5名主治医师全部到14个乡镇卫生院开展帮扶工作，定期给乡镇卫生院举办各类学术讲座。截至2017年11月底，医疗机构上转病人2522人，下转病人18人次。

【免费产前筛查和诊断服务】 盐湖区妇幼卫生工作人员"盐湖区产前筛查与诊断服务宣传发动会"，共印发"政府为民办实事，产前筛查已免费"宣传册1万份，产前筛查告知书1万份，产前筛查申请单1万份及各种登记簿、月报表、高危转诊单、随访单等，利用孕产妇健康检查管理平台对每位孕妇进行面对面的健康教育宣传。截至2017年11月底，盐湖区产前筛查总人数是6030人，完成率75%。

【免费孕前健康检查】 免费孕前优生健康检查是国家卫计委下达的硬指标、硬任务，也是盐湖区惠民工程之一，按照盐湖区的总人口数和新生人口出生数量，盐湖区的任务数是1900对。经过宣传发动，健康教育和入户走访，截至2017年11月底，共完成2017对，超额完成省市下达的任务数。

【免费"两癌"检查】 2017年，盐湖区的贫困妇女"两癌"检查目标任务是695人，截至2017年11月底，共开展贫困妇女宫颈癌检查635人，查出宫颈高级别病变5人，均已进行相应的手术治疗，低级别病变2人，给予卫生保健指导和定期复查的建议；乳腺癌检查635人，发现异常建议定期复查13例，还有17例可疑阳性，正在通知进行钼靶和活检。

【健康扶贫工作】 根据省、市卫计委健康扶贫下发的数据，盐湖区"因病致贫、因病返贫"建档立卡贫困人数为5960人，确定患有疾病人数为2745人，已全部录入全国健康扶贫动态管理系统。区人民医院建立"一站式综合服务制度"和"一站式综合服务流程"，进一步规范了一站式服务的每个环节，使结算流程更加简洁高效。健康扶贫优惠人数共20人，金额共计3639元，同期，履行"先诊疗，后付费"绿色通道人数为21人。加大对计生特殊家庭结对帮扶工作，共送去财物价值28200余元，并为每名困难家庭办理100元的"住院护理险"。

【全面落实"二孩"政策】 截至2017年9月底，全区总出生人数为8718人，一孩3975人，二孩4595人，自增率7.27‰，符合政策生育率99.91%。全区已婚育龄妇女144771人，综合避孕节育率为82.97%。

【出生医学证明管理】 通过专项督导，协助各地卫生部门调查出生医学证明真伪鉴定10例，其中真9例，伪1例。

【计生奖扶特扶工作】 完成了农村计生奖励扶助对象的调查摸底工作，全区确定符合2017年计划生育奖励扶助对象共为14943人，奖励扶助金总额为10734380元。截至2017年9月底，共查出14名公职人员违规领取奖扶金56910元，并全部追回。11月份将奖励扶助资金全部足额发放到奖励扶助对象户。

【计生服务】 开展"关爱女孩行动",对2017年考入二本B以上的双女户和独女户每人资助人民币1000元;开展流动人口基本公共卫生计生服务。完成国家流动人口动态监测工作,下发120份问卷调查,流动人口信息互通婚育证明442人,流动人口清理1833人,跨省流动人口信息信息网络已处理115人,处理率99.3%,电子化验证1043人,验证率87%。开展婚前医学检查。截至2017年11月底,共进行婚前医学检查男检1023人,女检1047人,婚检率位于全市前列。开展打击"两非"活动。对辖区医疗机构打击"两非"情况督查的通知,联合盐湖公安分局、工商分局、食药分局、监督所对各医疗单位进行专项督查。强化基层基础,做好信息化工作。按照"谁管理、谁负责"的原则,完善基层源头数据采集机制,实行生育登记、住院分娩、出生医学证明办理、新生儿落户、婚姻、死亡、生育保障等公共服务实名登记制度,保证源头信息质量。为0-6岁儿童参加筛查和诊断,共筛查可疑残疾儿童50例,参与诊断47例,确诊44例,超额完成35例的任务。建立危重孕产妇和新生儿救治中心,共救治新生儿184例,成功救治183例,上转1例。

【医疗卫生和养老服务】 2017年,省卫生计生委办公室和省民政厅办公室联合下发的《关于确定村卫生室与乡村老年日间照料中心融合发展省级试点村的通知》(晋卫办家庭发〔2017〕3号)文件,将盐湖区的龙居镇雷家坡村与金井乡洗马村确定为省级试点村,加强医疗服务与养老服务的融合发展。医疗服务的延伸,提高了日间照料的综合服务能力和水平,增强了中心对老年人的吸引力,达到了"1+1>2"的效果。

【宣传培训】 盐湖区卫计局坚持以人为本,依法治局,联合区红十字会、区卫计局计生协会、流动办、法规股、中医股、医政股开展了内容丰富、形式多样的活动,进行募捐筹资,关爱留守儿童、白血病儿童,中医药宣传、法律知识宣传活动,开展合理用药培训、人感染H7N9禽流感培训、第二批村卫生室健康一体机发放暨培训。共发放宣传页万余份,参与群众上千人。开展健康教育讲座283期,咨询活动342期,印发健康教育资料810种,更新健康教育宣传栏188期,开展个性化健康教育2573次。

【传统医学新亮点】 加强中医药特色乡镇卫生院、社区卫生服务中心(站)、中医馆建设,不断提升基层中医药服务能力。通过创建基层特色中医药医疗机构、中医馆等,提高基层中医药服务能力。充分发挥中医药适宜技术在基层防治常见病多发病中的优势和作用。积极开展《中医药法》宣传活动。

【爱国卫生、安全工作】 爱国卫生持续改进,结合"五城同创"创建国家卫生城镇工作要求,督促完成了城区400座无害化厕所改造任务和2个省级卫生乡镇和20个省级卫生村的创建工作。并开展第爱国卫生宣传活动,加大宣传力度,形成家喻户晓,全民参与的浓厚氛围。开展医疗安全专项整顿活动,在整治过程中,对发现问题较严重的医疗机构给予医疗机构限期整改,并提交整改措施。保障医疗质量和医疗安全,为人民群众提供安全、有效的医疗服务。打击医保欺诈专项整治工作。安排监督执法、医疗管理、医保经办和医疗价格监管人员组成督查组,采取随机抽查的形式，对各定点医疗机构自查情况进行督查核实，对存在的问题各部门根据职责范围做相应处理。对校园、旅游景点、游泳场及周边公共场所进行专项监督检查。基本上做到了单位持证经营，人员持证上岗，卫生管理制度上墙，禁烟标识明显，公共用品的清洗消毒流程更加规范。监督覆盖率达100%。卫生监督协管总经营户数2247户，建档户数1094户，巡查户数1330户。加强麻醉药品和精神药品以及临床用血管理。

# 社会 生活

## 民政优扶

【概述】 2017年，盐湖区民政局着力加强城乡低保制度与扶贫开发政策衔接，探索推进低保与扶贫标准相衔接，切实发挥城乡低保政策对贫困户脱贫的兜底作用。区民政局和区扶贫办形成定期沟通机制，明确了城乡低保制度与扶贫开发政策有效衔接工作的六项目标任务，实现了政策衔接、实现了对象衔接、完善了标准衔接、做好了管理衔接、做好了信息数据衔接、做好了社会力量衔接。为保证到2020年底全面实现消除贫困奠定了良好的基础。

2017年，是运城解放70周年，运城市委、市政府和盐湖区委、区政府决定对盐湖区烈士陵园进行提升改造，由原来的红色教育基地提升为红色文化公园，大厅门楼重建、西园林绿化改造、园区大面积硬化、建造烈士碑廊和纪念亭等，将此工程列入市、区两级政府2017年重点工程。盐湖区政府于3月27日召开政府常务会议对该项目进行专题研究，确定总投资1800万元，其中区财政补助800万元，市财政补助500万元，市彩票公益金补助500万元。在12月28日运城解放70周年纪念日前竣工，以崭新的面貌迎接各界人士的瞻仰。

【救灾救济】 2017年，盐湖区的自然灾害主要特点是范围大、损失重。5月15日，龙居镇小曲、王吞等7个村和泓芝驿镇的张岳村遭受冰雹、大风、强降雨袭击，造成1349户4100人受灾，造成经济损失893余万元；8月11日，盐湖区王范乡、冯村乡、北相镇3个乡镇13个村遭受狂风暴雨、冰雹袭击，造成893公顷农田受灾，造成经济损失1973余万元；8月11日16时到16时20分，盐湖区王范乡、冯村乡、北相镇3个乡镇13个村遭受狂风暴雨、冰雹袭击，造成经济损失1973余万元；6月10日到8月15日，盐湖区出现少有的持续高温少雨天气，造成南北两山乡镇办伏旱，涉及11个乡镇办，受灾人口43659人，直接经济损失2157余万元。

面对灾情，民政局启动救灾应急预案，第一时间查灾、核灾和报灾，并向上级主管部门争取救灾资金。2017年，盐湖区民政局共接受救灾款187万元，其中：县级财政安排17万元、市级以上财政安排170万元，需救助人口8500人全部予以救助。民政局在"5.12"防灾减灾日和国际减灾日，分别组织了防洪抗险实战演练和防灾减灾宣传教育活动，并与教育部门协商，在中小学校开设了防灾减灾教育课。

【城乡低保】 盐湖区民政局在城乡低保工作中严格执行有关政策，明确责任，规范程序，把好年审关，实行动态管理，并按时足额将低保金发放到位。至2017年底，盐湖区城市纳保1213户2091人，全年发保金959余万元；农村纳保2048户4934人，全年发保金1305余万元。2017年底，民政局已将年内城乡低保金全部发放到位。同时，按照省、市文件要求，从2017年元月起为城乡低保每人每月提标40元，对纳保的60岁至99岁失能老人月补60元，80至99岁高龄老人月补30元。

【城乡医疗救助】 2017年初，对《运城市盐湖区城乡医疗救助实施办法》进行了修订，增加了进一步扩大救助范围，提高救助标准，建立起更加规范、完善的城乡医疗救助体系等内容。工作中，严把审批关，对重点救助对象进行调查核实，对不符合条件的给予当面答复，对五保、低保对象实行"一站式"服务。至2017年底，救助城市医疗对象101人，发放救助金44万余元；救助农村医疗对象443人，发放救助金210万余元。

【社会保障工作】 民政局严格按照省、市文件精神要求，做好农村五保供养、社会散居孤儿生活保障、困难残疾人生活补贴申报发放等项工作。至2017年底，农村五保供养对象903人，年发放五保供养金927万余元；社会散居孤儿86人，年发保障金66.213万元；纳入低保困难残疾人1553人，年发补贴94.285万元。

【城乡社区建设】 民政局贯彻中央、省、市、区相关政策和精神，城市社区由88个增加到122个，城乡社区协商工作制度化建设取得新进展。民政局印发《关于落实2017年民主法制领域改革工作要点的实施方案》，深化城乡社区民主协商制度，以"三级议事例会"为载体，不断完善协商程序，健全村（居）民主议事会、小区协商、业主协商、决策听证、民主评议等议事形式，推进城乡社区协商制度化、规范化建设。

【"三社联动"试点工作】 民政局印发《关于落实2017年社会体制改革工作要点的实施方案》，对在城乡社区开展"三社联动"试点工作做出了具体安排。在原来开展试点工作的基础上，扩大试点。2017年，盐湖区确定42个农村社区、14个城市社区深化开展"三社联动"试点工作。7月4日，全市"三社联动"示范培训会在盐湖区召开，会上对中城街道解放路社区的"幸福小院"项目和潞村社区的"物物交换平台"项目进行了经验交流。

【基层换届】 "十一届村民委员会"和"第六届社区居民委员会"换届选举工作有序进行。2017年是基层组织换届年，2017年1月16日下发了《关于推进城乡基层民主的实施方案》。3月27日印发《第十一届村委会换届选举村情民意的调研提纲》和《第六届城市社区居委会选举前区情民意的调研提纲》，以便全面掌握换届选举面临的新情况和新问题，各乡镇、街道在5月底前上报换届选举的重点村，排查矛盾隐患，将重点村的解决方案形成书面材料，做到有的放矢，为选举正式开始做好准备工作。10月23

日，盐湖区召开农村（社区）"两委"换届选举动员大会，三年一次的换届选举正式开始。盐湖区按照"先定事、再选人，揭榜竞选"的原则和办法，确保12月31日顺利完成换届选举工作。

**【优抚工作】** 2017年，盐湖区民政局在优抚工作上围绕为优抚对象解"三难"，认真做好抚恤补助款提标发放、优抚对象年审及医疗补助，给部分残疾军人配备假肢等项工作。年内按照有关文件规定，盐湖区为3768名优抚对象发放抚恤金2226万余元，为149名重点优抚对象补助医疗费54万余元，为596名义务兵优待家庭发放优待金2809万元，为2012年—2014年补发优待金781.2万元。"八一"，春节对优抚对象和部队进行走访慰问，每人发放慰问金100元。"八一"期间与市文工团一道在北空司训大队举办联欢活动。

**【安置工作】** 2016年秋冬季，共接收自主就业退役士兵275人，共发放自主就业一次性补助538.65万元。2017年，共接收符合政府安排工作条件退役士兵14人，根据档案材料做完评分工作，分数排名已上报运城市局并公示。已办理自谋职业10人，共发放自谋职业一次性补助金8.054万元。2017年，退役士兵参加职业技能培训共58人。发放1999年至今安置对象2452待安置期间生活费，共计725.2941万元；补发1007人待安置期间生活费，共计1081.849万元。

**【社会事务管理】** 社会组织年度检查及党建工作取得较大进展。应参加2016年度检查的社会团体26家，民办非企业单位128家，共计154家，其中年检合格的有148家。4月份对在民政局登记成立的205家社会组织党建情况重新进行了摸底，完善了《社会组织党建情况台账》。8月成立了社会组织党委，下辖127名党员，44个党支部，包括独立支部9个，临时支部8个，联合支部27个。2017年培养20名入党积极分子。

局福利企业生产办在对企业进行年检的同时，重点抓好安全生产，提高"两个效益"。2017年，14家福利企业为267名残疾职工交纳"四险"320万余元。

盐湖区殡管所做好永安园公墓服务管理工作，大力宣传殡葬管理与改革法规文件，组织开展安全文明祭扫活动。区殡仪馆员工认真履行服务承诺，严格执行收费标准，主动接受社会监督。

婚姻登记推行简约式德孝颁证仪式，引导健康向上更加符合时代韵律的婚俗风尚。通过新人在国徽下宣誓与承诺，增强其责任意识、担当意识、家庭意识、感恩意识，引导并教育其存孝心、行孝事，弘扬德孝文化，继续中华民族优良传统文化，建设和谐家庭，为建设和谐社会打下坚实基础。

2017年，盐湖区民政局共救助各类救人员656人次，其中成年人634人次，未成年人22人次，护送返乡56人次，自行返乡581人次，滞留人员48人，医院救治25人，确保无一例安全事故发生。

**【统筹兼顾】** 2017年，盐湖区民政局按照上级要求统筹做好精神文明建设、法治建设、信息宣传、来信来访、办理建议提案、干部下乡驻村帮扶、直属单位基础建设、党风廉政建设等项工作，使其与民政业务工作齐头并进，相得益彰。在干部下乡工作中，民政局按照区委要求，认真组织实施党员结对帮扶贫困户，落实六大类帮扶政策措施，完成好"六个一"帮扶任务。

## 扶贫工作

【党组织建设】 2017年以来，扶贫办全面系统地学习党的党的路线、方针、政策，十八大、十九大精神，尤其是党的十九大报告，坚持理论联系实际，努力提高执政意识，用科学的发展观，创造性地开展工作，在思想上增强与党中央持续高度一致的自觉性。认真学习认真践行十九大精神，时刻牢记"全心全意为人民服务"的宗旨，经常教育引导全体工作人员爱岗敬业，高标准、严要求，谨言慎行，事事处处用党性原则、工作职责对照落实到岗到人，使全体工作人员树立正确的人生观、世界观、价值观。在干部队伍中加强党性教育。在党员干部中深入开展理想信念教育、党纪法规教育、典型示范教育，引导党员干部正心修身，不断提高政治觉悟，牢固树立宗旨意识，永葆共产党人的政治本色；督促党员干部进一步增强纪律规矩和法律意识，使遵纪守法成为每个党员干部的思想自觉和行动自觉。紧密结合"两学一做"学习教育，特别是"维护核心、见诸行动"主题教育，深入贯彻落实《关于新形势下党内政治生活的若干准则》《中国共产党党内监督条例》，坚持高标准和守底线相统一，以班子成员、中层干部和重要领域、重点岗位、关键环节的工作人员为重点，加强对党员干部的党性党风党纪教育，教育引导党员干部自觉向着理想信念高标准努力。对扶贫领域不正之风和腐败问题进行专项治理。2017年11月10日，印发了《关于对扶贫领域不正之风及腐败问题开展自查自纠的通知》（运盐脱贫攻坚办〔2017〕6号），针对盐湖区扶贫领域不正之风及腐败问题从目标任务、治理重点、工作部署和工作要求四个方面进行安排部署，通过自查自纠与监督检查相结合的方式，针对乡（村）脱贫攻坚工作站（室）资料、扶贫措施、项目建设列出自查提纲，各乡镇（街道）对照提纲开展自查自纠，查找问题、认真整改、补齐短板。

【精准扶贫任务】 2017年以来，扶贫开发中心紧密结合区委、区政府深化农业供给侧结构性改革和关于产业布局调整的决策部署，将扶贫工作重点放在各个部门、各项政策的有效衔接，产业项目、扶贫工程的有效实施，脱贫攻坚重点、难点问题的有效突破上，竭尽全力完成年度脱贫任务，促进贫困村基础设施有效改善、集体经济明显增长，贫困人口生活水平显著提高2017年区贫困人口总数为3755户9014人，年末脱贫1163户3001人，目前在册未脱贫人口2544户5855人。贫困村13个，2016年退出3个，2017年退出4个，在册未退出贫困村6个。全区贫困人口年人均纯收入由2014年的2650元上升到2017年的3558元，贫困发生率由2015年底的2.98%下降到2017年底的1.55%；通过地质移民搬迁、安全饮水工程、水利电网改造，全区农村饮水安全得到全面保障，13个贫困村基础设施建设及住房、教育、医疗条件大幅改善。

【统筹规划】 盐湖区脱贫攻坚领导小组将年度脱贫任务分解到各个乡镇，通过乡镇联席会议组织各乡镇扶贫力量、驻村帮扶工作队、村"两委"主干共同研究落实本辖区2017年脱贫人员名单，制定2017年脱贫计划。将盐湖区减贫目标、帮扶责任明确落实到乡、到村、到人。

**【"六项措施"】** 2017年，盐湖区共组建驻村帮扶工作队13个，45名驻村工作队员与第一书记长期驻村，对13个贫困村进行全脱产帮扶，参与结对帮扶的党员干部1852人。7月20日，全区召开了干部驻村帮扶工作推进会，研究安排盐湖区13个贫困村干部下乡驻村帮扶工作，印发了《运城市盐湖区加强干部驻村帮扶工作六项措施》，确定贫困村45名工作队组成人员与第一书记人选，成立了盐湖区驻村帮扶帮扶工作督导小组，定期对驻村帮扶各项工作进行巡查督导，认真落实加强干部驻村帮扶工作六项措施，严格执行盐湖区红黑名单奖惩制度。

**【"八大工程，二十个专项行动"】** 盐湖区扶贫工作开展以来，区委区政府强化扶贫组织机构，多次召开会议对扶贫工作进行安排部署，2016年印发了《盐湖区委区政府关于打赢全区脱贫攻坚战的实施意见》，并明确提出各项工作的责任单位与牵头单位。为发挥产业项目的带动作用，盐湖区印发《盐湖区扶贫资金管理使用办法（试行）》，积极探索完善资产收益扶贫机制，强化项目资金监督管理，广泛动员社会力量参与扶贫，构建了全区脱贫攻坚整体格局。2017年投入扶贫资金385万元，用于实施12个产业项目、收益扶贫项目，2个贫困村基础设施建设项目。通过专项行动各项任务落实，全面推进扶贫领域各项工作：2017年盐湖区落实小学至高中（中专）各阶段贫困学生总数320人，教育扶贫项目扶持贫困大学生18人，雨露计划扶持贫困生56人；开通医疗扶贫"绿色通道"，建立乡村干部（驻村干部）、家庭医生签约团队与全区建档立卡贫困人口中的因病致贫、因病返贫群众"双签约"工作机制，构建盐湖区"新农合基本医疗保险+大病补充保险+医保费用兜底保障+民政救助"四重医疗保障网；通过摸底宣传动员，贫困户接受危房、危窑改造44户，补助金额合计61.6万元；通过社保兜底与建档立卡衔接，享受低保贫困人数3640人，五保供养人数683人；实施贫困村基础设施建设项目，确保贫困村摘帽各项指标达标，为全年贫困人口稳定脱贫、贫困村有序退出任务打下坚实基础。到2017年末，盐湖区贫困户和贫困村退出达标数超出预期任务数。

**【聚焦深度贫困】** 市委8.25聚焦深度贫困确保如期脱贫推进会后，盐湖区脱贫攻坚领导小组高度重视，9月1日，盐湖区召开全区聚焦深度贫困推进会，传达学习8.25市委聚焦深度贫困确保如期脱贫推进会精神的同时，要求大家进一步贯彻落实习总书记在深度贫困地区座谈会讲话精神和全省会议精神，做好盐湖区如期脱贫尤其是深度贫困"三保障"各项工作。扶贫办督促13个贫困村干部下乡驻村帮扶工作以及全区1800余结对帮扶党员干部发挥管道作用，针对"三保障"问题，包括危房、危窑情况，因贫失学、因贫辍学情况，贫困户健康扶贫政策知晓率和"双签约"落实情况，对全区建档立卡贫困户进行大排查，根据排查结果对需要接受扶持的贫困户进行宣传动员和政策对接，帮助贫困户解决"最后一千米"的问题。

**【"四位一体"新型金融扶贫体系】** 扶贫办、财政局与农商银行积极对接，建立"政府支持+银行+企业+贫困户"四位一体的新型信贷扶贫机制，为弱能贫困人口提供稳定的收入保障。2017年，累计发放贫困户信贷资金1600余万元。通过"四位一体"的形式确定四家企业助推金融扶贫，受款资金717万元，带动239户贫困户，户均年收益2100元以上。

# 老龄工作

【强化舆论宣传】 2017年，盐湖区老龄办把老龄宣传工作摆在重要位置，加大政策宣传力度，采取制作板报、条幅、座谈、讲座等多种形式，大力开展老龄化形势、老龄工作方针政策宣传，进一步优化老龄工作环境。创建《盐湖老年》杂志季刊，2017年出版4期；建立《盐湖老龄工作动态》，2017年共印发56期；开通老龄办官方微博与微信公众号，加大国家、省、市、区各项老龄政策的宣传力度，让电子化、网络化融入老龄工作，做到"手掌上老龄、零距离服务"，不断创新盐湖区老龄宣传工作的机制，拉近盐湖老龄工作与社会公众之间的距离，为老年人提供传统的纸质媒介和新媒体联系、交流互动平台。

认真落实老年优待规定政策、大力开展法律援助，惠及更多老年人。印发《中华人民共和国老年人权益保障法》《山西省实施＜中华人民共和国老年人权益保障法＞办法》3万余册，分发至全区22个乡镇（街道）和全区314个农村。与区司法局下发了《关于进一步加强老年人法律救助工作的通知》，对年龄在75周岁以上或身患疾病失去生活自理能力的老年人，在申请涉及养老、抚养、退休金、抚恤金、人身伤害、婚姻家庭等方面进行无偿上门法律援助。盐湖们把老年人信访工作当作一项重大的工作任务来抓，把矛盾化解在基层，全年接等来访老人10起12人，法律援助2人。2017年没有出现非正常上访现象，有力地维护了老年人的权益和促进了社会的稳定。

开展丰富多彩的敬老爱老活动，营造浓厚的尊老、敬老活动氛围。九九重阳节，盐湖区隆重举行第八届运城舜帝德孝文化节系列活动，主要包括重阳庙会、大戏台艺术表演、"幸福盐湖"书画摄影展、新乡贤座谈会、民间祭拜舜帝、"讲盐湖故事、做盐湖好人"先进典型颁奖、"关爱老人"公益活动和创新创业基地挂牌、盐湖智库成立、寰烁院士工作站签约等10项内容，形式多样，内涵丰富，弘扬德孝文化与推动经济发展并重，产生了良好的社会效果和广泛的社会影响。盐湖区各乡镇（街道）各村（社区）也举办了"九九重阳节、浓浓敬老情"一系列丰富多彩的尊老、敬老活动，让老年人度过了一个快乐、温馨的节日。

【提高老年人生活质量】 2017年，盐湖区老龄办重点围绕盐湖区委、区政府民生工程，关注老年民生建设，加大老龄事业发展力度，全面提升盐湖区老年人生活质量。

关注特困老人，是盐湖区政府的一项民生工程。为大力弘扬养老助老传统美德，根据国家、省、市、区老龄委的指导要求，老龄办于元月13日起，深入盐湖区22个乡镇办，扎实开展春节慰问走访活动，重点帮扶"贫病、伤残、孤寡老人"，为560名农村特困老人每人送去500元特困救助款，看望慰问了110余名百岁、高龄、特困、退休老人，让老年人过上一个温暖祥和的春节。

为3.6万名65岁及以上老年人进行免费健康体检。为盐湖区65岁及以上老年人进行体征检查、辅助抽血化验8项检查、腹部黑白B超检查，健康指导、健康危险因素调查、健康生活方式指导及健康状况评价，老年人生活自理能力评估表等内容的体检，为每名老年人发放《盐湖区重点人群健康管理服务证》，对每个人有了检查报告，实施一对一的结果追踪。共完成42730人，比计划36000人任务，超额完成6730人。达到118%。

围绕盐湖区委、区政府德孝文化节活动主题，开展特色鲜明的关爱老人系列活动。走访看望慰问百岁老人。重阳节来临之际，运城市副市长陈竹琴，运城市老龄办主任崔新杰，盐湖区委常委、副区长董稷强看望慰问了盐湖区安邑办的百岁老人赵岐山和周振东，运城市、盐湖区老龄办工作人员陪同慰问。"敬老月"活动期间，老龄办对全区26位百岁以上老人进行了慰问，并给每人发放长寿津贴3600元；为90岁以上老人发放高龄津贴。为切实保障高龄老人生活水平，老龄办于敬老月期间，陆续在全区各乡镇（街道）为全区90岁以上的高龄老人发放高龄津贴。确保将高龄津贴及时准确发放到每个老人手中，保证符合享受高龄津贴的老人不漏不重、应享尽享，让长寿老人真正享受到党和政府的惠民政策。2017年已为全区90岁以上906位老人，按每人每年800元的标准，发放总额724800元；以日间照料中心为依托，组织开展"关爱老人、呵护健康"活动。敬老月期间，由老龄办牵头，在盐湖区各老年日间照料中心开展走访慰问和大型"关爱老人、呵护健康"活动，为老人送去米、面、油、小米等慰问品，现场为老人们理发、剪指甲等志愿服务，并为老人提供保健、咨询、惠诊、体检、建立完善健康档案等一系列绿色通道服务，让老人享受到连续、便捷的医疗服务，在全区营造关爱老人、孝敬老人的浓厚氛围，涵育关心老人、敬重老人的良好品质，弘扬传承尊老敬老的优良传统。

【志愿服务】　老龄办围绕关爱老年人主题，多措并举开展为老年人志愿服务活动。母亲节老龄办与盐湖区部分政协委员深入席张村开展"践行舜帝德孝文化关公忠义文化，关爱老年人'五个一'志愿服务活动"，为席张村80周岁以上100余名老人提供了一顿家庭聚餐、一场文艺演出、一次健康体检、一次理发服务、一次衣物捐赠等服务；盐湖区老龄办与运城市区文明办、老龄办在南风广场联合主办的"照亮回家的路关爱失智老人"——黄手环免费发放活动，现场为100余名老人发放了黄手环；在百岁老人过寿之际，老龄办亲赴老寿星家中，为李文、赵岐山、李冬玲等老人送去贺匾和慰问金，送去了区委、区政府的热切关怀。

【涉老问题调研】　积极开展涉老问题专项调研活动，是解决盐湖区老龄事业发展的当务之急。老龄办组织专人深入基层开展涉老问题专题调研座谈会，科学分析认真研究当前人口老龄化形势，探索应对人口老龄化的策略和措施，为盐湖区委、区政府决策老龄工作提供科学依据，当好参谋助手。

围绕老龄工作重点、难点问题，开展理论探讨和研究。重点开展农村老年人养老保障方式的调查，全面了解农村老人养老、医疗、文化生活、老年维权等方面的情况，剖析影响农村老龄工作开展的瓶颈及解决问题的措施。

建立高龄老人信息档案，为及时发放高龄老人生活补贴做好准备工作。坚持以乡镇（街道）为单位，全面开展了90岁以上高龄老年人基本信息摸查统计工作，并建立了高龄老年人基本信息档案。

深入盐湖区对参加"河东吟诵"活动的百岁老人进行调研并进行采访录制。山西是中国古音保存最好的地方之一，古代吟诵的源头就在古河东。为了使"河东吟诵"这个古老的文化艺术重新焕发出生机，老龄办对盐湖区22个乡镇26名百岁老人进行了摸底调查并进行了吟诵节目录制，采录一批河东百岁老人的视频和声音资料，为见证沧桑盐湖的世代更替，留下珍贵的盐湖记忆。

【从严治党】 党的十九大报告中指出"要积极应对人口老龄化，构建养老、孝老、敬老的政策体系和社会环境，推进医养结合，加快老龄事业和老龄产业的发展。"老龄办以学习贯彻十九大报告精神以及习近平总书记视察山西时的重要讲话精神为指引，以思想建设、组织建设、机关作风建设和效能建设为重点，结合老龄工作实际，全面落实工作责任制，促进各项工作措施的落实。

深入开展"两学一做"学习教育常态化制度化暨开展维护核心见诸行动活动。通过有序开展专项活动，转变作风，加强为老服务，推进老龄事业的深入发展。认真开展"四讲四有"合格党员大讨论活动，组织党员干部到上王牛庄革命传统教育基地、警示教育基地重温入党誓词，使全办党员干部不忘初心，继续前进，继承革命传统，牢记使命。

建立健全党支部工作的各项制度，做到年初有计划、有活动、年终有总结，坚持"三会一课"制度。修订完善了《民主生活会制度》《谈心谈话制度》《请示报告制度》，定期召开领导班子民主生活会，有针对性地解决全办干部在思想、工作等方面存在的突出问题。认真开展党员民主评议工作，努力提高组织生活质量，发挥党支部战斗堡垒和共产党员的先锋模范作用。积极参加盐湖区委组织的党史知识竞赛活动和盐湖区干部职工体育竞赛活动，增强干部的集体意识和大局意识，提高党员干部的素质。

为进一步落实全面从严治党责任，加强机关管理，提升机关效能，用制度来规范工作和行为，老龄办制定了《廉政风险防控制度》《党风廉政建设制度》等涉及党风廉政建设的规章制度，《工作作风建设制度》《学习制度》《工作职责》《休假和请假制度》《内设科室工作职责》《文书处理和档案管理制度》《印章管理使用制度》等制度，完善改进了《关于90岁以上老人高龄津贴的发放流程》《关于农村特困老人救助金的发放流程》，不断规范工作流程和廉政风险防控，确保将权力关进制度的笼子里。开展廉政谈话活动，引导干部增强廉洁自律意识，规范言行。

为进一步宣传贯彻《老年法》和山西省实施《中华人民共和国老年人权益保障法》办法，全面提高老龄干部法治能力，让孝亲敬老用法律来保障。老龄办每周组织全办干部对习总书记系列讲话精神的学习，提高认识，增强责任感。采取领导带头集中辅导和个人撰写心得体会相结合，切实提高了学习的效果。共组织党员干部学习26次，每人完成了1万字以上的学习笔记和4篇心得体会。组织开展书法艺术进机关活动，加强机关文化建设，涵养机关党员干部的精神气质；积极对接、主动作为，深入推进在职党员进社区活动，主动为群众办好事做实事解难事。

# 残联工作

【机构设置】 盐湖区残联内设六股一室，分别为康复股、教就股、维权股、宣文股、组联股、财政股和办公室。下属单位有盐湖区残疾人劳动服务所。

**【残疾人概况】** 盐湖区残联下辖7镇6乡9个街道办事处，279个行政村，88个社区。盐湖区总人口68万人，残疾人41638人，占6.04%，其中，视力残疾4289人，听力残疾8802人，言语残疾779人，肢体残疾15780人，智力残疾2340人，精神残疾2403人，多重残疾7245人，重度残疾3607人，贫困残疾人3096人。持证残疾人11906人。

**【精准扶贫】** 2017年与金井乡卫唐村和东郭镇刘范村的15户贫困家庭结对帮扶，共为2户残疾家庭资助危房改造款每人1万元，基层党组织扶贫为2户残疾家庭每户帮扶3000元，为卫唐村资助日间照料中心改造款1万元，为2名帮扶残疾人申请了临时救助，为2名帮扶残疾人上门办理残疾证，为2名帮扶残疾人实施了体育关爱进家庭计划，帮助1名帮扶对象申请了低保，为帮扶村送去残疾人辅助器具15件，春节、中秋节为每户帮扶户送去慰问品和慰问金。在落实残疾人一系列优惠政策中，为36户精准扶贫对象实施了阳光托养服务，为516名精准扶贫对象发放了重度护理补贴，30户精准扶贫对象接受了基层党组织扶贫，为328名精准扶贫对象发放了辅具，为420名精准扶贫对象提供了基本康复服务，为15名精准扶贫对象实施了家庭无障碍改造，为31名精准扶贫对象发放了机动轮椅车燃油补贴，为4名农村精准扶贫对象补交了2017年医疗保险，体育关爱进家庭项目为18名精准扶贫对象配发了康复体育器材。

**【康复工作】** "认真开展'全国爱耳日''全国残疾预防日'康复活动宣传。出台《盐湖区残疾人精准康复服务行动实施方案（2016—2020年)》，对辖区22个乡（镇、办）的11778名持证残疾人中有康复需求的4220名残疾人中的2759人提供了康复服务，康复率达65.38%。家庭医生签约共为4815名残疾人提供精准康复服务，签约率达40.88%。承担415名省政府民生实事残疾预防重点干预和残疾儿童抢救性康复项目已超额完成，现已完成806人。通过"全覆盖式适配"，2017年共为1300名残疾人发放了辅具。

**【残疾人教育就业】** 为10名残疾家庭子女大学生和残疾大学生申请助学金。完成14名残疾青壮年文盲扫盲工作。辖区5家按摩店被评为省级盲人按摩示范店。对154名残疾人进行了实用技术培训。确定英法包装有限公司作为盐湖区第一家辅助性就业机构。农村基层党组织扶贫工程精准扶贫30户。为2928名重度残疾人发放护理补贴。政府购买社会组织公共服务项目为36名精神、智障、重度残疾人提供阳光托养服务。为50名残疾人发放居家托养补助。

**【残疾人维权】** 为197名肢体残疾人发放机动轮椅车燃油补贴。为87名贫困残疾人家庭发放临时救助65180元，为3名残疾人发放大病再救助2000元。为7名残疾人提供法律援助和救助。答复政协提案1起。完成"12385"残疾人服务热线督办案件4件，完成"12345"公共服务热线转办事项3件。普法宣传10余次，发放普法资料2000余册。为112名重度残疾人补交了2017年医疗保险。为14名独生子女家庭发放伤残补助金。为15户残疾人家庭无障碍改造。为10名驾考残疾人每人补贴2000元。

**【宣传文体基金工作】** 推荐残疾人常俊民、张应斌先进事迹参加最美残疾人评选活动，二人均荣获"山西最美残疾人"荣誉称号。盲人歌手李迎龙《盐湖的中国心》被选送参加省残联文艺汇演。组团参加运城市残疾人田径锦标赛。推荐5名优秀残疾人运动员参加市级集训。对50名重度残疾人家庭实施山西省残疾人康复体育关爱家庭计划，对18名重度残疾人家庭实施国家残疾人康复体育关爱家庭计划。组织策划了"全国助残日"活动、残疾人文化周、残疾人健身周、特奥日活动等。

【组织联络】 2017年，共办理二代残疾人证700个。按时完成2017年残疾人数据动态更新工作。承担中残联"数据动态更新第三方评估"工作。出台了《2017年度对乡、村两级残疾人专职委员进行业务培训的指导意见》。组织开展了全国肢残人日活动。组织50名肢体残疾人参加爱心企业免费公益体检。推荐11幅绘画作品参加省残障少儿和平海报作品征集活动。筛选出了10名优秀残疾人后备干部。

## 人力资源和社会保障

【实施"凤还巢"计划】 打造在外务工人员三级机构建设，成立了盐湖区在外务工人员管理服务中心，各乡镇建立管理服务工作站及明确全区314个行政村和88个社区的村级联络员，动员各级力量，统计在外务工人员个人信息的基本数据，建立外出务工人员信息台账。

【就业服务】 把职业介绍、《山西省就业失业登记证》的办理与发放、档案的接收与转存等工作整合到一个大厅，实现一条龙服务，方便办事群众。

【人才服务平台】 积极做好高校毕业生就业创业工作。2017年2月8日、3月12日、5月25日，举办三次大型人才招聘会活动。5月25日该局联合运城市人才市场、山西水利职业技术学院举办"企业入校园"招聘活动，共240余家企业参与，提供岗位3200多个，山西水利职业技术学院2017届、2018届定岗实习3000余名学生参加此次校园招聘洽谈会，2300余人求职者初步达成就业意向，取得了显著效果。不断完善支持高校毕业生创业的服务体系，对全区自主创业大学生发放经营场地租赁补贴共计10.4万元，服务28家创业单位和个人，带动就业80余人。

【政策宣讲及就业补贴落实】 利用乡镇赶集日，联合解州镇政府、金梦人力资源服务有限公司，在关帝庙广场开展"外出务工信息下乡镇"宣传活动，发放宣传资料5000余份，现场为群众讲解政策，提供电子厂、五金厂、包装厂等20余家外出务工企业、万余个外出务工岗位；对城际互联网络科技、维也纳餐饮、维也纳国际酒店3家企业审核后申报就业补贴111人，补贴资金11.1万元；招用就业困难人员岗位补贴5人，补贴资金9000元。截至2017年10月底，就业创业指标均圆满完成，全区城镇新增就业4251人，完成目标任务（4248人）的100%；创业就业人数953人，完成目标任务（950人）的100%；失业人员再就业人数1176人，完成目标任务（1172人）的100%；转移农村劳动力5237人，完成目标任务（5188人）的101%；城镇登记失业率控制在2.3%以内；就业困难人员安置290人，完成目标任务（290人）的100%。

**【社保工作成效显著】** 2017年重点做好全民参保登记工作，动员各部门力量，各社保经办机构精诚团结，各乡镇办全力参与，全民参保登记工作已全面完成，建立全民参保档案室，资料整理归档4075本，全民参保登记入库数据74万人，完成率达到99.82%，超额完成90%的目标任务。同时社保的其他工作也在稳步运行：顺利实施新农合、医疗保险的整合，将生育保险移交到医疗保险，加大对两定机构监督力度；各养老经办机构开展人性化资格认证，方便退休人员认证；失业保险实行"预约式"业务办理，开展网上业务审核，提高办事效率；工伤保险加强内部建设，提升工作人员综合素质。始终为建设"保障制度更完善、服务管理更高效、人民群众更实惠"的社会保障体系不断努力，最终实现社会保险全覆盖。

截至2017年10月底，全区城镇职工基本养老保险参保人数为40475人，完成目标任务（36812人）的110%。其中，企业基本养老保险参保人数为24265人，完成目标任务（23612人）的103%，机关事业单位基本养老保险参保人数为16210人，完成目标任务（13200人）的123%；全区城镇职工基本养老保险基金征缴收入29215万元，完成目标任务（53138万元）的54.98%其中，企业基本养老保险基金征缴收入10161万元，完成目标任务（9775万元）的103.95%，机关事业单位基本养老保险基金征缴收入19054万元，完成目标任务（43363万元）的43.9%；城乡居民养老保险参保人数为323455人，完成目标任务（320700人）的101%，基金征缴收入3162万元，完成目标任务（3306万元）的95.6%；城镇职工基本医疗保险参保人数为27315人，完成目标任务（25377人）的108%；城镇职工基本医疗保险基金征缴收入6271万元，完成目标任务（6049万元）的103%；城乡居民基本医疗参保人数527659人，完成目标任务（487950人）的108%其中，城镇居民基本医疗保险参保人数122589人，完成目标任务（98112人）的125%；农村居民基本医疗保险参保人数405070人，完成目标任务（389838人）的104%；城乡居民基本医疗保险基金征缴收入6254万元，完成目标任务（7151万元）的87%其中，城镇居民基本医疗保险178万元，完成目标任务（1303万元）的14%，农村居民基本医疗保险6076万元，完成目标任务（5848万元）的104%；生育保险参保人数为51919人，完成目标任务（51891人）的100%；生育保险基金征缴收入218万元，完成目标任务（296万元）的74%；失业保险参保人数22750人，完成目标任务（22750人）的100%；失业保险基金征缴收入450万元，完成目标任务（510万元）的88%；工伤保险参保人数54241人，完成目标任务（54241人）的100%；工伤保险基金征缴收入1418万元，完成目标任务（1297万元）的109%；社会保障卡累计发卡数达462206张，完成目标任务（534133张）的87%。

**【技能培训】** 2017年重点对贫困人员开展了精准培训，挨家挨户实地走访，结合盐湖乡镇的发展情况，根据贫困人员需求，邀请农学院、吉巧惠合作社等专家开展了果木种植技术、刺绣等精准培训，提高贫困人员自身就业竞争能力。截至2017年10月底，技能培训任务全部完成，全区创业培训300人，完成目标任务（300人）的70%；城镇失业人员再就业培训711人，完成目标任务（700人）的101%；技能人才培养（技能鉴定）509人，完成目标任务（500人）的

102%；农民工职业技能提升培训5587人，完成目标任务（5500人）的101%其中，建档立卡农村贫困劳动力免费职业培训58人，完成目标任务（40人）的145%；新成长劳动力培训619人，完成目标任务（600人）的103%；新增高技能人才276人，完成目标任务（270人）的102%其中，技能鉴定高级工72人，完成目标任务（70人）的103%。

【人事人才工作】 人社局始终用文化引领人才全面发展，激发干部队伍活力，通过在全区开展"让读书成为一种生活习惯"系列活动、举办"专技人才道德培训"，组织人社系统"一文一书"诵读等活动，在广大干部中营造浓厚的学习干事的创业氛围。

为激发专业技术人才创新活力，向上级部门报送省级学术技术带头候选人4名，在盐湖区专业技术人才队伍中起到了良好的示范引领和激励导向作用；特邀区农委植保站植保专家对张岳村五十余名酥梨和红香酥的种植大户、精品种植户进行了梨树管理科学知识培训，解决了种植户的疑难杂症；为加强公务员队伍管理，严格平时考核和日常管理，已完成全区29家单位的前三季度日常考核工作；认真做好县以下公务员职务与职级并行工作，经严格审核，有23名同志符合条件；全面推行司法体制改革试点工资政策，员额内法官、检察官工资套改已经完成。为提升事业单位人员工作效能，开展事业单位岗位设置和人员聘用工作，全面摸底后准确掌握各事业单位岗位情况，截至2017年10月底，全区事业单位二次核岗工作已全部完成，共办理事业单位岗位变更1523人；联合组织部对全区16家单位"吃空饷"情况进行了抽查，对存在长期病假、借调没有履行手续等问题，要求责任单位限期整改；积极为2010年至2014年全区公开招聘的事业单位工作人员设岗，其中教育系统418人，卫生系统66人，乡镇民政低保员13人，设岗问题的解决使基层人员安心工作，舒心生活。为解除退休人员后顾之忧，严格按照市局〔2017〕64号文件精神，精心组织实施，正确引导舆论，对机关事业单位2016年12月前已退休手续并按月领取养老金的3800余名退休人员基本养老金给予审核调整，确保党对退休人员关怀落实到位。为做好军转干安置工作，积极开展企业军转干部大走访活动，为全区53名企业军转干部建立了基本信息台账；召开座谈会一对一征求意见，了解他们面临的困难，不断提升服务水平，建立温馨服务联络卡，做好他们的"娘家人"。为引导大学生在基层安心工作，首先在"三支一扶"人员中开展了"五四青年节"征文活动，引导和激励更多的大学生到基层施展才华。同时做好2017年度三支一扶面试工作，38名考生（2名缺考）顺利完成面试。

【和谐劳动关系】 以积极推进创建"无欠薪"盐湖工作为重点，通过分片包干、部门联动、精简办案等方式，突出问题得到进一步治理，执法成果得到进一步巩固，共检查各类用人单位1037家，涉及农民工12149人，补签合同2913份，成功调欠薪案17起，正式立案办结查处7起。创新仲裁工作机制，通过"流动仲裁""仲裁法律课堂""仲裁微电影"，不断提高仲裁公信力。截至2017年10月底，共受理仲裁案件65起，结案59起，6起正在调解中，结案率达91%。健全劳动关系协调机制，深入实施劳动合同制度，上半年，劳动用工备案35户，备案率达到90%以上，签订劳动合同508人，签订率达到98%以上。

social 生活

【"引凤还巢"】 盐湖区在外务工人员群体大、数量多，是建设大运城、幸福盐湖的生力军，需要更多的关心、关注和关怀。人社局着力打造一条龙式关心关爱服务保障体系，吸引外出人才归巢返巢、扎根故土，为盐湖经济发展奠定更为坚实的人才基础。

【强化培训增能】 为帮助外出务工者找到合心合意的工作，人社局加大对劳务输出的系统培训，通过"输出地培训、输入地培训、订单式培训、劳务品牌培训、产品营销培训"等五类培训，提升外出务工人员的素质和竞争力，帮助外出务工者迅速、精准就业，吸引外出务工人员返乡创办小微企业40户，通过创业带动就业不少于200人，培养一大批技术过硬的实用性人才。

【打造盐湖特色】 人社局紧贴盐湖实际，打造解州羊肉泡、北相胡卜、吉巧惠刺绣、妈咪乐育婴服务、天海泵业销售维修、电商培训等独具一格的盐湖品牌，按照统一管理、统一标准、统一标识的"三统一"模式，以品牌效应形成产业链，吸引更多人才，创造更多就业岗位，提升盐湖品牌的竞争力。

【人才管理】 对照2017年公务员统计数据，逐人对比信息库，确保在编在岗人员和新录用试用期人员全部录入系统；结合市局2017年培训计划，科学制定2017年公务员在职培训计划，结合中心工作，围绕重点工作，灵活运用讲座、网络学习、以会代训、研究式学习等防范，更新行政机关公务员知识，进一步建立和完善干部学习教育培训档案管理制度；结合盐湖区实际制定相应考核办法，做好平时考核和年度考核，做好公务员晋升职级职务工作；根据区委区政府安排，进行2017年盐湖区事业单位公开招聘工作，优化盐湖区事业单位人才队伍；改进并简化事业单位岗位设置和聘用工作流程，积极努力提高工作效率。加强专业技术人员职业道德培训，做好部分系列职称申报推荐工作，规范职称申报的审查、推荐和批转工作，充分调动各类人才干事创业的积极性。

【招聘培训】 根据盐湖区发展计划努力完成"凤还巢"计划，在春节前后及秋季企业用工的黄金期举办两次大型招聘会，为用人单位和以高校毕业生为主的各类求职者搭建优质服务平台。

聘请专家对民办职业培训学校进行评估，加强民办职业培训学校的审批管理，做到合格一所，审批一所；加强对定点培训机构的"校企合作"管理，确保培训质量、就业质量恶化人员工资收入同步提高；建立基层发动、学校主动、中心互动的平台机制，确保宣传、组织、服务到位；建立有效的后续服务机制，对所有参加培训的学员实行跟踪服务，电话回访，建档立卡，掌握学员就业创业动态，强化一条龙式服务，防止一培了之现象的发生，培养一批结构合理，素质优良的技术技能型、复合技能型人才。

# 体育事业

【概述】 2017年，体育中心全面落实盐湖区《全民健身实施计划》，围绕全民健身"六边"工程，推动建设盐湖区全民健身公共服务体系，群众健身条件不断改善，健身意识不断增强，经常参加体育锻炼人数不断增加，"政府主导，部门协同，全社会共同参与"的全民健身格局逐步形成．人民群众满意指数不断增加。

【学习教育】 2017年，按照中央和省市区的统一安排部署，体育中心认真开展推进"两学一做"学习教育常态化制度化和维护核心见诸行动专题教育活动，坚持每周一集中学习和个人自学相结合，继续引伸学习党的十八届六中全会精神和习近平总书记系列重要讲话精神，完善"三会一课"制度，制定全年"三会一课"具体规划，明确"三会一课"召开时间、内容和主讲人，把党组织生活落到实处。通过开展"两学一做"学习教育，机关党员干部思想认识明显提升，工作作风明显转变，廉洁自律意识明显增强。

【体育赛事】 2017年，举办和承办盐湖区第四届足球联赛、足球杯赛、第三届（春、秋）篮球联赛、第二届黄河金三角环盐湖自行车越野赛、第六届徒步盐湖毅行活动、盐湖区直机关职工（拔河、篮球、乒乓球、羽毛球）比赛、黄河金三角青少年羽毛球赛、盐湖区中小学生足球赛、创新杯全国少儿乒乓球赛、运城市"盐湖是舞王"广场舞大赛盐湖区选拔赛、全国象棋业余棋王赛山西总决赛等多个群众体育赛事。4月，体育中心利用一个多月的时间，组织专业舞蹈人员深入全区各乡镇办，对盐湖区279个行政村和88个城市社区的文体骨干进行了集中培训，有效提升了基层文体骨干的业务素质和服务群众能力。

5月，组队参加2017年全国拔河新星系列赛（吕梁站）暨山西省拔河争霸赛，取得了全省第四和全国第四的优异成绩；6月份组队参加运城市第五届柔力球比赛，取得了套路比赛第一名和竞技比赛女子单打、女子双打第一的优异成绩；6月份代表运城市参加山西省第十五届运动会资格赛暨2017年山西省武术散打冠军赛，在全部12枚金牌争夺中取得了4金2银1铜的优异成绩。8月份举办的运城市"盐湖是舞王"总决赛中，取得了第二名、第三名的优异成绩。2017年是四年一届的全运会年，在四年一次的全国群众体育先进县评选中，盐湖区政府获得全国群众体育先进单位。

【体育协会】 各类体育协会是全民健身工作的主力军，是推动各个运动项目发展的重要力量，在现有14个体育协会的基础上，2017年新注册成立了盐湖区羽毛球协会、自行车协会、汽摩协会、关公龙凤鞭协会、陈式太极拳协会等5个民间体育协会，盐湖区体育总会和门球协会正在筹备中，各协会积极工作推动项目发展，带动了各个运动项目群体参与全民健身。以盐湖区老年体协牵头，成立了覆盖全区的西花园、航天公园、南风广场、天逸公园、禹安港五个健身辅导站，这五个辅导站分别举行了健身节目展演和挂牌仪式，在盐湖区形成了中心辅导站、健身站点、健身队伍、社会体育指导员"四位一体"的全民健身格局，有效地推动了群众体育开展。

【体育设施建设】 为完善群众身边的健身设施体育中心积极向上级体育部门争取资金和项目，加快城区"十五分钟健身圈"工程建设进度。2017年4月份使用市级体彩资金完成了45套健身路径、13副篮球架、8个乒乓球案的招标工作，并向省体育局争取健身路径21套，目前已全部安装完毕。完成了三路里镇农民体育健身工程、南城办池神庙社区多功能运动场、东城名邸社区两个五人制笼式足球场招投标工作，目前正在紧张施工。组织专业人员对全区公园、广场、小区健身设施进行全面维修。

**【体育执法】** 2017年5月份，九龙山旅游景区发生皮筏艇侧翻人员伤亡安全事故后，体育中心立即召开辖区体育经营场所负责人会议，安排部署全区体育经营场所安全大检查，重点对辖区游泳馆等高危体育经营场所进行了多次检查，要求各游泳馆必须按照有求数量配齐救生员，对未经国家专业机构检测合格违规经营的多家游泳馆下发了停业通知书，并积极联系国家专业检测机构对盐湖区5家游泳馆进行了监测，2017年，这五家游泳馆已全部监测达标并下发了经营许可证书。

## 图书在版编目（ＣＩＰ）数据

盐湖年鉴.2018/《盐湖年鉴》编委会编--太原：山西济出版社，2019.7
ISBN 978-7-5577-0474-2

Ⅰ．①盐… Ⅱ．①盐… Ⅲ．①区（城市）—运城—2018—年鉴 Ⅳ．① Z522.54

中国版本图书馆CIP数据核字（2019）第059715号

---

### 盐湖年鉴·2018

编　　者：《盐湖年鉴》编委会
责任编辑：熊汉宗

出 版 者：山西出版传媒集团·山西经济出版社
地　　址：太原市建设南路21号
邮　　编：030012
电　　话：0351-4922133（市场部）
　　　　　0351-4922085（总编室）
E－mail：scb@sxjjcb.com（市场部）
　　　　　zbs@sxjjcb.com（总编室）
网　　址：www.sxjjcb.com

经 销 者：山西出版传媒集团·山西经济出版社
承 印 厂：运城市凯达印刷包装有限公司

开　　本：889mm×1194mm　　1/16
印　　张：17.5
字　　数：300千字
印　　数：1—500册
版　　次：2019年7月　第1版
印　　次：2019年7月　第1次印刷
书　　号：ISBN 978-7-5577-0474-2
定　　价：198.00元